하늘의 권능이 임하는

부르짖는 기도 2

정원 지음

영성의 숲

서문

이 책은 하늘의 권능이 임하는 부르짖는 기도의 2권입니다. 애초에 한 권의 책으로 내려고 하였지만 분량이 너무 많아져서 할 수 없이 2권으로 나누게 되었습니다.

1권에는 부르짖는 기도의 기본적인 원리와 능력에 대해서 썼으며 발성의 의미에 대해서 많은 부분을 할애하였습니다. 이제 2권에서는 구체적인 부르짖는 기도의 방법과 실제에 대해서 썼으므로 실제적으로 부르짖는 기도의 능력과 은총을 경험하고 적용하는 데에 도움이 될 것입니다.

가능하면 먼저 1권을 읽으신 후에 2권을 보시기를 바랍니다. 이것이 이해와 적용에 좋을 것입니다.

3부에는 부르짖는 기도를 경험한 사람들의 간증을 실었습니다. 그들의 고백과 경험이 여러분의 것이 되기를 바랍니다. 주의 이름으로 부디 승리하십시오. 기도의 여정에 주님께서 함께 하시기를 바랍니다. 샬롬.

2005. 12. 정원

하늘의 권능이 임하는 부르짖는 기도 2권

2부 부르짖는 기도의 실제

1. 말하는 것을 훈련하라 · 11
2. 강력한 성경 읽기를 훈련하라 · 19
3. 이중적인 언어를 사용하지 말라 · 30
4. 언어로 부르짖는 것과 소리로 부르짖는 것 · 38
5. 부르짖는 기도 소리의 원리 · 51
6. 부르짖는 기도의 요령 · 60
7. 부르짖는 기도로 나쁜 기운을 토하라 · 89
8. 낮은 소리와 높은 소리로 부르짖기 · 98
9. 부르짖는 기도와 묵상 기도의 특성, 의미, 조화 · 106
10. 부르짖는 기도의 과정과 현상들 · 117
11. 무리하게 부르짖으면 탈진이 온다 · 132
12. 부르짖음으로 충전하기 · 139
13. 다양한 상황에서의 부르짖는 기도 · 147
14. 배로 부르짖는 것과 심령으로 부르짖는 것의 차이 · 164
15. 부르짖는 기도의 열매들 · 173
16. 부르짖는 기도에서 조심해야 할 것들 · 191
17. 오래 부르짖어도 변화되지 않는 사람들 · 205
18. 부르짖는 기도의 과정과 단계 · 209
19. 통성 기도, 부르짖는 기도의 인도와 요령 · 225
20. 거친 소리에서 아름다운 소리로 발전해가라 · 237
21. 부르짖는 기도는 내면을 열고 하늘을 여는 기도이다 · 248
22. 부르짖는 기도는 영혼을 정화시키는 기도이다 · 253
23. 부르짖는 기도는 주를 구하며 갈망하는 기도이다 · 257

3부 부르짖는 기도 경험자들의 간증

1. 부르짖는 기도를 통해 경험한 주님 -H전도사- · 266
2. 저의 부르짖는 기도 경험   -G자매- · 281
3. 부르짖는 기도 너무 좋아요. -Y전도사- · 285
4. 부르짖는 기도의 능력   -I사모- · 287
5. 부르짖는 기도로 인한 변화들 -Y자매- · 291
6. 부르짖는 기도와 사람의 영에 대한 분별 -Y자매- · 300
7. 천국의 놀라운 보화 부르짖는 기도 -H형제- · 305
8. 부르짖는 기도에 얽힌 이야기들 -H형제- · 314
9. 나의 삶을 변화시킨 부르짖는 기도 -H자매- · 325
10. 부르짖는 기도로 많은 변화가 일어났습니다! -P자매- · 332
11. 마음과 삶을 바꾸는 부르짖는 기도 -M자매- · 335
12. 승리의 삶을 가져다주는 부르짖는 기도 -K자매- · 337
13. 부르짖는 기도로 인한 내적인 변화 -K자매- · 344
14. 자유로운 삶으로 인도하는 부르짖는 기도 -S집사- · 348
15. 부르짖는 기도로 생긴 삶의 열매들 -J자매- · 353
16. 부르짖는 기도를 통하여 변화 된 삶 -K집사- · 360
17. 부르짖는 기도와 직장생활 -O자매- · 363
18. 부르짖는 기도일지 -C형제- · 365
19. 부르짖는 기도를 통하여 받은 축복 -O권사- · 368
20. 부르짓는 기도로 자신감이 넘치는 삶을! -K자매- · 371
21. 부르짖는 기도를 통한 삶의 변화 -N전도사- · 376
22. 마음을 강하게 하는 부르짖는 기도 -C형제- · 378
23. 부르짖는 기도와 생활의 변화 -J형제- · 379
24. 내 영혼을 변화시킨 부르짖는 기도 -H형제- · 384

25. 부르짖는 기도와 변화된 삶 -L집사- · 394

26. 생사의 갈림길에서 드리는 부르짖는 기도 -P목사- · 397

27. 군대에서의 부르짖는 기도 경험들 -J형제- · 400

28. 부르짖는 기도를 통한 삶의 변화 -L자매- · 405

29. 부르짖는 기도 에피소드   -J자매- · 409

30. 부르짖는 기도 훈련 실습 결과 및 소감 -H전도사- · 412

31. 부르짖는 기도와 함께 한 시간들   -H전도사- · 425

하늘의 권능이 임하는 부르짖는 기도 1권

1부 부르짖는 기도의 원리와 능력

1. 한국 교회의 중요한 특성인 통성 기도 · 15

2. 부르짖는 기도는 성경의 명령이며 약속이다 · 19

3. 부르짖음에서 하늘의 구원이 시작됨 · 24

4. 문제가 있을 때마다 부르짖었던 이스라엘 · 32

5. 원망하는 사람들은 부르짖지 않는다 · 42

6. 잘못된 부르짖음은 효력이 없다 · 50

7. 신약에 있는 강렬하고 뜨거운 기도 · 53

8. 부르짖는 기도는 수준이 낮은 기도인가? · 59

9. 부르짖는 기도에 하나님이 응답하시는 이유 · 66

10. 소리를 질러야만 하나님이 들으시는가? · 72

11. 소리에서 구원이 시작된다 · 75

12. 소리는 물질계에서 구원과 복을 가져온다 · 83

13. 소리는 그 내용을 증폭시키는 힘이 있다 · 91

14. 소리는 사람을 움직인다 · 98
15. 여리고 성은 소리로 인하여 무너졌다 · 101
16. 악한 영들은 소리를 무서워한다 · 104
17. 오늘날의 기독교는 너무 소리가 없다 · 113
18. 생명이 있는 곳에는 소리가 있다 · 119
19. 소리의 공간을 확장시켜라 · 127
20. 소리를 내지 못하는 사람들의 증상들 · 133
21. 소리가 약한 사역자의 회복 · 143
22. 아름다운 소리와 심령의 소리는 다르다 · 156
23. 부르짖는 기도를 통하여 영혼이 깨어난다 · 161
24. 말씀은 문자가 아니고 소리이다 · 172
25. 통성 기도는 영감으로 하는 기도이다 · 180
26. 발성이 부족하면 우울한 사람이 된다 · 185
27. 발성이 부족한 묵상은 어두운 의식을 가져온다 · 197
28. 나쁜 기운을 소리로 토할 때 속이 치유된다 · 202
29. 발성 기도와 묵상기도의 관계와 순서 · 215
30. 부르짖는 기도는 생기가 넘치는 사람을 만든다 · 227
31. 조용한 예배, 조용한 교회에는 활력이 없다 · 233
32. 소리에는 치유가 있다 · 245
33. 소리의 힘은 영혼을 제압한다 · 256
34. 제자 훈련과 해외 선교의 중심과 전제 · 266
35. 발성이 결여된 깨달음에는 영적인 실제가 없다 · 285
36. 발성이 충만할 때 응답이 선명하다 · 298
37. 발성의 기초 위에서 다른 것들이 풍성함의 도구가 된다 · 321
38. 부흥이 있는 곳에는 소리가 있다 · 331
39. 악한 영들은 소리를 빼앗아간다 · 347
40. 부르짖는 기도는 훈련과 경험을 통해서 발전해간다 · 367

2부
부르짖는 기도의 실제

우리는 어떻게 부르짖어야 할까요?
부르짖을 때 어떤 현상이 일어날까요?
부르짖는 기도를 하면서 무엇을 조심해야할까요?
부르짖는 기도에 부작용은 없을까요?
부르짖는 기도의 열매는 어떤 것일까요?
부르짖는 기도는 어떻게 발전해 가는 것일까요?
2부에서 우리는 부르짖는 기도를 적용하기 위한
실제적인 원리를 알아볼 것입니다.
부디 이해하시고 적용해보십시오.
당신의 영혼에 새로운 일들이 일어날 것입니다.

1. 말하는 것을 훈련하라

부르짖는 기도 1권에서는 부르짖는 기도와 발성 기도를 구분하지 않고 같이 포함하여 이야기를 하였습니다. 그러나 이 두 가지 기도는 서로 다른 것입니다.
발성 기도는 소리를 내서 하는 기도를 말합니다. 이것은 소리를 내지 않고 기도하는 묵상 기도와 대비되는 표현입니다.
소리를 내서 기도한다는 면에서 부르짖는 기도도 발성 기도에 포함됩니다. 그러나 그 열정과 강도에 있어서 부르짖는 기도는 단순한 발성 기도와 다릅니다.
간단히 표현하자면 부르짖는 기도는 강력한 열정으로 드리는 발성 기도입니다. 그러므로 발성 기도는 그저 단순히 소리를 내서 하는 기도이며 부르짖는 기도는 강력한 소리를 내서 열정적으로 드리는 기도라고 할 수 있습니다.

기도의 훈련에 있어서는 어느 것부터 해야 할까요? 그것은 발성 기도로부터 시작하는 것이 좋을 것입니다.
소리를 내는 훈련이 되지 않은 사람이 처음부터 강력하게 소리를 내서 부르짖어 기도하는 것은 쉽지 않을 것입니다. 그것은 발성의 기초도 모르는 사람이 오페라를 부르는 것과 같은 것입니다. 강력한 소리를 낸다는 것은 쉬운 일이 아닙니다.
우리는 강력한 소리를 통해서 하나님께 나아가기 전에 먼저 어느 정도 자연스럽게 소리를 내는 연습을 하는 것이 필요합니다. 강력하게 소리를 사용하기 전에 먼저 소리의 사용에 익숙해져야 하는 것입니다.

피아노를 잘 치는 사람은 피아노 연주를 즐기며 피아노를 치면서 노래를 부를 수도 있습니다. 그러나 그렇게 하기 전에 먼저 피아노를 자유롭게 연주할 수 있는 능력이 있어야 합니다.
마찬가지로 소리를 통해서, 때로는 강력한 소리를 통해서 기도를 하고 하나님께 나아가려면 소리를 자연스럽게, 익숙하게 사용할 수 있는 훈련이 되어 있어야 합니다.

평소에 생각은 많이 하지만 그것을 소리를 통해서 표현을 하는 것에는 익숙하지 않은 사람이 어느 날 갑자기 말싸움을 해야 하는 상황에 처하게 되었다고 합시다. 그는 정말 곤혹스러울 것입니다.
상대방은 피스톤처럼 그의 주장을 말로 쏟아 붓고 있는데 그는 뭐라고 대응해서 말을 해야 할지 아무런 생각이 나지 않는 것입니다. 상황은 분명히 상대방이 잘못한 것인데 이상하게 자기가 몰리고 있는 것입니다.
조금 시간이 있으면 그는 차분하게 생각을 하고 말을 해서 상대방의 잘못을 입증할 수 있을 것입니다. 그러나 지금 이 순간에 그의 머리는 정지된 것 같습니다.
간신히 그 상황이 끝난 후에 그는 혼자 있게 되면 비로소 여러 가지 생각이 떠오르게 될 것입니다.
'아, 그 때는 이렇게 말했어야 했는데. 왜 그 때 그 말이 떠오르지 않았을까..' 하고 그는 생각할 것입니다. 그 이유가 무엇일까요?
그는 평소에 많은 생각을 하지만 그 생각은 그의 안에만 있었기 때문입니다.
그는 평소에 자기 속에 있는 생각을 입으로 표현해서 바깥으로 내보내는 것을 별로 하지 않았기 때문에 갑자기 말을 사용해야 할 상황이 되었어도 말이 나오지가 않았던 것입니다.
그는 생각은 많이 하지만 말은 잘 하지 못합니다. 그러므로 그가 비슷한 상황에 대처하기 위해서는 평소처럼 생각만 많이 할 게 아니라 그것을 입으로 말하고 표현하는 훈련을 해야 합니다. 아무도 평소에 연습하지 않은 것을 익숙하게 사용할 수는 없기 때문입니다.

나는 작가로서 어떤 출판사 사장님과 같이 식사를 하게 된 적이 있었습니다. 출판사 사장님은 내게 이런 이야기를 하였습니다.
"목사님은 좀 의외예요. 대체로 글을 잘 쓰는 사람들은 말을 잘 하지 못하거든요. 또 말을 잘 하는 분들은 글을 쓰지 못 하구요. 목사님은 말에도 달변이시면서 글을 잘 쓰시니까 좀 특이한 경우예요."
이것은 그분이 나를 칭찬하기 위해서 한 말은 아니었습니다. 목회자들은 설교를 많이 하고 집회 인도를 많이 하기 때문에 언어에 어느 정도 훈련이 될 수밖에 없어서 대체로 말의 표현에 별로 어려움을 겪지 않기 때문입니다.

하지만 이것은 중요한 원리입니다. 생각을 많이 하는 이들은 에너지가 뇌에만 몰려있고 입에는 별로 없기 때문에 언어의 사용은 서투릅니다. 사색적이고 지성적인 이들은 언어 에너지가 부족합니다.
또한 말을 잘하는 이들은 에너지가 입에 몰려 있어서 말은 잘하지만 생각하고 책을 읽는 것을 싫어합니다. 그것이 보통입니다.
하지만 이렇게 한쪽에만 능하다는 것은 별로 좋은 일이 아닙니다. 우리가 세상을 살아가다 보면 생각과 지혜와 아이디어가 필요할 때가 있지만 또한 언어로써 사람을 대하고 설득하고 표현해야 할 때도 적지 않게 있기 때문입니다.
그러므로 우리는 생각과 언어에 다 같이 익숙해지고 조화될 수 있도록 자신의 약한 부분을 훈련하고 연습하는 것이 필요합니다.
지성적인 이의 말투는 차분하고 논리적이며 잔잔한 분위기에서는 사람을 잘 설득하기도 하지만 그들의 소리에는 강력함이 부족하여 거칠고 강한 이들을 잘 다루지 못하며 힘이나 전파성이 부족한 것이 보통입니다. 그러므로 처음으로 발성 기도를 하는 사람이라면 먼저 소리를 내는 것을 연습하는 것이 필요합니다.

특히 사색적인 기질을 가지고 있어서 말을 하는 것에 익숙하지 않은 사람들은 마음속의 생각을 소리 내어 입으로 표현하는 것을 연습하기 시작해야 합니다.

소리를 자유롭게 원하는 대로 사용할 수 있도록 연습해야 합니다. 그것이 부르짖는 기도를 배우고 시도하는 시작입니다.

마음속에 말은 있는데 그것이 입에서 뱅뱅 돌기만 하고 입 밖으로 나오지 않는다면 그는 좀 더 연습을 해야 합니다.

부르짖는 기도, 발성 기도 이전에 익숙하게 소리를 사용할 수 있어야 하는 것입니다.

처음부터 강력하게 부르짖어 심령이 뻥 뚫리고 하늘 문이 열리게 하는 것은 어려울 것입니다. 그것은 많은 기도와 훈련과 경험의 결과입니다. 그것은 여행의 결과이지 시작부터 이루어지는 것이 아닙니다.

그러므로 부르짖는 기도에 앞서서 먼저 소리를 내어서 기도하는 발성 기도로부터 시작해야 합니다. 그리고 소리를 내어서 기도하는 훈련을 시작해야 하지만 또한 평소의 삶 속에서 소리를 내는 연습을 하는 것이 필요합니다.

평소에 언어를 별로 사용하지 않는 사람이라면 어린아이가 말을 배우는 것처럼 단순하게 언어를 표현하고 사용하는 연습을 하는 것이 좋습니다.

하늘을 조용히 바라보면서 '하늘' 이라고 분명하게 소리 내어서 말합니다. 있는 곳에서 보이는 글자들을 분명하게 소리 내어서 읽습니다. 손에 잡히는 책을 분명한 목소리로 읽어봅니다.

자신의 기분이나 생각을 표현해보는 것도 좋습니다. '나는 지금 기분이 좋다' 라든지 '나는 지금부터 기도하는 훈련을 할 것이다.' '나는 소리를 내어서 기도할 것이며 나의 마음을 주님께 분명하게 표현할 것이다' 하는 식으로 분명하게 힘을 주어서 말을 하는 것입니다.

마음속에 있는 결심이나 소원을 분명하게 말을 해보는 것도 좋습니다. 마음속으로 결심만을 하고 있는 것과 그것을 입으로 말해내는 것은 전혀 다른 일입니다.
고백을 하는 순간 우리의 마음속에 있는 것은 현실 세계로 들어오기 시작합니다.
그러므로 그것은 실현될 가능성이 한층 더 많아지는 것입니다. 말하지 않고 마음속에만 있는 것은 공상으로 끝날 가능성이 많이 있는 것입니다.
'나는 하나님의 사람이 될 것이다' 라고 말해보십시오.
'나는 기도의 사람이 될 것이다' 라고 말해보십시오.
'나는 아름답고 지혜롭고 사랑이 많고 겸손한 사람이 될 것이다' 라고 말해보십시오.
그러한 말을 믿음을 가지고 할 때 그것은 우리의 안에 어떤 역사를 일으키기 시작합니다. 말의 힘은 놀라운 것입니다.

생각 없이 습관적으로 말하지 말고 분명한 의식을 가지고 말을 하는 것은 중요한 훈련입니다. 아무 의식이 없는 채 나오는 대로 아무렇게나 말을 하는 사람이 있는데 그것은 어리석은 일이며 귀한 자원을 낭비하는 것입니다.
아름다운 의식을 가지고 아름다운 말을 하며 믿음의 의식을 가지고 믿음의 고백을 하는 것은 아주 좋은 일입니다. 그것은 우리에게 능력과 힘을 줍니다.

이러한 소리의 고백과 훈련은 그 자체가 바로 기도는 아니지만 기도에 있어서 중요한 기초가 되는 것입니다. 그것은 먼저 소리의 힘과 능력과 아름다움을 경험하는 훈련입니다.

사람들은 생각 없이 부정적이고 좋지 않은 고백을 많이 하지만 그 말의 힘이 자기에게 역사한다는 것은 잘 느끼지 않습니다.

예를 들어서 '나는 왜 이렇게 되는 일이 없을까' 하고 분명하게 입을 열어서 말을 하는 것, '아이들이 어찌나 내 속을 뒤집어 놓는지..' 이런 식의 말을 하는 것이 얼마나 구체적인 힘을 가지고 자신을 파괴하는지 잘 인식하지 못합니다.

그러므로 주의를 기울이고 믿음의 고백과 아름다운 소리를 표현하면서 그 소리가 자신에게, 자신의 안에 어떠한 역사를 일으키는지 조용히 관찰하는 것입니다. 그리고 그러한 소리가 주는 해방감을 느끼는 것입니다.

'나는 지금 행복하다' '나는 언제 어디서나 주님을 사랑하며 기뻐할 것이다' 이렇게 고백하며 자신의 안을 살펴보십시오.

곧 자신의 마음속에서 즐거움과 행복의 기운이 움직이며 올라오는 것을 느끼게 될 것입니다.

이러한 소리의 고백과 훈련은 소리의 아름다움과 자유로움을 경험하기 위한 훈련입니다.

이것은 단순히 소리로 말을 하는 것이 우리에게 중대한 축복임을 경험하는 것입니다. 그리고 소리가 생각보다 훨씬 더 강력한 힘을 가지고 있는 것을 경험하는 훈련입니다.

말하고 소리를 내는 것은 아주 간단하고 쉬운 훈련입니다. 하지만 이것은 기초이고 쉬우면서도 우리에게 즉각적으로 긍정적인 영향을 일으킵니다.

이러한 소리의 고백과 훈련을 통하여 소리의 아름다움을 느끼십시오.
어떤 이들은 말을 하고 소리를 내는 것이 유치하고 낮은 것이라고 생각합니다. 소리 자체에 대해서 부정적인 인식을 가지고 있는 이들도 있습니다. 무식한 사람들일수록 소리가 크고 말이 많다는 생각을 가지고 있는 이들도 있습니다.

그러나 소리가 좋지 않은 것이었다면 하나님은 소리를 창조하지 않으셨을 것이며 우리에게 소리를 주지 않으셨을 것입니다. 우리에게 말하는 기능을 주지 않으셨을 것입니다.

소리는 아름다운 것입니다. 균형이 깨지고 망가지고 나쁜 소리가 듣기 싫은 것이지 소리 자체는 좋은 것입니다. 말을 할 수 있다는 것은 아주 아름다운 일입니다.

그러므로 발성 기도에 앞서서 소리에 대한 부정적인 인식을 버리십시오. 소리의 아름다움을 경험하고 소리의 자유함을 경험하십시오. 영적이고 정신적인 것만이 우월한 것이며 소리나 보이는 것이나 육체와 물질에 속한 것이 열등한 것이라는 인식을 버리십시오.

물질은 보이지 않는 것에 대한 표현입니다.
육체는 영혼의 표현입니다.
그러므로 영혼이 아름다우면 육체도 아름답습니다.
영혼이 아름다우면 소리도 아름답게 됩니다.

자유롭게 말하는 것을 훈련하십시오.
아이들의 머리를 쓰다듬어주면서 '나는 너를 참으로 좋아한단다.' 라고 말해보십시오.
그리고 그 소리가 아이에게, 그리고 자신에게 주는 즐거움과 행복의 느낌을 느껴보십시오.
말하는 것은 아주 좋은 것입니다. 마음에 병이 있는 사람이 충분히 말을 할 수 있다면 그 사람의 병은 회복될 것입니다.
말을 하는 것을 즐길 수 있다면 그의 속에 있는 질병의 에너지는 자꾸 바깥으로 나가게 되며 그는 점점 더 몸과 마음이 가벼워지게 됩니다.
친구가 없이 하루 종일 혼자 있으며 말을 할 기회를 갖지 못하는 이들은 점점 더 몸과 마음이 병들게 됩니다.

소리는 사람을 강하게, 아름답게 만드는 것입니다.
지속적으로 자주 소리를 말해내고 표현하는 것을 훈련하십시오.
소리가 주는 즐거움을 느껴보십시오.
소리를 내는 것은 아주 아름다운 일입니다.
그것은 당신의 몸과 마음을 건강하게 합니다.

그렇게 소리의 즐거움을 경험하면 할수록
당신은 발성 기도와 부르짖는 기도를 쉽게 할 수 있게 될 것이며
하나님의 은총에 가까이 갈 수 있게 될 것입니다.

2. 강력한 성경 읽기를 훈련하라

발성 기도와 부르짖는 기도를 시작하기 전에 먼저 소리를 표현하는 것을 훈련하는 것이 좋습니다. 그렇게 해서 소리를 내는 것에 익숙해지는 것이 좋습니다.
특히 성경을 부르짖듯이 소리 내어 읽는 것은 영혼을 강건케 하고 감각을 깨우는데 아주 좋은 훈련입니다.

성경은 하나님의 말씀이며 놀라운 약속과 권능과 은총이 담겨있는 책입니다.
그런데 이 말씀을 눈으로 읽고 마음으로 묵상하는 경우는 많지만 소리를 내어서 읽는 경우는 드문 것 같습니다.
그러나 말씀을 눈으로 읽는 것과 소리를 내어서 읽는 것은 아주 다릅니다. 특히 강렬하게 부르짖듯이 성경을 읽는 것은 우리 영혼에 강한 충격을 줍니다.

눈으로 말씀을 묵상할 때 그것은 뇌를 자극하며 그 말씀이 우리 안에 스며들게 합니다.
그러나 입으로 소리를 내어 말씀을 발성하게 되면 그 말씀이 직접 우리의 몸과 영혼에 부딪칩니다. 그래서 우리 속에서 어떤 영적인 움직임, 영적 작용이 일어나게 됩니다.
그냥 소리를 내서 읽는 것과 부르짖듯이 강력하게 말씀을 읽는 것은 또 다릅니다. 그것은 우리 안에 깊은 충격을 줍니다.
평소에 말씀을 읽으며 눈물을 흘려본 적이 없는 이들도 이렇게 성경을 소리내어 읽게·되면 가슴이 벅차오르며 충격이 오는 것을 느끼게 됩니다. 그것은 말씀의 능력과 말씀의 영이 실제적으로 그에게 임하기 때문입니다. 평소에 말하는 톤으로 낭송을 하듯이 말씀을 읽으면 그것도 좋기는 하지만 소리의 훈련을 위해서는 강력하게 읽는 것이 좋습니다. 그것이 좀 더 선명한 효과를 주기 때문입니다.

평소에 말을 하는 톤으로, 책을 읽듯이 소리를 내어서 성경을 읽으면 조금 후에는 힘이 빠지고 탈진하게 됩니다. 소리를 통해서 기운이 나가기 때문입니다.

보통 말을 많이 하는 이들은 나중에 탈진 상태에 빠지게 됩니다. 교사와 같이 말을 많이 해야 하는 직업은 특히 그럴 것입니다.

그러나 강력하게 성경을 읽으면 다릅니다. 그것은 표면적인 발성이 아니며 소리가 속에서 나오게 됩니다.

그러므로 강력하게 소리를 내어서 읽을수록 힘이 빠지는 것이 아니라 오히려 더 힘이 나게 됩니다. 소리를 낼수록 오히려 더 그 소리에 사로잡히게 되는 것입니다. 그러므로 보통 목소리의 톤으로 성경을 읽거나 힘없이 읽으면 힘이 빠지게 되지만 아주 강력한 소리로 읽으면 오히려 힘이 넘치게 됩니다.

이런 요령으로 성경을 읽는 것이 좋습니다.

먼저 눈에 힘을 강하게 주십시오. 눈에 힘을 주지 않으면 강력하게 소리를 내어서 읽기가 힘이 듭니다. 눈의 힘이 약한 사람은 소리도 약하며 항상 힘이 없이 말하는 것이 보통입니다. 그러므로 먼저 눈을 부릅뜨고 강하게 해야 합니다.

그리고 온 몸을 긴장시키고 힘을 주십시오. 온 몸의 긴장도 역시 강력한 발성으로 말씀을 읽는 데 중요한 준비입니다.

그리고 말씀을 읽을 때 배에 힘을 주고 큰 소리로 읽으십시오.

마치 웅변을 하는 것처럼, 연극의 대사를 읊는 것처럼, 약간 과장스럽게, 감정을 넣어서 큰 소리로 읽는 것입니다. 성경의 본문은 시편이나 선지서의 부분을 선택하는 것이 좋을 것입니다.
본문 속의 저자가 강력하게 호소하거나 부르짖는 내용을 읽는 것이 좋습니다.
저자의 느낌으로 그 저자의 마음이 되어서 같이 강력하게 외치고 부르짖는 것입니다.
아무 곳의 말씀을 선택해서 읽어도 상관이 없지만 참고를 위하여 예문을 선택해보겠습니다.

시55:1-16

1. 하나님이여 내 기도에 귀를 기울이시고 내가 간구할 때에 숨지 마소서
2. 내게 굽히사 응답하소서 내가 근심으로 편치 못하여 탄식하오니
3. 이는 원수의 소리와 악인의 압제의 연고라 저희가 죄악으로 내게 더하며 노하여 나를 핍박하나이다
4. 내 마음이 내 속에서 심히 아파하며 사망의 위험이 내게 미쳤도다
5. 두려움과 떨림이 내게 이르고 황공함이 나를 덮었도다
6. 나의 말이 내가 비둘기같이 날개가 있으면 날아가서 편히 쉬리로다
7. 내가 멀리 날아가서 광야에 거하리로다(셀라)
8. 내가 피난처에 속히 가서 폭풍과 광풍을 피하리라 하였도다
9. 내가 성내에서 강포와 분쟁을 보았사오니 주여 저희를 멸하소서 저희 혀를 나누소서
10. 저희가 주야로 성벽 위에 두루 다니니 성중에는 죄악과 잔해함이 있으며
11. 악독이 그 중에 있고 압박과 궤사가 그 거리를 떠나지 않도다
12. 나를 책망한 자가 원수가 아니라 원수일찐대 내가 참았으리라 나를 대

하여 자기를 높이는 자가 나를 미워하는 자가 아니라 미워하는 자일찐대 내가 그를 피하여 숨었으리라

13. 그가 곧 너로다 나의 동류, 나의 동무요 나의 가까운 친우로다
14. 우리가 같이 재미롭게 의논하며 무리와 함께하여 하나님의 집안에서 다녔도다
15. 사망이 홀연히 저희에게 임하여 산채로 음부에 내려갈찌어다 이는 악독이 저희 거처에 있고 저희 가운데 있음이로다
16. 나는 하나님께 부르짖으리니 여호와께서 나를 구원하시리로다

시42:1-11

1. 하나님이여 사슴이 시냇물을 찾기에 갈급함 같이 내 영혼이 주를 찾기에 갈급하니이다
2. 내 영혼이 하나님 곧 생존하시는 하나님을 갈망하나니 내가 어느 때에 나아가서 하나님 앞에 뵈올고
3. 사람들이 종일 나더러 하는 말이 네 하나님이 어디 있느뇨 하니 내 눈물이 주야로 내 음식이 되었도다
4. 내가 전에 성일을 지키는 무리와 동행하여 기쁨과 찬송의 소리를 발하며 저희를 하나님의 집으로 인도하였더니 이제 이 일을 기억하고 내 마음이 상하는도다
5. 내 영혼아 네가 어찌하여 낙망하며 어찌하여 내 속에서 불안하여 하는고 너는 하나님을 바라라 그 얼굴의 도우심을 인하여 내가 오히려 찬송하리로다
6. 내 하나님이여 내 영혼이 내 속에서 낙망이 되므로 내가 요단땅과 헤르몬과 미살 산에서 주를 기억하나이다
7. 주의 폭포 소리에 깊은 바다가 서로 부르며 주의 파도와 물결이 나를 엄몰하도소이다

8. 낮에는 여호와께서 그 인자함을 베푸시고 밤에는 그 찬송이 내게 있어 생명의 하나님께 기도하리로다
9. 내 반석이신 하나님께 말하기를 어찌하여 나를 잊으셨나이까 내가 어찌하여 원수의 압제로 인하여 슬프게 다니나이까 하리로다
10. 내 뼈를 찌르는 칼같이 내 대적이 나를 비방하여 늘 말하기를 네 하나님이 어디 있느냐 하도다
11. 내 영혼아 네가 어찌하여 낙망하며 어찌하여 내 속에서 불안하여 하는고 너는 하나님을 바라라 나는 내 얼굴을 도우시는 내 하나님을 오히려 찬송하리로다

시51:1-15

1. 하나님이여 주의 인자를 좇아 나를 긍휼히 여기시며 주의 많은 자비를 좇아 내 죄과를 도말하소서
2. 나의 죄악을 말갛게 씻기시며 나의 죄를 깨끗이 제하소서
3. 대저 나는 내 죄과를 아오니 내 죄가 항상 내 앞에 있나이다
4. 내가 주께만 범죄하여 주의 목전에 악을 행하였사오니 주께서 말씀하실 때에 의로우시다 하고 판단하실 때에 순전하시다 하리이다
5. 내가 죄악 중에 출생하였음이여 모친이 죄 중에 나를 잉태하였나이다
6. 중심에 진실함을 주께서 원하시오니 내 속에 지혜를 알게 하시리이다
7. 우슬초로 나를 정결케 하소서 내가 정하리이다 나를 씻기소서 내가 눈보다 희리이다
8. 나로 즐겁고 기쁜 소리를 듣게 하사 주께서 꺾으신 뼈로 즐거워하게 하소서
9. 주의 얼굴을 내 죄에서 돌이키시고 내 모든 죄악을 도말하소서
10. 하나님이여 내 속에 정한 마음을 창조하시고 내 안에 정직한 영을 새롭게 하소서

11. 나를 주 앞에서 쫓아내지 마시며 주의 성신을 내게서 거두지 마소서
12. 주의 구원의 즐거움을 내게 회복시키시고 자원하는 심령을 주사 나를 붙드소서
13. 그러하면 내가 범죄자에게 주의 도를 가르치리니 죄인들이 주께 돌아오리이다
14. 하나님이여 나의 구원의 하나님이여 피 흘린 죄에서 나를 건지소서 내 혀가 주의 의를 높이 노래하리이다
15. 주여 내 입술을 열어주소서 내 입이 주를 찬송하여 전파하리이다

시57:1-11

1. 하나님이여 나를 긍휼히 여기시고 나를 긍휼히 여기소서 내 영혼이 주께로 피하되 주의 날개 그늘 아래서 이 재앙이 지나기까지 피하리이다
2. 내가 지극히 높으신 하나님께 부르짖음이여 곧 나를 위하여 모든 것을 이루시는 하나님께로다
3. 저가 하늘에서 보내사 나를 삼키려는 자의 비방에서 나를 구원하실찌라 (셀라) 하나님이 그 인자와 진리를 보내시리로다
4. 내 혼이 사자 중에 처하며 내가 불사르는 자 중에 누웠으니 곧 인생 중에라 저희 이는 창과 살이요 저희 혀는 날카로운 칼 같도다
5. 하나님이여 주는 하늘 위에 높이 들리시며 주의 영광은 온 세계 위에 높아지기를 원하나이다
6. 저희가 내 걸음을 장애하려고 그물을 예비하였으니 내 영혼이 억울하도다 저희가 내 앞에 웅덩이를 팠으나 스스로 그 중에 빠졌도다(셀라)
7. 하나님이여 내 마음이 확정되었고 내 마음이 확정되었사오니 내가 노래하고 내가 찬송하리이다
8. 내 영광아 깰찌어다 비파야, 수금아, 깰찌어다 내가 새벽을 깨우리로다
9. 주여 내가 만민 중에서 주께 감사하오며 열방 중에서 주를 찬송하리이다

10. 대저 주의 인자는 커서 하늘에 미치고 주의 진리는 궁창에 이르나이다
11. 하나님이여 주는 하늘 위에 높이 들리시며 주의 영광은 온 세계 위에 높아지기를 원하나이다

사1:1-20

1. 유다 왕 웃시야와 요담과 아하스와 히스기야 시대에 아모스의 아들 이사야가 유다와 예루살렘에 대하여 본 이상이라
2. 하늘이여 들으라 땅이여 귀를 기울이라 여호와께서 말씀하시기를 내가 자식을 양육하였거늘 그들이 나를 거역하였도다
3. 소는 그 임자를 알고 나귀는 주인의 구유를 알건마는 이스라엘은 알지 못하고 나의 백성은 깨닫지 못하는도다 하셨도다
4. 슬프다 범죄한 나라요 허물진 백성이요 행악의 종자요 행위가 부패한 자식이로다 그들이 여호와를 버리며 이스라엘의 거룩한 자를 만홀히 여겨 멀리하고 물러갔도다
5. 너희가 어찌하여 매를 더 맞으려고 더욱 더욱 패역하느냐 온 머리는 병들었고 온 마음은 피곤하였으며
6. 발바닥에서 머리까지 성한 곳이 없이 상한 것과 터진 것과 새로 맞은 흔적뿐이어늘 그것을 짜며 싸매며 기름으로 유하게 함을 받지 못하였도다
7. 너희 땅은 황무하였고 너희 성읍들은 불에 탔고 너희 토지는 너희 목전에 이방인에게 삼키웠으며 이방인에게 파괴됨 같이 황무하였고
8. 딸 시온은 포도원의 망대 같이, 원두밭의 상직막 같이, 에워싸인 성읍 같이 겨우 남았도다
9. 만군의 여호와께서 우리를 위하여 조금 남겨 두지 아니하셨더면 우리가 소돔 같고 고모라 같았었으리로다
10. 너희 소돔의 관원들아 여호와의 말씀을 들을찌어다 너희 고모라의 백성아 우리 하나님의 법에 귀를 기울일찌어다

11. 여호와께서 말씀하시되 너희의 무수한 제물이 내게 무엇이 유익하뇨 나는 수양의 번제와 살진 짐승의 기름에 배불렀고 나는 수송아지나 어린 양이나 수염소의 피를 기뻐하지 아니하노라
12. 너희가 내 앞에 보이러 오니 그것을 누가 너희에게 요구하였느뇨 내 마당만 밟을 뿐이니라
13. 헛된 제물을 다시 가져오지 말라 분향은 나의 가증히 여기는바요 월삭과 안식일과 대회로 모이는 것도 그러하니 성회와 아울러 악을 행하는 것을 내가 견디지 못하겠노라
14. 내 마음이 너희의 월삭과 정한 절기를 싫어하나니 그것이 내게 무거운 짐이라 내가 지기에 곤비하였느니라
15. 너희가 손을 펼 때에 내가 눈을 가리우고 너희가 많이 기도할지라도 내가 듣지 아니하리니 이는 너희의 손에 피가 가득함이니라
16. 너희는 스스로 씻으며 스스로 깨끗케 하여 내 목전에서 너희 악업을 버리며 악행을 그치고
17. 선행을 배우며 공의를 구하며 학대받는 자를 도와주며 고아를 위하여 신원하며 과부를 위하여 변호하라 하셨느니라
18. 여호와께서 말씀하시되 오라 우리가 서로 변론하자 너희 죄가 주홍 같을지라도 눈과 같이 희어질 것이요 진홍 같이 붉을찌라도 양털 같이 되리라
19. 너희가 즐겨 순종하면 땅의 아름다운 소산을 먹을 것이요
20. 너희가 거절하여 배반하면 칼에 삼키우리라 여호와의 입의 말씀이니라

렘33:1-11

1. 예레미야가 아직 시위대 뜰에 갇혔을 때에 여호와의 말씀이 그에게 다시 임하니라 가라사대

2. 일을 행하는 여호와, 그것을 지어 성취하는 여호와, 그 이름을 여호와라 하는 자가 이같이 이르노라
3. 너는 내게 부르짖으라 내가 네게 응답하겠고 네가 알지 못하는 크고 비밀한 일을 네게 보이리라
4. 이스라엘의 하나님 여호와가 말하노라 무리가 이 성읍의 가옥과 유다 왕궁을 헐어서 갈대아인의 흉벽과 칼을 막아
5. 싸우려 하였으나 내가 나의 노와 분함으로 그들을 죽이고 그 시체로 이 성에 채우게 하였나니 이는 그들의 모든 악을 인하여 나의 얼굴을 가리워 이 성을 돌아보지 아니하였음이니라
6. 그러나 보라 내가 이 성을 치료하며 고쳐 낫게 하고 평강과 성실함에 풍성함을 그들에게 나타낼 것이며
7. 내가 유다의 포로와 이스라엘의 포로를 돌아오게 하여 그들을 처음과 같이 세울 것이며
8. 내가 그들을 내게 범한 그 모든 죄악에서 정하게 하며 그들의 내게 범하며 행한 모든 죄악을 사할 것이라
9. 이 성읍이 세계 열방 앞에서 내게 기쁜 이름이 될 것이며 찬송과 영광이 될 것이요 그들은 나의 이 백성에게 베푼 모든 복을 들을 것이요 나의 이 성읍에 베푼 모든 복과 모든 평강을 인하여 두려워하며 떨리라
10, 11 나 여호와가 이같이 말하노라 너희가 가리켜 말하기를 황폐하여 사람도 없고 짐승도 없다 하던 여기 곧 황폐하여 사람도 없고 주민도 없고 짐승도 없던 유다 성읍들과 예루살렘 거리에서
즐거워하는 소리, 기뻐하는 소리, 신랑의 소리, 신부의 소리와 및 만군의 여호와께 감사하라, 여호와는 선하시니 그 인자하심이 영원하다 하는 소리와 여호와의 집에 감사제를 드리는 자들의 소리가 다시 들리리니 이는 내가 이 땅의 포로로 돌아와서 처음과 같이 되게 할 것임이니라 여호와의 말이니라

이상의 말씀을 간절한 마음으로 외치듯이 부르짖어 읽어보십시오. 주먹을 불끈 쥐고 사자가 포효하는 것처럼 읽어보십시오. 마음이 뜨거워질 것입니다. 시편 저자의 심정이 그대로 느껴지게 될 것입니다.
예언서를 강력하게 읽을 때는 예언자의 심정이, 그리고 아프고 상하신 하나님의 마음이 뜨겁게 다가오게 될 것입니다. 그리하여 전율과 눈물과 통곡이 터져 나오게 될 것입니다.

나의 경우도 시편이나 예언서를 뜨겁게 읽으면서 많이 통곡하였고 그 말씀에 사로잡히게 되는 것을 느끼곤 했습니다.
"너희가 어찌하여 나를 버리느냐.." 이런 말씀을 큰 소리로 읽을 때는 "어찌하여...!" 하는 부분에서는 하나님의 아픈 마음이 느껴져서 자리에서 데굴데굴 구르면서 한동안 통곡을 하기도 했습니다.
말씀을 강력하게 읽을 때 직접 그 말씀의 영이 오셔서 사로잡으시는 것입니다.

성경을 강력하게 읽으면 그것은 단순히 눈으로 보고 머리로 묵상하는 것과는 전혀 다른 느낌을 받게 됩니다. 그것은 마치 말씀의 강력한 파워로 맞은 것 같으며 심령 가운데 말씀의 벼락이 떨어지는 것 같은 감동과 느낌입니다.
특히 자기의 입장이나 상황과 비슷한 말씀을 읽을 때 그 말씀은 우리에게 실제적인 힘과 능력이 되기도 합니다.
어려움을 겪고 있는 이가 "하나님이여. 나를 긍휼히 여기소서!" 하고 부르짖듯이 강력하게 외치다보면 그 기도가 우리의 기도가 되고 진정 하나님께서 우리의 상황을 아시고 들으시는 것처럼 감동과 위안을 느끼게 됩니다.
사람들로 인하여 고통을 당하고 있을 때 "사람이 내게 어찌하리이까!" 하고 고백하는 말씀을 외치게 되면 동시에 힘과 능력이 느껴지게 됩니다. 말씀의 한 부분 부분이 살아서 우리의 심령 속에 파고드는 것을 경험하게 되는 것입니다.

말씀을 강력하게 부르짖듯이 읽는 것은 부르짖는 기도는 아닙니다. 하지만 그것은 어떤 의미에서 부르짖는 기도와 비슷합니다. 성경에 기록된 기도문을 우리가 간절한 마음으로 부르짖어 읽을 때 성경 저자의 기도는 곧 우리의 기도가 되기 때문입니다.

성경의 예언자들은 다 그렇게 부르짖어 기도함으로 하나님의 영을 받고 말씀을 받았으므로 우리가 그들의 마음과 영으로 같이 그 말씀을 외칠 때 그들의 경험이 곧 우리의 경험이 될 수 있는 것입니다. 예언서의 말씀을 강력하게 외치다가 예언의 은사를 강력하게 받은 사람도 나는 보았는데 그것은 말씀을 간절한 마음으로 외칠 때 그 예언의 영이 임하시기 때문입니다.

부르짖는 기도는 아니더라도 이와 같이 말씀을 부르짖는 기도의 도구로 사용할 때 그것은 우리의 영혼에 놀라운 충격을 주게 됩니다. 우리는 부르짖는 기도란 어떤 것인지, 얼마나 강력하고 힘이 있는 것인지, 부르짖는 기도가 얼마나 강력한 하나님의 임재와 영광을 가져오는 것인지를 간접적으로 느낄 수 있는 것입니다.

이 훈련의 방법을 사용해보십시오. 처음에는 익숙하지 않고 어색하겠지만 꾸준히 간절한 마음으로 시도해보십시오.

당신은 하나님의 말씀이 당신의 가슴에 불을 지르는 것을 느끼게 될 것입니다.

이런 식으로 소리를 통해서 은혜와, 하나님의 임재와 접하는 것을 훈련하십시오. 이렇게 소리에 대해서 당신이 익숙해질 때 당신은 새로운 능력의 세계에 들어가게 될 것입니다.

소리를 통해서 하나님의 능력과 은총이 당신에게 점점 더 가깝게, 실제적으로 임하는 것을 점점 더 경험할 수 있게 될 것입니다. 할렐루야.

3. 이중적인 언어를 사용하지 말라

기도는 삶입니다. 기도는 삶으로 드리는 것입니다. 어떤 이가 기도는 잘 하면서도 삶에서 바른 열매가 없다면 그는 아직 진정한 기도를 드리고 있는 것이 아닙니다. 참된 기도는 바른 삶에 기초해서 드릴 수 있는 것이기 때문입니다.

발성 기도나 부르짖는 기도도 마찬가지입니다. 우리가 소리를 통하여 기도하고 소리를 통하여 우리의 마음을 주님께 올려드리기 원한다면 우리는 평소에 소리를 사용하는 방식이 바르게 되어있어야 합니다. 우리가 평소에 하는 소리와 언어가 바르지 않다면 우리는 바른 통성 기도를 드릴 수 없을 것입니다.

그러므로 발성 기도나 부르짖는 기도도 평소의 언어 습관과 아주 밀접한 관계를 가지고 있습니다. 그렇기 때문에 발성 기도를 잘 하기 위해서는 평소에 말을 하는 습관에 주의를 기울여야 합니다.

평소에 아무렇게나 말을 한다면 우리는 발성 기도를 잘 할 수 없을 것이며 피상적이고 형식적인 기도에 머물 뿐 깊은 발성 기도로 발전해갈 수 없을 것입니다.

기계적인 훈련을 통하여 표면적으로는 뜨겁게 기도할 수 있을지 모르지만 그렇게 뜨겁게 기도해도 요란하기만 할 뿐 그 기도에는 주님의 임재와 기름부음이 없을 것입니다.

어느 누구든지 언어생활이 100% 완전한 사람은 없을 것입니다. 그러나 발성 기도를 위해서 특별하게 주의해야 하는 것은 평소의 언어에 진실함이 있어야 한다는 것입니다. 반드시 평소에 진실을 말하는 습관을 가지고 있어야 합니다.

마음에 없는 말이나 속의 생각과 다른 말을 하는 것은 아주 좋지 않습니다. 그것은 영혼에도 좋지 않지만 그러한 습관을 가진 사람은 바른 발성 기도를 하기가 어렵습니다.

물론 언어를 통한 다른 잘못들도 많이 있습니다. 부정적이고 자학적인 말이라든가, 남을 비난하는 말이라든가, 원망 불평을 하는 말이라든가.. 그러한 것들도 다 잘못된 언어생활입니다. 그러한 언어생활도 역시 발성 기도에 방해가 됩니다.

평소에 입술을 악한 영들에게 내어주고 악한 영들의 도구가 되어있던 사람이 기도할 때 갑자기 그 입을 하나님께 맡긴다고 할지라도 주님께서 그 입을 사용하시기는 어려울 것이기 때문입니다. 평소에 악으로 가득한 입이 기도할 때에 갑자기 천사의 입으로 바뀔 수는 없습니다.

그러나 그러한 다른 악들보다도 마음속에 있는 것과 다른 말을 하는 악은 영혼에 심각한 타격을 줍니다.

세리와 창기는 악한 사람들이었습니다. 그러나 이중적이지는 않았습니다. 그들이 악하고 나쁜 존재라는 것은 모든 사람들이 다 알고 있었습니다. 그리고 그들 자신도 알고 있었습니다. 그러므로 그들은 주님께 나아갈 수 있었습니다.

그러나 바리새인들은 달랐습니다. 그들은 이중적인 사람들이었습니다. 그들은 겉으로 보기에는 그럴듯하고 선하고 영적인 사람으로 보였습니다. 그러나 그들의 속은 악했습니다. 그들의 말은 겉으로는 선하게 들렸으나 그들의 속은 악했습니다. 사람들은 그들을 존경받을 만하고 선한 사람으로 생각했습니다.

심지어 그들 자신도 자신이 선하고 좋은 사람이며 자신들은 세리나 창기와 같이 더러운 존재와는 질이 다르다고 생각했습니다. 그들은 속은 악했으나 겉으로는 선한 모습을 가지고 있었고 입의 말은 경건하고 거룩했던 것입니다. 주님께서는 세리와 창기는 꾸짖지 않으셨으나 바리새인들에 대해서는 혹독하게 꾸짖으셨습니다.
여기에서 분명한 것은 겉이 더러운 것보다 속이 더러운 것이 더 큰 문제가 된다는 것입니다.
겉의 말이 더러운 것보다 속의 마음이 더러운 것이 더 큰 문제가 됩니다. 중요한 것은 악하고 더러운 것 자체보다 이중적이고 겉과 속이 다른 것이 더 큰 문제라는 것입니다.
주님께서는 거짓 선지자를 삼가라고 말씀하시며 그들은 양의 옷을 입고 있지만 속에는 노략질하는 이리의 마음을 가지고 있다고 하셨습니다. (마7:15) 주님은 이처럼 겉이 더러운 것보다 이중적이고 위선적인 것을 더 싫어하셨습니다.

평소의 언어생활에 있어서 악하고 더러운 말보다 더 영적으로 좋지 않고 위험한 것은 이중적인 말입니다. 진실에서 나오지 않는 말입니다.
이러한 말을 습관적으로 하는 사람은 영혼이 복잡하게 되며 바른 발성기도를 하기가 어려워집니다.
언어가 평소에 자기 마음과 반대로 항상 나왔기 때문에 갑자기 진실하고 진지한 말을 하려고 해도 그것이 잘 안 되는 것입니다.

어떤 이들은 습관적으로 속의 마음과 정반대되는 말을 하곤 합니다. 그것은 잘못된 것입니다. 어떤 이들은 상대방이 싫어할까봐 상대방이 듣기 좋은 말을 합니다. 그것도 옳지 않습니다.
속의 마음과 다른 말을 할 때 그의 영혼에는 혼돈이 오게 됩니다. 그의 속생각은 다른데 입술로는 반대의 이야기를 하게 될 때 영혼은 어느 쪽이 그의 진짜 마음인지 혼란에 빠지게 됩니다.
그것이 반복되면 영혼은 그가 말할 때마다 혼란스럽게 되고 나중에는 그의 말을 믿지 않게 되며 그의 말대로 역사하지 않게 됩니다.
결과적으로 그러한 사람은 언어의 권능을 상실하게 되는 것입니다. 그는 무엇을 말하고 시인하고 선포해도 하나도 그대로 되는 일이 없게 됩니다. 그의 영혼이 그의 말을 믿지 않고 신뢰하지 않으므로 그의 말을 무시해버리는 것입니다. 그러면 그의 말은 그저 소리일 뿐 말에 영적인 능력이 실리지 않게 됩니다. 그의 말에 영혼이 함께 하지 않는 것입니다. 그러므로 그에게는 아무런 긍정적인 일도 이루어지지 않게 되는 것입니다.

나는 언젠가 이런 언어의 유희를 들은 적이 있습니다.
약속을 지키지 않은 여성이 남성에게 말했습니다. '여자 마음 모르세요? 입의 말과 속의 마음은 정반대라는 것을요..'
그녀는 또 이런 말도 하였습니다. '여자 말 다 믿으세요?'
그것은 정말 언어의 유희입니다. 그것은 바보 같은 말입니다.
자신이 정직하지 않으면서 왜 전체 여성을 다 끌고 가는지 이해가 가지 않습니다.
오늘날 여성의 심리가 어떻고.. 금성인 화성인이 어떻고.. 하는 이야기가 유행처럼 퍼져있지만 그런 식으로 책임을 전가하는 것은 잘못입니다. 유행하는 악도 악은 악입니다.
여성도 남성도 자기의 마음을 정직하게 표현하는 것을 훈련해야 합니다. 아무리 그럴듯하게 심리적으로 문화적으로 설명을 갖다 붙여도 그러한 언어의 어긋남에는 악한 영들의 억압이 오게 됩니다.

이렇게 생각하는 사람도 있을 것입니다. '그것은 좋다. 하지만 사회생활을 하다보면 마음에 없는 이야기를 해야 할 때도 있지 않은가. 예를 들어서 용모가 아주 뚱뚱하고 못생긴 여자에게 당신은 못생겼다고 말할 수는 없지 않은가.'

나는 그 의미를 이해합니다. 자기의 속에 있는 생각을 정직하게 표현하기 위해서 남이 상처가 되든 말든 해버린다면 그것은 분명히 지혜롭지 못한 행동입니다.

하지만 우리는 그렇기 때문에 지혜를 구해야 합니다. 그리고 바른 언어생활을 위해서 노력해야 합니다. 정직하면서도 사람들에게 덕을 세우는 말을 할 수 있도록 지혜를 구해야 하는 것입니다.

뚱뚱하고 못생긴 여성에게 당신은 못생겼으며 뚱뚱하다고 말한다면 그것은 정직한 것이 아니라 무례하고 악한 것입니다. 또한 마음속으로 그렇게 생각하면서도 겉으로는 '미인이십니다' 라고 했다면 그것은 거짓말을 한 것입니다.

그녀를 칭찬하고 싶다면 그렇게 거짓으로 칭찬을 해서는 안 됩니다. 먼저 마음속으로 '그녀는 뚱뚱하고 못 생겼다' 라고 판단하고 있으면 이미 그의 관점에 문제가 있는 것이기 때문에 그는 어떤 말을 해도 좋지 않습니다.

그러나 그가 주님의 마음으로 사랑의 마음으로 그녀를 본다면 그는 그녀의 독특한 아름다움을 느낄 수 있을 것입니다.

그녀가 다른 이들을 잘 배려해준다든지, 여러 가지 재능으로 다른 이들을 기쁘게 해준다든지, 성숙된 삶의 향기가 뿜어져 나온다든지.. 하는 면을 발견할 수도 있을 것입니다. 그러면 그는 그가 느꼈던 것을 통하여 그녀를 칭찬해줄 수 있습니다.

칭찬이란 이러한 깨달음과 통찰력을 통해서 느끼고 그것을 입으로 시인함으로 가능한 것이지 마음에도 없는 말을 하는 것이 칭찬이 아닙니다. 그러한 것은 조롱으로 느껴질 수도 있습니다.

만약 그러한 마음의 감동이나 느낌이 전혀 없다면 아예 말을 하지 않는 것이 낫습니다.

아무튼 분명한 것은 마음에 있는 것과 반대의 말을 하면 그것은 영혼에 충격이 되며 언어의 힘이 파괴되기 때문에 그는 바른 발성 기도를 드리기가 어렵다는 것입니다. 이것을 반드시 기억하고 말을 조심해야 합니다.

그러므로 평소에 말을 할 때 자신이 분명히 그렇다고 생각하는 것을 시인하고 말해야 합니다. 확신이 없으면서도 확신이 있는 것처럼 이야기하는 것도 좋지 않습니다.

충분하지는 않지만 그렇게 되기를 기대하고 믿음을 가지고 시인한다면 그것은 좋은 말입니다. 상대방을 충분히 많이 사랑하는 것은 아니더라도 그렇게 되기를 바라는 마음으로 사랑한다고 말을 한다면 그것도 좋은 말입니다. 그러나 속으로 그를 싫어하면서 그렇게 말을 해서는 안 됩니다.

발성 기도를 잘하기 위해서 그리스도인들은 자신이 좋아하는 것, 소원하는 것을 분명하게 시인하고 고백하는 것이 좋습니다. 기도할 때도 그렇게 해야 합니다.

예를 들어서 결혼 적령기에 있는 여성이 "주님! 저는 시집가고 싶어요!" 하고 분명하게 기도하는 것은 좋은 일입니다.

마음속에 그러한 감동이 있다면 그것을 표현하고 선포하는 것은 좋은 것입니다.

그러나 마음속에는 그것을 소원하고 있지만 그것을 입으로 고백하는 것을 어려워하고 부끄럽게 여기는 이들이 있습니다.

그것은 문제가 있는 것입니다.

자기가 정말 속으로 원하는 것을 분명하게 입으로 시인하고 외칠 수 없다면 그 기도는 이루어지기 어렵습니다. 자기 안에 무엇인가가 그 기도의 응답을 방해하는 요소가 있기 때문입니다.

정당한 기도와 소원에 대해서 부끄럽게 여기는 마음이 있다면 그것도 역시 기도 응답에 방해가 되는 요인입니다.

경제적으로 아주 궁핍해서 속으로는 돈이 얼마 있어야 하는데.. 하고 생각하면서도 "주님! 돈을 주세요!" 하고 소리치는 것을 부끄럽게 여기는 사람이 있다면 그도 역시 무엇인가가 막혀 있는 것입니다.

그의 속마음과 겉의 입술은 일치하지 않습니다. 이러한 사람에게는 능력이 없으며 기도의 응답도 잘 오지 않습니다.

그는 기도 응답을 기대하기 전에 먼저 그의 안에 있는 방해하는 영들, 방해가 되는 마음을 내려놓아야 합니다.

기도하면서 자기의 소원을 분명하게 고백하고 표현하는 것은 아름다운 일이며 좋은 일입니다. 속으로 원하면서도 부끄럽게 여기고 망설이고 있다면 그의 몸과 영혼은 일치하고 있는 것이 아닙니다.

'주님, 저는 아름다워지고 싶습니다!' '주님! 저는 이성에게 인기가 있는 사람이 되고 싶습니다!' 마음속으로 원하고 있다면 그렇게 외치는 것은 좋은 기도입니다.

어떤 사람이 주님께 온전히 사로잡혀서 세상의 욕망이나 소원에 대해서 전혀 관심이 없다면 그것은 좋은 일입니다. 그러나 그의 영적인 수준이나 상태는 그렇지 않으면서 그러한 것은 육적이며 유치한 것이라고 여기고 입으로 고백하여 기도하는 것을 부끄러워한다면 그것은 곤란한 일입니다. 그의 영혼은 혼란스럽게 되며 성장하기 어렵고 기도 응답을 경험하기도 어렵습니다.

우리는 평소에 마음에 있는 것을 분명하게 고백하고 시인해야 합니다. 기도할 때도 그렇게 해야 합니다.

말하고 고백하기 부끄러운 마음이 있다면 소리치기 전에 먼저 자기 마음을 살피고 부정적이고 어둡고 방해가 되는 생각과 영을 버려야 합니

다. 그리고 자신의 소원을 고백할 때 기쁨과 후련함을 느낄 수 있어야
합니다. 그래야 말과 영이 일치되는 것이며 응답이 가까운 것입니다.
이 사실을 부디 기억해두십시오. 기도를 잘하는 것은 단지 테크닉으로
가능한 일이 아닙니다. 우리의 전 삶이 주님을 향하여 바른 것이 되어
야 합니다.
특히 언어를 사용하고 소리를 사용해서 기도하기를 원한다면 평소의
언어가 이중이 되지 않게 하십시오. 이중적인 언어를 사용하는 사람,
생각은 많으나 그것을 바르게 표현하지 못하는 사람은 발성 기도를 배
우고 발전해가기가 어렵습니다.

부디 주님 앞에서 당신의 언어가 진실되게 하십시오.
평소에 항상 그렇게 살고 그렇게 말하며 평소의 말이 주님 앞에서 하는
말이 되고 기도가 되어야 합니다.
그렇게 진신한 언어생활에 익숙할 때 당신의 기도 언어는 자연스럽게
흘러나올 것입니다. 그리고 당신의 기도에는 능력이 임하며 자주 응답
이 오게 될 것입니다.
부디 당신의 말이 당신의 영혼과 일치되게 하십시오. 그러한 언어의 훈
련은 발성 기도와 부르짖는 기도를 위한 좋은 기초 훈련입니다.

4. 언어로 부르짖는 것과 소리로 부르짖는 것

부르짖는 기도에는 언어로 부르짖는 기도와 소리로 부르짖는 기도의 두 가지가 있습니다.

언어로 부르짖는 것에 대해서는 다른 설명이 필요 없을 것입니다. 이것은 뜻이 있는 말을 사용하여 간절하게 하나님께 기도하는 것입니다. 성경에 있는 것처럼 '하나님이여, 어찌하여 나를 버리시나이까?' 하는 식으로 자신의 마음을 간절하게 하나님께 외치듯이 표현하는 것입니다. 이것은 강력한 발성 기도라고 할 수 있습니다.

이에 비해서 소리 자체로 부르짖는 기도는 사람들에게 잘 알려져 있지 않습니다. 이것은 뜻이 있는 언어를 사용하는 기도가 아니라 부르짖음 자체, 의성어를 사용하는 기도입니다. 즉 의미를 가지고 있지 않은, 소리 자체만의 기도인 것입니다.

"그들이 다 사자 같이 소리하며 어린 사자 같이 부르짖으며" (렘51:38)
"그 부르짖는 것은 암사자 같을 것이요 그 소리지름은 어린 사자들과 같을 것이라" (사5:29)
"저희가 사자처럼 소리를 발하시는 여호와를 좇을 것이라 여호와께서 소리를 발하시면 자손들이 서편에서부터 떨며 오되" (호11:10)

성경에서 부르짖음과 관련되어 많이 등장하는 말은 '사자처럼 부르짖는다' 는 표현입니다. 이것은 부르짖는 소리의 형태를 보여줍니다.
사자가 부르짖을 때 그들은 언어로 말을 하는 것이 아닙니다. 으르렁거리는 것입니다. 그와 같이 으르렁거리는 소리를 부르짖는다고 표현하는 것입니다. 소리로 부르짖는 것은 이렇게 으르렁거리는 것과 같습니다. 사자가 으르렁거리면서 포효하는 것처럼 강력한 소리를 내어서 기도하는 것입니다.

영화에서 타잔이나 원시인들이 부르짖으며 뛰어다니는 것은 본 적이 있을 것입니다. 동물들이 으르렁거리거나 부르짖는 것은 본 적이 많이 있을 것입니다. 영화에서 문명이 발달하지 않은 원시인들이 동물처럼 으르렁거리는 모습을 보기도 했을 것입니다.
그러나 오늘날의 현실 사회에서 어떤 사람이 으르렁거린다면 그는 정신이 온전하지 않은 사람으로 여겨질 것입니다. 산에서 기도하면서 '주여~' 하고 부르짖으며 기도를 하는 사람들을 보면 신앙을 알지 못하는 사람들은 흔히 '미쳤군' 할 것입니다.
확실히 그렇습니다. 오늘날 이 시대에서 언어로 자신의 감정을 표현하고 생각을 표현하는 것은 당연하고 일반적인 일이지만 외침이나 부르짖음으로 자기의 마음을 표현하는 것은 보기 어려운 일입니다.
하지만 그럼에도 불구하고 우리의 삶에서도 그렇게 원시적으로 느껴지는 현상은 나타납니다. 즉 오늘날 현대를 살고 있는 우리에게도 원시적이며 원초적인 반응이라고 느껴지는 현상이 있는 것입니다.

지나가다가 무엇에 부딪친다든지 넘어진다든지 해서 다치게 된다면 우리는 어떻게 할까요? 아마 '아야!' 하거나 '아이고!' 할 것입니다. 심하게 아플 경우에는 '아~' 하고 길게 비명을 지르겠지요.
그 상황에서 '나는 지금 부딪쳤다. 그러므로 지금 여기가 아프다' 하고 표현할 사람은 없을 것입니다.
그리고 그렇게 말로 표현하지 않고 소리를 지르거나 비명을 지르기만 해도 사람들은 그것이 무슨 의미인지 알 것입니다. 누군가 옆에 와서

'왜 그래요? 미쳤어요?' 하거나 '지금 소리를 지른 것이 어떤 의미인가요?' '당신, 원시인이죠?' 하고 말하는 사람은 없을 것입니다. 그처럼 말로 표현하지 않고 소리를 지르기만 했는데도 사람들은 그 소리와 비명의 의미를 알아듣습니다.

아주 많이 슬플 때는 어떨까요? 우리는 조금 슬프면 눈물을 흘릴 것입니다. 그러나 많이 슬프거나 견디기 어려운 슬픔이면 우리는 소리를 지르며 울 것입니다.
장례식에 가보면 조용히 눈물을 흘리는 이들도 있지만 대체로 사망한 사람의 가족들은 소리를 지르면서 웁니다. '아이고.. 아이고. 엉엉..' 하고 마구 소리를 내면서 울지요. 고인과 가까운 가족은 미친 듯이 소리를 지르고 절규하듯이 울기도 합니다.
그것의 의미를 못 알아보는 사람은 없습니다.
그들이 '나는 지금 슬프다. 무지하게 많이 슬프다' 하고 언어로 표현하지 않아도 사람들은 알아듣습니다. 비명과 부르짖음도 하나의 언어이기 때문입니다.
그것은 원시적인 언어이기는 하지만 여전히 언어입니다. 그것은 마음 속의 감정과 느낌을 빠르고 강하게 전달해줍니다.

화가 심하게 났을 때도 마찬가지입니다. 화가 조금 난 사람은 다른 이들에게 그의 분노를 설명하려고 할 것입니다.
그러나 분노가 아주 심하게 일어나서 그가 그것을 감당하기 어렵다면 그는 폭발하면서 고함을 지를 것입니다.
크게 소리를 지를 것입니다. 강하게 외치거나 고함을 지름으로써 분노를 표시하는 것입니다. 그러한 모습을 보거나 소리를 들으면 사람들은 직접 언어로 설명하지 않더라도 그 소리가 분노의 표현인 것을 알게 됩니다.

이것을 보면 문명화된 오늘날의 시점에서도 극한적인 상황에서는 고함이나 비명이나 부르짖음과 같은 소리 지름을 통해서 우리의 마음이나 정서를 표현하는 것을 알 수 있습니다.
그리고 그렇게 소리를 지르는 것이 언어로 표현하기 어려운 감정과 느낌을 좀 더 선명하게 보여줍니다. 즉 어느 정도의 느낌이나 감정은 언어로써 표현할 수 있지만 좀 더 강하고 깊은 감정이 있을 때는 그것을 강력한 소리를 냄으로써 좀 더 잘 표현할 수 있는 것입니다.

어떤 이가 극심한 슬픔에 잠겨있을 때 그것을 언어로 표현하는 것은 어려운 일입니다. '나는 지금 극도의 슬픔에 잠겨 있습니다' 라고 말을 한다면 그것은 어색하고 이상할 것입니다.
그러나 그가 아무 말을 하지 않아도 그저 '엉~엉~' 하고 소리 내어 운다면 그는 자신의 감정이 바깥으로 표현되어 속이 후련해지는 것을 느끼게 될 것입니다.

이스라엘 사람들은 극도의 슬픔이 있을 때 비통한 심정을 옷을 찢음으로써 표현한다고 합니다.
그러한 사례는 성경에 많이 기록되어 있습니다. 이 경우도 언어로 자신의 감정을 표현하는 데는 한계가 있음을 보여주는 것입니다.
그들은 슬픔을 표현할 때, 말로 설명하는 것보다 옷을 찢는 행위를 하는 것이 자신의 마음을 드러내고 표현하는 데 훨씬 좋다고 여기는 것입니다.
의미가 있는 언어가 아닌 소리의 언어는 극도의 슬픔이나 고통의 상황에서만 사용되는 것이 아닙니다. 즐겁거나 행복하거나 어떤 심오한 느낌이 있을 때도 우리는 그것을 탄성과 같은 것으로 표현합니다.
아주 멋진 경치나 작품을 보았을 때도 약간의 감동이 있을 때는 '오, 참 멋진데!' 하고 말을 하지만 아주 큰 감동을 받았을 때는 '우와!' 하고 탄성을 올리게 됩니다. 의미가 아닌 소리는 이처럼 우리의 심오한 느낌이나 감정을 표현하는 도구가 되는 것입니다.

부르짖는 소리로 기도하는 것도 이와 같은 측면에서 이해할 수 있을 것입니다. 우리는 의미가 있는 언어로도 기도할 수 있지만 부르짖는 소리를 통해서도 기도하는 것입니다.

우리는 언어를 가지고도 기도할 수 있지만 또한 부르짖음 그 자체로 기도할 수도 있습니다. 눈물도, 외침도, 함성도 일종의 기도가 될 수 있는 것입니다.

성경의 수많은 부르짖으라는 명령은 언어로 부르짖으라는 것일까요? 아니면 소리로 부르짖어 기도하라는 의미일까요?

나는 두 가지가 다 포함된 것이라고 생각합니다. 우리는 큰 소리로 말을 하면서 하나님께 우리의 마음을 토하며 기도할 수 있지만 또한 단순한 부르짖음으로도 기도할 수 있는 것입니다.

나는 산에서 기도하는 이들이 밤이 새도록 '주여~ 주여~' 온 산이 쩌렁 쩌렁 울리도록 소리를 지르며 기도하는 것을 보았습니다. 믿지 않는 이들이 그 소리를 들으면 미쳤다고 생각했을지도 모르지만 내가 산에서 기도하면서 그러한 소리를 들었을 때 그것은 내게는 너무나 아름답고 황홀하게 들렸습니다.

밤은 깊었는데 깊은 산 속의 여기저기에서 '주여~' '주여!' 하고 부르짖고 외치는 소리가 들렸는데 나는 그 분위기가 마치 천국처럼 느껴졌습니다.

그들의 기도는 거의 그 소리 하나였습니다. 기도의 다른 말은 들리지 않았습니다. 오직 '주여' 하나로 몇 시간동안, 밤이 새도록 부르짖고 기도하는 것입니다.

나는 몇 시간동안 기도의 내용도 없이 '아버지! 아버지..' 를 반복하는 소리도 들었습니다.

어떤 이들에게 그것은 아주 이상하게 들릴 것입니다. 아니, 불렀으면 말을 해야지, 계속 '주여, 주여, 아버지, 아버지..' 하면 그게 무슨 기도냐고 생각할 것입니다.
하지만 그것도 역시 기도입니다. 그리고 매우 아름다운 기도입니다.
어린 아가들은 말을 배울 만하면 하루에 수도 없이 '엄마'를 부릅니다. 별로 할 말이 없어도 '엄마!' 합니다. 그러나 아무 이유 없는 그 부르는 소리가 얼마나 엄마의 마음을 행복하게 해 주는가요!

'주여!' 기도도 그와 같은 것입니다.
그것은 아주 단순한 부름이지만 계속 반복하여 주의 이름을 부를 때 거기에는 놀라운 기쁨이 있습니다.
당신이 직접 간절한 마음으로 마음을 다해서 주님을 부르며 '주여~' 하고 외치는 것을 100번쯤 해보십시오. 온 마음과 힘을 다해서 '주여!' 하고 간절하게 외쳐보십시오. 당신은 곧 눈물바다에 사로잡히게 될 것입니다. 그것은 해보지 않으면 모릅니다.
주여! 주여~ 주여. 그 외침에는 모든 것이 포함되어 있는 것입니다. 주여, 나를 구원하소서. 주여, 나의 기도를 들어 주소서. 주여, 내 영혼이 주님께 가까이 가기를 원합니다. 주여.. 나에게 임하소서.. 그 모든 언어들이 그 단말마적인 짧은 부르짖음에 포함되어 있는 것입니다.

그렇게 어린아이가 엄마를 찾듯이 간절한 마음으로 주의 이름을 부를 때 거기에는 아무 말이 없고 언어가 포함되어 있지 않지만 우리의 영혼은 간설하게 주님을 향하게 됩니다.
우리의 입은 부르짖으며 단순히 주의 이름을 부를 뿐이지만 우리의 심령은 많은 것으로 주님께 기도를 드리고 있는 것입니다.
우리가 입으로 차마 말하기 어려운, 표현하기 어려운 수많은 것들을 우리의 심령은 부르짖음을 통해서 주님께 호소하고 있는 것입니다. 그리고 그 영혼의 표현은 하늘에 올라가며 주님은 우리의 부르짖는 소리를 들으셔서 하늘의 은총과 주의 임재를 우리에게 충만하게 부어주시는 것입니다.

부르짖는 기도는 의미가 있는 언어가 아닌 외침과 소리를 통해서 기도하는 것입니다. 거기에는 많은 소리의 표현이 있습니다. 그러나 부르짖는 기도의 그 중심은 바로 주의 이름을 부르는 것입니다.
산 기도를 하려고 산에 올라가는 사람들은 바로 이 '주여~' 를 시원하게 크고 강하게 하고 싶어서 가는 것이라고 할 수도 있습니다.
'주여' 는 아무데서나 언제나 할 수 있는데 왜 그렇게 일부러 산에까지 가서 하느냐고 묻는다면 좀 더 강하고 시원하게 마음껏 주를 부르기 위해서라고 할 수 있습니다.
'주여~' 이 발음을 계속 오래 동안 부르짖어 외치다 보면 처음에는 그 소리가 '주여..' 이지만 나중에는 이상하게 달라집니다. '쭈우여' 가 되기도 하고 '주여업..' 하고 바뀌기도 합니다.
계속 하고 있으면 그 소리가 무슨 동물의 부르짖는 소리 같기도 하고 비명 같기도 합니다. 하지만 신기하게도 그렇게 주의 이름을 부르짖어 부르면 심령 속에 놀라운 달콤함이 임하는 것입니다.
우리의 마음이 주님을 향하고 있으면 '주여~' 의 발음이 정확하지 않아도 주님은 들으십니다.

또한 각 사람마다 부르짖는 가운데 묘한 발음이 나타나게 되는 데 그것은 그 사람의 영적인 특성이나 상태와도 관련이 있습니다.
즉 그 사람의 영혼이 정화되는 과정에 있어서 필요한 특별한 발음이 자연스럽게 나오게 되는 것입니다. 어떤 사람은 자꾸 이런 소리를 내고 싶고 어떤 사람은 저런 소리를 내고 싶고 내게 되는데 그것은 영혼이 부르짖는 기도를 통하여 정화되어 가는 과정에서 나오는 것입니다.

의미가 있는 언어를 사용하여 기도할 때는 우리의 뇌가 움직입니다. 그러나 심령에는 그다지 많은 움직임이 있지 않습니다.

예를 들어서 어떤 사람이 논리적으로는 참 좋은 언어를 사용하며 기도를 하는데 그것을 들을 때 심령에는 아무런 감동이 오지 않는 경우가 많이 있습니다.

그것은 그 사람이 기도를 할 때 뇌에는 많은 움직임이 있지만 심령에는 별로 움직임이 없기 때문입니다. 심령의 활동이나 깨어남에 대해서 잘 모르고 경험이 없는 이들의 기도는 대체로 그렇습니다.

그러나 언어를 사용하지 않는 기도는 다릅니다. 소리를 사용하는 부르짖음의 기도는 뇌가 움직이지 않습니다.

'주여~' 하고 강력하게 외칠 때 그의 안에서는 뇌가 움직이는 것이 아니라 심령이 움직이게 됩니다. 그러므로 심령이 시원해지며 감동에 사로잡히게 되는 것입니다.

의미가 있는 소리는 뇌를 움직이지만 의미가 없는 소리는 심령을 움직입니다. 그것은 방언을 할 때와 비슷합니다.

방언을 할 때는 사람들의 의식이 활동하지 않습니다. 아무 생각이 없이 그저 입에서 움직이는 대로 내버려 둘 뿐입니다.

방언은 나의 영이 기도하는 것이기 때문에 심령은 그 기도가 무엇인지 알지만 의식은 자기가 기도하는 내용이 무엇인지 모릅니다. 따라서 의식은 그저 조용한 상태로 있게 됩니다.

그러나 방언을 할 때 무슨 말인지 모르지만 갑자기 눈물이 나게 됩니다. 그러면 사람들은 왜 우는지도 모르면서 웁니다.

그렇게 울면서 방언을 하게 되는데 한참 방언을 하고 울고 난 후에는 마음에 기쁨과 평화가 임하게 되는 것입니다. 머리의 의식은 이해하지 못했지만 방언을 하는 가운데 영의 활동과 작용이 있었고 그 과정에서 치유와 회복이 이루어졌던 것입니다.

부르짖는 기도도 이와 같습니다. 그가 부르짖을 때 그의 의식은 별로 활동하지 않으며 움직이지 않지만 그의 심령은 움직입니다. 그의 머리는 잠잠하지만 그의 심령은 활동합니다.

그래서 심령으로 부르짖을 때 의식을 초월하는 기쁨과 후련함을 경험하게 되는 것입니다.

방언도 부르짖는 기도와 비슷하게 의식의 생각으로부터 우리를 해방시키며 영의 역사를 이룹니다.

그러나 파워적인 면에서 부르짖는 기도는 방언기도보다 훨씬 더 강력한 기도입니다.

나의 경험으로 보면 부르짖는 기도를 30분 정도하면 방언기도를 여러 시간 한 것만큼 심령에 감동과 능력과 기쁨이 임하는 것을 느낄 수 있었습니다. 부르짖는 기도를 경험한 다른 사람들도 비슷한 느낌을 가지는 것을 확인할 수 있었습니다.

사람들은 흔히 기도의 응답이 머리를 통해서 오는 것인 줄로 압니다. 하나님의 음성을 듣는 것도 뇌에서 오는 것으로 생각합니다.

그러나 그것은 오해입니다. 하나님의 응답은 심령으로 옵니다. 하나님의 음성은 심령으로 들리고 느껴집니다. 그렇기 때문에 뇌에 생각이 많고 논리적인 사람들이 하나님의 임재와 음성을 잘 체험하지 못하는 것입니다.

사람들이 생각을 많이 하고 뇌가 활동을 많이 할 때 심령은 활동하지 않습니다. 심령은 잠을 잡니다. 그러나 뇌가 잠잠해지면 심령은 활동하게 됩니다.

그렇기 때문에 의식이 잠시 쉬고 있는 상태일 때 하나님은 환상을 통해서 말씀하시며 의식이 잠을 자는 밤에 꿈을 통해서 응답하시는 것입니다. 꿈과 환상과 비몽사몽의 상태는 모두 다 의식이 조용한 상태이며 심령이 활동하는 상태입니다.

"베드로가 기도하려고 지붕에 올라가니 시간은 제 육시더라 시장하여 먹고자 하매 사람이 준비할 때에 비몽사몽간에 하늘이 열리며 한 그릇이 내려오는 것을 보니 큰 보자기 같고.." (행10:9-11)

베드로가 환상을 보고 하나님의 계시를 받는 순간에 그의 의식은 비몽사몽한 상태인 것을 보여줍니다. 베드로의 의식이 생각하며 활동하고 있었다면 그는 계시를 받기 어려웠을 것입니다. 이것은 그의 기도가 깊은 수준에 들어간 상태인 것을 보여줍니다.

"무슨 말씀이 내게 가만히 임하고 그 가는 소리가 내 귀에 들렸었나니 곧 사람이 깊이 잠들 때쯤 하여서니라 내가 그 밤의 이상으로 하여 생각이 번거로울 때에 두려움과 떨림이 내게 이르러서 모든 골절이 흔들렸었느니라
그 때에 영이 내 앞으로 지나매 내 몸에 털이 주뼛하였었느니라
그 영이 서는데 그 형상을 분변치는 못하여도 오직 한 형상이 내 눈앞에 있었느니라 그 때 내가 종용한 중에 목소리를 들으니 이르기를
인생이 어찌 하나님보다 의롭겠느냐 사람이 어찌 그 창조하신 이보다 성결하겠느냐.." (욥4:12-17)

이 말씀은 욥과 대화를 하던 욥의 친구 데만 사람 엘리바스가 자기의 영적 체험을 말하는 장면입니다. 여기서도 그가 하나님의 음성을 들을 때가 깊은 밤 사람의 의식이 잠들만 할 때에 이상현상이 나타났던 것을 말해줍니다.

이처럼 의식이 잠잠할 때 심령은 움직이고 역사하며 기도의 응답도 머리가 잠잠할 때 내적인 감동과 음성을 통해서 오는 것입니다.
그런데 왜 부르짖는 기도를 하면 응답이 선명하며 감동이 분명한 것일까요? 그것은 의미 있는 언어가 뇌를 활동시키고 긴장시키는 데에 비해

서 의미 없는 소리는 뇌를 잠잠하게 하고 심령을 활동시키기 때문에 심령이 열리고 영계가 열리며 주님의 임재와 응답이 나타나게 되는 것입니다.

의미가 없는 소리가 우리 영혼에 작용하며 감동을 준다는 것은 우리의 경험을 통하여 충분히 입증됩니다. 어떤 사람이 많은 슬픔이나 고민이 있다고 합시다. 그는 이런 생각을 하고 저런 생각을 해도 여전히 슬프고 괴롭습니다. 그의 마음은 어지럽고 복잡하며 괴롭습니다.

그러나 그러한 상태에서 그가 소리를 내어서 울거나 부르짖으면 어떻게 될까요?

그는 시원함을 느끼게 됩니다. 울거나 소리를 지른다고 해서 상황이 나아진 것도 아닌데 이상하게도 마음속에 짐이 덜어지고 평화가 오는 것입니다. 그것은 눈물과 소리가 그의 뇌를 움직인 것이 아니라 심령에 어떤 치유와 정화 작용을 일으켰기 때문입니다.

언어를 사용하는 기도도 좋은 기도입니다. 그러나 그것은 어떤 면에서 조금 복잡한 면이 있습니다. 거기에는 꾸밈이 있고 육적인 것이 많이 개입될 수 있습니다.

그러나 소리로 부르짖는 기도는 순수한 기도입니다. 그것은 그 사람의 영을 그대로 보여줍니다.

말을 하면 사람들은 그 말의 내용에 빠지지만 소리를 지르면 사람들은 그 소리의 상태를 느끼게 됩니다.

소리와 부르짖음은 그 사람의 상태를 그대로 보여줍니다.

싸우는 소리를 들으면 우리는 그 사람이 화가 난 사람인지 바로 알 수 있습니다.

우는 소리를 들으면 그 사람이 슬픔으로 가득한 것을 곧 알 수 있습니다. 그래서 우리는 화가 난 사람의 소리를 들으면 불안해지지만 눈물이 담긴 사람의 소리를 들으면 같이 눈물이 나는 것을 느끼게 됩니다. 그 것은 소리가 그 사람을 표현하며 그것은 전파성을 가지고 있기 때문입니다.

언어는 그 사람을 감추지만 소리는 그 사람을 드러냅니다.

언어는 뇌를 움직이지만 소리는 영혼을 깨우고 움직입니다.

언어는 의식의 표면에서 나오지만 소리는 그 사람의 깊은 데서 나옵니다. 그리하여 듣는 사람의 심령을 자극하며 움직입니다.

우리 마음의 깊은 부분은 언어로 표현할 수가 없으며 소리를 통해서만 표현될 수 있습니다.

그러므로 의미가 있는 언어로 기도하는 것을 넘어서 소리로, 부르짖음으로 기도하는 것은 자신의 속을 드러내는 것이며 심령을 표현하는 것이며 심령의 문을 여는 것으로서 놀라운 새 세계, 영의 세계, 자유함의 세계가 열리는 것과 같은 것입니다.

지금까지 이야기한 내용을 간단하게 정리해보겠습니다. 부르짖는 기도의 방식에는 두 가지가 있습니다.

첫째로 의미가 있는 언어를 사용해서 강하게 부르짖듯이 말하는 것입니다. 발성 기도를 강하게 하는 것이라고도 할 수 있을 것입니다. 강하게 방언으로 기도하는 것도 이 범주의 부르짖는 기도라고 할 수 있을 것입니다.

둘째의 부르짖는 기도의 방식은 의미가 없는 단순한 소리를 사용하는 것입니다. 그것은 으르렁거리는 소나 외침과 같은 것입니다. 이러한 소리를 통해서 자신의 마음을 표현하고 그 소리를 주님께 올려드릴 수 있습니다.

이 부르짖는 기도의 방식은 그러한 소리의 핵심인 주의 이름을 부르는 것입니다. 주로 '주여'를 많이 사용합니다. 발음이 어떻게 나타나든 마음속으로 간절하게 주를 부르며 부르짖는 것입니다.

언어를 사용하면서 큰 소리로 부르짖듯이 기도해도 그 기도에는 능력과 힘이 있습니다. 큰 소리로 부르짖듯이 방언으로 기도해도 그 기도는 부르짖는 기도라고 할 수 있으며 그것은 능력이 임하는 기도입니다.

또한 주의 이름을 반복하여 계속 부르며 속에서 나오는 대로 강력한 부르짖음의 소리를 내는 것도 부르짖는 기도입니다. 이 기도는 더 강력한 부르짖음의 기도이며 이것은 놀라운 역사를 일으킵니다.

소리를 사용하는 이 기도의 많은 능력과 변화에 대해서는 앞으로 계속 언급하겠지만 그 무엇보다도 이 기도의 유익은 제멋대로 움직이며 영적인 세계를 방해하는 뇌의 생각을 잠잠하게 하여 영계를 열고 하나님의 응답과 임재를 가까이 느낄 수 있게 한다는 것입니다.

그리고 이 유익 하나만 하더라도 그것은 우리에게 아주 놀라운 선물이 될 것입니다.

우리는 부르짖을수록 단순해지며 어두운 의식과 마음에서 벗어나 주님의 빛을 경험할 수 있습니다.

부디 이 기도를 배우고 훈련하십시오.

알고 깨닫고, 그리고 실천하고.. 그렇게 반복해갈 때에 우리의 영혼은 점점 더 풍성함과 자유함으로 나아가게 될 것입니다.

할렐루야.

5. 부르짖는 기도 소리의 원리

언어를 사용하여 부르짖는 기도를 드리는 것에 대해서는 따로 설명할 필요가 없을 것입니다. 그것은 보통의 통성 기도를 좀 더 열정적으로 드리면 되는 것이니까요. 방언기도를 강력하게 온 몸에 힘을 주고 해도 부르짖는 기도가 되는 것입니다.
그러나 소리를 사용하여 부르짖는 기도는 조금 설명이 필요할 것입니다. 아마 이런 가르침을 받고 기도의 훈련을 한 경험이 있는 이들은 많지 않을 테니까요. 이런 부르짖는 기도에 대하여 알지 못하는 사람이 보게 되면 무슨 저런 기도가 있나.. 정말 저게 기도가 맞나.. 아마 그런 생각이 떠오르게 될 것입니다.

오래 전에 어떤 권사님께 이런 부탁을 받은 적이 있었습니다. 자기는 방언을 하는 것이 소원인데 하지를 못하니 방언의 발음을 적어달라는 것이었습니다. 그러면 그 발음을 보고 열심히 외우고 연습을 해서 자기도 방언을 하고 싶다는 것입니다.
어처구니가 없고 웃음이 나왔지만 그 분은 아주 진지했습니다. 아주 열심히 연습을 할 테니 꼭 적어달라는 것입니다.
방언이 속에서 나오는 것이지 그 발음을 외우고 연습한다고 나오겠습니까. 기가 막혔지만 설명할 시간도 없었고 워낙 단순하신 분이라 이해가 되지도 않을 것 같아서 대강 웃음으로 넘기고 말았지만 그것은 몹시 당혹스러운 경험이었습니다.
그런데 부르짖는 기도의 소리를 어떻게 내는지에 대해서 설명을 하자니 그때의 기분이 떠오릅니다. 어떤 식으로 부르짖는 소리를 내야한다고 설명을 하려니 마치 방언의 발음을 열심히 외워서 연습을 하겠다고 하시는 그 권사님의 생각이 나는 것입니다.
아무튼 조금 어색하기는 하지만 부르짖는 기도 소리의 발음을 조금 설명해보겠습니다. 직접 보지 않고는 이해하기가 어려우니 대략 이런 소리가 난다는 식으로 설명을 할 수밖에 없기 때문입니다.

부르짖는 기도는 언어의 기도도 포함되지만 기본적으로 소리, 의성어를 사용하는 기도입니다. 그것은 원초적인 기도라고 할 수 있습니다.
이 기도의 소리는 동물 소리처럼 들릴 수도 있습니다.
과거에 인간은 언어를 사용하기 전에 아마 동물처럼 부르짖는 소리로 의사소통을 하였을 것입니다.
부르짖는 것은 언어보다 더 깊은 역사를 가지고 있으며 아직도 사람의 정서 심연에 남아있는 깊은 언어입니다. 부르짖는 기도는 그것을 표출시키는 것입니다.

처음에는 '주여~' 이름을 부르면서 기도를 시작하는 것이 좋습니다. 오직 그것을 반복하는 것입니다. 처음에는 내가 무엇을 기도한다기 보다는 그저 주님께 마음을 맞추고 간절한 마음으로 주를 부른다는 의미로 부르짖는 것이 좋습니다.
유명한 '예수 기도'의 내용이 '끼리에 엘레이손', 즉 '주 예수 그리스도시여, 나를 불쌍히 여기소서' 입니다. '주여~' 하고 외치고 부르짖을 때에는 마음속으로 '주여, 저를 불쌍히 여겨주소서' 하는 마음으로 '주여~'를 계속 부르는 것입니다.
개인적인 슬픔이나 고통, 문제가 있어서 부르짖는 기도를 할 때에는 '주여~'를 부르면서 마음속으로는 '주여, 이 고통을 치유해주소서' '주여, 이 문제에 응답해주소서' 하는 마음을 가지고 부르짖으면 됩니다. 그러나 특별한 문제가 없을 때는 '주여~'를 길게 부르면서 '나의 주님, 주님을 알기 원합니다. 저에게 임하여 주십시오' 하는 마음으로 부르짖으면 됩니다.

이렇게 오직 마음을 주님께 집중하여 '주여~'를 계속 반복합니다. 그렇게 10분, 20분 반복하여 주의 이름을 부르다보면 점점 입의 발음이 묘하게 발전하게 됩니다. 마치 방언을 하면서 발음이 달라지고 새로운 방언이 나오는 것처럼 말입니다.

그래서 나중에는 주님을 부르는 것이 조금씩 발음이 달라져서 '쭈여'도 되고 '쮜여~'도 되고 나중에는 '우아~'도 되고 '으와앙~'도 되며 여러 다른 발음이 나타나게 됩니다.

특별하게 의도한 것도 아닌데 각자가 내기 좋은 발음이 나타나게 되는 것입니다.

그런 기도를 처음 보는 사람이라면 저게 도대체 뭐 하는 짓인가 할 것입니다. 그러므로 모르는 사람 앞에서 이런 기도를 강력하게 하는 것은 조심해야 합니다.

나는 어떤 집사님이 기도원에서 이 기도를 강력하게 하니 주위에서 기도하던 분들이 하나 둘씩 다 사라지더라는 이야기를 들은 적도 있습니다. 이 기도는 대부분의 사람들에게 생소한 기도일 것입니다.

그러나 듣기에는 이상하지만 그러한 발음으로 주를 부르며 기도하는 가운데 얻어지는 심령의 가벼움과 후련함은 정말 놀라운 것입니다. 분명히 자기가 이상한 소리를 내고 있는데 주님께 무슨 특별한 말씀을 올린 것도 아니고 그저 마음속으로 주님의 이름을 부르는 것뿐인데 이상하게 심령이 뜨거워지고 마음이 후련해지며 감격과 기쁨이 올라오는 것입니다. 그것은 경험하지 않은 이들에게는 아무리 설명을 해도 이해할 수 없을 것입니다.

이렇게 주님을 간절하게 부르면서 소리를 지르다보면 부르짖는 소리가 조금씩 달라지는데 그것은 개인 차이가 있습니다. 즉 사람마다 자기가 내고 싶은 소리가 있는 것입니다.

각 사람마다 저절로 나오는 발음이 있습니다. 그 발음을 내면 이상하게도 속이 편해지고 기분이 좋아집니다. 각자마다 그런 발음이 있는데 그것을 찾아내고 발음을 하는 것이 좋습니다. 그것은 각자의 내적인 정화에 도움이 되는 것입니다.

오래 전 목회를 하고 있을 때 어떤 초신자에게 부르짖는 기도를 가르쳐 준 적이 있었습니다.

40대의 남성이었고 성품이 조금 내성적인 편이라 부르짖는 기도가 어울릴지 확신이 가지 않았지만 그의 안에 어떤 눌림이 있는 것을 느낄 수 있었기 때문에 그것을 부르짖는 기도를 통해서 풀어주고 싶은 마음이 있었습니다.

나는 그에게 소리를 지르는 원리에 대해서 설명해주었습니다. 주를 부르라고 하면서 '으아~' 하는 소리를 내도록 권했습니다. 그러면서 이런 이야기를 했습니다.

주를 부르면서 그러한 소리를 지르다보면 속이 시원해지면서 머리 속에서는 '내가 미쳤나, 내가 왜 이러지..' 하는 마음이 들것이다. 한편으로는 속이 시원하고 계속 부르짖고 싶으면서도 머리에서는 그것을 방해하는 생각이 들 것이다. 그럴 때 머리의 생각을 따르지 말고 속에서 나오는 대로 계속 시도해 보라. 그러면 무엇인가 해방감을 얻게 될 것이다.. 그런 이야기를 해주었습니다.

그는 고개를 끄덕이더니 부르짖기 시작했습니다. '으아아~' 하고 길게 소리를 지르기 시작했습니다.

나는 묵묵히 그의 모습을 지켜보고 있었는데 그는 멈추지 않고 계속 소리를 지르는 것이었습니다. 그러더니 소리가 '아이고.. 에고.. 에구웃..

~' 하는 식으로 바뀌어 가는 것이었습니다. 나는 10분 정도 지켜보고 있다가 그의 기도를 멈추게 했습니다. 그리고 그에게 소감을 묻자 그는 고개를 갸웃거리며 묘한 표정을 짓는 것이었습니다.

"'우와..~' 그렇게 소리를 지르고 있으니까 처음에는 제가 바보가 된 느낌이었어요. 내가 지금 뭐 하는 거지? 하는 생각도 들구요.. 그런데 목사님이 그 생각을 물리쳐야 된다고 하셔서 계속 그렇게 소리를 내고 있는데 이상하게 속에서 소리가 저절로 올라오는 거예요.

그러면서 계속 더 소리를 지르고 싶어지더군요. 소리를 지를수록 속에서 뭔가 편안하고 시원해지는 거예요. 그러더니 마음이 슬퍼지는 것 같기도 하고 허전하기도 하면서 이상해졌어요. 눈물이 나려고 하는 거 같기도 하구요. 하여간 기분이 아주 이상하네요. 그러고 있는데 목사님이 중단을 시키셔서 그만 두었지요. 속이 후련하기도 하면서 기분이 정말 이상하네요.."

나는 기도를 해본 적이 없는 그가 부르짖는 기도를 통해서 의외로 내적인 반응을 경험하자 놀라왔습니다. 소리를 내면서 그의 내면에 숨어있던 슬픔이나 고통이 바깥으로 나오는 것 같았습니다.

나는 그에게 그의 속에서 올라오는 느낌에 대하여 조금 설명을 해주고 조금 더 부르짖는 기도를 하도록 시켰습니다.

그러자 그는 혼자서 조금 더 부르짖더니 언어가 바뀌어서 나오기 시작했습니다. 방언이 터진 것입니다. 그는 눈물을 흘리면서도 자기가 왜 이러는 것인지 영문을 몰라 했습니다. 그는 아주 초신자여서 기독교에 대해서 아는 것이 거의 없었던 것입니다. 나는 그래서 그의 기도를 멈추게 하고 몇 가지를 더 설명해주었습니다.

이 사람은 처음으로 소리로 부르짖는 기도를 시도했지만 처음임에도 불구하고 선명하게 느껴지는 것이 있었습니다. 그것은 어떤 특정한 발음을 자꾸 하고 싶다는 것이었습니다.

그의 경우는 '에구~우' 하는 소리를 내고 싶다고 했습니다. 그 소리를 낼수록 속이 편해졌다고 했습니다.

그 소리의 의미를 잘 알 수는 없습니다. 다만 그는 유쾌해 보이는 겉모습과 달리 그의 속에서는 어두움과 두려움의 기운이 느껴졌는데 그 소리는 그의 안에 내재된 그러한 어두움의 생각이나 두려움의 느낌을 치유하고 정화시키는 소리인 것 같았습니다.

성경은 악한 영들이 사람에게서 나갈 때 큰 소리를 내고 나간 사례를 기록하고 있습니다.

"많은 사람에게 붙었던 더러운 귀신들이 크게 소리를 지르며 나가고 또 많은 중풍병자와 앉은뱅이가 나으니" (행8:7)

"귀신이 소리지르며 아이로 심히 경련을 일으키게 하고 나가니 그 아이가 죽은 것 같이 되어 많은 사람이 말하기를 죽었다 하나" (막9:26)

소리를 지르는 것은 악한 영들이 나가는 통로인 것을 알 수 있습니다. 물론 악한 영들이 반드시 소리를 통해서만 나간다고 할 수는 없습니다. 가벼운 기침이나 트림, 구토를 통해서 나가는 경우도 많이 있습니다. 소리는 그 중에서 하나일 뿐입니다.

또한 소리를 지르는 것이 다 악한 영이 나가는 것이라고 할 수는 없습니다. 거기에는 다양한 요인이 있을 것입니다.

그러나 아무튼 소리를 지르고 표현할 때 무엇인가 속에서 묶인 것이 풀리고 해방되고 자유롭게 되는 것은 경험적으로나 현상적으로 분명한 사실입니다. 소리의 표현은 무엇인가 억압되어 있었던 속의 어떤 요소를 풀어놓고 치유하는 효과가 있는 것입니다.

그런데 왜 각 사람마다 독특한 소리를 내고 싶은 것일까요? 그것은 어떤 독특한 발음이 그가 가지고 있는 억압의 치유에 도움이 되기 때문일 것입니다. 재미있는 것은 이처럼 치유와 회복을 일으키는 발음은 똑똑하고 정확한 발음이 아니라 말이 안 되는 이상한 소리의 발음을 통해서라는 것입니다.

그것은 요즘 젊은이들이 좋아하는 랩의 발음과 비슷합니다. 랩의 발음은 정확하지 않고 빗나간 발음입니다. 예를 들면 '왜 그랬어' 라는 말을 '우웨에 그래에 쏘오, 오우, 예아!' 라고 표현하는 식입니다.

나이가 드신 어른들이 그런 발음을 들으면 기가 막힐 것입니다. 그런데 그렇게 억지스럽고 말이 안 되는 발음을 왜 젊은이들은 즐겁게 따라 부르는 것일까요? 그것은 그렇게 묘한 발음이 사람의 안에 있는 억압을 치유하고 소멸하는 효과를 가지고 있기 때문입니다.

이 사실을 이해하십시오. 의미가 없는 어떤 과장된 발음을 표현할 때 그것은 우리 안에서 어떤 시원함을 일으킵니다.

뜻이 담겨있지 않은 묘한 발음은 치유의 힘을 가지고 있는 것입니다. 사과를 '사과' 라고 읽을 때 그것은 정확하고 바른 말입니다. 그 말을 할 때 뇌에서는 '사과' 를 인식합니다. 그러나 그것을 '스아 구아와!' 하고 읽으면 그 때는 뇌가 움직이지 않고 내적인 다른 기운이 움직입니다. 이처럼 뜻이 없는 소리는 내적인 기운을 활동시키는 면이 있는 것입니다.

그것은 타종교에서 하는 염불의 원리와도 비슷한 것입니다. 염불이나 주문은 뜻에 의미가 있는 것이 아니라 묘한 발음에 의미가 있는 것입니다. 묘한 발음으로 웅얼거리면 뇌가 움직이지 않고 영이 움직이며 영의 역사가 시작되기 때문입니다. 그렇기 때문에 그 소리의 묘미 때문에 사람들은 염불을 외우며 웅얼거리는 것입니다.

뜻이 없는 이상한 발음으로 말을 하면 거기에 영의 역사가 있다고 하였는데 그것은 다 기독교에서 말하는 하나님의 영입니까?

물론 그렇지 않습니다. 그것은 영은 영이지만 다른 영입니다. 어두움에 속한 영입니다. 그러므로 그리스도인들은 염불을 외우는 소리나 주문을 외우는 소리를 들으면 기분이 나빠지는 것입니다.
물론 그리스도인들은 기분이 나빠지지만 그러한 종교를 믿고 있는 사람들은 그러한 염불소리나 주문 소리를 들으며 기분이 좋게 느낄 것입니다. 그들은 거기에 속한 영을 가지고 있기 때문입니다.

이제 어느 정도 이 부분을 이해하셨을 것입니다. 의미를 넘어서는 어떤 발음들은 뇌에 속한 부분이 아니기 때문에 영을 자극하고 일으킨다는 것을 말입니다.
그러므로 염불이나 주문을 외우면 그 종교에 속한 영을 받게 됩니다. 그리고 주의 이름을 부르며 부르짖으면 주의 영을 받게 되는 것입니다. 정확하게 발음을 하고 뜻이 있는 글자를 읽으면 그의 뇌가 그 개념을 이해할 것입니다.
그러나 의미가 없는 소리를 말하면 그 속에서 영적 기운이 움직입니다. 그리고 이것은 방언의 원리와 비슷한 것입니다.

방언은 방언기도를 하면서 그 의미를 모를 때 그 소리의 기운이 그의 영을 풍성하게 해주는 것입니다.
방언 통역의 은사를 받은 사람들도 방언을 하면서 그 의미에 집중하지 않을 때는 그 의미를 잘 모릅니다. 만약에 방언의 모든 의미를 다 선명하게 알게 되면 방언을 통한 영적 충만함을 얻는 데에 제한이 있을 것입니다.
그러므로 찬양을 할 때 모르는 외국어로 찬양을 하면 방언으로 찬양을 한 것과 비슷한 영적 풍성함을 경험하게 됩니다. 진짜 방언으로 방언찬양을 하는 것과 비교할 수는 없겠지만 그 비슷한 은혜가 임하게 됩니다.

하지만 잘 아는 외국어로 한다면, 예를 들어서 영어를 모국어처럼 잘 이해하는 사람이 영어로 찬양을 한다면 거기에는 영의 작용이 별로 많지 않게 됩니다. 이처럼 모르는 단어, 모르는 발음은 우리의 내적인 부분을 일깨운다는 것을 이해하시기를 바랍니다.
이제 묘한 발음으로 주를 부르며 그 발음이 점점 더 이상한 발음으로 진행이 되어 가는 것에 대해서 납득이 가실 것입니다.
이것을 말로 설명하기는 어렵지만 실제로 경험을 해보면 5분이 되지 않아서 직접 느끼고 경험할 수 있습니다.
직접 경험을 해보면 소리를 내면 낼수록 내적으로 자유해지며 속에서 무엇인가 변화가 일어나는 것을 경험할 수 있습니다.
오래 묶여 있었던 어떤 묶임이 사라지고 회복되는 것을 감지하게 되는 것입니다.

어떤 말이나 내용이 있는 것도 아니고 그저 '으아~' 하고 강하게 부르짖는 것.. 그것은 언뜻 보면 기도 같지가 않을 것입니다. 그러나 마음속으로 주를 바라보며 주님 앞에서 그와 같이 소리를 토할 때 그것은 기도입니다. 그리고 아주 강력한 기도입니다. 그 기도는 우리의 영혼을 자유롭게 합니다. 그 부르짖음은 우리의 영혼 안에 깊고 놀라운 역사를 시작하게 합니다.
소리로 부르짖는 기도는 이해를 뛰어넘어 우리의 영혼을 깨운다는 것을 이해하십시오.
계속 주를 부르고 속에서 나오는 발음을 따라 기도하고 부르짖을 때 당신의 안에서는 계속적인 놀라운 변화들이 일어나게 될 것입니다.

부디 이 기도를 시도해보십시오.
당신의 영혼은 새로운 세계에 접하게 될 것입니다.

6. 부르짖는 기도의 요령

다른 것에도 그렇겠지만 부르짖는 기도에도 요령이 있습니다. 요령을 알지 못하고 무리하게 하면 힘이 들고 부작용이 있을 수도 있지요. 그러므로 간단하게 부르짖는 기도의 요령을 살펴보겠습니다. 언어를 사용하는 부르짖는 기도에도, 소리를 사용하는 기도에도 같이 적용되는 요령입니다.

목으로 악을 쓰지 말라

산 기도를 많이 하거나 기도원에 자주 가서 부르짖는 기도를 하는 이들은 대체로 목이 쉬어있는 경우가 많습니다.
흔히 '은사파'라고 알려진 이들은 목소리가 거렁거렁하며 쉬어있는 편입니다. 그런 목소리의 사람들을 흔히 우스개 소리로 '불로불로파'라고 하기도 합니다.
감기에 걸려도 목소리가 이와 비슷한 상태가 되는데 그러면 주위에서 '기도 많이 하셨어요?' 라든지 '기도원에 갔다 오셨어요?' 하고 인사를 하기도 합니다. 그렇게 쉬어있는 것 같은 목소리를 '은혜 충만'한 목소리로 여기는 이들도 있습니다. 부르짖고 많이 기도하면 목소리가 그렇게 쉬는 것이 당연하다고 생각하는 것입니다.
하지만 그러한 생각은 오해입니다. 뜨겁고 간절하게 기도를 하면 당연히 목이 쉬고 망가지는 것이 아닙니다. 그것은 목을 자연스럽게 사용하지 않고 무리하게 악을 썼기 때문입니다.
또한 목소리가 잠기고 쉬어있는 상태만이 은혜스러운 상태라고 할 수는 없습니다. 목소리가 맑고 아름다우면서도 얼마든지 은혜와 감동이 흐르는 상태가 될 수 있는 것입니다. 부르짖다가 목이 쉬는 것은 부르 짖는 기도의 요령을 잘 모르기 때문입니다.

바르게 기도한다면 밤이 새도록 부르짖고 외치고 기도해도 목이 잠기거나 쉬지 않습니다. 맑고 가벼운 상태를 유지할 수 있습니다. 많이 부르짖고 기도해서 목이 어느 정도 피곤하게 느껴질 수도 있지만 그 정도가 그리 심하지는 않은 것이 바른 것입니다.

부르짖는 기도는 목으로 하는 것이 아닙니다. 그러므로 절대로 목에 힘을 주고 긴장을 해서 악을 쓰면 안 됩니다. 그렇게 해서는 쉽게 성대를 상하게 됩니다.

조금만 부르짖어도 목이 상하는 사람들이 있는데 그것은 목에 너무 힘을 주기 때문입니다. 목이 쉬고 상해야 좋은 것이라고 여기며 그러한 상태를 자랑스럽게 생각하는 이들도 있는 데 그것은 오해입니다.

일단 부르짖을 때 입을 크게 벌리는 것이 좋습니다. 성경에도 네 입을 넓게 열라는 말씀이 있지만 입을 크게 벌리는 것은 부르짖는 기도에도 적용됩니다.

입을 적게 벌리면 소리가 입에서 바깥으로 빠져나오는 것이 힘들기 때문에 소리가 속에서 부딪치고 긴장하게 됩니다.

또 입을 넓게 벌리는 것은 성격의 변화에도 도움이 됩니다. 대체로 입을 작게 벌리고 우물거리며 말하는 이들은 소리가 바깥으로 나가지 않고 속으로 기어 들어가는데 그것은 듣는 사람에게 답답함을 줍니다. 그리고 말하는 사람도 자신감이 사라집니다. 그러므로 자연스럽게 입을 크게 벌리는 것이 좋습니다.

부르짖을 때는 목의 긴장을 풀고 힘을 빼야합니다. 부르짖는 기도의 목적에 따라 배에 힘을 주고 하거나 심령, 가슴에 힘을 주고 하는 것이 좋습니다. 온 몸에 힘을 주고 하는 것도 좋습니다. 그러나 목에는 힘을 빼야 합니다.

가장 일반적인 부르짖는 기도의 방법은 배에 힘을 주고 부르짖는 것입니다. 그래서 배에서 소리가 올라오게 하는 것이 좋습니다.

부르짖는 소리는 보통 배에서 나옵니다. 개와 같은 동물의 으르렁거리며 짖는 소리를 가만히 관찰해보아도 그 소리는 배에서 나옵니다.

가슴에서 소리를 내게 할 때도 있는데 이때는 심령을 토하거나 마음의 짐이나 슬픔 같은 것이 있어서 그것을 주님께 드리고 호소할 때입니다. 그 외에는 보통 부르짖는 기도는 배에서 소리가 올라오게 해야 합니다.

목의 상태는 부드럽고 자연스러운 상태로 두어서 소리가 단순히 통과하는 통로로 삼아야 합니다. 소리는 속에서 강하게 나와야 하며 겉에서 긴장된 소리가 나오면 안 됩니다.

목은 성대를 동그랗게 만든다는 마음으로 부르짖는 것이 좋습니다. 마치 사탕을 물고 말하듯이 그러한 상태에서 소리를 내는 것입니다. 그것은 목의 긴장 완화에 도움이 됩니다.

성악을 하는 이들도 목을 동그랗게 만들고 소리를 훈련하곤 하는데 이것은 목의 긴장을 풀고 소리가 부드럽게 나오게 하는 데 좋습니다. 평소에도 그렇게 목의 상태를 동그랗게 하고 말을 하는 습관을 들이면 성대의 보호에 도움이 됩니다.

오랜 시간을 부르짖어도 목이 전혀 아프지 않다면 그는 부르짖는 기도를 제대로 하고 있는 것입니다. 그러나 조금만 부르짖어도 목이 쉬거나 아프다면 그는 아직 부르짖는 요령을 잘 모르고 있는 것입니다. 그는 좀 더 훈련하여 목이 상하지 않고 부르짖는 방법을 익혀야 합니다.

부르짖는 기도의 소리는 일반적으로 배에서 난다는 것을 기억해두십시오. 그러므로 배에 힘을 주고 부르짖는 것을 훈련해야 합니다. 배로 부르짖는 것이 어려우면 낮은 소리로 부르짖으면 됩니다. 그러면 배에서 소리가 나게 됩니다.

처음에 부르짖는 기도를 연상하는 사람은 '주여! 주여!' 하고 외칠 때 보통 높은 소리로 내는 것을 연상합니다. 그러나 처음부터 높은 소리로 부르짖는 것은 힘들고 어색합니다.

그러므로 낮은 소리로 부르짖음을 시작하는 것이 좋습니다. 배에다 힘을 주고 낮은 소리로 '주여~' 하는 것입니다. 그것은 비교적 어색하지 않으며 쉽습니다.

여기서 '주여'라는 발음이 정확할 필요는 없습니다. 오히려 정확하지 않고 자연스럽게 발음이 나오도록 내버려두는 것이 좋습니다. 그러면 자신이 내기 좋은 발음으로 조금씩 소리가 변화되는데 그런 식으로 발음을 하면 됩니다.

부르짖는 기도가 익숙해질수록 뱃속에서 소리를 내는 것이 쉽습니다. 소리가 더 깊은 곳에서 나오게 됩니다. 그러나 처음에는 배로 소리를 내려고 해도 잘 되지 않습니다. 그것은 한두 달 정도 부르짖었다고 되는 것이 아닙니다.

부르짖는 기도가 발전하려면 더 많은 시간이 필요합니다. 기도가 쌓일수록 점점 더 깊은 곳에서 자연스럽게 소리가 나는 것을 느끼게 됩니다.

말로 이것을 설명하는 것이 쉬운 것은 아니지만 일단 부르짖는 기도는 목으로 하는 것이 아니며 목으로 악을 쓰는 것은 부르짖는 기도의 깊은 곳으로 들어갈 수 없다는 것만을 이해해두십시오. 그것은 목을 상하고 몸을 상하게 할 뿐입니다.

이 기도에 익숙해질수록 많은 시간을 기도하고도 목도 몸도 맑고 자유롭고 풍성한 상태를 유지할 수 있게 될 것입니다.

심령으로 부르짖으라

이것은 부르짖는 기도의 핵심적인 부분입니다. 부르짖는 기도는 기계적인 기도가 아닙니다. 단순히 외적으로 소리만 지르고 크게 고함만 지르는 것이 아닙니다. 외형적인 것보다 더 중요한 것은 인격적인 것입니다. 마음과 심령으로 하는 것입니다.

마음은 머리에 있지 않고 가슴에 있습니다. 사람이 상처받고 고통을 당할 때 머리가 아픈 것이 아닙니다. 가슴이 아픈 것입니다.

실연 당하고 죽고 싶을 때 사람은 머리가 아프지 않고 가슴이 아픕니다. 가슴이 에이는 것처럼 아프고 괴로운 것입니다. 인격과 마음의 중심은 가슴입니다.

부르짖는 기도는 가슴을 토하는 것입니다. 심령을 토하는 것입니다. 어떤 이들은 입으로는 간절하게 기도하지만 심령에는 전혀 간절함이 없이 기도합니다. 습관적인 언어로 '간절히, 간절히 기도하옵나이다' 하고 기도하지만 그것은 입술뿐이고 심령에는 아무런 움직임이 없는 것입니다. 그러한 기도에는 감동이 없으며 기도하는 사람이나 듣는 사람이나 아무런 영적 유익이 없습니다.

"백성들아 시시로 저를 의지하고 그 앞에 마음을 토하라 하나님은 우리의 피난처시로다" (시62:8)

이 말씀은 부르짖는 기도의 중요한 원리가 됩니다. 부르짖는 기도는 주님 앞에서 마음과 심령을 토하는 것입니다. 마음속에 있는 근심, 걱정, 두려움, 절망, 후회, 탄식. 그 모든 것을 주님께 토하는 것입니다. 부르짖는 기도는 이와 같이 마음을 주님께 쏟아놓는 기도입니다.

"밤 초경에 일어나 부르짖을찌어다 네 마음을 주의 얼굴 앞에 물 쏟듯 할찌어다 각 길 머리에서 주려 혼미한 네 어린 자녀의 생명을 위하여 주를 향하여 손을 들찌어다 하였도다" (애2:19)

이 말씀은 부르짖는 기도의 선명한 그림을 보여줍니다. 부르짖어 간절하게 기도할 것을 명령하시면서 그것을 주님의 얼굴 앞에서 마음을 물 쏟듯이 하라고 표현한 것입니다.

바로 그것입니다. 부르짖는 기도는 심령을, 마음을 주님의 얼굴 앞에서 물을 쏟듯이 쏟는 기도입니다. 마음속의 슬픔과 낙담과 안타까움과 호소를 마음속의 모든 고통과 절망이 다 사라질 때까지 쏟아 붓는 것이 바로 부르짖는 기도입니다. 그러한 깊은 갈망의 기도에 주님은 응답하시며 은총을 부어주시는 것입니다.

이렇게 심령으로 마음을 다해서 쏟아 붓는 기도가 부르짖는 기도입니다. 그것은 시세적인 기도가 아니며 심령으로 드리는 기도입니다. 그것은 언어의 유희가 아닙니다. 그것은 마음을 쏟아 부으며 생명을 쏟아 붓는 기도입니다.

오늘날 사람들은 입에서 나오고 머리에서 나오는 기도를 많이 드립니다. 그러나 이와 같이 성경에서 요구하고 있는 간절한 기도, 마음과 심령을 쏟아 붓는 기도는 별로 드리지 않습니다.

그러므로 그들은 많은 기도를 드려도 기도 후에 얻어지는 심령의 기쁨과 후련함을 알지 못하는 것입니다.

가슴을 토하고 심령을 토하여 간절함으로 흐느끼며 목숨을 걸듯이 간구하고 포효하는 기도를 알지 못하는 것입니다. 바로 그러한 기도가 하늘에 상달되며 하늘 문을 여는 기도인데도 말입니다.

기도는 가슴으로 드리는 것입니다. 기도는 마음의 전달입니다. 정보의 전달이 아닙니다. 하나님께 자신의 상황에 대한 지식이나 정보를 제공하는 것이 아닙니다. 마음과 심령을 쏟아서 그것을 주님께 바치는 것입니다. 그렇게 가슴으로 기도를 드리는 이들은 행복감과 만족감을 느끼게 됩니다. 그는 자신의 기도가 들으심을 입었는지 아닌지를 알고 느끼게 됩니다.

사무엘서에서 나오는 한나의 기도가 바로 그러한 것이었습니다.
한나는 하나님 앞에서 기도할 때 자신의 마음을 쏟아 부었습니다. 그녀는 기도하면서 자신의 마음과 심령을 쏟아 부었습니다.

"한나가 마음이 괴로와서 여호와께 기도하고 통곡하며 서원하여 가로되 만군의 여호와여 만일 주의 여종의 고통을 돌아보시고 나를 생각하시고 주의 여종을 잊지 아니하사 아들을 주시면 내가 그의 평생에 그를 여호와께 드리고 삭도를 그 머리에 대지 아니하겠나이다.
그가 여호와 앞에 오래 기도하는 동안에 엘리가 그 입을 주목한즉 한나가 속으로 말하매 입술만 동하고 음성은 들리지 아니하므로 엘리는 그가 취한 줄로 생각한지라" (삼상1:10-13)

그녀는 기도하고 통곡하면서 마음의 괴로움을 주님께 드렸습니다. 그렇게 오래 기도하는 가운데 그녀는 몹시 지쳐서 나중에는 거의 소리가 나오지 않았습니다.
그래서 엘리는 그녀가 취한 것으로 오해했던 것입니다. 그녀가 경건하고 바르게 기도하는 것이 아니라 정신이 없는 상태에서 횡설수설하는 것 같았기 때문입니다. 그래서 엘리는 그녀에게 권면합니다.

"엘리가 그에게 이르되 네가 언제까지 취하여 있겠느냐 포도주를 끊으라" (삼상1:14)
그러나 의외로 그녀는 겸손하면서도 진지하게 자신은 결코 술이 취한 것이 아니며 간절함으로 하나님께 기도한 것이라고 대답합니다. 그녀의 진지한 대답에 감동한 엘리는 그녀를 축복해줍니다.

"한나가 대답하여 가로되 나의 주여 그렇지 아니하니이다 나는 마음이 슬픈 여자라 포도주나 독주를 마신 것이 아니요 여호와 앞에 나의 심정을 통한 것뿐이오니
당신의 여종을 악한 여자로 여기지 마옵소서 내가 지금까지 말한 것은 나의 원통함과 격동됨이 많음을 인함이니이다
엘리가 대답하여 가로되 평안히 가라 이스라엘의 하나님이 너의 기도하여 구한 것을 허락하시기를 원하노라" (삼상1:15-17)

이에 대하여 한나는 감사를 표하고 떠납니다.

"가로되 당신의 여종이 당신께 은혜 입기를 원하나이다 하고 가서 먹고 얼굴에 다시는 수색이 없으니라" (삼상1:18)

어떻게 그녀는 조금 전까지 그렇게 간절하고 비통하게 기도하다가 갑자기 확신을 가지고 떠났을까요? 마치 아무 일도 없다는 듯이 아무런 문제도 없다는 듯이 먹고 마시며 다시는 얼굴에 수색이 없었을까요?
그것은 그녀가 기도의 응답을 확신했기 때문이었습니다. 그녀는 간절히 기도하는 가운데 엘리가 나타나 그녀에게 축복을 하자 그것을 하나님의 응답으로 받아들였던 것입니다.
엘리가 축복한 대로 그녀는 곧 아이를 얻게 됩니다. 엘리의 축복이 그대로 이루어졌던 것입니다.
그 응답의 역사는 엘리가 제사장이며 영적인 사람이었기 때문일까요? 그렇지 않을 것입니다. 엘리는 자녀 교육의 실패로 말미암아 하나님의 진노를 받은 제사장이었습니다. 제사장 중에서 꾸짖음을 듣고 자식과

한날에 목이 부러져죽은 사람은 다시없을 것입니다. 그는 비참한 최후를 마친 사람이었고 영성의 사람이라고 보기 어려운 사람이었습니다. 그러나 하나님께서는 그의 축복 선언을 들어주셨습니다.

여기에서 몇 가지 영적인 원리를 발견하게 되는데 그것은 비록 함량이 미달된 사역자라도 성도의 믿음에 따라서는 축복의 통로가 될 수도 있다는 것입니다.

또한 부르짖고 심령을 토하는 기도는 응답된다는 것입니다. 그리고 그렇게 간절하게 기도로 마음을 토하고 나면 심령에 다시는 수색이 없을 정도로 후련함과 만족감이 임한다는 것입니다.

그러므로 우리는 부르짖을 때 꼭 이것을 기억해야 합니다. 부르짖는 기도는 마음으로, 심령으로 드려야 한다는 것입니다. 나의 마음, 감정을 그대로 쏟아야 한다는 것입니다.

아직 가슴속에 찜찜하고 답답한 구석이 남아있다면 그것은 충분히 부르짖은 것이 아닙니다.

아직도 여전히 두렵고 근심이 있다면 그것은 아직 기도가 끝난 것이 아닙니다. 부르짖는 기도가 충분하며 충분히 마음을 주님의 얼굴 앞에서 쏟아 부었다면 거기에는 후련함과 기쁨과 만족이 있을 것입니다.

부디 마음과 심령을 주님께 쏟아 부으십시오. 그렇게 부르짖어 기도하십시오. 그것이 부르짖는 기도의 중요한 요령입니다.

부르짖을 때 주위의 상황과 조화되게 하라

부르짖는 기도를 할 수 있는 여건은 많지 않습니다. 현실적으로 자주 산에 가서 부르짖는 기도를 할 수 있는 사람은 많지 않을 것입니다. 마음 놓고 부르짖을 수 있도록 기도원에 가는 것도 쉽지 않은 일입니다. 또한 모르는 교회에 가서 부르짖는 기도를 하면 이상한 사람 취급을 받고 쫓겨나게 될지도 모릅니다. 자기가 다니고 있는 교회라고 해도 혼자서 마음껏 부르짖기는 어려울 것입니다. 한나도 간절한 기도를 드리다가 심지어 제사장에게까지 오해를 받았는데 오늘날의 현실이라면 사람들에게 오해받기가 더 쉬울 것입니다.

그렇다면 부르짖는 기도를 드리기 가장 만만한 순간은 예배를 드릴 때의 통성 기도 시간이라고 할 수 있습니다.

새벽기도나 철야예배를 드리는 시간에는 같이 통성으로 기도하는 시간이 있을 것입니다. 이 시간을 사용하는 것입니다.

통성 기도를 할 때는 모든 사람들이 같이 소리를 지르기 때문에 그 소리에 묻혀서 부르짖는 기도를 할 수 있을 것입니다. 하지만 그렇다고 무턱대고 마음 놓고 부르짖는 기도를 할 수는 없습니다.

교회의 분위기가 뜨겁고 열정적이어서 모든 성도들이 간절하게 통성으로 기도하고 그러한 분위기라면 마음껏 부르짖을 수 있을 것입니다. 예전에는 그러한 교회들이 많이 있었습니다. 그러나 지금은 그렇게 마음 놓고 충만하게 실컷 부르짖어 기도할 수 있는 분위기는 많지 않은 것 같습니다.

만약에 통성 기도를 드리는 시간이 있다고 하더라도 그 분위기가 조용하거나 통성 기도를 드리는 시간이 짧다면 마음껏 부르짖는 것은 곤란할 것입니다.

통성 기도는 합창단이나 연주회와 같은 것입니다. 합창단이나 연주회에서 한 사람이 지나치게 큰 소리를 내면 전체의 조화가 깨지는 것처럼 통성 기도에도 한 사람의 기도가 너무 크거나 튀는 것은 좋지 않습니다. 그것은 전체의 기도회를 망쳐버립니다.

그러므로 통성 기도를 할 때는 전체의 분위기를 잘 살펴야 하며 전체의 분위기와 조화를 이루어야 합니다. 어떤 이들은 주위의 상황과 전혀 상관없이 독자적인 기도를 하는데 그것은 좋지 않습니다. 어떤 이들은 주위에서 요란하고 뜨겁게 소리를 지르며 기도를 하고 있는데 혼자서 조용하게 기도합니다. 그것은 좋지 않습니다. 그런 상태에서는 깊이 기도할 수 없습니다. 그는 다른 이들의 기도소리만 듣게 되고 영이 눌리게 됩니다.

어떤 이들은 주위에서 다들 조용히 기도하는데 혼자서만 요란스럽게 기도합니다. 그것도 역시 조화를 깨뜨리며 다른 이들의 기도를 방해하게 됩니다.

영의 흐름이 아주 자유롭고 뜨거운 통성 기도회가 있습니다. 기도회의 인도자는 뜨겁게 기도하며 사람들은 방언으로 기도하기도 하며 찬양을 하는 사람도 있습니다. 우는 사람도 있고 강하게 외치는 사람들도 있으며 배경에는 뜨거운 찬양의 반주가 있습니다.

그러한 분위기에서는 마음 놓고 부르짖어도 됩니다. '주여~' 하고 외칠 수 있으며 방언으로 뜨겁게 부르짖듯이 외치고 기도할 수 있습니다. 그러한 분위기에서는 사람들이 쉽게 주님의 임재를 경험하며 기도의 응답을 경험합니다.

그러한 상황에서 부르짖는 것은 자신도 좋지만 전체의 분위기를 풍성하게 하는데도 도움이 됩니다. 당신이 부르짖고 당신이 울 때에 다른 사람들도 당신의 기도를 통해서 힘을 얻게 될 것입니다.

자신이 다니고 있는 교회가 그러한 분위기라면 자유롭게 기도할 수 있을 것입니다. 그러나 그렇지 않은 분위기의 교회라면 자기 혼자 무리하게 부르짖는 기도를 해서는 안 됩니다.

그러므로 개인적으로 마음 놓고 기도할 수 있는 금요 철야 기도회를 찾아가든지 해야 하며 주위의 상황에 맞지 않게 부르짖어서는 안 됩니다. 당신의 기도가 주위의 분위기와 조화가 되도록 해야 합니다.

그러므로 부르짖고 뜨겁게 기도하기 전에 주위의 상황과 분위기가 어떤지 살피십시오. 그리고 그 분위기에서 튀지 않게 기도하십시오.
당신이 부르짖는 기도의 요령에 익숙해진다면 조용히 큰 소리를 내지 않고도 부르짖을 수 있다는 것을 알게 될 것입니다.
부르짖는 기도가 주위의 분위기를 나쁘게 하지 않도록, 조화를 깨뜨리지 않고 전체에 도움이 될 수 있도록 하십시오.
그러한 분위기를 찾고 분별하십시오.
주위의 영과 상황을 분별하는 것도 부르짖는 기도에 있어서 아주 중요한 것임을 부디 기억해두시기를 바랍니다.

부르짖을 때 온 몸에 힘을 주라

부르짖는 기도는 전투적인 기도입니다. 이것은 안식에 관한 기도가 아닙니다. 이 기도를 드릴 때 악한 영들이 깨어지며 원수들의 진이 무너지고 묶여있던 것들이 풀어지게 됩니다.
그러므로 이 기도를 드릴 때는 온 몸에 긴장이 필요합니다. 주먹을 불끈 쥐고 온 몸을 긴장시키며 힘을 준 상태에서 '주여~', 또는 '으아~' 하고 기도해야 합니다. 이 기도를 드리면서 몸에 힘을 빼고 릴렉스한 상태에서 한다면 그것은 아주 곤란합니다. 그것은 싸움을 할 때 긴장하지 않고 웃으면서 하는 것과 같습니다. 그러한 사람은 싸움에서 상대방에게 강타를 맞을 것입니다. 그것은 위험한 일입니다.

그러므로 온 몸에 힘을 주고 강하게 부르짖으십시오. 상황에 따라서는 일어나서 동작과 함께 해도 좋습니다.
부르짖는 소리와 박자를 같이 맞추어서 몸을 앞뒤로 흔들고 위 아래로 손을 흔들면서 하는 것도 좋습니다. 그렇게 박자를 맞추어서 몸을 흔들며 부르짖으면 부르짖는 것이 탄력을 받아서 더 힘이 넘치게 됩니다.

부르짖는 기도를 어느 정도 드린 후에는 조용히 안식하며 주님과 연합되어 사랑의 고백과 같은 기도를 드리는 시간이 있습니다. 그러나 그것은 나중의 일이고 일단 부르짖는 것은 전투의 기도이며 긴장이 필요하고 힘이 필요하다는 것을 기억하십시오.

힘을 빼고 부르짖으면 몸이 상할 수 있으며 위험합니다. 좋지 않은 영들에게 시달릴 수도 있습니다. 얼굴에도 힘을 주고 손에도 팔에도 어깨에도 힘이 들어간 상태에서 강력하게 부르짖어야 합니다. 부르짖는 기도에는 이와 같이 긴장이 필요합니다.

어떤 이들은 긴장하는 것 자체가 나쁜 것이라고 생각합니다. 그러나 그렇지 않습니다. 긴장이란 항상 나쁜 것이 아니며 긴장이 필요할 때가 있습니다. 긴장은 힘과 능력이 임할 수 있는 좋은 상태입니다.

긴장이 필요할 때가 있고 이완이 필요할 때가 있습니다. 예를 들어 안식과 사랑의 고백과 연합이 있을 때 긴장하는 것은 좋지 않습니다. 그러나 부르짖는 기도에는 긴장이 필요하며 적당한 긴장이 부르짖는 기도를 더욱 강건하고 충만한 것으로 만드는 것입니다.

사자처럼 부르짖으라

사자가 한번 으르렁거릴 때 숲 속의 모든 동물들은 잠잠해집니다. 사자의 포효는 모든 작은 동물들을 공포에 질리게 만듭니다. 그 부르짖음은 사자가 진정한 숲 속의 왕인 것을 선포하는 것입니다.

"사자가 움킨 것이 없고야 어찌 수풀에서 부르짖겠으며 젊은 사자가 잡은 것이 없고야 어찌 굴에서 소리를 내겠느냐" (암3:4)

"사자의 부르짖는 것 같이 큰 소리로 외치니 외칠 때에 일곱 우뢰가 그 소리를 발하더라" (계10:3)

"사자가 부르짖은즉 누가 두려워하지 아니하겠느냐 주 여호와께서 말씀하신 즉 누가 예언하지 아니하겠느냐" (암3:8)

"그들이 다 사자 같이 소리하며 어린 사자 같이 부르짖으며" (렘51:38)

부르짖는 소리는 사자와 관련되어 많이 등장합니다. 성경은 또한 예수님을 '유다 지파의 사자'라고 묘사합니다. (계5:5) 사자가 모든 동물들의 왕이며 그가 부르짖을 때에 온 숲이 고요해지는 것처럼 주님은 온 우주의 왕이신 것을 말씀하고 있는 것입니다.
사자의 위용은 그 부르짖음에서 나옵니다. 비록 눈에 사자가 보이지 않더라도 그 부르짖는 소리가 들리면 작은 동물들은 두려워하며 함부로 움직이지 못합니다.

부르짖는 기도의 소리는 사자의 부르짖음과 같아서 악한 영들, 온갖 귀신들에게 공포를 불어 넣어줍니다. 그들의 힘을 잃게 하며 전의를 상실케 합니다. 그러므로 부르짖는 기도는 대적기도에 있어서 가장 강력하고 놀라운 무기입니다. 강력하게 부르짖을 때 귀신들은 두려워 떨며 공포에 질립니다. 그들은 영들이기 때문에 육체라는 방패막이 없습니다. 부르짖는 기도를 할 때에는 사람의 영적인 능력에 따라 차별이 있지만 입에서 불기운이 나오게 됩니다.
그런데 귀신들은 육체가 없기 때문에 그 불기운을 그대로 받게 됩니다. 그러므로 그들은 온 몸이 타는 것 같은 고통을 느끼게 됩니다. 그렇기 때문에 견디지 못하고 도망치는 것입니다.
대적기도를 어려워하고 아무리 악한 영들을 대적해도 별로 효과가 없다고 말하는 이들은 대부분 부르짖는 기도의 경험이 없는 사람들입니다. 그들은 소리를 지를 줄 모릅니다. 그러므로 악한 영들에게 치명적인 타격을 주지 못하는 것입니다.

부르짖는 기도는 많은 능력과 역사를 일으키지만 무엇보다도 악한 영들과의 싸움에서, 대적기도에서 능력을 발휘합니다.
그러므로 사자처럼 부르짖으십시오. 사자처럼 으르렁거리십시오.
'주여~' 하고 강력하게 외치며 '우와아~' 하고 사자처럼 부르짖으십시오. 부르짖으면서 자신이 가장 내기 쉬운 발음을 내면 됩니다.

부르짖으면서 속으로 '내가 지금 기도하는 것이 맞나?' 하고 자문하지 마십시오. 조금만 부르짖어보면 당신은 곧 감동과 자유함을 경험하게 될 것이기 때문에 그러한 의문은 곧 사라지게 될 것입니다. 시도하지 않으면 많은 의문들이 계속 일어나지만 시도를 하면 확신이 남게 됩니다.
사자처럼 외치십시오. 악한 영들을 향하여 부르짖으십시오.
당신의 삶을 괴롭히고 공격하면서 숨어있던 영들은 다 드러나게 될 것이며 그들은 다 초토화되어 당신의 삶에서 사라지게 될 것입니다.

부르짖는 기도의 자세

부르짖는 기도를 위하여 특별한 자세가 필요한 것은 아닙니다. 다른 일반적인 기도를 할 때처럼 무릎을 꿇는 것이 가장 무난하고 바람직한 자세입니다. 주님 앞에서 무릎을 꿇는 것은 겸손과 순종을 의미하는 좋은 자세이기 때문입니다.
그러나 현대의 교회는 대부분 길다란 의자가 놓여져 있기 때문에 의자에 앉아서 기도를 할 수밖에 없습니다. 무릎을 꿇을 수 있다면 더 좋겠지만 의자에 앉았다고 해서 기도가 안 되는 것은 아닙니다. 의자에 앉았을 때는 엎드리듯이 앞 의자의 뒷부분을 붙잡고 힘을 줄 수도 있으므로 충분히 부르짖는 기도를 드릴 수 있습니다.
기도를 드리면서 상황에 따라 팔을 흔들거나 몸을 흔들면서 기도의 흐름에 따라가는 것도 좋습니다. 부르짖는 기도는 잠잠한 기도가 아니고 역동적인 기도이므로 몸 전체를 사용하고 같이 표현을 하는 것이 좋을 것입니다. 악한 영들을 초토화하는 기도를 드리면서 두 팔을 마구 흔들면서 부르짖으면 정말 사자가 부르짖는 것 같은 느낌이 들면서 승리감과 자신감이 충만해지게 됩니다.

다양하게 소리를 사용하라

부르짖는 기도는 마음을 쏟아서 드리는 인격적인 기도이지만 또한 기술적으로 소리를 사용하는 기도이기도 합니다. 그러므로 누구나 자기에게 맞는 적당한 소리를 훈련하고 표현하여 적절하게 사용하고 발전시켜갈 수 있습니다.
여러 가지의 소리를 사용하다보면 어떤 경우에 어떤 소리가 좋으며 자신에게는 어떤 소리가 유익하고 도움이 되는지를 발견할 수 있게 될 것입니다.

'주여~~' '으아~~' 하는 식으로 소리를 길게 빼서 부르짖을 수 있습니다. 이것은 속을 아주 시원하게 합니다. 또한 짧게 마치 기합을 외치듯이 스타카토로 끊어서 외칠 수도 있습니다.
군대에서 훈련을 할 때나 무술을 훈련할 때 기합을 많이 사용하는데 그것은 정신 통일과 담대함을 일으키는데 도움이 됩니다. 부르짖는 기도에서도 기합처럼 끊어서 부르짖을 수 있으며 악한 영들을 대적하고 초토화할 때 사용할 수 있습니다.
이것은 각자가 직접 사용하면서 언제 어떤 면에서 도움이 되는지 느껴보는 것이 좋을 것입니다.
높은 소리로 부르짖을 수도 있습니다. 이것은 정서를 자극하며 마음을 감동시킵니다. 속에 슬픔과 눈물이 쌓여져 있는데 막상 눈물은 나오지 않을 때가 있습니다. 이때 높은 소리로 부르짖으면 눈물이 터지면서 속이 후련해지게 됩니다.
낮은 소리는 그 반대입니다. 이것은 정서를 강건하게 하므로 마음이 약해질 때에 사용하면 담대하게 되는 데 도움이 됩니다.
이와 같이 부르짖는 기도는 낮은 소리로, 높은 소리로, 부드럽게, 강하게, 짧게, 굵게 다양한 방식으로 할 수 있습니다.
자신이 직접 다양한 발음을 시도하면서 자신에게 맞는 것을 발견하고 사용할 수 있습니다.

어떤 사람은 주로 높은 소리를 내고 싶을 것입니다. 높은 소리를 내면 낼수록 속에서 무엇인가가 풀리고 해방되는 것을 느낄 것입니다.
어떤 사람은 반대로 낮은 음을 낼 때 기쁨과 편안함을 느낄 것입니다.
어떤 사람은 아주 길게 소리를 내고 싶을 것입니다. 그 반대의 사람도 있을 것입니다.
'아' 발음을 내면 아주 기분이 좋아지는 사람이 있을 것입니다. 또한 어떤 사람은 '이' 발음이나 '어~' 발음을 내고 싶을 것입니다. 그러한 차이는 각 사람의 영적인 상태와 마음의 상태가 다 다르기 때문입니다. 그러므로 각 사람이 직접 훈련하면서 자신에게 좋은 기도법과 발음을 발견해야 합니다. 그 각각의 것들은 다 치유하는 부분과 범위가 다릅니다.
분명한 것은 그 모든 소리의 발음과 소리의 형태들이 내면 낼수록 자신에게 자유함을 가져다주며 어떤 변화를 일으키게 된다는 것입니다. 두려움이 많던 사람이 두려움이 없어지고 자유해지게 되며 심각하던 사람이 웃음의 사람이 됩니다. 빡빡하고 항상 마음이 쫓기며 여유가 없던 사람이 낙관적인 사람이 되고 삶의 여유를 누리는 사람으로 변화되어 간다는 것입니다.
직접 시도해보십시오. 자신에게 맞는 소리의 높이와 크기와 발음을 발견하십시오. 그리고 사용해보십시오. 그것은 아주 흥미롭고 즐거운 기도의 학습이 될 것입니다.

부르짖으면서 자신의 속을 살피라

부르짖는 것은 단순한 소리의 표현이 아닙니다. 부르짖는 가운데 영의 작용이 일어나며 내적인 영의 상태가 드러나게 됩니다.
부르짖을 때에 여러 가지 현상들이 자기 안에서 나타나게 되는 것입니다. 그러므로 부르짖을 때에 자신의 속을 조심스럽게 살피는 것이 좋습니다.
부르짖을 때 속이 불안해지는지, 편안한지, 속에서 어떤 고통이 느껴지는지, 시원한지, 어떤 느낌이 있는지, 그러한 느낌들은 속에서 나오는 것인지, 바깥에서 오는 것인지 그러한 것들을 관찰하는 것이 좋은 것입니다.

처음에는 부르짖는 기도를 통하여 여러 작용이나 현상들이 나타나면 당황하게 되며 분별하는 것이 쉽지 않습니다.
하지만 부르짖으면서 조심스럽게 자신의 내면의 변화를 살피는 훈련이 되다보면 점점 더 분별력이 증가되며 그러한 현상이 의미하는 것들에 대해서도 이해하게 되며 어떻게 대처해야 하는지도 알게 됩니다.
이 부분에 대해서는 나중에 좀 더 다룰 텐데, 아무튼 무턱대고 부르짖는 것이 아니라 겉으로는 강하게 부르짖어도 속으로는 세심하고 부드럽게 살피고 관찰하면서 기도하는 것이 성장에 도움이 되는 것입니다.

파도처럼 리듬을 타라

처음부터 끝까지 똑같은 톤으로 계속 부르짖어 기도하는 사람들이 있습니다. 그것은 너무 지루한 것입니다. 그러한 기도는 영을 지치게 합니다. 부르짖는 기도는 파도처럼 리듬을 타야 합니다. 계속 강하기만 한 것이 아니라 강하기도 하고 약하기도 하며 길게 하기도 하고 짧게 하기도 하며 높은 소리로 부르짖기도 하고 낮은 소리로 부르짖기도 하는데 이러한 것들을 파도치듯이 자연스럽게 반복하는 것이 좋습니다.

특히 부르짖는 강도에 대해서는 계속 강하거나 약하게 해서는 안 됩니다. 부르짖는 기도를 처음 시작할 때에는 처음부터 크고 강력하게 소리를 지르는 것은 좋지 않습니다. 그것은 자동차가 처음에 달리기 시작할 때 처음부터 전속력으로 달리는 것과 같습니다. 그렇게 하면 엔진이 곧 상할 것입니다. 기도의 영도 마찬가지입니다.
처음에는 부드럽게 기도를 시작하며 조금씩 강도를 세게 해나가야 합니다. 그러면서 점점 더 강력하게 부르짖고 그런 식으로 강하게 나가다가 아주 뜨겁고 강한 부르짖음까지 나아가야 합니다.
그런 상태에서 강력하게 부르짖다가 조금 힘이 든다 싶으면 그 강도를 서서히 낮추는 것이 좋습니다.

그것은 각 사람마다 다릅니다. 어떤 사람은 최고조의 상태로 부르짖는 것이 10분 이상을 견디지 못합니다. 그러한 사람은 10분 정도 최고조로 부르짖은 후에 그 강도를 낮추어야 합니다. 30분 정도까지 해도 별로 무리가 없는 사람은 그렇게 해도 됩니다.
아무튼 자신의 영력보다 무리해서는 안 됩니다. 조금씩 발전시켜 나가는 것이 좋습니다. 또한 여러 사람이 같이 하는 통성 기도라면 주위의 기도소리가 잠잠해졌는데 혼자서 계속 소리를 질러서는 안 됩니다. 그것은 조화를 깨뜨립니다.
그러므로 강한 기도의 영을 가지고 있는 사람은 여럿이 하는 통성 기도로는 만족할 수 없으며 혼자서 기도할 수 있는 장소를 찾아야 합니다.

최고조에 이른 부르짖는 기도를 서서히 낮추는 것은 영이 조금 휴식을 취하는 것입니다. 그러한 상태에서 조금 안식이 되었으면 다시 조금씩 강도를 강하게 해도 됩니다.

기도의 강도를 가장 약한 것을 1, 가장 강한 것을 5로 표현한다면 부르짖는 기도의 흐름은 처음에 1로 시작해서 2, 3이 되었다가 5까지 오른 다음에 다시 4,3,2,1.. 하는 식으로 내려가는 것입니다.

그러다가 휴식이 충분하면 다시 2,3,4..이런 식으로 올라갑니다. 계단을 올라갔다가 내려오는 식으로 하는 것입니다. 그러한 기도가 자연스럽습니다.

이러한 방식으로 기도하면 영이 무거워지거나 손상되지 않고 파도가 밀려왔다가 밀려가는 것처럼 자연스럽고 편안한 상태가 됩니다.

기도의 강도에도 이와 같이 자연스럽게 리듬을 타야 하지만 기도하는 소리의 높이도 마찬가지입니다. 소리의 높낮이도 자연스럽게 흘러가야 합니다.

흔히 통성 기도를 시작할 때 인도자는 '주여!' 3창을 갑자기 크고 높은 소리로 시작하곤 합니다. 그러나 가만히 있던 성도들이 갑자기 그렇게 크게 소리를 내어서 기도를 시작하는 것은 앞서 이야기한 것처럼 자동차를 처음에 전속력으로 달리는 것과 같이 무리입니다. 또한 갑자기 그렇게 높은 소리로 기도를 시작하는 것도 좋지 않은 것입니다. 그것은 어색하고 부자연스럽습니다.

소리의 높낮이도 처음에는 낮은 소리로 시작해야 합니다. 소리는 낮은 곳에서 시작하여 차츰 높은 곳으로 올라가야 합니다.

그것은 등산을 하는 것과도 같습니다. 산을 오를 때 낮은 곳에서 높은 곳으로 올라가야지 높은 곳에서부터 등산을 시작하는 사람은 없을 것입니다. 그와 같이 기도의 소리도 낮은 목소리에서 시작해야 합니다.

처음에 높은 소리를 내는 것은 목을 긴장시켜야 하기 때문에 어렵지만 낮은 소리로 시작을 하는 것은 어렵지 않습니다.
그렇게 낮은 소리로 부르짖기 시작해서 조금 지나면 목소리가 자연스럽게 올라갈 수 있게 됩니다. 그러면 조금씩 목소리의 톤과 높이를 올립니다. 그렇게 목소리를 높이면 좀 더 간절하고 열정적인 기도의 톤으로 바뀌게 됩니다.

간절하게 기도함에 따라 목소리를 아주 높일 수도 있습니다. 또한 조금 지친 느낌이 들면 조금씩 목소리를 낮추어도 됩니다. 그런 식으로 소리의 높낮이를 조절하면서 기도하는 것입니다. 그것이 리듬을 타는 기도의 요령입니다.
어떤 이들은 처음부터 끝까지 계속 높은 소리로만 기도하다가 목이 다 상해 버립니다. 그것은 좋지 않은 것입니다.
목소리를 높이면 성대가 긴장을 하기 때문에 억지로 높은 소리를 내고 오래 내면 성대를 버립니다. 그것은 어리석은 일이며 기도의 요령을 모르는 것입니다.

높은 목소리에는 기쁨과 감동이 있습니다. 그러나 성대가 지치고 영혼이 지치지 않도록 그 높은 봉우리에서 곧 내려와야 합니다. 그것이 좋습니다.
또한 어떤 이들은 계속 적으로 낮은 소리로만 기도하기 때문에 목이 상하지는 않지만 기도가 답답합니다. 본인의 영도 답답하고 듣는 이들의 영도 답답합니다.
그러므로 너무 낮은 곳에 머물지 말고 조금씩 높은 곳으로 오르락내리락 해야 합니다.
그런 식으로 기도 소리의 강도나 높이를 잘 조절하면 오래 기도를 해도 지치지 않고 아름답고 풍성한 기도를 드릴 수 있습니다.

나는 기도회를 인도하는 사역자가 영의 흐름과 리듬을 잘 모르고 처음부터 아주 강하게 기도를 시작하여 성도들이 따라가지 못하게 하는 것이나 기도의 영이 잘 흐르고 있을 때 끊어버린다거나 하는 것을 많이 보았습니다.

그런 식으로 하면 성도들이 기도의 깊은 기쁨을 알지 못하게 됩니다. 그러나 리듬을 따라 영의 흐름을 따라 자연스럽게 기도하면 전혀 무리하지 않고도 밤이 새도록 기도하고 찬양을 드려도 거기에는 감미로움과 기쁨이 충만하게 되며 아무도 지치지 않게 됩니다.

가장 약한 강도의 1에서 시작하여 5까지 갔다가 다시 1까지 내려오는 것을 기도의 1주기라고 할 수 있습니다. 만약 철야기도를 한다면 이러한 주기를 3-4회는 할 수 있을 것입니다. 그러나 보통의 기도회라면 1주기만으로도 충분합니다. 거기까지 걸리는 시간은 사람에 따라 다르겠지만 대체로 1시간 정도면 충분할 것입니다.

처음에는 부드럽게 기도를 시작했다가 점차로 강건하게 하고 아주 뜨거운 상태로 부르짖습니다. 한 시간 중에서 이 상태에 오는 데까지 40분 정도를 사용하는 것이 좋습니다. 이때는 깊은 은혜가 임하는 시간이 아니며 영을 강하고 충만하게 이끄는 것입니다.

그 다음에 10분 정도는 부드럽고 고요한 상태에서 주님의 임재와 응답과 음성을 기다립니다. 처음에 부르짖는 기도를 드릴 때는 주님의 임재와 음성을 기다리면 안 됩니다.

부르짖을 때는 주님의 음성을 기다리는 때가 아닙니다. 충분히 부르짖고 악한 영들이 초토화되고 영적 승리의 상태가 온 후에 그 때에 비로소 주님의 임재를 기다리는 것입니다. 이 간단한 원리를 알지 못해서 귀신에게 속고 귀신들린 사람들을 나는 많이 보았습니다. 영적 무지처럼 무서운 것은 없습니다.

충분히 부르짖어서 악한 영들이 사라지고 고요한 상태가 되면 그 때 비로소 주님의 임재와 응답을 기다려야 합니다.

이때는 더 이상 부르짖지 않고 고요히 속삭이거나 침묵을 지키는 것이 좋습니다. 이때는 가장 아름답고 감미로운 기도의 시간입니다. 이 시간은 주님과의 깊은 교제의 시간입니다.

10분 정도가 지나면 마지막 10분은 다시 강건하게 기도를 해야 합니다. 다시 소리를 내고 신나는 기도와 찬양을 하는 것입니다. 그렇게 해서 마음이 즐겁고 신나고 강건한 상태에서 기도를 마쳐야 합니다.

어떤 이들은 조용하고 우울한 상태에서 기도를 마치고 집으로 가는 데 이것은 영적으로 아주 좋지 않습니다.

그는 기도 중에 은혜를 받았다고 하더라도 집에 가자마자 상처를 받고 영이 상하게 될 것입니다. 부드러운 상태는 무장한 상태가 아니며 영적으로 아주 약한 상태이기 때문에 그 상태로 기도를 마쳐서는 안 됩니다.

이 부분에 대해서는 다음에 조금 더 자세하게 설명을 하겠습니다. 다만 부르짖는 기도라고 해서 무작정 강하게 부르짖기만 하는 것이 아니며 파도처럼, 계단을 오르는 것처럼 리듬이 있고 조화가 있다는 것을 이해해야 합니다. 그리고 그 흐름을 타서 기도를 할 때 풍성하고 아름다운 기도를 드릴 수 있는 것입니다.

상상으로 부르짖으라

문제가 있을 때, 마음껏 주님 앞에서 부르짖고 싶을 때 그와 같은 공간과 여유를 확보하는 것은 쉬운 일이 아닙니다.

그럴 때에 직접 몸으로 부르짖는 것만큼은 되지 않겠지만 그와 흡사한 효과를 얻을 수 있는 것이 상상으로 부르짖는 것입니다. 몸은 할 수 없어도 우리는 마음을 통해서 상상으로 부르짖을 수 있습니다.
우리의 육체는 많은 제한을 가지고 있습니다. 시간과 공간과 여러 상황에 묶일 수밖에 없는 것입니다.
그러나 우리의 마음과 영혼에는 아무런 제약도 없습니다. 그러므로 상상을 통해서 우리는 어디든지 갈 수 있으며 어느 곳에서든지 기도할 수 있습니다.
우리는 상상을 통해서 높은 산 위에서 부르짖어 기도할 수 있습니다. 많은 시간과 돈을 들여서 성지순례를 하는 이들도 많이 있지만 우리는 상상하는 기도를 통해 얼마든지 성지순례를 할 수 있을 뿐 아니라 과거 예수님이 거하시던 장소와 성경 속의 어떤 장면에도 같이 참여하여 기도할 수 있습니다.
갈릴리 바다의 풍랑을 배속에서 직접 느껴볼 수도 있으며 주님이 병자들을 고치시는 장면을 바로 옆에서 직접 보는 감격을 누릴 수도 있습니다. 상상의 기도를 통해서 말입니다.

그 모든 것들은 다 그저 공상에 지나지 않는 것일까요? 아닙니다. 그것은 당신의 영감이 어느 정도 발달되었느냐에 따라 다릅니다.
영혼의 감각이 전혀 발달하지 않은 이들은 그러한 상상의 기도가 단순히 공상에 지나지 않으며 자기의 생각에서 나오는 것이지만 점점 더 기도를 통해서 영혼의 감각이 발달될 때 그들은 단지 상상이 아닌 실제에 좀 더 가까이 다가갈 수 있으며 실제에 가까운 경험을 하게 됩니다.
그렇기 때문에 영감이 많이 발전되어 있는 이들은 사람들이 멀리 있어도 그들의 마음과 영혼의 상태를 어느 정도 느끼며 감지하게 되는 것입니다.
성경에도 엘리사가 그의 종 게하시가 죄를 짓고 있는 장면을 그 심령으로 감지하는 이야기가 나옵니다. 그러한 경험은 영감의 발전에 따라 어느 정도 다 경험하는 것입니다.

"들어가서 그 주인 앞에 서니 엘리사가 이르되 게하시야 네가 어디서 오느냐 대답하되 종이 아무데도 가지 아니하였나이다
엘리사가 이르되 그 사람이 수레에서 내려 너를 맞을 때에 내 심령이 감각되지 아니하였느냐 지금이 어찌 은을 받으며 옷을 받으며 감람원이나 포도원이나 양이나 소나 남종이나 여종을 받을 때냐
그러므로 나아만의 문둥병이 네게 들어 네 자손에게 미쳐 영원토록 이르리라 게하시가 그 앞에서 물러나오매 문둥병이 발하여 눈같이 되었더라" (왕하5:25-27)

부르짖는 기도도 마찬가지입니다. 이 기도도 역시 실제보다는 못하겠지만 상상을 통해서 충분히 기도할 수 있습니다. 그리고 영감이 발달하는 만큼 점점 더 실제의 영계를 경험하게 되며 기도의 깊은 곳에 이르게 됩니다.

마음이 답답하거나 괴로울 때, 기도하고 싶지만 기도할 시간이 없고 마땅한 공간이 없을 때 있는 곳에서 마음속의 상상으로 부르짖고 기도하십시오.

높은 산에서, 혹은 자신이 좋아하는 장소에서 부르짖는 자신을 상상하십시오. 마음속으로 '주여~' 하고 부르짖으며 '으아~~' 하고 부르짖는 자신을 상상하십시오. 잠시만 그렇게 상상을 해도 우리의 영혼은 아주 충만해지고 기쁨과 능력에 사로잡히게 됩니다.

조금 전까지 마음이 우울하고 답답하던 사람이 불과 10분 정도 상상으로 간절하게 기도하였을 때 힘을 얻으며 강건하고 충만해질 수 있는 것입니다. 이 기도는 몸이 불편한 병자들도 얼마든지 할 수 있는 것은 물론입니다.

이 상상의 기도는 현실적으로 기도하기가 어려울 때도 사용할 수 있지만 그 자체가 훌륭한 영성 훈련의 방법이기도 합니다. 상상 기도를 통

해서 사람은 거의 무한대의 영권과 영적 세계를 경험할 수 있습니다. 물론 이 기도에도 부르짖는 기도의 기초가 필요하지만 이 기초가 어느 정도 되어있는 이들은 상상하는 기도를 통해서 깊고 풍성한 영의 세계를 경험할 수 있습니다.

이 기도의 방법도 부르짖는 기도의 훈련 중에서 반드시 사용해보십시오. 기도와 훈련이 반복될수록 당신의 영혼은 풍성한 아름다움을 맛보게 될 것입니다.

부르짖는 기도의 공간 확보

상상의 기도가 좋기는 하지만 그것이 실제로 부르짖는 기도를 대치할 수는 없을 것입니다.

그런 면에서 부르짖는 기도의 공간을 확보하는 것은 중요한 일입니다. 어디서 마음 놓고 부르짖는 기도를 드릴 수 있는가 하는 것이 문제인 것입니다.

그리스도인들은 날마다 기도해야 합니다. 그것이 정상입니다. 날마다 기도할 수 있는 자기만의 공간을 확보하고 있어야 합니다. 그래야 영성을 항상 맑고 충만한 상태로 유지하는 데에 도움이 될 것입니다.

그리스도인들이 날마다, 밤마다 하루의 일과를 마치고 확보된 자기의 기도 아지트에서 마음껏 부르짖고 기도할 수 있다면 그는 정말 행복한 사람일 것입니다. 그는 그 시간에 하늘의 무한한 은총을 경험할 수가 있기 때문입니다.

묵상으로 기도를 드린다면 그러한 공간 확보는 쉬울 것입니다. 그것은 자기 방에서도 가능합니다. 아침에 깨자마자 이불 속에서 기도를 드릴 수도 있습니다. 그러나 부르짖는 기도라면 그것은 쉽지 않습니다. 그러므로 공간의 확보가 중요합니다.

보통 금요일에 드리는 철야기도회에서 부르짖을 수도 있습니다. 그러나 뜨겁고 강렬한 철야기도회라고 하더라도 개인적인 기도를 충분히 드리기에는 무리가 있을 것입니다. 그러기 위해서는 개인적인 공간이 필요합니다.

자기가 다니는 교회에 예배를 드리지 않는 시간을 이용해서 개인적으로 기도하는 것이 가장 무난할 것입니다. 한국 교회의 상황은 다른 교회에 다니는 성도들이 마음 놓고 들어와서 기도하는 것은 꺼리는 분위기가 많이 있습니다.

하지만 자기가 다니는 교회라고 하더라도 조심 없이 함부로 기도하는 것은 좋지 않을 것입니다. 부르짖는 기도에 대한 이해가 적은 사람들도 많이 있기 때문입니다.

그러므로 다른 사람들이 있을 때는 다른 이들에게 방해가 되지 않도록 조심하면서 기도해야 합니다.

그리고 부르짖으면서도 소리가 너무 크게 나지 않게 속으로 부르짖는 훈련을 하는 이 필요합니다. 우리 영혼의 충만도 필요하지만 덕을 세우는 것도 필요하기 때문입니다.

배에 힘을 주고 기도하면서 소리가 속에 있고 바깥에는 많이 나가지 않도록 기도하는 법을 익힌다면 뜨겁고 강하게 기도하면서도 다른 이들에게는 적게 들리게 할 수 있습니다. 그러한 연습이 필요합니다.

사람들은 흔히 부르짖는 기도는 아주 큰 소리로 흥분된 상태에서 해야 하는 것이라고 생각합니다. 그러나 사실은 그렇지 않습니다. 우리는 얼마든지 조용하게 부르짖을 수 있습니다.

낮은 소리로도 부르짖을 수 있으며 부르짖는 소리의 크기와 힘을 조절할 수 있습니다. 그리고 그렇게 하는 부르짖음도 충분한 효과를 가져다 줍니다.

겉으로는 조용하지만 속으로는 강하게 부르짖는 이 기술에 좀 더 익숙해진다면 자기 집에서도 조용히 부르짖어 기도할 수 있습니다. 바깥에 별로 소리가 들리지 않으면서도 충분히 부르짖는 기도를 할 수 있습니다.
혼자서 자취를 하거나 자기가 사는 집에서 기도의 골방을 하나 확보할 수 있다면 그것은 부르짖는 기도를 드리기에 아주 좋을 것입니다.
그러한 경우에는 약간의 방음 장치가 필요합니다. 요즘에는 적은 돈을 들이고도 음을 흡수할 수 있는 물품들이 많이 있습니다.

오래 전에 목회를 하고 있을 때 나는 지하의 작은 교회에서 목회를 하고 있었습니다. 그런데 지하에서 많이 부르짖다보니 사람들이 많이 모이게 되어서 좀 더 넓은 지상으로 옮기게 되었습니다.
지하에서는 마음껏 부르짖을 수 있었는데 지상에 올라가니 주위에서 시끄럽다고 항의가 많이 들어왔습니다. 툭하면 사람들이 신고를 하는 바람에 예배를 드리는 중에 경찰이 오곤 했습니다.
또한 지상에 올라가서 예배를 드리니 지하에서 드리는 것만큼의 포근한 느낌이 없었습니다. 소리가 붕 뜨는 것 같았고 안정감과 달콤함이 없었습니다. 나는 그 이유가 무엇인지 몰랐습니다.

그런데 나중에 그 이유를 알게 되었습니다. 창문이 많이 있어서 그 틈으로 소리가 새어나갔기 때문에 그렇게 소리의 느낌이 좋지 않았던 것입니다. 그러므로 방음이 되지 않으면 다른 이들에게도 소리가 새어나가서 시끄럽게 되어 피해를 주지만 우리들 자신에게도 좋지 않은 것을 알게 되었습니다.
나중에 방음 장치를 어느 정도 하고 보니 바깥에서도 별로 시끄럽지 않았고 예배를 드릴 때도 소리가 새어나가지 않았기 때문에 달콤하고 편안하게 예배를 드릴 수 있었습니다.

그러므로 마음 놓고 부르짖으려면 교회에도, 개인의 방에도 방음 장치를 하는 것이 좋습니다.
그렇게 자기 집에 주님께 예배를 드리는 지성소를 꾸며놓을 수 있다면 그것은 아주 축복된 일일 것입니다.
그럴 만한 상황이 안 된다면 이불을 뒤집어쓰고 부르짖을 수밖에 없을 것입니다.
나는 어떤 사람이 이불장을 열어놓고 이불에 얼굴을 파묻고 부르짖어 기도했다는 이야기를 들은 적이 있습니다. 나는 그 모습이 연상되어 웃음이 나왔지만 주님께서는 그 간절함을 보시고 이불장 속에 얼굴을 파묻고 드리는 기도를 들으시고 응답하실 것입니다.

아무튼 부르짖는 기도를 위해서 자기만의 지성소, 자기만의 기도 공간을 확보하는 것은 아주 중요한 일입니다.
간절하게 은혜를 사모하고 기도한다면 주님께서는 그러한 공간을 허용하실 것입니다.
그렇게 기도의 공간을 확보할 수 있다면 그는 세상의 어떤 궁전도 부럽지 않을 것입니다. 그 기도의 공간은 바로 천국이며 하나님의 영광이 임하는 장소이기 때문입니다.
이와 같이 부르짖는 기도에는 여러 요령들이 있습니다. 그리고 직접 부르짖어 기도하는 가운데 점점 더 많은 요령과 원리들을 얻을 수 있게 될 것입니다. 부디 그 원리들을 적용하고 시도해보십시오.
사모하고 추구하는 영혼에게 주님은 반드시 임하시며 놀라운 은총을 베풀어주실 것입니다. 할렐루야.

7. 부르짖는 기도로 나쁜 기운을 토하라

부르짖는 기도는 근본적으로 토하는 기도입니다. 시편 62편 8절에 '백성들아 시시로 저를 의지하고 그 앞에 마음을 토하라 하나님은 우리의 피난처시로다' 라는 말씀이 나오는데 이와 같이 마음을 토하고 우리의 문제와 상처와 아픔을 토하는 기도가 바로 부르짖는 기도입니다. 부르짖는 기도의 소리를 들으면 보통 '주여~~' '으아~~' 하는 소리가 나옵니다. 관찰해보면 이렇게 소리를 지를 때에 숨이 토해지는 것을 알 수 있습니다. 그렇게 소리를 내면서 숨을 들여 마실 수는 없을 것입니다. 부르짖는 기도는 기운을 토하는 기도입니다.

그렇다면 어떤 기운을 토해야 할까요? 그것은 물론 나쁜 기운입니다. 우리 안에 있는 나쁜 기운을 바깥으로 토해내는 것입니다.
1권에서 부르짖는 기도, 발성 기도를 하지 않는 이들은 대체로 우울하고 어두운 사람들이 많다는 이야기를 했었습니다. 그 이유는 무엇일까요? 그것은 그러한 사람들은 토하는 것을 못하기 때문입니다.

이 세상에 살다보면 상처를 받을 때도 많고 고통을 겪을 때도 많이 있는데 이들은 그러한 것들을 바깥으로 토해내지 못합니다. 그러므로 그러한 나쁜 기운들이 안에 쌓이는 것입니다.
이들은 마음이 상해도, 근심이 있어도 스트레스가 있어도 그것들을 그대로 속에 쌓아둡니다. 내보내지를 못하는 것입니다. 싫어도 싫다고 말하지 못하며 자신을 표현하지 못합니다.

그러므로 그들은 속에 쓰레기가 쌓이게 됩니다. 그래서 속이 썩으며 성격이 어두워지고 우울해지게 되는 것입니다.

부르짖는 기도는 토하는 기도입니다. 나쁜 기운을 토하는 기도입니다. 그러므로 우리 안에 우리가 알지 못하는 사이에 침투해서 쌓여진 모든 나쁜 기운을 내보낼 수 있습니다.

질병도, 불쾌한 마음도, 상처도, 고통도, 중독의 증상들도 모두 다 부르짖는 기도를 통해서 내보낼 수 있습니다.

이 말은 과장 같지만 조금만 이것을 실천해보면 그것이 결코 과장이 아니라는 것을 알 수 있게 될 것입니다. 그것을 경험하는 데는 5분이 채 걸리지 않습니다.

나쁜 기운을 토하는 부르짖는 기도를 언제 사용하면 좋을까요? 그러한 기도가 필요한 상황은 아주 많이 있습니다. 어쩌면 하루에도 몇 번이나 있을지도 모릅니다.

방심한 상태로 있다가 사람들의 날카로운 말이 가슴에 꽂히고 상처가 될 때가 있습니다. 또한 사소한 근심이나 염려가 마음속에 비집고 들어와 숨이 답답해질 때가 있습니다.

걱정 근심을 전파하는 TV의 뉴스를 멍청하게 쳐다보고 있거나 두려움을 심어주는 사람들의 이야기를 무방비 상태로 듣고 있을 때 그러한 기운이 속에 들어오는 것입니다.

그러한 현상은 가벼울 때는 시간이 지나면서 저절로 사라지기도 합니다. 마음의 생각을 다른 데로 돌리면 그대로 잊혀지기도 하는 것입니다. 그러나 사실은 그런 경우에도 고통이나 나쁜 기운은 그 순간에는 잊어버리지만 당시의 기억 속에서만 사라질 뿐 속의 깊은 곳에 가라앉는 것이 보통입니다.

아무튼 그렇게 가벼운 고통으로 사라져버리는 것은 그런 대로 괜찮을 것입니다. 그러나 어떤 증상은 아주 심각한 것이 있습니다. 가슴에 비수가 박힌 것처럼 심하게 아프고 묵직하며 고통스러운 것입니다.
그렇게 심한 상태에서는 일이 손에 잡히지 않으며 입맛도 없어지게 됩니다. 나쁜 기운이 가슴에 들어왔기 때문에 그것을 처리하지 않고는 일상의 삶이 힘들어지게 되는 것입니다.
바로 그러한 순간이 부르짖는 기도를 사용하기 딱 좋을 때입니다. 물론 저의 책 [대적기도]시리즈를 읽으신 분들이라면 이때 부주의를 틈타서 자신의 안에 침투한 악한 기운을 대적하고 쫓아낼 것입니다. 그런데 그렇게 대적하고 쫓아내는 것을 아주 실제적으로 할 수 있는 것이 부르짖는 기도입니다.
가슴이 그렇게 아플 때는 혼자만의 기도할 수 있는 공간을 찾으십시오. 그리고 부르짖는 것입니다.
그러한 시간과 공간을 찾을 수 없다면 할 수 없이 상상 속에서 부르짖어야 하겠지만 실제로 소리를 내어서 부르짖을 수 있다면 더 빨리 효과가 나타나는 것은 당연한 일입니다.

크게 입을 벌려서 '으아~~' 하고 소리를 지르십시오. 마음속으로 주님을 생각하며 주님 앞에서 자신의 모든 고통과 아픔을 쏟아놓는다고 생각하십시오.
가능하면 입을 크게 벌리고 '아~' 하는 발음으로 길게 소리를 지르는 것이 좋습니다. 그러면서 숨을 계속 토해내면 됩니다. 그렇게 계속 단순하게 '으아~~' 하고 숨을 토해내며 소리를 냅니다.
그런 식으로 10분 정도를 부르짖으면 대체로 가슴이 후련해지며 시원해지게 됩니다. 가슴이 아프던 증상도 사라지고 속이 답답하던 증상도 사라지며 입맛이 없던 증상도 사라져서 곧 배가 고파지게 됩니다. 상처와 충격이 온지 얼마 되지 않아서 가슴에 단단한 것이 박혀있는 느낌이 들 때에는 '으아~' 하고 길게 소리를 내는 것보다는 '아! 아! 아!' 하는 식으로 스타카토로 짧게 기합을 외치듯이 해서 토하는 것이 좋습니다.

이런 식으로 나쁜 기운을 토할 때 트림이 올라오거나 구역질이 나거나 할 수도 있습니다. 그것은 치유와 회복이 빨리 이루어지고 있는 것입니다. 그러한 토함은 치유의 과정이기 때문입니다.

상처와 충격을 받은 지 시간이 얼마 지나지 않았다면 그런 식으로 토할 때 빨리 사라지고 회복됩니다.

오래된 상처는 뱃속 깊은 곳으로부터 '우아~' 하고 좀 더 길게 끌면서 소리를 낼 때 회복이 쉽습니다.

찬양을 하면서도 '아~' 발음이 길게 나오는 찬양을 길고 힘있게 하면 이와 같은 좋지 않은 기운들을 내보내는데 효과가 있습니다.

'할렐루야~'가 여러 번 반복해서 나오는 단순한 곡을 천천히 길게 끌면서 부르면 가슴이 후련해지게 되는 데 그러한 과정을 통해서 악한 기운들이 토해지기 때문입니다.

소리를 아주 길게 끌게 되면 깊은 속에 숨겨져 있었던 상처까지 올라와서 치유와 회복이 이루어지게 됩니다. 물론 이 경우에는 온전한 치유와 회복에 이르기까지 조금 힘들게 느껴질 수도 있습니다.

일시적으로 구역질이 심하게 난다든지 머리가 어지럽다든지 하는 현상이 나타날 수도 있습니다. 그러므로 일시적인 회복을 위해서는 너무 길지 않게 부르짖는 것이 좋습니다.

아무튼 일상의 삶에서 가벼운 말로 인하여 상처를 입었는데 이러한 간단한 방법의 기도를 통하여 회복되는 경험을 하게 되면 그 다음에는 마음에 상처를 받거나 충격을 경험했을 때도 놀라지 않고 이 기도를 사용할 수 있을 것입니다.

그러면 곧 가슴이 회복되고 마음이 편안해지기 때문입니다. 누구든지 일시적으로 깨어있지 않으므로 가슴에 상처를 입을 수 있지만 그 치유법을 알게 되면 곧 다시 회복될 수 있으니까요.

부르짖는 기도로 나쁜 기운을 토함으로 회복되는 경험을 하게 되면 이 기도의 사용범위가 아주 넓다는 것을 알게 됩니다. 단지 가슴에 상처를 받았을 때만 사용할 수 있는 것이 아니지요.

마음속에 분노가 가득할 때도 이 방법으로 그 기운을 내보낼 수 있습니다. 슬픔이 가득할 때도 역시 가능하지요. 두려움이나 불안이 있을 때도 부르짖어서 그 기운을 토할 수 있습니다. 요약하자면 우리 안에 들어온 모든 악한 기운들을 부르짖는 소리를 통하여 가슴에 담아두지 말고 바깥으로 내보낼 수 있는 것입니다.

이것은 호흡기도를 통하여 나쁜 기운을 바깥으로 보내는 것과 비슷합니다. 토하는 호흡을 통해서 그러한 기운을 바깥으로 보낼 수도 있는 것입니다. 그런 의미에서 부르짖는 기도는 대적기도와 호흡기도를 섞어놓은 것이라고도 할 수 있습니다.

그런데 그 중에서 가장 기본적이며 실제적이고 즉각적이고 확실한 능력이 나타나고 결과를 얻을 수 있는 것이 바로 부르짖는 기도이며 부르짖어 토하는 것입니다. 이것이 모든 기도 중에서 가장 기초적인 기도이기 때문입니다.

분노가 걷잡을 수 없이 일어날 때 '우아~' 하고 부르짖어 보십시오. 그렇게 하면 아주 심한 분노가 아닌 경우에 5분이나 10분 정도면 그 분노가 가라앉게 됩니다.

슬픔의 경우도 마찬가지입니다. 나는 '이 슬픔을 받아들이지 않고 바깥으로 내보내겠다' 하고 결심하고 '우아~' 하고 소리를 지르면 곧 슬픔의 느낌은 사라집니다.

소리를 지르는 과정에서 눈물이 날 수도 있습니다. 그러나 그렇게 5-10분 정도 소리를 지르고 울고 나면 놀라울 정도로 마음이 개운해지며 안정됩니다. 마음이 짧은 시간에 어찌 이렇게 달라질 수 있는지 놀라울 정도입니다.

억울함의 느낌도 마찬가지입니다. 우리는 부르짖는 기도로 이것도 토해낼 수 있습니다. 아무튼 우리가 가지고 있는 근심, 두려움, 염려, 아픔, 그 모든 것을 토해낼 수 있는 것입니다.

사람들은 흔히 '당신의 문제를 주님께 토하고 드리라'는 메시지를 들으면 '그건 좋은 말이지만 도대체 어떻게 문제와 고통을 주님께 토하라는 말입니까?' 하고 반응합니다.

그러나 부르짖는 기도를 배우고 나면 더 이상 그렇게 반문하지 않을 것입니다. 부르짖어서 토하면 되는 것이며 그것은 정말 간단한 방법이기 때문입니다.

그렇게 주님께 토하고 나면 속이 놀랍도록 평안하고 시원해지기 때문에 자기의 문제가 주님께 드려졌는지 아니면 여전히 자기가 가지고 있는지 고민하지 않게 됩니다. 세상에 자기가 아픈지 나았는지 모르는 사람은 없을 것이기 때문입니다. 자기의 속이 여전히 답답한지 시원한지 모르는 사람은 없을 것이기 때문입니다.

사람들은 일상의 삶에서 불쾌한 느낌이나 생각이 떠오를 때가 많이 있습니다. 기분이 좋지 않으며 마음이 상할 만한 말을 들을 때도 많으며 안좋은 생각이 떠오를 때도 많습니다.

그 때 대부분의 사람들은 불쾌하기는 하지만 그것을 어쩔 방법이 없어서 투덜거리거나 불평을 하고 그냥 지나갈 것입니다.

"그 사람이 나에게 욕을 했다고? 뭐 그런 사람이 다 있어. 내가 그를 지금까지 도와주었는데.." 이런 식으로 불쾌한 마음을 간직한 채 생각을 다른 데로 돌릴 것입니다.

하지만 그것은 불쾌한 느낌을 완전히 없애는 것이 아니라 그냥 내버려 둔 채 지나가는 것입니다. 그리고 그렇게 남게 된 불쾌한 느낌은 우리의 몸과 마음에 부정적인 영향을 끼치게 될 것입니다.

부르짖는 기도를 알게 되면 그러한 경우에 그러한 마음이나 생각을 처리하는 것은 간단한 일입니다. 주님을 향해서 '으아~~' 하고 부르짖으면 되는 것입니다. 그것은 '주님.. 이 상황을 아시지요? 주님께서 알아서 판단하시고 역사하시기를 바랍니다. 저는 주님께 이 문제를 맡깁니다' 하는 기도입니다.

이렇게 맡기는 기도, 맡기는 부르짖는 기도를 하고 나면 마음이 즉시로 개운해지며 주님이 그 상황에 개입하셔서 주님의 의로우신 판단과 역사가 나타나게 됩니다.

피곤이나 질병의 경우에도 우리는 부르짖는 기도를 통해서 처리할 수 있습니다.

오래된 질병에는 오랜 시간이 걸릴 것이고 얼마 되지 않은 질병에는 비교적 적은 시간이 걸리겠지만 기본적으로 부르짖는 기도는 신체적인 질병을 치유하는 데에 도움이 될 것입니다.

나는 몸이 몹시 피곤하였을 때 부르짖는 기도를 통해서 이 피곤의 기운을 내보낼 수 있는지를 실험하여 보았습니다. 그 결과 부르짖는 기도를 통하여 몸이 무겁고 피곤하던 것이 사라지고 몸과 마음이 날아갈 듯이 가벼워지는 것을 경험하곤 하였습니다.

피곤은 만병의 근원이라는 상식을 생각해볼 때 피로물질을 제거하여 몸을 가볍게 하는 요소가 부르짖는 기도 가운데 있다는 것을 나는 확인할 수 있었습니다.

몸이 몹시 피곤하고 무기력한 상태에서 잠을 잤을 때 여러 시간 잠을 자도 몸이 여전히 늘어지고 피곤이 풀리지 않았던 경험을 한 적이 있었을 것입니다.

그러한 경우에 부르짖는 기도를 통해서 무겁고 피곤하게 하는 기운들을 내보내고 나서 휴식을 취할 때 좀 더 빠른 회복을 얻을 수 있을 것입니다.

이러한 회복의 경험이 계속되면 우리는 충분히 우리가 가지고 있는 질병과 약함의 기운들을 부르짖는 기도를 통해서 내보낼 수 있을 것입니다. 순식간에 모든 질병이 완전히 치유되지는 않더라도 우리는 그것이 호전되는 것을 볼 수 있을 것입니다.

부르짖는 기도는 기본적으로 토하는 기도입니다. 부르짖는 기도는 주를 부르며 나를 토하는 기도입니다. 결국 나를 비우고 주님으로 채우기 위하여 드리는 기도가 부르짖는 기도인 것입니다.
천국의 주인은 바로 주님이십니다. 아름다움, 거룩함, 선함과 모든 좋은 것의 대표는 곧 주님이십니다. 그러므로 천국의 모든 것은 주님으로부터 시작되는 것입니다. 지혜도, 덕도 사랑도 오직 주님으로부터 시작됩니다.
지옥은 곧 나로부터 시작되는 것입니다. 세상에는 온갖 악들이 있으나 그 모든 악의 근원은 바로 '나' 입니다. 결국 주를 추구하는 이들은 천국을 추구하는 자들이며 나를 추구하는 이들은 지옥을 추구하는 사람들입니다.

모든 사람들은 오직 나, 나, 나를 위해서 삽니다.
나의 기분이 즐겁기 위해서 살며 나를 위해서 다른 사람을 이용하려고 하며 나 중심, 자기 중심으로 사는 것이 좋은 것 인줄 압니다. 그러나 모든 고통, 상처, 죄, 악도 다 '나' 로부터 시작되는 것입니다.
왜 사람들은 용서하지 못하는 것일까요? 인상을 쓰고 얼굴을 찡그리며 '당신이 내가 당한 것을 직접 당해 보라. 그러고도 용서하라는 말이 나오는지..' 하는 사람들이 있습니다.
왜 그들은 용서하지 못할까요? 바로 나를 버리지 못하기 때문입니다. 내 기분, 내 입장, 내 고집에서 벗어나지 못하기 때문입니다.
왜 사랑하지 못할까요? 바로 '나' 를 버리지 못하기 때문입니다. '내 가족, 내 자식, 내 친구..' 다 '나'를 버리지 못하고 있는 것입니다.
나를 버리고 주를 추구하는 사람들만이 참 자유인입니다.
그들은 나를 초월하고 오직 주를 구하기에 삶에도 죽음에도 요동함이 없습니다. 그들은 생명이 있을 때 사랑하고 죽음이 임하면 웃음과 감사와 함께 이 땅을 떠나갑니다. 주를 추구하고 구하는 자들은 이와 같이 모든 묶임에서 자유로우며 사람에 집착하지 않고 오직 사랑하며 자유롭게 되는 것입니다.

부르짖는 기도는 바로 이 '나'를 토하는 것입니다. 나를 비우는 것입니다. 나를 비우는 것은 지옥을 버리는 것이며 주를 구하는 것은 천국을 얻는 것입니다. 그리하여 우리는 나를 비운 가슴에 주님을 채우고 천국을 채우는 것입니다.
우리는 부르짖는 기도를 통해 모든 악과 어두움을 토해내야 합니다. 근심도, 두려움도, 분노도, 미움도 다 도해내야 합니다.
그러나 그 모든 것들 중에서 가장 토해내야 할 것은 바로 나 자신입니다. 모든 재앙과 악의 근원인 나 자신을 토해야 합니다. 나에게 속한 이기적이고 육적인 모든 것을 토해야 합니다.

부디 부르짖는 기도를 통하여 모든 어두운 기운을 토하십시오.
어두운 감정을 토하십시오.
그리고 나를 토하여 나를 비우십시오.
그 빈자리에 오직 주님이 임하시게 하십시오.
그러므로 부르짖는 기도는 주님을 모시기 위한 준비기도입니다.
가슴을 찢으면서 '주여~, 주여~~' 부르짖는 기도는 결국 나를 비우고 오직 주님으로 채워지기 위한 간절하고 간절한 사모함의 기도인 것입니다.

8. 낮은 소리와 높은 소리로 부르짖기

여성의 목소리는 대체로 높으며 남성의 목소리는 낮은 편입니다. 여성들은 일반적으로 정서가 풍부하며 감정이 예민하고 남성들은 감정과 정서가 부족한 대신에 냉철하며 안정적입니다.
이러한 여성과 남성의 기질적인 차이는 소리와도 많은 관계가 있습니다. 즉 높은 소리는 감정적이고 정서적인 면을 자극하며 낮은 소리는 힘과 안정을 가져다주는 것입니다.
그러므로 남성이라고 해도 목소리가 가늘고 높은 사람은 정서적으로 예민하고 섬세한 것이 보통입니다. 또한 여성이라고 해도 목소리가 낮고 굵은 사람은 안정적이며 강인한 경향이 있습니다.

사람들은 흔히 성격은 타고난 것이며 어쩔 수 없는 것이라고 생각을 하지만 이러한 원리를 이해하고 적용하면 우리는 누구나 어느 정도 자신의 성격을 다스릴 수 있으며 디자인할 수 있습니다.
정서가 부족한 사람이 정서적으로 예민해질 수도 있으며 정서가 불안정하던 사람이 강건하고 안정적인 사람이 될 수도 있는 것입니다. 원리를 알고 적용하면 우리는 자신을 바꿀 수 있습니다. 물론 필요할 때만 말입니다.
우리는 목소리의 톤을 바꿀 수 있으며 필요에 따라 상황에 따라 다르게 사용할 수 있습니다. 우리가 목소리를 어떻게 내며 어떻게 부르짖느냐에 따라 마음과 생각과 느낌이 달라진다는 것을 알게 되면 우리는 자신을 좀 더 잘 컨트롤할 수 있을 것입니다.

눈물을 흘리는 것은 때에 따라서는 아주 좋은 일입니다. 항상 눈물이 많고 사소한 작은 일에도 우는 것이야 별로 좋은 것이라고 할 수 없겠지만 눈물이 필요한 상황에서 적당하게 눈물을 흘릴 수 있다면 그것은 좋은 것입니다. 눈물은 우리의 영혼을 치유해주고 아름답게 만드는 역할을 하곤 합니다.

하지만 울고 싶어도 울지 못하는 이들이 많이 있습니다. 눈물을 흘리고 싶어도 눈물이 나오지 않는 것입니다.

나는 어린 시절이나 청년 시절부터 기도를 하면서 우는 사람들을 보면 참으로 부러웠습니다. 하지만 나는 아무리 노력을 해도 눈물이 나오지 않았습니다.

내가 마음 놓고 눈물을 흘리게 된 것은 많은 시간이 흐른 뒤였습니다. 하나님의 임재와 여러 가지 기도의 경험을 하면서 나는 비로소 눈물을 흘릴 수 있었습니다.

직접 겪어보니 눈물을 흘리는 것은 참으로 귀하고 아름다운 경험이었습니다. 마음을 주님께 드리며 울면서 기도를 하는 것은 너무나 행복한 일이었습니다. 감사의 고백과 눈물의 기도를 드린 후에는 내 자신이 깨끗이 정화된 느낌이 들었습니다.

기도하면서 자주 울게 된 후로는 내가 예배를 인도할 때마다 성도들도 많이 우는 것을 발견하게 되었습니다. 사역자가 자유로움을 경험하게 되면 그 자유로움의 경험이 성도들에게도 전달된다는 것을 알 수 있었습니다.

어떤 이들에게는 우습게 보일지도 모르지만 눈물의 경험은 우리의 영혼에 아주 유익합니다. 다윗은 이렇게 고백하였습니다.

"나의 유리함을 주께서 계수하셨으니 나의 눈물을 주의 병에 담으소서 이것이 주의 책에 기록되지 아니하였나이까" (시56:8)

다윗은 그의 눈물을 주님께서 받으시고 주님의 병에 담아주시기를 기대하였습니다. 다윗에게 있어서 눈물은 그의 기도이며 믿음과 사랑의 고백이었던 것입니다.

눈물을 흘리며 기도를 드리고 예배를 드리는 이들은 변화됩니다. 그러나 울어본 적이 없는 사람은 변화되기 어렵습니다. 눈물은 그만큼 중요하고 고귀한 것입니다.

'눈물을 흘리지 않는 사람을 사랑하는 것은 도둑에게 지갑을 맡기는 것과 같다' 는 말도 있습니다. 눈물을 흘리지 않는 사람은 정이 없으며 강퍅한 사람이기 때문에 그러한 사람을 사랑하는 이들은 상처를 받게 된다는 것입니다.

하지만 이렇게 귀한 눈물을 마음껏 흘릴 수 없는 사람들은 어떻게 해야 할까요? 마음속에 눌림이 있고 고통이 있고 슬픔이 있어서 주님 앞에서 실컷 울고 싶은데, 울고 나면 마음이 시원할 것 같은데 그것이 도무지 되지 않는 사람들은 어떻게 하면 될까요?

여기 아주 간단한 방법이 있습니다. 그것은 높은 소리로 부르짖는 것입니다. 높은 음성으로 부르짖어 기도하는 것입니다.

그렇게 할 때 얼마 시간이 가지 않아서 눈물이 흘러나오게 됩니다. 마음의 감정이 북받치게 됩니다. 그리하여 눈물을 흘리면서 기도하고 주님께 마음을 토로할 수 있게 되는 것입니다.

높은 소리는 감정을 자극합니다. 정서를 자극합니다. 화가 나서 싸우는 사람들은 목소리가 높아지게 되어 있습니다. 낮은 소리로 싸우는 사람은 없습니다.

그러므로 흥분한 사람의 옆에 있을 때에는 낮은 목소리로 말을 해야 합니다. 같이 높은 소리로 말을 하면 그것은 불에 기름을 끼얹는 것과 같습니다.

나는 언젠가 두 사람이 싸우고 있을 때 다른 사람이 그 두 사람을 말리다가 오히려 싸움이 난 것을 본 적이 있습니다. 그것은 말린 사람의 잘못이었습니다. 그는 싸움을 말리려고 아주 높은 소리를 질렀던 것입니다. 그러자 싸움을 하던 사람은 더 화가 나서 네가 무슨 참견이냐고 그 사람과 싸우게 되었습니다.

그것은 어리석은 일입니다. 싸움을 말리려면 낮은 목소리로 말을 해야 합니다. 높은 목소리는 사람을 흥분시키며 감정을 자극하기 때문입니다.

그러나 기도할 때는 높은 소리가 필요할 때가 많이 있습니다. 자기 마음과 감정을 하나님께 표현하고 쏟아 붓고 싶은데 그것이 되지 않는 사람은 높은 소리로 부르짖어야 합니다. 높은 소리로 방언을 해야 합니다.

간절하게 높은 소리로 방언을 하면 가슴에 감동이 오고 감격이 되면서 눈물이 흐르게 됩니다. 눌려있던 감정이 흘러나오는 것입니다.

그러면 그 마음 그대로를 주님께 고백하면 됩니다. 그것은 눈물의 고백이며 진솔한 고백이어야 합니다. 그렇게 눈물로 진심으로 기도를 드리고 나면 심령은 마치 사우나를 한 것처럼 개운하고 시원하게 됩니다.

집회 인도를 할 때에도 청중들이 너무 잠잠하고 삭막한 분위기라면 높은 소리로 통성 기도를 인도하는 것이 좋습니다. 높은 소리로 간절하게 찬양을 드리는 것이 좋습니다. 그렇게 하면 곧 전체의 분위기가 뜨거워지게 됩니다.

물론 그 전제는 인도자가 주님을 목숨보다 사랑하며 주님께 대한 간절함이 있는 사람이어야 합니다.

그 중심이 분명하지 않은 인도자라면 단순히 테크닉을 배운다고 해서 주님의 임재와 은혜가 임하지는 않을 것입니다. 그것은 단순히 감정만 흥분시킬 뿐입니다. 아무튼 높은 소리와 정서, 영의 관계는 서로 밀접하다는 것을 알아야 합니다.

그러므로 가슴의 중심으로 주님께 기도하고 싶을 때, 마음의 슬픔이나 짐을 주님께 드리고 싶을 때 높은 소리로 부르짖는 것이 좋습니다. 이것은 영혼을 맑고 풍성하게 합니다.

물론 중요한 것은 균형입니다.

높은 소리의 부르짖음이 좋다고 해서 계속 그 상태로 오래 있으면 안 됩니다. 그러면 영혼이 피곤해지게 됩니다. 영혼이 불안정하게 될 수도 있습니다. 그렇기 때문에 어느 정도 높은 소리로 부르짖은 후에는 다시 원래의 중간 목소리로 와야 합니다.

이러한 것은 영적 원리입니다. 처음에는 이러한 원리와 법칙을 익혀야 합니다. 그러나 어느 정도 기도의 훈련이 되고 영의 훈련이 된 사람들은 언제 높은 소리의 기도가 필요한지 언제 다른 형태의 기도가 필요한지 자동적으로 영감으로 느끼게 되어 자연스럽게 영의 흐름을 따라 기도를 드리게 됩니다.

영의 감각이 발달해갈수록 자신의 기도가 잘 올라가고 있는지, 아니면 무엇인가가 막혀 있는지, 지금은 대적기도가 필요한지, 회개기도가 필요한지, 찬양이 필요한지 느끼고 알게 됩니다.

그러므로 그러한 상태에서는 사소한 법칙에 많이 매여 있지 않아도 됩니다. 그러나 아직 영의 감각이 부족하고 지식이 부족하다면 충분히 원리를 이해해야 하며 훈련해야 하고 경험해야 합니다. 그렇게 해서 분별력을 증가시켜야 합니다.

높은 소리와 반대로 낮은 소리의 부르짖음도 필요하고 중요합니다.

높은 소리는 영혼을 흥분시키며 고양시킵니다. 그러나 높은 곳에 오래 있으면 불안해지게 됩니다.

낮은 소리는 반대로 영혼을 침착하게 안정시킵니다. 그리고 힘과 권능을 일으킵니다.

낮은 소리에는 파워가 있습니다. 안정감이 있습니다. 닭이 마구 달아나고 있을 때 뒤에서 쫓아가면서 "닭 잡아라!" 하고 높은 소리로 외치며 따라가면 닭은 있는 힘을 다해서 달아나지만 낮은 목소리로 "이얍!" 하고 외치면 닭은 그 자리에서 주저앉는다고 합니다. 낮은 소리에는 파워가 있기 때문입니다.

감정적으로 부드럽고 자유로워지기를 원한다면, 높은 소리로 부르짖을 필요가 있습니다.

그러나 반대로 너무 감정적이고 흥분을 잘 하며 마음이 수시로 바뀌고 불안정한 상태에 있거나 그러한 성격이라면 그러한 이들은 반대로 낮은 음성으로 외치고 부르짖는 것을 훈련해야 합니다. 낮은 발성은 그러한 이들을 강하게 하고 안정시키기 때문입니다.

그러므로 두려움이 많은 이들은 낮은 발성으로 부르짖는 것이 좋습니다. 생각이 너무 많은 이들도 낮은 발성으로 부르짖는 것이 좋습니다. 낮은 발성은 배에서 나오는 것으로서 힘과 단순함을 가져다주기 때문에 생각이 많은 이들은 생각이 잠잠해지고 힘이 없는 사람들에게는 담대함과 자신감과 힘을 주게 됩니다.

낮은 발성은 정서를 안정시키고 둔하게 합니다. 그러므로 정서적으로 예민하고 약한 사람은 낮은 소리로 부르짖는 것이 보완과 균형에 도움이 되는 것입니다.

대체로 목소리가 높은 사람은 영적으로 예민한 면이 있지만 또한 영이 약합니다. 반면 목소리가 낮은 사람은 영이 강하기는 하지만 둔합니다. 부흥사 기질의 사람들, 산기도를 많이 하는 사람들은 목소리가 낮고 목이 잠겨있는 사람들이 많이 있습니다.

이러한 사람들은 영이 강하고 담대하지만 영이 둔하여 분별력이 약합니다. 이들은 열정이 많지만 단순하기 때문에 다른 이들의 이야기에 잘 속으며 따라갑니다.

그러므로 이러한 사람들은 예민한 영을 훈련해야 할 필요가 있으며 그런 의미에서 높은 발성을 훈련하고 높은 소리로 부르짖는 것을 훈련해야 합니다.

이처럼 어떤 스타일로 말하느냐, 기도하느냐, 부르짖느냐 하는 것은 단순한 일 같지만 많은 변화를 일으킵니다.

사람들은 흔히 자기가 해왔던 습관대로 스타일대로 기도하고 말하며 살아가지만 그러한 것들의 영적 의미를 알고 사용할 수 있다면 자신을 변화시킬 수 있습니다. 자신의 기질적인 면을 알고 약점을 이해하게 되며 그것을 보완하고 발전시킬 수 있으며 자신과 상황을 컨트롤할 수 있게 되는 것입니다.

그러므로 높은 소리의 부르짖음도 필요하고 낮은 소리의 부르짖음도 필요하다는 것을 이해하십시오.

정서적으로 풍성해지고 당신의 안에 억압되어 있는 정서가 치유되기를 원한다면 높은 소리로 부르짖으십시오.

강한 영력을 얻고 흔들리지 않고 담대하며 강한 의지력을 가지고 싶으면 낮은 발성으로 강하게 부르짖으십시오.

높은 소리는 정서를 강화시키며 낮은 부르짖음은 의지를 강건하게 합니다.

슬픔이 있을 때 높은 부르짖음으로 그것을 쏟아내십시오. 그것은 후련함을 줍니다.

마음이 지나치게 냉정해지고 굳어져 있다고 느껴지면 높은 소리로 부르짖으십시오. 그것은 당신의 영혼을 부드럽게 합니다.

마음이 불안하고 약할 때 낮은 부르짖음으로 외쳐서 담대함을 얻으십시오.
두려움이 있을 때 낮은 소리로 부르짖으십시오. 그것은 자신감과 평안을 줍니다.
어느 정도의 높은 소리가 정서적인 변화를 일으키며 어느 정도의 낮은 소리가 강함과 담대함을 일으키는지.. 그것은 당신이 직접 기도하면서 경험해보아야 합니다. 큰 줄기는 비슷하지만 각 사람의 개인 차이에 따라 다양한 변화가 일어날 수 있기 때문입니다. 중요한 것은 자기만의 구체적인 기도의 방법을 가지고 있어야 한다는 것입니다.

필요에 따라서 높은 소리로, 낮은 소리로 자유롭게 기도하십시오.
어떤 소리가 자신에게 도움이 되는지 영혼에 충만함을 주는지 기도하고 훈련하고 경험하십시오. 익숙해질수록 당신은 중요한 기도의 무기를 얻게 될 것이며 더 많은 영적 풍성함과 자유를 얻을 수 있게 될 것입니다.

9. 부르짖는 기도와 묵상 기도의 특성, 의미, 조화

기도는 조용히 드리는 것이 좋은가, 아니면 큰 소리로 강력하게 드리는 것이 좋은가.. 이것은 기질과 취향에 따라 다른 결론을 얻게 될 것입니다.

조용하고 깊은 묵상으로 주님께 나아가는 것은 아주 멋지게 보입니다. 지적이고 사색적인 기질의 사람들은 당연히 이러한 기도가 좋다고 생각할 것입니다.

또한 베드로와 같은 기질을 가지고 있는 사람들은 뜨겁고 시원하며 강렬하게 드리는 기도가 더 좋다고 생각할 것입니다. 과연 어떤 기도가 더 좋은 것일까요?

아마 이 책을 지금까지 읽어온 독자들은 '그거야 당연하게 부르짖는 기도, 뜨거운 기도가 더 좋은 기도가 아닌가?' 하고 생각할 것입니다. 그렇게 생각하지 않는다면 이미 이 책을 덮었을 것이고 여기까지 오지 않았을 테니까요.

그러나 그것은 간단한 문제가 아닙니다. 간단하게 답할 수 있는 문제가 아닙니다.

그것은 어느 쪽이 더 좋은 기도라고 할 수 있는 것이 아닙니다. 그것은 아이들이 '모세와 엘리야가 싸우면 누가 이겨?' 하고 질문하는 것과 같은 것입니다.

물론 당연히 모세와 엘리야는 싸우지 않습니다. 그들은 싸워야 할 이유가 없으며 두 사람 다 주님으로부터 독특한 부르심을 받았기 때문입니다.

부르짖는 기도, 요란한 기도와 조용하고 깊은 기도는 두 가지가 다 필요한 것입니다. 그것은 각자의 특성이 있으며 장단점을 가지고 있습니다. 거기에는 기도의 단계의 문제가 있으며 과정의 문제가 있습니다. 이러한 부분을 잘 파악하고 이해할 수 있으면 상황에 따라서 적절하게 어느 때에는 이 기도를, 어느 때에는 저 기도를 사용할 수 있을 것입니다.

내게 있어서 이 문제는 아주 어려운 문제였습니다. 지금 생각하면 아주 간단한 문제이지만 실제로 이 두 기도의 특성과 장단점을 이해하고 적용하는 데에는 몇 십 년의 시간이 걸렸습니다. 기도의 단계와 방향과 의미를 이해하는 데에 몇 십 년이 걸렸습니다.
기도에 대한 책을 읽고 기도를 배우는 것은 아주 쉬워 보이지만 그러나 실제적인 기도를 알기 위해서는 직접 기도를 해 보아야 합니다. 직접 기도를 하고 기도 훈련을 하지 않으면 아무리 많은 기도에 대한 책을 보아도 영적으로 도움이 되지 않으며 실제가 되지 않습니다.
그러므로 중요한 것은 직접적인 기도와 훈련입니다.

나는 많은 시간이 지난 후에야 '아! 바로 이거구나!' 하고 느꼈습니다. 드디어 이제 무엇인가 좀 알게 되었다고 기뻐서 뛰었을 때는 기도의 훈련을 시작한지 몇 십 년이 지난 어느 날 밤의 깊은 시간이었습니다.
그전까지는 나는 이런 기도, 저런 기도의 훈련을 하면서도 헤매기만 했습니다.
나는 영적으로 몹시 둔한 편이었기 때문에 한 가지를 깨닫고 배우기 위해서는 많은 실패를 경험하여야 했었습니다.
나의 기도 방황기, 실패기를 언급하자면 정말 긴 이야기가 됩니다. 그 중에서 발성 기도와 묵상기도의 사이에서 헤맸던 경험을 조금 나누고 싶습니다.

나는 기질적으로 조용한 편이었습니다. 그러므로 부르짖는 기도나 발성 기도와 같은 것은 하기가 어려웠습니다. 많은 집회에 참석하고 기도를 하였지만 소리를 내서 기도하는 것은 잘 되지 않았고 별로 시도하지도 않았습니다.

나는 은혜의 경험을 몹시 갈망하였고 주님의 임재를 추구하였지만 발성 기도를 별로 하지 않았기 때문에 주님을 가까이 경험할 수가 없었습니다.

그러다 몸부림 끝에 간신히 방언을 받게 되었고 그 이후에 조금씩 발성으로 기도할 수 있게 되었습니다. 소리를 내는 것이 주님이 임하시는 중요한 원리이며 통로라는 것을 이전에 알았더라면 그토록 많은 시간을 낭비하지는 않았을 것입니다.

소리를 내서 기도하기 시작했을 때 그것은 정말 놀라운 경험이었습니다. 나는 내가 가지고 있었던 많은 묶임들이 사라지는 것을 느꼈습니다. 망설이던 마음이 사라지고 담대함과 자신감을 얻게 되었습니다. 항상 우울하던 마음에 기쁨이 넘치기 시작했습니다.

별로 말이 없는 편이었는데 발성 기도를 시작한 이후부터는 말이 많아지기 시작했습니다. 말하는 것이 그렇게 재미있을 수가 없었습니다.

사람들을 대하는 것이 힘들어서 항상 혼자 있는 편이었는데 만남과 교제를 즐기게 되었습니다.

아무튼 성품적으로 많은 변화가 생겼고 삶도 많이 달라지기 시작했습니다. 삶은 즐거워졌고 나는 행복해졌습니다. 아무튼 많은 변화가 생겼는데 간단히 말하자면 소극적이었던 내가 적극적이고 활동적인 사람으로 바뀐 것이었습니다.

그런데 문제가 생겼습니다. 발성 기도를 시작하고 많이 하게 된 이후에 긍정적인 변화도 많이 있었지만 이상하게도 별로 좋지 않은 열매들도 생기기 시작했던 것입니다.

이상하게도 내가 거칠어지는 것을 느끼게 되었습니다. 발성 기도를 하다 보니 기분이 흥겨워지고 들뜨게 되면서 자꾸 쓸데없는 농담도 하고 실수도 하게 되었습니다.

지적인 사역자들은 부흥사들 특유의 거들먹거리는 듯한 말투를 흉내내기도 하고 그들의 천박함에 대해서 비난하기도 합니다.

하지만 그들은 알지 못할 것입니다. 발성 기도를 하고 부르짖는 기도를 많이 하면 일시적으로 기분이 좋아지고 마음이 붕 뜬 것과 같은 상태가 되어 자꾸 농담도 나오고 실수하기 쉬운 그런 상태가 된다는 것을 말입니다.

나도 발성 기도를 하다 보니 기분이 흥겨워지고 술 취한 것과 비슷한 기분이 되면서 언어에 실수가 많아지게 되었습니다. 그러다가 사람들에게 상처를 주기도 하고 이상하게 사소한 일에 화가 치밀어 오르기도 하게 되었습니다.

참 이상한 일이었습니다. 처음에 발성으로 기도하기 시작했을 때는 참으로 자유롭고 행복하고 풍성한 느낌이 있었는데 시간이 지나면서 이상하게 내가 자꾸 거칠어지고 있었습니다.

게다가 전에는 무릎을 꿇고 깊이 기도하다보면 심령에 아름답고 황홀한 달콤함이 느껴지곤 하였는데 어느 순간부터 그 달콤한 느낌이 사라지고 뜨겁게 기도를 드려도 퍽퍽한 느낌만 들었던 것입니다. 이제는 뜨겁게 부르짖어 기도를 해도 하나도 즐겁지 않았습니다.

나는 낙심이 되어 다시 기도스타일을 바꾸었습니다. 역시 부르짖고 발성으로 기도하는 것은 좋지 않다는 생각이 들었습니다. 나는 과거처럼 조용히 깊이 묵상하면서 기도하기로 마음을 먹었습니다.

그래서 나는 다시 조용히 무릎을 꿇고 마음속으로 기도하기 시작했습니다. 소리를 내지 않고 마음 중심으로 주님을 바라보고 구하였습니다.

그리고 나서 얼마 있지 않아 얼마나 놀라운 마음의 기쁨과 평안이 임하던지! 너무나 놀라웠습니다. 예전에 누리던 달콤함과 꿀 같은 감미로움이 다시 심령 깊은 곳에서 흐르고 있었습니다.

조용히 속으로 기도하기 시작하면서 다시 마음이 차분해지는 것을 느꼈습니다. 거칠어지고 흥분되었던 마음도 다시 가라앉았습니다. 들뜬 상태에서 말로 실수하는 것도 사라졌습니다. 기도를 하면 더 이상 팍팍한 느낌이 들지 않았고 마음속에서 따뜻한 사랑의 마음이 일어나는 것을 느꼈습니다.

나는 너무나 기뻤습니다. 나는 조용히 묵상으로 드리는 기도가 너무 좋다고 생각했습니다. 그래서 다시는 부르짖는 기도를 하지 않으리라고 결심했습니다.

한동안 나는 아주 좋은 상태에 있었습니다. 그러나 며칠이 지나자 다시 문제가 생기기 시작했습니다.

차분하고 안정된 상태는 차츰 침체되고 눌린 상태로 바뀌게 되었습니다. 말하는 것이 힘들어졌고 움직이는 것이 싫어졌습니다.

희생, 헌신, 죽음, 자아포기.. 자꾸 이런 쪽으로만 생각이 떠올랐습니다. 기도하는 것이 힘들어지기 시작했고 기도를 하다보면 어느 새인가 잠이 들어있는 자신을 발견하게 되곤 했습니다.

점차로 웃음과 활기가 사라졌으며 삶이 귀찮게 느껴졌습니다. 작은 실패에도 낙심이 되고 절망이 되었습니다. 사소한 일에도 근심이 끊이지 않고 일어났으며 염려가 사라지지 않았습니다.

나는 나의 상태에 문제가 있다는 것을 알았습니다. 그러나 어디에서 문제가 생긴 것일까요?

나는 생각이 나는 모든 것을 회개하고 주님께 나의 죄를 고백하고 호소했지만 상황은 나아지지 않았습니다.

어느 날 나는 오랜만에 내가 졸업했던 총신대학에 방문을 하게 되었습니다. 특별한 일이 없었는데도 근처를 지나가다가 들리게 되었습니다. 그 때는 겨울 방학 중이라 교정이 텅 비어 있었는데 나는 운동장에서 인상적인 모습을 발견했습니다.

어떤 선교단체의 지도자가 한 무리의 학생들과 함께 운동장을 뛰면서 외치고 있었습니다. 지도자가 외치면 학생들은 그 구호를 따라 같이 외치면서 뛰고 있었습니다.

먼 거리에 있어서 구호의 내용이 무엇인지는 잘 알 수 없었습니다. 아마 '이곳은 하나님의 땅이다!' '한국은 하나님의 땅이다!' 그런 내용을 강하게 외치면서 이 땅을 달라고 기도하고 찬양을 하면서 뛰는 것 같았습니다.

그런데 이상하게 멀리 떨어진 거리에서 그 모습을 보면서 가슴이 흥분되고 회복되는 것을 느꼈습니다. 그리고 깨닫게 되었습니다.

내가 한동안 부르짖지 않았구나. 외치지 않았구나. 입으로 강력하게 하나님의 능력과 영광을 시인하지 않았구나.. 그것이 내 영적 침체의 이유였구나.. 그것을 알게 되었습니다.

나는 곧 기도할 수 있는 공간으로 갔습니다. 그리고 주님께 기도하고 부르짖고 외치기 시작했습니다. 오랜만에 '주여!' '나의 하나님!' 하고 강력하게 외치기 시작했습니다.

곧 눈물이 뺨을 타고 흐르기 시작했습니다. 가슴이 터질 것 같은 감격과 기쁨으로 요동치기 시작했습니다. 나는 흐느껴 울면서 한동안 천국의 기쁨에 잠겨 있었습니다.

나는 다시 영적으로 회복되었습니다. 그리하여 한동안 너무나 즐거웠습니다.

나는 강하고 충만해졌으며 자신감이 넘치게 되었습니다. 근심과 두려움은 사라지고 희망과 기쁨으로 가득하게 되었습니다. 하지만 며칠이 지나면서 다시 문제가 생기기 시작했습니다. 나는 다시 사소한 일에 화를 냈습니다. 그리고 유치하게 거들먹거리고 낮은 수준의 농담을 하는 등 진지하지 않은 모습이 나타나기 시작했습니다. 절제하고 조심하려고 해도 그러한 성향이 속에서 올라오기 시작했습니다. 내가 왜 이러는거지? 나는 다시 걱정이 되었습니다.

한동안 그렇게 지내다가 나는 다시 입을 다물고 침묵 기도를 시작했습니다. 그리고 곧 한동안 잃어버렸던 내적인 평화와 안식이 임하는 것을 느꼈습니다. 나는 다시 행복해졌습니다.

하지만 그 행복이 오래 갔을까요? 조금 시간이 지난 후에 상황은 마찬가지가 되었습니다. 나는 다시 침체되었으며 활기를 잃어버리고 무기력한 사람이 되었습니다.

해결책은 무엇이었을까요? 역시 간단한 것입니다. 이러한 침체의 시간이 좀 더 지난 후에 나는 다시 뜨거운 발성 기도로 나아갔습니다. 그리고 다시 회복되고 조금 지난 후에 사나와지고.. 이런 식을 되풀이하였습니다.

이렇게 묵상기도에서 발성 기도로, 그리고 다시 묵상기도로.. 이런 식의 방황은 20년 가까이 계속 되었습니다. 지금 생각하면 아주 간단한 문제인데.. 나는 20년이 가까운 시간동안 이 문제를 제대로 알고 해결할 수 없었습니다. 오랜 시간이 지난 후에야 나는 종합적이고 균형적인 시각을 가질 수 있었습니다.

그 오랜 세월동안 반복하여 경험한 것은 발성 기도는 영을 강하게 하고 기분을 상승시키지만 그것이 지속되면 영을 강퍅하게 만드는 요소가 있다는 것입니다. 또한 묵상기도는 영을 부드럽고 섬세하게 만들지만 또한 영을 지치고 피곤하고 약하게 만들었습니다.

그래서 발성의 상태에 있었을 때는 비전과 이상과 자신감 속에 있었고 묵상의 상태에 가게 되면 쉽게 무너지고 실망하고 좌절하곤 했습니다. 발성의 상태에 있었을 때는 쉽게 남을 정죄하고 판단하며 분노에 잠기기도 했습니다. 또한 묵상의 상태에 있었을 때는 자책에 빠지기도 하고 비전을 포기하고 낙심 가운데 있을 때가 많았습니다.
발성의 상태에 있었을 때는 일을 많이 해도 피곤한 줄을 몰랐고 육체는 아주 강건한 상태에 있었습니다.
그러나 묵상의 상태에 있었을 때는 영혼이 아름답고 안정된 상태에 있기는 했지만 육체는 여기저기가 아프지 않은 데가 없었습니다.

이렇게 두 기도의 사이를 왔다 갔다 하는 시간이 아주 오래였기 때문에 목회를 하는 초기에도 나는 이러한 상태에 있었습니다.
발성 기도를 할 때에는 나는 아주 강력하게 예배를 인도했습니다. 예배에는 기쁨이 넘치고 감격과 승리가 있었습니다. 예배에는 활기가 있었고 뜨거웠습니다.
하지만 내가 강퍅해진 것을 느꼈기 때문에 나는 다시 고요한 기도로 돌아가곤 했는데 그렇게 되면 예배를 인도하는 것이 너무나 힘들었습니다. 기도도 찬양의 인도도 설교하는 것도 입을 벌린다는 자체가 너무 힘들고 피곤하였습니다. 그러니 예배인도와 목회가 아주 힘들게 느껴졌습니다.

이렇게 오랫동안 발성 기도와 묵상기도의 사이를 왔다 갔다 하면서 내가 비로소 얻은 결론은 이 두 가지의 기도는 모두 다 필요한 것이며 서로 특성이 있고 장단점이 있고 상호보완적이라는 것이었습니다. 그러므로 어느 한쪽만을 해서는 안되며 반드시 두 가지를 다 경험하고 사용해야 한다는 것이었습니다.
하지만 두 가지의 기도를 다 사용하는 것은 쉬운 일이 아니었습니다.

왜냐하면 강력하고 뜨거운 기도에 잠기다보면 조용히 드리는 기도가 아주 답답하고 무력하게 느껴졌기 때문입니다.

그러한 상태에서는 뜨거운 기도를 통해서 심령에 폭포수처럼 쏟아지는 기쁨을 잃어버리고 싶지 않았습니다. 그러므로 그 때는 조용하게 기도하고 싶은 마음이 들지 않았습니다.

또한 고요하고 깊은 기도를 통해서 깊고 놀라운 하나님의 임재와 영광을 발견하고 누리게 되면 다시는 소란스러운 기도의 상태로 나아가고 싶지 않았습니다. 우스운 일이었지만 그러한 상태에서는 강력한 기도가 천박하게 느껴졌기 때문입니다.

그렇기 때문에 현실적으로 뜨거운 기도에 익숙한 이들은 고요하고 깊은 기도를 잘 하지 못합니다. 또한 고요하고 깊은 기도에 익숙한 사람들은 뜨거운 통성 기도에 익숙하지 않습니다.

모두가 다 자기의 스타일에서 벗어나지 못하고 있는 것입니다. 이처럼 자기의 기질을 극복하는 것은 결코 쉬운 일이 아닙니다.

나는 많은 시간이 지난 후에야 기도에 단계가 있다는 것을 알게 되었습니다. 기도를 강하게 할 때가 있으며 조용히 해야 할 때가 있다는 것을 알게 되었습니다.

그리고 뜨겁게 기도해야 할 때에 조용히 기도하면 영이 눌리며 조용히 기도해야 할 때 뜨겁게 기도하면 그것도 역시 우리 안에 있는 하나님의 영을 제한하고 상하게 한다는 것을 알게 되었습니다.

처음에 뜨겁고 강력한 은혜를 경험하는 기도의 단계가 있습니다. 그러나 그 단계에서 계속 머물러 있으면 부작용이 생긴다는 것을 나는 당시에 알지 못했던 것입니다.

처음에 강력한 은혜의 세계를 경험하면 그 다음에는 부드럽고 달콤한 단계에로 나아가야 했습니다. 그리고 조금 시간이 지난 후에 다시 더 깊은 영역으로 들어가야 했었습니다. 그리고 어느 정도 깊은 영역을 경험한 후에는 다시 초기의 상태로 돌아가야 했었습니다.
이러한 단계의 변화를 거치지 않고 계속적으로 뜨거운 상태에 있거나 계속적으로 고요한 차원에만 있으면 문제가 생기며 반작용으로 인한 부작용이 따르게 되어 있는 것입니다. 그러나 나는 오랫동안 이것을 알지 못했습니다.
오랜 세월을 거쳐 기도의 단계에 대해서 이해하고 경험하게 되면서부터 나는 비로소 한쪽의 기도에 치우치지 않게 되었고 영혼도 어느 한쪽으로 치우치지 않게 되었습니다.
그 전에는 항상 은사적인 기도와 경험에 치우치든지, 아니면 영혼에 속한 기도와 경험에 치우치든지 했던 것입니다. 발성 기도는 육을 자극하고 은사를 일으키며 묵상 기도는 영혼을 일으키고 내적인 열매를 맺는 것을 나중에야 알게 되었습니다.

은사는 육체에 임하는 하나님의 능력입니다. 영혼의 경험은 육체가 아니고 속사람에 임하는 하나님의 은총입니다.
은사가 임할 때는 육신은 강건해지지만 속사람의 힘이 약해지므로 강퍅해집니다.
영혼에 하나님의 은총이 임할 때는 아름다움과 거룩함과 섬세함이 나타나지만 육체가 약해지며 무력해지게 됩니다.
나는 오랜 세월이 지난 후에야 은사는 영적으로 애굽 단계에 있을 때 나타나는 것이며 영혼의 충만함은 영적으로 가나안의 단계에 있을 때 나타나는 것임을 알게 되었습니다.
그리고 은사의 단계를 통과하지 않고 영적으로 가나안에 이르는 깊은 여정으로 가려는 것이 대부분의 영적인 고통과 위험, 그리고 실족의 원인인 것을 알게 되었습니다.

이러한 영혼의 발전 여정에 대해서 간단하게 설명하는 것은 어렵습니다. 이것에 대해서는 나중에 애굽에서 가나안까지의 영적 여정에 어떤 일이 일어나며 우리 영혼에 어떤 변화가 생기고 환경적으로 어떤 과정을 거치며 훈련과 시험을 경험하게 되는지, 그 의미와 방향 등에 대해서 좀 더 자세하게 책으로 쓸 것입니다.

여기서는 이 부분만 지적하고 넘어가려고 합니다.
즉 부르짖는 기도, 발성 기도와 묵상기도는 둘 다 아름다운 기도이며 필요한 기도라는 것입니다.
그리고 중요한 것은 부르짖어야 할 때와 조용히 기도해야 할 때를 분별해야 한다는 것입니다.
그리고 기도의 단계에 있어서 발성의 단계에서 발성으로 기도하고 묵상의 단계에서 묵상으로 기도하는 것을 배우고 훈련할 때 그는 진정 아름답고 깊은 기도의 세계로 나아갈 수 있다는 것입니다.

기도의 세계에는 정말 배워야 하고 알아야 하고 경험해야 할 진리와 원리들이 너무나 많이 있습니다.
우리가 그것들을 하나하나 경험하고 이해하고 적용해나갈 때 우리의 기도 생활, 우리의 영성은 더 깊은 주님의 은총에로 나아갈 수 있게 될 것입니다. 할렐루야.

10. 부르짖는 기도의 과정과 현상들

나는 부르짖는 기도를 그다지 많이 했다고 할 수는 없습니다. 산에서 살다시피 한 기도의 용사들에 비하면 나의 기도분량은 아주 부족할 것입니다.
그러나 나는 오랜 시간동안 부르짖으며 기도를 연구하면서 조금씩 기도의 원리를 이해하게 되었고 부르짖는 기도에 있어서도 조금씩 발전하게 되었습니다. 비록 이런 기도에서 저런 기도로 왔다 갔다 하면서 방황하기는 했지만 그러는 과정에서 조금씩 무엇인가를 발견하고 얻게 되었던 것입니다.
하지만 부르짖는 기도를 처음 시작했을 때는 기도가 정말 쉽지 않았습니다. 분명히 기쁨도 있었고 승리의 경험도 많이 있었지만 부르짖는 자체가 잘 되지 않았을 때도 많이 있었으며 많이 부르짖고 기도해도 나의 기도가 도무지 하늘에 올라가지 않는 것 같이 막막하게 느껴질 때도 많이 있었습니다.

나는 아마 누구보다도 더 기도의 실패를 많이 한 사람이 아닐까 생각이 들 정도였습니다. 금식을 하기로 작정을 한 다음에 배도 고프고 기도도 잘 안 되어서 중간에 그만 둔 적도 아주 많았습니다. 그것은 정말 슬픈 경험이었습니다.
이번에 정말 뜨겁게 주님께 부르짖고 기도하여 큰 은혜를 얻고 와야겠다 결심하고 기도원에 갔다가 도무지 기도 줄이 잡히지가 않아서 하루만에 기도를 포기하고 무기력하고 비참한 모습으로 돌아온 적도 여러 번 있었습니다.

그러한 기도 실패의 사례 중 한 가지는 대낮 뙤약볕 아래서 오래 기도하다가 열을 너무 받아서 탈진을 한 것이었는데 그 때는 나의 영혼에 무엇인가 중대한 문제가 있어서 주님이 임하시지 않는다고 생각을 했었습니다. 이 경우는 영적인 데에 문제가 있었던 것이 아니고 상식이 부족한 것이 문제였습니다.
아무튼 이러한 영적, 물리적 무지로 인하여 나는 기도의 먼 길을 돌아서 갔습니다. 이런 면에 대해서 조언을 받은 적이 없었기 때문입니다.

기도에 대한 책은 많이 읽었지만 대부분 그러한 책들은 기도에 대한 성경구절을 나열하고 그에 대한 해설을 기록한 내용들뿐이라 실제로 기도하는 데에 있어서 어떻게 해야 하는지, 기도의 과정에서 어떤 문제가 생기는지, 어떤 경험이 있고 그것은 어떤 의미가 있는지, 어떤 과정을 거쳐 어떻게 발전해 가는지.. 등에 대한 답들은 별로 얻을 수 없었습니다.
그래서 나는 어처구니없는 멍청한 짓을 참으로 많이 했었습니다. 앞에서 예로 들었던 상황의 경우, 지금이라면 시원한 그늘에서 쉬면서 기도했을 것이며 미련하게 억지로 기도하지는 않을 것입니다.

나는 우여곡절 끝에 발성으로 기도하고 부르짖어 기도하는 것이 은혜가 임하는 아주 중요한 통로라는 것을 알게 되었습니다. 그전에 너무나 은혜를 사모하고 하나님의 임재를 사모했지만 얻을 수 없었던 이유가 발성으로 기도하지 않았기 때문이라는 것을 알게 된 이후에 나는 할 수 있는 한 부르짖어 기도하려고 많이 노력했습니다.
나는 사색적이고 소극적이며 생각이 많은 기질이었기 때문에 그러한 기도는 내게 몹시 힘들었습니다. 하지만 이것이 은혜의 길이라고 생각했기 때문에 나는 나의 기질을 허물어뜨리려고 노력하였습니다.
그리하여 발성으로 기도하기 시작하였고 부르짖기 시작하였습니다. 그리고 그 결과로 많은 풍성함들을 경험하기 시작하였습니다. 많은 자유함과 승리를 경험하기 시작하였습니다.

하지만 앞에서도 언급했던 것처럼 승리만 있는 것은 아니었습니다. 많은 부작용도 있었습니다.

그 어떤 부작용보다도 가장 힘들었던 것은 기도를 하면서 나타나는 현상이나 문제가 있을 때 나는 과연 바른 방향으로 가고 있는가 하는 두려움이었습니다. 나는 그 때에 부르짖는 기도에는 과정이 있으며 그것은 여러 현상들과 함께 발전해간다는 것을 전혀 이해하지 못했습니다.

부르짖는 기도를 시작하면서 많은 자유함이 있었지만 이상한 변화들도 있었습니다. 열심히 한참을 부르짖고 난 후에 이상한 허무감이 밀려올 때도 있었습니다.

갑자기 지독한 외로움이 치밀어 오르기도 했습니다. 전 장에 언급한 것처럼 혈기와 분노가 올라오기도 했습니다.

나는 이러한 것들을 이해할 수 없었습니다. 당연히 나는 내가 무엇인가를 잘못했다고 생각했습니다. 내가 잘못된 방향으로 가고 있으며 기도를 잘못하고 있다고 생각했습니다.

내가 알지 못했던 것은 이것이었습니다. 부르짖는 기도는 처음부터 아름다운 것이 아니라는 사실입니다. 당시에는 이 사실을 몰랐습니다.

부르짖는 기도에는 놀라운 기쁨과 거룩함과 영광과 아름다움의 열매가 나타납니다. 하지만 그것은 초기에 나타나는 것이 아니었습니다. 그것은 많은 관문을 통과하고 더 깊은 곳으로 나아가는 사람들이 경험하게 되는 열매였습니다.

초기에 부르짖는 기도는 오히려 많은 문제점들을 드러내었습니다. 그것은 그러한 문제점과 나타나는 현상들이 치유와 변화의 과정에서 필요한 것이었기 때문입니다.

앞장의 나의 경험에 대해서 읽으면, 부르짖는 기도가 혈기와 분노를 일으키며 사람을 경솔하게 만드는 경향이 있다고 생각할 것입니다. 그러나 사실은 부르짖는 기도 자체가 사람을 경솔하게 만들거나 화를 내게 만드는 것이 아닙니다.

부르짖는 기도는 그 사람을 드러나게 하는 것입니다. 그 사람의 속에 무엇이 있는지 그것이 나타나게 하는 것입니다.

그러므로 그 사람의 안에 혈기와 분노, 미움의 속성이 잠복되어 있지 않으면 아무리 부르짖는다고 해도 혈기와 분노가 드러나지 않습니다. 원래 그 안에 혈기와 분노와 경솔함을 가지고 있는 사람이 부르짖는 기도를 할 때 그 기도를 통해서 그 안에 있는 것이 표출되는 것입니다.

그러므로 부르짖는 기도는 먼저 변화와 승리를 이루기 전에 그 사람 자신을 보여주며 그것들을 정화시키고 치유하는 속성을 가지고 있었던 것입니다.

그 원리를 알지 못하는 사람들은 그러한 나타남이 자신의 변화와 성장을 위한 것인 줄 모르고 그러한 현상을 누르거나 감추려고 하기 마련입니다. 만약 이 원리를 이해하고 있다면 염려하지 않을 것이며 두려워하지도 않을 것입니다.

입을 다물고 있으면 그 사람의 속성은 나타나지 않습니다. 그러나 입을 벌리게 되면 그 사람의 영과 기운은 나타나게 됩니다.

그러므로 입을 벌리지 않고 자신을 표현하지 않는 사람은 자신의 속에 어떤 성질이 있고 어떤 요소가 있는지 잘 모릅니다. 바깥으로 드러나지 않으면 자신도 자신을 모르는 것입니다.

사람은 평안한 환경에서 자라면 자신이 얼마나 이기적이며 자기중심적인지를 잘 모릅니다. 사랑을 받고 칭찬을 받고 자라면 자기 안에 있는 혈기성에 대해서 잘 모릅니다.

그러나 억울한 일로 모함을 당하거나 미움을 받게 되면 분노와 억울함이 일어나게 됩니다. 그 때 비로소 자신의 속에 악이 숨겨져 있으며 자신이 이렇게 사소한 것으로 분노하고 억울해하는 구나.. 하는 것을 느끼게 됩니다. 그러므로 환경은 그 사람을 보여줍니다. 그 사람의 속을 드러내는 것입니다.

공격받기 전에는 모든 사람이 온유합니다. 모함을 받기 전에는 모든 사람이 평온합니다. 그러나 환경은 그 사람을 드러내 보여줍니다. 환경을 통해서 그 사람의 속에 있는 것이 나오는 것입니다.

부르짖는 기도도 이와 같이 사람의 속에 있는 것을 내보내는 것으로써 이렇게 소리를 낼 때 그 사람의 안에 무엇이 있는지 드러나게 됩니다. 부르짖는 기도를 하지 않는 사람은 환경을 통한 고통이나 재난을 통해서 비로소 자기의 안에 있는 악을 발견하게 됩니다. 그전에는 자신을 선한 사람으로 여기게 됩니다.

그러나 부르짖는 기도를 하게 되면 속에 있는 것들이 드러나므로 환란이나 환경의 문제가 없어도 악이 나타나게 됩니다. 그러므로 이러한 악을 처리하기 위해서 더 기도하고 은혜를 구하게 되고 그리하여 정화와 변화를 경험하게 되는 것입니다.

서양의 의학은 증상을 없애려고 합니다. 그러나 한의학에는 흔히 말하는 '명현 현상' 이라는 것이 있습니다.

병의 증상을 없애는 것이 아니라 오히려 속에 있는 병의 근원을 바깥으로 드러내려고 하는 것입니다.

그러므로 병의 증상이 호전반응을 보이기 전에 먼저 속에 있는 나쁜 기운이 드러나고 나타나는 것을 좋게 여깁니다. 그러한 명현 현상을 통해서 나쁜 기운이 드러나고 소멸되는 것이 병의 근본적인 치유를 위하여 필요한 과정이라고 여기는 것입니다.

부르짖는 기도도 일종의 명현 현상과 같은 반응을 일으킵니다. 즉 그 사람의 속에 있는 어두움의 증상이 나타나는 것입니다.

혈기가 있던 사람은 혈기가 드러나게 됩니다. 두려움이 있던 사람은 부르짖는 기도를 통해서 두려움이 드러나게 됩니다. 자살의 충동을 가지고 있던 사람도, 타인에 대한 깊은 숨겨진 증오를 가지고 있었던 사람들도 부르짖는 기도를 통해서 그러한 증상이 드러나게 됩니다.

그러니 그러한 이들이 부르짖는 기도를 강렬하게 시작할 때 과연 평화롭겠습니까? 아닙니다. 일시적으로 혼란스럽고 어지럽고 불편한 현상들이 자꾸 생기게 되는 것입니다.

비교적 조용하게 부르짖는다면 그러한 현상은 부드럽게 나타날 것입니다. 그러나 처음부터 많은 시간 동안 강렬하게 부르짖는다면 그 사람은 여러 가지 현상들, 자기 안에 있는 많은 악과 어두움들이 표출되는 것을 경험하게 될 것이며 그 과정에서 몸도 마음도 아주 힘들게 느끼게 될 것입니다.

일시적으로 힘들기는 하겠지만 이와 같은 현상들은 변화의 과정으로서 아름답고 가치 있는 것입니다.

부르짖지 않고 자신을 드러내지 않는 사람들은 자신의 안에 얼마나 무서운 악들이 숨겨져 있는지 잘 모릅니다. 그러므로 그러한 악들을 처리하고 정화시켜야 한다는 인식이 부족합니다.

그들은 현실적으로 어려운 문제가 있을 때 예를 들어서 물질의 문제라든지, 자녀의 입시문제라든지, 가정불화와 같은 문제에 대해서는 열심히 기도하지만 자신의 안에 있는 정화가 필요한 어두움과 악에 대해서는 그다지 신경을 쓰지 않습니다.

자기 안에 혈기가 있고 음란의 문제가 있고 탐욕이 있고 타인에 대한 시기나 판단의 영이 있어도 별로 신경 쓰지 않으며 그러한 사실 자체도 잘 모릅니다. 자기 속에 악과 어두움이 있다는 사실도 잘 모르며 그러한 자기 속의 어두움들이 온갖 재앙을 끌어당기고 있다는 것도 잘 모릅니다.//
이들은 환경적인 어려움이 생길 때 자신 안의 정화되지 않은 악들이 그러한 재앙들을 끌어당긴다는 사실을 알지 못하고 그저 원망을 하거나 재앙에서 도피하려고만 할 뿐입니다.//
그러니 이러한 사람들은 부르짖기 전까지는 잘 변화되기 어려운 것입니다. 자기의 문제가 무엇인지 잘 모르기 때문입니다.

얌전하고 내성적인 사람들 가운데는 자신이 선하다는 인식을 가지고 있는 이들이 많이 있습니다.//
하지만 그것은 오해입니다. 겉으로 온유하게 보이는 이들이 속에 깊은 분노와 악성을 가지고 있는 경우는 아주 많습니다.//
그것은 그들이 소극적이고 연약하여 악을 잘 표현하지 못하기 때문입니다. 그러나 그러한 이들도 자신보다 약한 사람들에게는 악을 드러냅니다.//
예를 들어서 유순한 자매들은 평생을 남에게 화를 한 번도 내지 못하고 살다가 아이를 낳으면 그 연약한 아이들에게 자기의 속에 쌓인 분노를 쏟아 붓게 됩니다. 자기보다 더 약한 사람이 있을 때 비로소 자기의 악이 드러나게 되는 것입니다.

어떤 이들은 말하기를 '내가 원래 선한 사람이었는데 아이들을 키우다가 성질을 다 버렸다'고 합니다. 그러나 그것은 알지 못하고 있는 것입니다.//
환경은 사람을 변화시키지 않습니다. 오직 그 사람의 안에 있는 것을 드러낼 뿐입니다. 이전에도 그 악은 그 사람의 속에 있었습니다. 다만 나타날 기회를 얻지 못했던 것뿐입니다.

부르짖을 때 이렇게 모든 사람들의 안에 숨겨져 있는 악들이 드러나게 됩니다. 강하게 소리치는 것은 영을 일으키는 것이며 빛이 비취는 것과 같습니다. 그러므로 소리 지를 때 숨겨진 동기나 마음이나 영들이 드러나게 됩니다.

나는 초기에 부르짖기 시작할 때 허무함이 밀려오고 죽고 싶은 충동이 밀려들기도 했습니다. 그러므로 내가 무엇인가 잘못된 것이 아닌가 하고 걱정을 많이 했었습니다.
한편으로는 기쁨도 임했지만 다음 순간에는 허무함이 밀려오기도 하고 지독한 외로움이 밀려오기도 했습니다. 나는 내가 기도를 제대로 하고 있는지 정말 염려가 되었습니다.
하지만 꾸준하게 계속 기도하면서 나는 그것이 정화의 과정이라는 것을 알게 되었습니다. 내가 포기하지 않고 꾸준히 부르짖자 한 가지, 두 가지 새로운 증상들이 나타나게 되었고 그럴 때마다 나는 자유롭고 새롭게 되었습니다. 그러한 모든 증상들은 내가 변화되어 가는 하나의 징표였던 것입니다.

당신도 간절하게 부르짖는 기도를 하다보면 아마 여러 가지 부정적으로 보이는 현상을 경험할 수도 있을 것입니다. 그러나 걱정할 필요는 없습니다. 그것은 변화의 과정이기 때문입니다.
물론 아무런 증상들이 나타나지 않는다고 해서 걱정할 필요도 없습니다. 모든 사람들에게 심각한 증상이나 현상이 나타나는 것은 아니며 거기에는 개인차이가 있기 때문입니다. 치유 받을 것이 많지 않은 이들은 별로 많은 현상들이 나타나지 않을 것입니다.
부르짖는 기도를 할 때 많이 나타나는 숨겨진 증상들은 주로 부정적인 정서에 대한 것들입니다. 두려움이나 분노나 불안감이나 슬픔, 허무함, 외로움 등 각종 감정이 흘러나올 수 있습니다.

부르짖는 기도를 시작한지 얼마 되지 않아서 뚜렷한 이유도 없이 계속 울기만 하는 자매를 본 적도 있습니다. 그러한 경우도 내재된 슬픔이 나오는 것입니다.
이러한 것들은 기도하면서 서서히 바뀌게 됩니다. 부정적인 정서가 차츰 긍정적인 정서로 바뀌게 되는 것입니다.
처음에는 슬픔의 눈물이 마구 솟아오르다가 시간이 흐르면서 차츰 기쁨의 눈물로 바뀌게 되곤 합니다. 처음에는 부르짖음을 통해서 강력한 분노나 두려움이 나타나다가 차츰 평안과 행복감으로 바뀌게 되곤 하는 것입니다.
이것은 부르짖는 기도가 정화의 과정을 통하여 정서의 회복과 치유를 자연스럽게 이루어 가는 것을 보여줍니다.

이러한 정서적인 반응이나 현상 외에도 처음에 부르짖는 기도를 시작하면 많은 영적, 신체적 현상이 나타나게 됩니다.
그 중 대표적인 것은 무기력증상입니다. 그리고 몸이 쑤시고 아픈 증상입니다. 전에 부르짖는 기도의 경험이 없던 사람이 처음으로 한두 시간을 부르짖으면 온 몸이 몽둥이로 얻어맞은 것 같이 아프게 됩니다. 그것은 마치 몸살의 현상과 비슷합니다. 아니, 조금 심한 몸살 증상과 같이 느껴집니다.
탈진 현상이 나타나며 구토가 나오기도 합니다. 속에서 메슥거리며 토할 것 같이 느껴지기도 합니다.
부르짖는 가운데 침이 올라오기도 하며 계속 입에 침이 가득 고이기도 합니다. 가래가 나오기도 합니다.
아마 산기도를 해본 적이 있는 이들은 이러한 현상을 어느 정도는 다 경험하였을 것입니다.
그것은 부르짖는 기도를 통해서 각 사람의 속에 있는 악한 영들의 집이 무너졌을 때 나타나는 현상입니다.

악한 영들은 사람들의 안에서 살고 있다가 그 사람이 부르짖기 시작하면 그 소리가 너무나 고통스럽기 때문에 도저히 여기서는 못 살겠다고 생각하고 바깥으로 짐을 싸서 나가려고 합니다.

그렇게 악한 영들이 짐을 싸서 밖으로 나가는 현상이 가래나 침이 나오는 현상입니다. 또한 가벼운 재채기나 기침을 통해서 나가기도 합니다.

이런 현상을 보고 더럽다고 하는 이들도 있습니다. 하지만 그것을 보고 더럽다고 생각하는 이들도 그들의 안에 더러운 기운들을 많이 가지고 있습니다. 그리고 그 더러운 것들을 가지고 있는 것보다 내보내는 것이 나은 것입니다.

때를 밀면 더럽다고 때를 그냥 가지고 있는 것보다 때를 깨끗이 밀어버리는 것이 낫습니다. 그러면 몸이 아주 개운하고 상쾌하고 즐겁게 됩니다. 마찬가지로 침을 뱉고 나쁜 것들을 내보내다보면 몸과 영이 점점 더 맑아집니다. 상쾌하고 맑아지며 정화됩니다. 다만 비위가 상하지 않도록 다른 이들에게 그것을 보이지 않게 조심해야 합니다.

그렇게 악한 기운을 내보낸 후에 자신의 영이 정화되었다는 것은 여러 측면에서 느낄 수 있습니다.

먼저 영감이 아주 예민해진 것을 느끼게 됩니다.

보통의 사람들은 악한 기운이나 영을 접해도 거의 느낌이 없습니다. 더러운 그림이나 영화나 TV 프로를 보아도 별로 느낌이 없습니다.

그러나 부르짖는 기도를 통해서 악한 기운을 내보내고 점점 더 정화가 이루어질수록 사람들은 더러운 영에 민감해지게 됩니다.

더러운 이야기를 듣기가 싫어지며 더러운 그림이나 영상을 보는 것이 몹시 고통스럽게 됩니다.

사람의 마음이나 생각에 붙어있는 어두움과 나쁜 기운을 쉽게 느끼게 됩니다.

불결한 생각이나 마음을 가지고 있는 이들이 가까이 오면 몹시 고통스럽게 됩니다.
화를 내는 사람의 옆에 있으면 심장이 몹시 아프게 되며 머리에 좋지 않은 생각을 하고 있는 사람이 가까이 오면 머리가 몹시 아프게 됩니다.
전에는 세상을 사랑하고 함부로 험담을 하고 불평을 하고 원망을 하는 사람들의 옆에 있어도 별 느낌이 없었습니다. 그러나 정화가 어느 정도 이루어진 후에는 그러한 이야기를 듣는 것이 몹시 고통스러우며 가슴이 막히고 답답하며 그런 사람들이 가까이 오기만 해도 머리가 아프고 힘들어지게 됩니다.
이렇게 악이 싫어지고 더러운 것이 싫어지며 고통스럽게 느껴지기 때문에 세상의 영들을 멀리하게 되고 기도의 기쁨과 예배의 기쁨에 더 깊이 잠기게 되는 것입니다.

이러한 영적인 예민함은 대체로 일시적인 것이 보통입니다.
일시적으로 영이 예민해지면 후각도 예민해져서 사람에게서 냄새도 잘 맡게 되고 사람의 마음도 잘 느끼게 되며 악이 있는 모든 곳이 싫어지기 때문에 사회생활을 하기가 어렵게 됩니다.
사람의 심령 중심을 느낄 수 있기 때문에 외모가 아름다운 여인을 보아도 그 마음이 바르지 않으면 더럽고 추하게 느껴져서 가까이 있기가 힘들게 됩니다.
주님을 높이지 않고 자기 잘난 척을 하거나 믿음이 없이 근심과 두려움의 고백을 하는 이들을 보면 고통이 느껴지며 남을 험담하는 이들의 옆에 있으면 몹시 아프게 됩니다.
이러한 상태가 지속되면 사회생활이 어려울 수밖에 없는 것입니다. 세상 사람이든, 그리스도인들이든 일반적으로 영의 상태는 별로 차이가 없이 악하니까 말입니다.

그러나 이러한 현상은 일시적인 것입니다. 이것은 영이 깨어나고 맑아지는 과정에서 일시적으로 예민해지는 것이며 그 후에는 예민한 영에서 강한 영을 받게 됩니다. 강한 영을 받지 않고 그렇게 예민한 상태로만 있으면 많은 고통을 받게 됩니다.

이렇게 일시적으로 영이 예민해져서 세상에 접하거나 사람들에 접할 때 고통을 느끼는 것은 강한 권능을 받을 필요성을 느끼고 순결함의 중요성을 배우기 위한 것입니다.

이러한 예민함과 고통의 경험을 통하여 사람을 분별하고 사람의 중심 동기를 분별하며 가까이 할 것과 멀리 할 것을 분별하고 배우게 되며 순결함의 가치를 알게 됩니다.

초기에 영의 정화를 거쳐 영이 예민해진 상태에 있다가 그 후에 어느 정도 영이 강해지면 나중에는 세상의 악한 영들과 사람들의 속에 있는 악한 기운들을 느끼면서도 자신을 방어할 수 있게 되며 세상에서 도피하지 않고 살게 됩니다.

그러나 만일 강한 영을 받지 못하고 예민하고 맑은 상태에만 있다면 그는 세상에서 적응이 어려워서 도피하여 살게 됩니다.

이것은 바람직하지 않은 것입니다. 그는 자신의 영을 강하게 해야 합니다.

하지만 제대로 부르짖는 사람은 초기에 예민하고 맑아지고 그 다음에 어느 정도 좀 더 부르짖으면 시간이 흐르면서 차츰 영이 강해지게 됩니다.

부르짖다가 영이 정화되고 예민해진 상태에서 묵상 기도에만 빠져 있으면 영이 약해져서 세상을 감당하고 적응할 수 없습니다. 이것만 조심하면 됩니다.

부르짖는 기도의 과정에서 나타나는 이러한 여러 현상이나 증상들, 그 과정들에 대해서 이해해두는 것이 좋습니다.

이러한 모든 현상이나 증상들이 정화의 과정이라는 것을 기억할 필요가 있습니다.
일시적으로 힘이 빠지고 무기력해지며 몸살 증상이 나타나고 침이 고이며 영이 예민해지고 각종 현상이 나타날 수 있습니다.
온 몸이 쑤시고 안 아픈 데가 없이 아프며 하루 종일 누워있어야 할 수도 있습니다.
이러한 경우에 주위에서 걱정을 하며 두려움을 심어주기도 하는데 그러한 말에 너무 영향을 받지 않도록 조심을 해야 합니다.
이러한 무기력하고 몸살과 같은 증상은 영적인 수술이 시작된 것으로 이해하면 됩니다.
몸이 조금 아플 때에는 병원에서 주사를 놓지만 심하게 아플 때는 수술을 하는 것처럼 당신의 증상이 심각하고 변화되어야 할 것이 많을 때 성령께서는 당신을 아주 강하게 사로잡고 영적인 수술을 하기를 원하십니다.

그 때 당신은 무기력하고 힘이 없어서 하루 종일 잠이 올지도 모릅니다. 하지만 두려워하지 않아도 됩니다. 이럴 때에 약을 먹는 것은 별로 바람직하지 않으며 조용히 쉬면서 주님을 부르고 구해야 합니다. 그렇게 주님 안에서 안식을 하는 것으로 충분합니다.
그렇게 하루 종일 잠을 자고 한동안 쉰 후에 당신은 자신이 많이 변화된 것을 느낄 수 있게 될 것입니다.
당신은 전과 무엇인가 달라진 자신을 발견하게 될 것입니다. 좀 더 깊은 평안의 느낌을 갖게 되며 좀 더 깊은 사랑의 느낌, 남들을 이해하고 축복하고 싶은 느낌을 가지게 되었을 것입니다.
부르짖는 기도에는 많은 과정들이 있습니다. 힘이 들기도 합니다.
성령님께서 당신을 사로잡으시는 과정에서 아픈 것 같이 느껴지기도 합니다.

부르짖는 기도를 시작한 이후에 잠이 많아지고 꿈이 많아지며 한동안 계속 악몽에 시달릴 수도 있습니다.
그것도 역시 치유의 과정이며 당신의 안에 있던 억압이 사라지는 과정에서 나타나는 것입니다.
아무튼 이러한 모든 증상들을 통해서 당신은 빛을 향하여, 정화를 향하여 나아가고 있다는 사실을 부디 이해하시기를 바랍니다.

가능하다면 나는 이러한 권고를 하고 싶습니다.
짧은 시간에 많은 것을 경험하기 위해서 초기부터 무리하게 많은 시간을 부르짖어 기도하는 일을 자제하도록 하십시오. 빨리 영적으로 성장하고 싶어서 욕심을 부리는 것은 좋지 않습니다.
만약에 영적인 현상이 지나치게 많이 나타난다면 당신은 부르짖는 기도의 시간이나 강도를 조금 조절하는 것이 좋을 것입니다.
무엇이든 조금씩, 한 걸음씩 나아가는 것이 안전하고 무난합니다. 하루에 30분 정도씩, 그 정도로만 기도하면 그다지 심한 증상은 겪게 되지 않을 것입니다.
어쩌면 별로 눈에 띄는 변화가 없이 조금씩 나아지고 정화가 이루어질지도 모릅니다. 그렇다면 그것은 무난하고 좋은 것입니다.

다만, 다소의 변화가 생기더라도 두려워하지 마십시오.
부르짖는 기도를 시작했다면 당신은 주의 영이 당신을 붙잡으시고 영적인 수술을 시작하셨다는 사실을 기억해야 합니다. 그 수술의 과정을 온전히 주님께 맡겨야 합니다.
기억하십시오. 바다에서 석유를 캘 때 처음부터 맑은 석유가 나오는 것이 아닙니다.
처음에는 찌꺼기 같은, 아주 혼탁한 기름덩이와 지저분한 물이 나옵니다. 그러나 나중에는 아주 맑고 깨끗한 석유가 나오게 됩니다. 그리하여 불을 태울 수 있는 귀한 도구로 쓰이게 되는 것입니다.
당신이 부르짖는 기도를 시작하였을 때 당신의 안에서 처음에는 별로 아름다운 모습들이 나타나지 않을지도 모릅니다.
부르짖는 기도는 처음부터 아름다운 것이 아니기 때문입니다. 그것은 정화의 기도입니다.

그러나 당신이 포기하지 않고 계속 이 기도를 통하여 주님께 나아갈 때 당신은 날마다 정화될 것입니다. 당신 안의 찌꺼기들은 날마다 사라지고 소멸될 것입니다.
시간이 흐르고 흘러 당신은 아주 맑고 아름다운 기름을 흘려보낼 수 있을 것이며 아름다운 불을 피우는 도구가 될 수 있을 것입니다.

깊고 아름답고 놀라운 부르짖는 기도의 세계로 더 깊이 나아가십시오. 부르짖는 기도에 아름다움이 임할 때 거기에는 천국의 거룩함과 권능과 영광의 역사가 함께 하게 될 것입니다. 할렐루야.

11. 무리하게 부르짖으면 탈진이 온다

앞의 7장에서 언급했듯이 부르짖는 기도는 주로 토하는 기도입니다. 내 속에 있는 것을 토하고 나를 토하는 기도입니다. 주님으로 충전되기 위하여 먼저 나를 토하는 것이 부르짖는 기도입니다.
이미 저술한 〈호흡기도〉에 충분히 언급했지만 호흡기도는 기본적으로 충전하는 기도입니다. 사람들은 자연적으로, 본능적으로 호흡을 하며 살아가지만 이 호흡이 기도의 도구가 되며 은혜의 도구가 되고 주님의 영으로 채워지는 도구인 것에 대해서는 잘 알지 못합니다. 이 부분을 충분히 이해하고 적용하여 기도한다면 호흡은 주님의 임재를 경험하는 귀중한 통로가 될 것입니다.

그러므로 이 기초를 이해해야 합니다. 부르짖는 기도는 나를 토하고 비우는 것이며 먼저 부르짖음으로 나를 비운 후에 호흡기도를 통해서 주님을 마시고 충전해야 하는 것입니다. 그렇게 우리는 주님의 영으로 채워져야 합니다.
그러므로 기도의 순서로 보았을 때 먼저 부르짖는 기도가 선행되어야 하며 그 후에 호흡기도로 나아가는 것이 좋습니다.
먼저 비운 후에 충전이 되어야 하는 것입니다. 어떤 사람이 자기로 가득하고 세상으로 가득하다면 그는 주님으로 충만하게 될 수 없을 것입니다.
그러나 원리를 잘 이해하지 못하고 부르짖는 기도만을 오래 하는 것은 위험한 것입니다. 충전의 기도 없이 계속 부르짖기만 하면 어떻게 될까요? 탈진이 되는 것입니다.

몇 시간동안 아주 강렬하게 쉬지 않고 계속 부르짖어 보십시오. 그는 온 몸의 힘이 빠지고 맥이 풀려버릴 것입니다. 그것은 좋지 않습니다. 앞에서 언급했듯이 부르짖을 때는 자동적으로 토하는 숨이 나옵니다. 그렇게 계속 들여 마시지 않고 토하기만 하면 온 몸의 기운이 다 빠져나가기 때문에 탈진이 되는 것입니다.

미술 시간에 물감을 풀어놓고 숨으로 계속 불어서 물감을 움직이게 해서 그림을 그리는 것이 있습니다. 아마 초등학교 시절에 한번씩 해보았겠지요. 그렇게 계속 숨을 불면 어떻게 될까요? 아마 머리가 띵하고 어지러울 것입니다.
그런 경험이 없다면 커다란 풍선을 열 개정도 불어보십시오. 어떨까요? 마찬가지로 어지러워지게 됩니다. 몸 안에 있는 호흡, 기운을 많이 바깥으로 내보냈으니까요. 한 시간 이상 풍선을 불면 아마 기절하게 될 것입니다.
그와 같이 충전이 없이 계속 부르짖어 토하는 것은 위험한 일입니다. 영성의 원리를 알지 못하고 무조건 열심만 가지고 기도를 하는 것은 위험합니다.

탈진이란 영적인 에너지가 다 빠져나간 것을 의미합니다.
이런 상태에서는 기운이 없기 때문에 사소한 질병도 이겨내지 못하고 중병이 될 수 있습니다. 사소한 병균에게도 져서 병에 걸리게 되는 것입니다.
나는 중한 질병으로 기력이 없는 사람이 계속 쉬지 않고 부르짖다가 사망의 위험에 처한 것을 본 적이 있습니다.
그러한 것은 영적 무지로 인한 것입니다. 기력이 없는 사람은 충전을 해야 하며 계속 부르짖고 토하는 것은 어리석은 일입니다. 기도에는 요령이 있어야 합니다.

어느 자매가 부르짖는 기도를 열심히 하기에 경고한 적이 있었습니다. 부르짖는 기도는 은혜의 도구이지만 충분히 익숙해지기 전에는 많이 하면 탈진이 되니 좋지 않다고, 한번에 30분 정도하고 좀 쉰 다음에 하라고 했습니다. 그러나 자매는 빨리 은혜를 받고 싶은 마음에 대여섯 시간을 부르짖다가 탈진이 왔습니다.

그리하여 자매의 몸에 울긋불긋한 반점이 생겼고 여러 가지 문제가 생겼습니다. 자매는 그것을 영적인 현상으로 생각했습니다.

나는 나중에 그것을 알고 어처구니가 없어서 그녀를 병원으로 보냈습니다. 그것은 신체적인 허약함을 통해서 온 것이며 영적 증상이 아니었습니다. 그것은 지나치게 무리하여 부르짖으면 나타나는 탈진 증상으로 인한 것이었습니다.

병원에 갔더니 대상 포진에 걸렸다고 약을 처방해주었습니다. 신체가 몹시 약한 상태에서 나타나는 질병이라고 합니다.

나는 그녀에게 잘 먹고 푹 쉬라고 권하며 당분간 부르짖는 기도를 하지 말라고 권했습니다.

이처럼 부르짖는 기도는 지나치게 하면 위험합니다. 탈진이 오래 되면 중한 병에 걸릴 수도 있습니다.

탈진이 되면 에너지가 부족해지기 때문에 움직이는 것도 힘들고 병과 싸워서 이기는 것도 어렵습니다. 그러므로 부르짖는 기도는 무리하거나 지나치게 하지 말고 적당하게 해야 합니다.

부르짖는 기도를 어느 정도 해야 한다는 규칙이 있는 것은 아닙니다. 다만 자신의 체력이나 영력으로 생각해서 무리하지 않게 해야 합니다. 지나치게 피곤하다면 절제해야 합니다.

피곤하지 않다면 조금 더 해도 됩니다. 그것은 자신이 스스로 느끼고 판단해야 합니다.

탈진은 몸에만 오는 것이 아닙니다. 마음에도 옵니다. 자꾸 마음이 슬퍼지고 서러운 마음이 들고 삶이 피곤하게 느껴지고.. 하는 것도 탈진 상태에서 오는 현상입니다. 모든 것이 귀찮아지며 사명이 피곤하게 느껴지는 것도 탈진이 온 것입니다.
이런 증상은 오늘날 너무나 흔한 일인데 그것은 영적 탈진 상태를 경험하고 있는 이들이 너무 많은 것을 보여줍니다.

영적으로 충전이 되면 몸도 가벼워지지만 마음도 신선해집니다. 마음에 기쁨이 생기고 즐거워지며 일이 즐겁고 사람을 만나는 것도 봉사하는 것도 전도하는 것도 다 즐겁게 느껴지게 됩니다.
그러므로 탈진된 상태에서는 일을 하는 것보다 영적 충전에 더 힘써야 합니다. 그렇게 하여 영적으로 충전 상태가 되면 자꾸 일이 하고 싶고 봉사를 하고 싶어서 몸이 근질거리게 됩니다.

나는 오래 전에 어떤 교회의 철야 기도회 집회에 참석한 적이 있었습니다. 그것은 아주 강력한 집회였습니다. 찬양은 뜨거웠고 기도는 온통 부르짖는 기도뿐이었습니다.
그 집회 장소에 들어가는 순간부터 몸과 마음이 뜨거워졌습니다. 사람들은 부르짖는 기도에 아주 익숙한 것 같았습니다. 통성 기도를 하는 가운데 여기저기서 울고 웃고 찬양하고 부르짖고.. 나는 그 분위기가 너무 감동이 되고 시원하게 느껴졌습니다.
은혜가 되는 집회에 참석하게 되면 누구나 다음에 다른 사람들을 그 집회에 데리고 오고 싶은 충동을 느끼게 됩니다.
나는 '다음에 누구를 데리고 와야지..' 하는 생각이 들었습니다. 그러다가 조금 후에는 누구도 데리고 와야겠다고 생각했습니다. '아, 누구도 데리고 와야지.. 그 사람도 은혜를 사모하는데 같이 와야겠다..' 그렇게 생각했습니다.

그런데 시간이 지나가면서 마음이 조금씩 바뀌기 시작했습니다. 집회가 조금씩 지루하게 느껴지게 된 것입니다.
그것은 처음부터 부르짖고 외치고 아주 강렬하게 찬양을 드리고 기도하는 그 분위기가 시간이 많이 지나도 여전히 똑같았기 때문입니다. 30분이 지나도 계속 부르짖었고 1시간이 지나도 사람들은 여전히 부르짖었습니다.

나는 지치기 시작했습니다. 처음의 그 뜨거운 감동의 마음은 이제 많이 사라졌습니다. 나는 속으로 생각했습니다. '아. 그 사람은 빼자. 다음에 데리고 오면 시험 들겠다. 이건 너무 강력 일변도다. 여기에는 안식이 없다.'
조금 있다가 나는 다시 생각했습니다. '그 사람도 데리고 오지 말자. 처음에는 좋지만 이건 너무 피곤하다. 그 사람은 감당할 수 없을 것이다.'
시간이 계속 가면서 나의 마음은 계속 바뀌었습니다.
'그 사람도 안 되겠다. 저 사람도 안 되겠다.. 에라. 나도 다시는 오지 말자..'
나는 너무나 지쳐버렸던 것입니다.

왜 이렇게 되었을까요? 거기에는 부르짖음은 있었지만 안식은 없었기 때문입니다.
어느 정도 부르짖은 후에는 안식이 필요하고 안식의 단계가 있어야 하는데 이들은 부르짖는 기도에 대해서는 알았지만 안식하는 기도에 대해서는 몰랐기 때문입니다.
부르짖는 기도의 단계가 지난 후에 안식의 단계가 있다는 것을 인도자는 모르는 것 같았습니다.
그러한 경우에 처음의 부르짖는 기도는 감미롭고 강건함으로 시작하지만 나중에 그 부르짖는 기도는 거칠고 요란하고 피곤한 상태로 끝나게 됩니다. 또한 이러한 부르짖기 일변도의 기도에는 탈진이 온다는 것이 문제입니다.

흔히 부르짖는 기도를 하는 사람들은 오직 부르짖는 것 그 한가지 밖에 모릅니다.

나는 분명하게 이야기하고 싶은 것이 있는데 오직 부르짖기만 해서는 몇 십 년을 부르짖어도 별로 열매를 맺을 수 없다는 것입니다. 그 초기의 부르짖는 기도의 단계에서 다음 단계로 가야합니다. 그래야만 열매가 있습니다.

오직 이를 악물고 아무리 힘들어도 계속 부르짖기만 하고 그렇게만 기도 훈련을 시키는 것은 낮은 것입니다. 거기에는 지루함과 따분함이 오고 탈진이 올 수 있으며 그래서는 병이 낫는 것이 아니라 오히려 병이 더 생길 수 있습니다.

나는 이런 식으로 부르짖는 기도를 억지로 악으로 깡으로 하는 이들을 많이 보았습니다. 그들은 힘들고 고통스럽지만 계속 부르짖었습니다. 참고 참으면 언젠가 은혜가 오겠지.. 하면서 말입니다.

하지만 그것은 좋지 않습니다. 그리고 위험합니다. 은혜는 자연스럽게 임하는 것이지 억지로 해서 임하는 것이 아닙니다.

나는 이런 간증을 들은 적이 있습니다. '저는 기도했습니다. 절벽 위에서 기도했습니다. 주님.. 은혜를 주시지 않으면 저는 이 절벽에서 뛰어내릴 것입니다. 그렇게 말하고 기도할 때 주님이 은혜를 주셨습니다.'

그것은 억지스러운 기도입니다. 나도 예전에 그런 식으로 악으로 깡으로 기도하고 하나님을 협박하던 시절이 있었습니다.

하지만 그것은 좋지 않습니다. 우리가 은혜의 흐름을 거스르고 반대로 하고 있으면 우리가 아무리 사모해도 은혜가 오지 않습니다. 영에는 영계에 속한 법칙이 있으며 우리는 그것을 무시할 수 없습니다.

기도는 물이 흐르듯 자연스러워야 합니다.
부르짖는 기도도 파도치듯이 흐름을 따라야 합니다.
억지로 무리하게 해서는 영혼이 깨어나고 활동하는 데에 오히려 방해가 됩니다.
파도가 밀려갔다 밀려오고 달이 차고 기울고 다시 차듯이 부르짖는 기도도 리듬을 타고 부드럽고 자연스럽게 해야 합니다.
부르짖는 기도는 토하는 기도입니다.
자신을 비우는 기도입니다.
그러므로 충전기도와 함께 드리지 않으면 탈진이 되어 약해집니다.

이것을 반드시 기억하십시오.
부르짖은 후에 피곤하면 쉬어야 합니다.
탈진이 되었다고 느끼면 휴식을 하십시오.
그 때에는 호흡을 통하여 들여 마시는 기도로 충전을 하는 것이 좋습니다.
부르짖은 후에 호흡으로 주를 부르며 마시면 이것은 균형과 충전에 도움이 됩니다.
억지로 부르짖지 마십시오.
무리하게 부르짖지 마십시오.
자신의 몸과 영혼이 감당할 수준으로 부르짖으십시오.
부르짖음과 충전을 파도가 오고 가듯이 자연스럽게 하십시오.
그것도 부르짖는 기도에서의 중요한 요령입니다.

12. 부르짖음으로 충전하기

부르짖는 기도는 토하는 기도입니다. 그러므로 휴식이나 충전이 없이 부르짖는 기도를 지나치게 많이 하면 탈진이 올 수 있습니다. 그것은 말을 많이 하는 직업을 가진 사람들이 말을 많이 하고 나면 탈진이 되는 것과 비슷한 것입니다.

그러나 부르짖는 기도를 통해서도 충전을 할 수가 있습니다. 원리를 알고 요령을 알면 그것도 충분히 가능합니다. 부르짖음을 통해서 충전하는 법을 안다면 이것은 영적인 충만과 회복에 아주 유익할 것입니다.

우리는 말을 많이 하면 피곤하고 지치게 됩니다. 말을 할수록 힘이 드는 것입니다. 그러나 반대로 말을 하면 할수록 오히려 힘이 나는 경우도 있습니다. 무기력한 상태에 있다가 말을 함으로써 회복이 되는 경우도 있습니다.

그와 같이 부르짖는 기도를 함으로써 탈진이 되는 것이 아니라 힘을 얻고 충전이 될 수도 있는 것입니다.

어떻게 그것이 가능할까요? 그것은 부르짖는 기도를 할 때의 의식에 달려 있는 것입니다.

입으로 부르짖으면서 속으로는 소리를 내보내는 것이 아니라 끌어당기는 기분으로 부르짖으면 되는 것입니다. 그러한 마음의 의식에 따라 소리를 통해서 충전이 될 수도 있습니다.

당신은 마음속에 고통이나 억울함이나 슬픔이나 문제가 있을 때 부르짖는 기도를 통해서 그 기운을 내보내려고 할 것입니다.

그러나 만일 지치고 연약한 상태에 있다면 당신은 더 이상 그렇게 내보내는 식의 부르짖음을 해서는 안 됩니다. 억울함이나 슬픔을 내보내려고 할 때 그러한 기운만 나가면 좋겠지만 어느 정도는 영적인 기운과 에너지가 같이 딸려 나가기 때문에 그러한 부르짖음 후에는 더 많은 탈진이 올 수 있기 때문입니다.

나는 어떤 집사님으로부터 이런 이야기를 들은 적이 있습니다. 그 집사님은 몸이 좋지 않으면 습관적으로 몸 안에 있는 어혈을 의료기구를 통해서 뽑아내곤 했습니다.
몸의 상태가 좋지 않은 것이 피가 속에서 뭉친 것이기 때문에 그렇게 좋지 않은 피(흔히 죽은 피라고 말합니다)를 뽑아내고 나면 개운해진다는 것이었습니다.
그러나 자주 그렇게 하다 보니 나중에는 몸이 더 피곤하고 힘들어지게 되었다고 하면서 나쁜 피라고 해서 무조건 뽑아내는 것은 좋지 않다는 것을 느꼈다는 것이었습니다. 이것은 지치고 연약한 상태에서 부르짖는 기도를 통해서 나쁜 기운을 뽑아내는 것이 좋지 않다는 원리와 비슷한 것입니다.

그러므로 그러한 상태에서는 휴식을 하거나 호흡을 들여 마시면서 충전을 해야 합니다. 또한 소리를 통해서도 영적 에너지를 충전하려고 해야 합니다.
소리를 통해서 충전을 하려고 할 때는 똑같이 부르짖으면서도 마음속으로는 끌어당기는 자세로 부르짖어야 합니다.
'주여~' 하고 부르짖으면서 하늘의 은총과 능력을 끌어당긴다는 마음으로 부르짖어야 하는 것입니다. 소리를 내보내는 것이 아니라 끌어들인다는 마음으로 해야 합니다.

호흡도 들여 마시는 호흡과 내보내는 호흡이 있습니다. 우리는 호흡을 통해서 우리에게 필요가 없는 기운을 바깥으로 내보내며 우리에게 필요한 기운을 안으로 받아들입니다. 우리 안에서 혼탁해진 기운인 이산화탄소를 내보내고 신선한 산소를 마시는 것입니다.

이와 마찬가지로 소리도 내보내는 소리가 있고 끌어당기는 소리가 있습니다. 우리는 우리 안에 있는 좋지 않은 기운을 소리를 통해서 바깥으로 내보냅니다. 그리고 역시 소리를 통해서 좋은 기운을 끌어당기는 것입니다.

호흡은 우리의 의식과 상관이 없이 자동적으로 산소를 들여 마시고 이산화탄소를 내보내게 됩니다. 그러나 소리를 통한 충전과 방전에는 우리의 의식이 필요합니다.

소리를 내보낼 때 나의 모든 악한 기운이 나가는 것을 믿고 기도하는 마음으로 부르짖이야 히며 소리를 끌어당길 때 하늘의 능력과 기운이 내게 들어온다는 마음과 믿음과 의식을 가지고 끌어당겨야 하는 것입니다.

영적인 힘과 에너지를 끌어당긴다고 생각하면서 부르짖으면 우리는 충전이 되는 것을 느끼게 됩니다. 그리하여 소리를 지를수록 힘을 얻게 됩니다. 이것은 그리 어려운 일이 아닙니다.

소리를 통하여 기운을 내보내기도 하고 끌어당기기도 하는 것은 의식에 달려있지만 소리의 발음 자체와도 관련이 있습니다. 나가는 소리와 들어오는 소리에는 발음상의 특성이 있기 때문입니다.

토하는 부르짖음의 발음은 보통 '아'의 발음이 많습니다. '우아~' 하는 발음이 토하는 발음의 대표적인 발음입니다.

입을 크게 '아' 하고 벌리고 소리를 토하면 속에 있는 기운들이 나가게 됩니다. 속이 답답하고 불편할 때 찬양을 하는 중에 '할렐루야~~'의

가사가 나오는 부분을 길게 반복하여 부르면 속이 아주 편해지게 되는데 그것은 '할렐루야'의 '야' 부분이 배출하는 대표적인 발음이기 때문에 이 발음으로 찬양을 하는 가운데 나쁜 기운들이 사라지기 때문입니다.

'아' 발음이 배출하는 발음의 대표적인 부분이라면 '으' 나 '이' 발음은 끌어당기는 발음의 대표적인 발음입니다. 우리는 '아' 하고 발음할 때 기운을 내보내게 되며 '으' 나 '이' 하고 발음할 때 기운이 속으로 잠기게 됩니다.

'으아~' 하는 발음은 적극적이고 활동적이며 공격적인 발음입니다. 사자가 부르짖을 때 '으와~앙' 하지 '잉잉잉..' 하지는 않습니다. 사람이 극도로 화가 나면 '으악!' 하고 분노를 터뜨리지 '응응..' 하지는 않습니다.

그러나 아플 때는 '으아..' 하지 않고 '낑낑' 거리거나 '끙끙' 거립니다.

우리는 아플 때는 본능적으로 낑낑거리게 되는데 그것은 '이' 발음이 기운을 속으로 모으기 때문입니다. 그래서 낑낑거리면 아픈 것이 조금 나아지는 느낌을 얻게 됩니다. 아프면 본능적으로 '으아' 하는 발음이 나오지 않습니다.

화가 나서 기운을 토할 때는 '으아!' 하게 되지만 풀이 죽어서 흐느낄 때는 '흑흑..' 합니다. '으' 발음도 기운을 속으로 모으기 때문입니다. 흐느낄 때 '학학..' 하는 사람은 없습니다.

강아지들도 화가 나면 으르렁거리지만 아플 때는 '낑낑' 거립니다.

차가 강하게 달릴 때는 '부아앙~' 하면서 달립니다. 그러다가 급하게 설 때는 '끼이익!' 하는 소리가 납니다. '아' 발음은 확장적인 것이며 '이' 발음은 내재적인 것을 알 수 있는 것입니다.

그러므로 '우아..'는 바깥으로 나가고 확장되는 소리이며 '이..' 발음은 속으로 내재되는 소리입니다. 우리는 '아' 발음을 통해서 기운을 내보내며 '이'나 '으' 발음을 통해서 기운을 내재시키고 자신의 상태를 보존하며 기운을 끌어당기는 것입니다.

나는 오래 전에 신유의 역사로 유명한 사역자가 운영하는 기도원에 가서 그 사역자가 인도하는 집회에 참석한 적이 있었습니다. 그런데 그 사역자가 집회를 인도하면서 통성 기도를 드리는 가운데 재미있는 것을 발견했습니다.
이분은 주여 삼창을 외치고 기도하자고 인도하는 가운데 본인은 부르짖기를 '주여~' 하는 것이 아니라 '지이여~, 찌여~'에 가까운 발음으로 기도하는 것이었습니다. 나는 그것을 몹시 인상적으로 느꼈는데 아마 '지'의 '이' 발음이 그의 신유 사역을 뒷받침하는 하나의 원리일 수도 있겠다는 생각을 했습니다. '주'의 '우' 발음보다 '지'의 '이' 발음은 좀 더 에너지를 모으는 특성이 있기 때문입니다.
물론 이러한 발음의 차이가 아주 중요하고 근원적인 것이라고 할 수는 없습니다. 예를 들어서 신유의 은사가 없는 사람이, 별로 기도의 분량도 없는 사람이 무조건 '지여~, 찌여~' 한다고 해서 신유의 능력이 나타난다고 할 수는 없을 것입니다. 다만 이러한 원리와 메커니즘을 이해하는 것이 부르짖는 기도와 영성 관리에 있어서 유익한 지식이 되는 것입니다.

어떤 이들은 주님을 부를 때 분명하게 '주여~' 하고 불러야지 왜 '지여'라든지 '쭈우여어'라든지 이상한 발음으로 부르느냐고 타박을 하기도 합니다.
하지만 그것도 그리 본질적인 문제는 아닐 것입니다. 우리가 하는 '주여'는 한국말입니다. 다른 나라 사람들은 다른 발음으로 부를 것입니다. 그러니 그 발음자체가 절대적인 것이거나 의미가 있는 것은 아닙니다. 각 사람의 발음 습관은 차이가 날 수도 있습니다.

주님께서는 어떤 사람이 사투리를 쓴다고 해서 응답하지 않으시는 분은 아닙니다.

중요한 것은 우리의 마음 중심으로 주를 구하고 부르는 것이며 발음이 아주 선명하고 정확하지 않다고 해서 그리 나쁜 것이라고 할 수는 없을 것입니다.

'아'의 발음은 분명히 적극적이고 큰 발음이고 힘이 있으며 바깥을 향하고 있습니다. '이'의 발음은 분명히 소극적이고 안을 향하는 내재적인 발음입니다. 그러므로 토하는 부르짖음에서 '아' 발음을 많이 사용하고 충전을 위한 부르짖음에서 '이' 발음을 사용하는 것은 자연스럽고 좋은 것입니다.

또한 '이'나 '으' 발음도 충전뿐 아니라 배출이나 정화를 위하여 사용할 수 있습니다.

'이'나 '으' 발음은 속과 관련된 발음이므로 속에서 기운을 끌어내는 면이 있습니다. 그것은 강하지는 않지만 속에 있는 기운이 드러나게 합니다. 그래서 부르짖을 때 '이~~' 하거나 '으~~' 하고 강하게 힘을 주면 속에서 나쁜 기운들이 올라오게 됩니다.

구토도 많이 나오고 가래도 많이 나옵니다. 그것은 속에 있는 나쁜 성질이나 죄성이나 악들이 처리되고 정화되어서 바깥으로 빠져나가는 것입니다.

'이' 발음이나 '으' 발음은 바깥으로 배출하는 힘은 강하지 않지만 안에서 기운을 결집시키기 때문에 정화가 신속하게 이루어지게 합니다. 이러한 구체적인 발음들은 개인적으로 기도하면서 자신에게 맞는 발음을 발견해야 합니다.

충전을 위하여 부르짖을 때 중요한 것은 마음속으로 부르짖으면서 기운을 끌어당긴다는 마음을 가지는 것입니다.

'지금 나는 에너지가 부족하다. 피곤하고 힘이 없다. 그러므로 나는 지금 강하게 토하는 부르짖음을 하지 않겠다. 나는 조용히 속으로 부르짖을 것이며 에너지를 얻고 영적으로 충전될 것이다' 이렇게 생각하고 기도하는 것이 더 중요한 것입니다. 이렇게 마음의 자세에 따라서 동일한 발음을 충전을 위해서도, 배출과 정화를 목적으로도 사용할 수도 있습니다.

어떤 이들은 이러한 원리들을 대수롭지 않게 생각할 것입니다. 하지만 부르짖는 기도에서도 내보내는 소리가 있고 안으로 끌어당기는 소리가 있다는 것을 이해하면 자신의 영을 관리하는 데나 사람의 영을 분별하는 데도 도움이 되는 것입니다.

예를 들어서 어떤 사역자는 앞에서 말을 하지만 그의 발음은 전혀 바깥으로 나가지 않습니다. 그러한 이들의 발음에는 '아' 발음이 부족합니다. 그래서 바깥으로 나가는 힘과 에너지가 부족합니다. 그의 발음과 소리는 그의 안으로만 기어 들어갈 뿐입니다.

그의 소리는 그의 안으로만 들어가기 때문에 사람들이 그러한 소리를 들으면 졸리고 답답하게 느끼게 됩니다.

그러한 사람은 무엇을 훈련해야 할까요? 물론 당연히 부르짖는 소리입니다. '우와~' 하고 많이 소리를 질러서 소리를 바깥으로 내보내는 훈련을 해야 합니다.

그가 충분히 훈련을 하면 어떻게 될까요? 그가 전하는 메시지가 사람들에게 충격을 주고 영향을 끼치는 것을 보게 됩니다. 이유는 그의 안에만 머물러 있던 소리가 이제는 바깥으로 나가서 사람들의 심령으로 들어가기 때문입니다.

어떤 사역자들은 많이 소리를 지릅니다. 그의 소리에는 '아' 발음이 많으며 바깥으로 나가기는 합니다. 하지만 속으로 내재된 것이 부족합니다. 그래서 소리가 시끄럽기만 하고 듣는 사람들의 속에 깊이 들어가지 않습니다. 듣는 사람도 공허하고 말하는 사람도 공허합니다.
이런 사람은 어떤 훈련을 해야 할까요?
그는 소리를 속으로 끌어당기는 훈련을 해야 합니다. 그러한 기도를 해야 합니다. 그렇게 충전하는 기도 훈련을 할 때 그는 속으로 충전이 되고 강건해집니다. 그러한 훈련을 계속 하면 그의 메시지를 듣는 이들은 더 이상 속이 공허하지 않으며 메시지가 속으로 스며드는 것을 느끼게 됩니다.

이러한 이야기들을 단순히 실제적인 훈련이 없이 이해하고 내 것으로 적용하는 것은 쉬운 일이 아닙니다. 다만 이러한 기초지식 위에서 기도하고 훈련할 때 우리는 조금씩 소리의 실제를 경험하며 소리를 통한 영혼의 충전을 이해하고 알게 될 것입니다.
당신이 속으로 내적인 충전이 필요한지, 아니면 바깥으로 소리를 강력하게 내보내는 것이 필요한지, 스스로의 상태를 점검하고 발견하십시오. 그리고 부르짖는 기도를 훈련하고 충전하는 기도를 훈련하십시오.

이해할수록, 경험할수록 당신은 내적인 탈진에서 벗어날 수 있을 것입니다.
새로운 지식이 증가하고 새로운 경험이 증가될수록 당신은 영혼의 풍성함과 자유함 속에 좀 더 가까이 나아가게 될 것입니다. 할렐루야.

13. 다양한 상황에서의 부르짖는 기도

성경은 성도들이 다양한 상황에서 부르짖는 기도를 사용한 것을 보여줍니다. 그들은 고통이 있을 때 하나님께 부르짖었습니다.

"내가 고통 중에 여호와께 부르짖었더니 여호와께서 응답하시고 나를 광활한 곳에 세우셨도다" (시118:5)

비슷한 표현이지만 고난 중에서, 그리고 환난 중에서도 부르짖었던 것을 볼 수 있습니다.

"네가 고난 중에 부르짖으매 내가 너를 건졌고 뇌성의 은은한 곳에서 네게 응답하며 므리바 물가에서 너를 시험하였도다"(시81:7)

"내가 환난에서 여호와께 아뢰며 나의 하나님께 부르짖었더니 저가 그 전에서 내 소리를 들으심이여 그 앞에서 나의 부르짖음이 그 귀에 들렸도다" (시18:6)

그들은 재앙을 당할 때에 부르짖는 것을 당연하게 여겼습니다.

"그러나 사람이 넘어질 때에 어찌 손을 펴지 아니하며 재앙을 당할 때에 어찌 도움을 부르짖지 아니하겠는가" (욥30:24)

그들은 근심 중에 부르짖었습니다.

"이에 저희가 그 근심 중에 여호와께 부르짖으매 그 고통에서 건지시고" (시107:6)

또한 압제를 당할 때 부르짖었습니다.

"이것이 애굽 땅에서 만군의 여호와를 위하여 표적과 증거가 되리니 이는 그들이 그 압박하는 자의 연고로 여호와께 부르짖겠고 여호와께서는 한 구원자, 보호자를 보내사 그들을 건지실 것임이라" (사19:20)

"왕의 조명이 각 도에 이르매 유다인이 크게 애통하여 금식하며 곡읍하며 부르짖고 굵은 베를 입고 재에 누운 자가 무수하더라" (에4:3)

이러한 사례들을 보면 하나의 특성이 있습니다. 그것은 그들이 고통스럽고 슬프고 힘들고 근심과 역경 중에 있을 때 부르짖었다는 사실입니다. 그들에게 있어서 부르짖음은 하나님께 도움을 요청하는 도구였다는 것을 알 수 있습니다.
그러나 부르짖는 기도는 단지 어렵고 힘든 상황에서만 필요한 것이 아닙니다. 우리가 하나님을 알고 그분께 가까이 나아가 그분의 은총을 구하는 데에 있어서 필요한 것입니다.
부르짖는 기도는 낮고 상한 마음으로 드리는 기도입니다. 그러므로 주님께서 이 기도에 신속하게 임하시고 응답하시는 것입니다.

영적인 어린이들은 어려움이 있을 때만 주님을 구합니다. 그러나 영혼이 깨어나고 눈을 뜰수록 우리는 주님이 없이는 잠시도 승리의 삶을 살 수 없다는 것을 알게 됩니다.
우리는 언제나 주님의 도우심이 필요한 존재이며 스스로는 사랑할 수도, 감사할 수도, 용서할 수도 없는 존재인 것을 깨닫게 되는 것입니다.

그러므로 눈이 열린 사람들은 항상 부르짖어 기도하는 마음으로, 그렇게 간절한 마음으로 주님을 붙잡고 살려고 하게 되는 것입니다.

그러므로 초보적인 부르짖음은 주로 문제의 해결을 위한 것이 될 것입니다. 그러나 기도가 발전해갈수록 우리의 영혼이 깨어나고 성장하기 위한 부르짖음이 더 필요하게 됩니다.

왜냐하면 모든 문제들은 근본적으로 우리가 영혼의 시각과 관점으로 살지 않고 육체의 생각과 본능을 따라 살 때에 생기는 것이기 때문입니다.

그러므로 부르짖는 기도를 통해 영혼을 깨우고 일으켜 주님을 붙들고 살게 되면 근본적인 차원이 해결되기 때문에 본질적인 것이 아닌 사소한 문제에는 그다지 매달리지 않게 되는 것입니다.

우리는 일상의 삶에서 언제, 어떻게 부르짖어야 할까요?
우리는 어떤 상황에서 어떻게 부르짖는 기도를 적용할 수 있을까요? 앞부분에서 조금 언급하였지만 그것을 간단하게 정리해보겠습니다.

가슴에 상처를 받았을 때

대화 중에 사람들의 말에 상처를 받을 때가 있습니다. 그 순간에 나쁜 기운이 가슴에 들어오게 되며 가슴이 아프게 됩니다. 가슴이 답답해지며 꽉 막힌 듯한 느낌이 듭니다.

사람들이 말할 때 입에서 나오는 기운은 실제적인 기운이기 때문에 악한 말에는 악한 기운이 나오게 됩니다. 불평하고 원망하거나 남을 판단하는 말이나 공격하는 말을 하면 그 입에서 악한 기운이 나오게 됩니다.

그러한 상태를 내버려두면 영이 병들고 약해지게 됩니다. 그러므로 이 때 대적기도를 하면서 토하는 부르짖음의 기도를 해야 합니다.

가슴에 마음을 집중하면서 '으아~' 하고 길게 부르짖으십시오. 입을 크게 벌리고 토하는 것이 좋습니다. 아마 트림이 '끅끅' 하고 나오거나 구역질이 나올 지도 모릅니다.

그것은 나쁜 기운이 나가는 것이니 마음 놓고 트림을 하십시오. 잘 나가지 않으면 '앗! 앗!' 하는 식으로 짧고 강하게 그 기운을 토해내십시오. 이것을 가슴이 후련해질 때까지 하는 것이 좋습니다. 짧게, 또는 길게 충분히 숨을 토해내면 마음이 시원해지고 즐거워지게 됩니다.

회복이 된 후에는 조심하십시오. 날카로운 말을 하는 사람은 항상 다른 이들의 영혼을 억압하고 상하게 하는 기운을 가지고 있으므로 그러한 사람의 곁에는 가까이 가지 않는 것이 좋습니다. 혹시 가게 될 상황이 있다면 눈을 강하게 뜨고 숨을 강하게 쉬십시오. 그렇게 하면 영이 강해지기 때문에 나쁜 기운이 잘 들어오지 않게 됩니다.

두려움이 들어왔을 때

이때도 나쁜 기운의 침투라는 면에서 앞의 경우와 비슷합니다. 같은 방식으로 악한 영을 대적하면서 토해내십시오. '으아~' 하고 길게 토하며 부르짖으면 두려움의 기운이 나가게 됩니다.

영들은 바람과 같은 존재이며 영의 법칙에 의하여 지배를 받기 때문에 호흡을 토하면서 대적하면 나갈 수밖에 없습니다.

두려움의 기운은 방심한 채로 TV나 신문을 보면서 부정적인 뉴스를 마음에 담거나 두려움을 심은 사람들의 이야기를 아무 생각 없이 듣고 있거나 마음속에 떠오르는 어두운 생각들을 받아들이고 있을 때 들어옵니다.

그러므로 이러한 기운을 대적하고 토하면서 평소에 항상 깨어서 마음과 생각을 지켜야 함을 기억해야 합니다.

두려움의 기운이 들어와도 가슴이 꽉 막힌 것 같이 답답하고 온 몸이 힘과 의욕을 잃게 됩니다. 그러나 부르짖으며 대적하면 그 기운은 곧 사라집니다.

또한 부르짖어 토하는 기도를 반복해서 할수록 영적인 감각이 살아나기 때문에 나중에는 조금만 두려움과 같은 나쁜 기운이 들어오면 곧 답답하게 느껴지기 때문에 좀 더 영을 잘 관리할 수 있게 됩니다.

원치 않는 생각이나 충동이 일어날 때

이 경우도 악한 기운이 장난을 치고 있는 것이기 때문에 이것을 대적한 후에 토해내야 합니다. 부르짖는 기도의 원리는 대적기도와 아주 흡사합니다. 저의 저서인 [대적기도 시리즈]를 읽으시면 부르짖는 기도의 이해에도 많은 도움이 될 것입니다.

부르짖는 기도는 대적기도를 실제적으로 만들어줍니다. 단순히 악한 기운을 대적하기만 하는 것이 아니라 배출하는 호흡과 부르짖는 소리를 통해서 그 악한 기운들이 나가는 길을 만들어주기 때문에 그들은 어쩔 수 없이 나가고 소멸되는 것입니다. 그러므로 이 기도는 바로 즉각적인 효력을 가져다줍니다.

어떤 생각이나 충동이 계속 떠오를 때 그것을 멈추게 하는 것은 어렵습니다. 그러나 그것이 지금 내 안에 머물러 있어서 장난을 치고 있다는 것을 알게 되면 소리와 호흡을 통하여 쉽게 그 기운을 내보낼 수 있습니다.

자리에서 일어나 거울을 보고 눈을 선명하게 뜨고 대적하며 부르짖는 것이 좋습니다.

5-10분 정도 그렇게 하고 있으면 그러한 충동은 사라져버립니다. 대체로 공상의 영이나 음란의 영과 같은 것은 소극적인 영이기 때문에 이렇게 강하게 대적하고 부르짖으면 숨고 달아납니다.

마음이 불안할 때

마음이 불안해지는 것에는 여러 원인이 있습니다.
마음에 근심이 들어와서 불안해지기도 하고 주님께서 경고하시는 경우에도 불안할 수 있습니다.
좋지 않은 일이 생기기 전에도 영혼의 감각이 불안하게 느낄 수 있습니다. 그러므로 상황에 적절하게 대처하는 것은 경우마다 다를 것입니다. 그러나 대체로 불안함을 자주 느끼는 것은 그 사람의 영이 약하기 때문입니다. 이러한 사람들은 동일한 상황에도 다른 사람들보다 불안함을 더 많이 느끼게 됩니다. 그러면 삶이 피곤해지는 것은 당연할 것입니다.

이러한 사람의 특성은 마음 에너지가 머리에 몰려 있는 것이 보통입니다. 이러한 사람은 사소한 일에도 생각이 많습니다. 그러므로 자주 번뇌에 빠지게 됩니다.
이러한 사람들은 목소리가 가늘고 높은 것이 보통입니다. 에너지가 머리에 몰려 있는 사람들의 특성이 그렇습니다. 그렇게 에너지가 높기 때문에 쉽게 불안을 느끼고 흥분하는 것입니다.
이러한 이들은 낮은 목소리로 부르짖는 기도를 하는 것이 좋습니다. 배에다 힘을 주고 '주여~' '으아~' 하고 부르짖어야 합니다. 된 발음을 많이 넣어서 부르짖어도 좋습니다. '쭈우여~' 하거나 '끄으아~' 하는 식으로 부르짖는 것입니다.
이렇게 계속 부르짖으면 불안한 마음이 가라앉고 마음이 편안해지게 됩니다. 마음이 안정되는 것입니다. 이렇게 낮은 목소리로 배에 힘을 주고 꾸준히 부르짖으면 영이 강해지게 됩니다. 그래서 쉽사리 놀라지 않고 어려운 상황이 생겨도 흔들리지 않게 됩니다.

그 메커니즘을 자세하게 설명하기는 어렵지만 이렇게 낮은 목소리로 부르짖는 것이 에너지를 아래로 끌어당겨서 강건하게 한다는 것은 알아두는 것이 좋을 것입니다.
에너지가 머리에 있는 사람들은 항상 생각이 많고 불안하게 되어 있습니다. 높은 곳에 있으면 불안한 것은 당연한 이치입니다.

이러한 사람들은 평소에 말할 때도 목소리가 높아서 안정이 되지 않습니다. 그러므로 이러한 사람들이 낮은 목소리로 말하는 훈련을 하면 불안한 마음이 안정되는데 그것은 낮은 목소리가 에너지를 아래로 낮추기 때문입니다.
화가 나서 싸우는 사람들은 목소리를 높이는 것이 보통인데 그럴 때 누가 옆에서 낮은 목소리로 말하면 그들의 흥분이 가라앉고 싸움을 그치게 됩니다. 이것도 낮은 목소리가 에너지를 낮추며 흥분을 가라앉히고 마음을 안정시키는 성질을 가지고 있기 때문입니다.
낮은 목소리가 마음을 안정시키는 것은 집을 지을 때 아래에 기초를 닦고 아래에서부터 짓는 것과 같습니다.
집을 위에서부터 지으면 집이 무너질 것입니다. 그러나 밑의 기초가 든든하면 집은 안정됩니다. 이와 같이 낮은 목소리로 부르짖어 기도하면 배에 에너지가 충전되어 심령이 안정을 얻게 됩니다.
그러므로 이것을 자주 적용하고 훈련하는 이들은 불안과 근심에서 자유롭게 될 것입니다.

정신이 멍-하거나 혼미할 때

이것은 앞의 경우와 반대의 상황을 말합니다. 목소리가 높고 예민한 사람은 불안하고 안정감이 부족합니다. 그러한 이들은 배에 힘을 주고 낮은 목소리로 부르짖으면 그 상황이 개선됩니다.

그러나 반대의 사람들이 있습니다. 이들은 생각이 별로 없고 둔감합니다. 또한 정서적으로도 둔감한 사람들이 있습니다. 이들은 예민하지 않으므로 상처를 받는 일이 상대적으로 적지만 눈치가 없어서 다른 사람들을 답답하게 만듭니다.

이러한 사람들은 높은 소리로 부르짖어야 합니다. 그것은 이러한 사람들의 마음 에너지가 낮은 곳에 있기 때문입니다. 그래서 이들은 본능적인 삶에 만족하려는 경향이 있습니다.

그러므로 이러한 사람들은 높은 소리로 부르짖어서 그들의 마음 에너지를 위로 올려야 합니다. 높은 소리는 에너지를 위로 상승시킵니다. 그러므로 이것은 사람의 정신적인 에너지를 깨웁니다. 그래서 둔감한 사람들도 예민해지게 됩니다.

정서적으로 둔감한 사람들은 어지간해서는 울지 않지만 이러한 사람들도 높은 소리로 부르짖어 기도하도록 시키면 울면서 기도하게 됩니다. 그것은 높은 소리가 감정을 북받치게 하기 때문입니다.

정신이 멍하거나 혼미할 때가 있습니다. 이때도 높은 소리의 부르짖음이 필요할 때입니다. 이것은 머리에 에너지가 부족한 상태이기 때문입니다.

높은 소리로 부르짖으면 곧 머리가 맑아지게 됩니다. 높은 소리가 에너지를 머리에까지 끌어올리므로 머리가 개운하게 회복됩니다.

꼭 부르짖지 않더라도 높은 음이 나오는 찬양을 힘있게 부르면 머리가 맑아지게 됩니다.

머리가 혼미할 때 어떤 중요한 결정을 내려야 할 상황이 있다면 그것은 난처할 것입니다. 머리가 혼미할 때는 속이는 영이 역사하기 때문에 잘못된 판단이나 실수를 할 가능성이 많이 있기 때문입니다.

그러므로 그 때는 높은 소리의 부르짖음이나 찬양을 통해서 머리를 맑게 하십시오.

또는 시편의 기도문을 높은 소리로 읽어도 됩니다. 그렇게 해도 역시 머리는 맑고 상쾌하게 회복이 될 것입니다.
높은 소리로 기도하고 부르짖는 것은 우리의 영혼을 치유하고 회복시키는 아주 좋은 무기입니다. 이것을 잘 분별하여 상황에 따라 적용할 수 있다면 우리는 항상 맑은 영을 유지할 수 있을 것입니다.

미움이나 분노가 떠오를 때

미움이나 분노의 마음은 어떤 순간에 바깥에서 들어올 수도 있고 깊은 내면에서 나올 수도 있습니다.
어느 쪽이든 그것은 자신의 몸과 마음을 파괴합니다. 그리고 주변에 있는 다른 사람들에게도 피해를 끼칩니다.
사소한 말에도 가시가 있는 사람들이 있습니다. 남들의 조그만 잘못에도 흥분하고 분노하며 비난하는 사람들이 있습니다. 그러한 이들은 그들의 안에 파괴의 영을 가지고 있는 것입니다. 그것은 곧 분노와 미움이며 용서하지 않는 마음입니다.
그리스도인들은 지옥에서 벗어나고 마귀에게서 놓여나고 싶으면 반드시 이 마음을 버려야 합니다. 그 마음을 버리지 않는 사람은 아무리 교회에 출석하고 기도를 드려도 주님과 천국과 멀어지게 됩니다.

당신에게 분노와 미움이 일어난다면 그것을 부르짖어 토하십시오. 그것이 바깥에서 들어왔건 속에서 나온 것이든 무조건 토하십시오. 그것은 당신의 영혼을 죽입니다. 영혼만 죽이는 것이 아니라 몸도 파괴합니다. 그것은 암이나 결석이나 고통을 일으키는 온갖 물질을 당신의 안에서 만들게 됩니다.
용서하지 않는 마음과 미워하는 마음은 지옥과 같은 것이 아니라 바로 지옥입니다. 그러므로 그 악의 기운을 토해야 합니다.

어떤 사람이 남을 미워하며 용서하지 않을 때 그에게 용서할 것을 권면해도 듣지 않는다면, 계속 억울하다고 미움과 원망을 고백한다면 그를 그 지옥 속에 내버려두십시오. 스스로 지옥을 선택하는 사람을 말릴 수는 없습니다. 다만 당신은 그 영에게서 벗어나십시오.
분노와 미움이 일어날 때 그 기운에게 잡히지 마십시오. 그것을 주님께 토하십시오.
화가 날 때 그 영을 대적하며 '으아~' 하고 외치십시오. 부르짖으십시오. 이 부르짖음을 통해서 당신의 안에 있는 원망과 미움의 기운이 온전히 사라지도록 주님께 탄원하십시오.
당신은 많은 구역질을 하게 됩니다. 트림을 하고 가래를 뱉으며 토하게 됩니다. 그것은 악한 기운이 나가는 것입니다. 그것은 더러운 것이지만 그 기운을 토해놓고 나면 속이 시원해지게 됩니다.

물론 일시적으로는 시원해지지만 나중에 다시 미워한다면 그 기운은 다시 당신에게 들어올 것입니다. 그러므로 당신은 지속적으로 악한 영들과 싸우며 그 악들을 토해내야 합니다.
미움과 분노와 원망하는 악들을 모두 주님 앞에서 부르짖으며 토해내십시오. 그렇게 반복할수록 당신의 영혼은 맑게 정화될 것입니다.

실연을 당했을 때

실연을 당했을 때 부르짖는 것은 정말 바보와 같이 보이겠지요. 하지만 그런 일을 당하게 되면 가슴이 메는 것 같고 소리 질러 울고 싶은 마음이 드는 것이 당연합니다.
가슴이 텅 비는 것 같고 허무해지게 됩니다.
그러한 느낌은 실연을 당했을 때뿐만이 아니라 자신이 좋아하던 것들을 잃어버렸을 때에도 비슷할 것입니다.

이 상태는 공급되던 에너지를 잃어버린 상태입니다. 항상 가지고 있었고 즐기고 있던 에너지가 갑자기 끊어져 버린 것이기 때문에 에너지가 모자란 상태가 되는 것입니다. 실연을 당했거나 친구와 헤어졌거나 고향을 떠났거나 좋아하던 취미를 끊었거나.. 그런 상태가 다 비슷한 것입니다.

이때에는 일단 비통하고 허전한 기운을 토하는 부르짖음을 해야 합니다. 일단 나쁜 기운을 토하는 것입니다. 후회나 상처와 같은 기운을 부르짖음으로 내보내야 합니다.

그리고 난 후에 충전을 위한 부르짖음이 필요합니다. 앞에서도 언급했듯이 소리를 통해서도 충전을 할 수가 있습니다.

또한 소리가 아니고 호흡으로 충분히 들여 마심으로써 충전을 하는 것도 좋습니다.

이때 조심해야할 것은 허탈한 사람이 이 기회를 통해서 주님으로 충전되지 않고 세상의 허무한 것들로 위로를 얻으려고 하고 채워지려고 한다면 그는 그 영들에게 잡힐 수 있다는 것입니다.

예를 들어 실연을 당했다고 술을 마신다거나 도박이나 다른 재미를 구한다거나 하면 그 사람은 거기에 사로잡힐 가능성이 아주 많습니다. 그렇게 들어온 영들은 잘 나가지 않습니다.

그러므로 이때에 허무한 기운을 토한 다음에 반드시 기도와 간구로 주님을 구해야 하며 주님으로 채워져야 합니다. 그렇게 될 수만 있다면 실연이나 상처는 그의 영적 성장에 큰 도움이 될 수 있는 아주 좋은 기회가 되는 것입니다.

아무튼 실연이나 어떤 중요한 것을 상실함으로 삶의 의욕을 잃어버릴 정도로 낙심하는 사람들도 있지만 그러한 것은 단지 마음 에너지의 흐름에 불과한 것이므로 부르짖는 기도와 충전 기도를 통해서 충분히 나쁜 기운을 내보내고 회복될 수 있다는 사실을 알아야 합니다.

비슷한 상황에 처했을 때 이 기도를 실행해보십시오. 의외로 짧은 시간에 몸과 마음이 회복되는 것을 발견하고 놀라게 될 것입니다.

피곤할 때

많은 활동을 한 후에 몸이 피곤해지는 것은 당연한 일입니다. 시간이 있다면 잠을 자거나 충분한 휴식을 취하는 것이 좋을 것입니다.
그러나 그러한 여유가 없을 때 상황에 따라서는 부르짖음을 통해서도 이 피곤의 기운을 내보낼 수가 있습니다. 그리고 이렇게 부르짖음을 통해서 피곤의 기운을 내보낼 수 있다면 그는 잘 피곤해지지 않으며 활력이 넘치는 삶을 살 수 있을 것입니다.

몸은 아주 피곤하지만 휴식을 취해도 피곤이 잘 풀리지 않을 때가 있습니다. 피곤하면서도 잠이 잘 오지 않을 때도 있습니다. 이러한 경우는 몸의 피로보다 뇌 쪽에 피로가 쌓인 것입니다.
이 경우에는 잠을 자고 휴식을 취해도 깨고 나면 여전히 피곤합니다. 그러므로 이때는 잠을 자고 쉬는 단순한 방식이 아닌 기도와 부르짖음을 통해서 피곤을 처리하는 것이 좋습니다.
피곤은 몸 안에 피로 물질이 쌓인 것입니다.
단순히 육체적인 원인으로 피로 물질이 쌓이는 것은 간단합니다. 자고 쉬는 것으로 회복될 수 있습니다.
그러나 현대인들의 피곤은 단순한 육체의 피곤보다 정신적이고 영적인 요소가 더 많이 차지하고 있습니다.
근심에 잠겨 있거나 마음의 부담을 가지고 있거나 스트레스, 상처, 영적인 어떤 공격이나 작용 등으로 피곤이 오는 경우가 많은 것입니다. 다른 사람이 가지고 있는 어두움이나 나쁜 기운이 묻어오는 바람에 피곤이 오기도 합니다.

이러한 상황들의 경우에는 부르짖음을 통해서 피곤의 에너지, 피곤의 물질을 내보내는 것이 좋습니다.
무릎을 꿇어도 되고 주위 여건이 허락한다면 일어나서 걸어 다니면서 부르짖어도 됩니다.
온 몸 안에 있는 피로의 물질을 생각하면서 '으아~' 하고 부르짖으며 그것이 나간다고 상상하십시오. 소리에 피곤을 실어서 내보낸다고 생각하십시오. 다른 사람의 기운이나 억압이 실려서 피곤이 왔다고 느껴지면 역시 그 기운이 나가는 것을 상상하면서 부르짖으면 됩니다.
그렇게 10분-20분 정도하고 있으면 어느 순간에 몸이 가벼워지며 개운해지고 피곤이 사라진 것을 느끼게 됩니다. 한번 시도해보십시오. 어떤 때는 마치 마술처럼 느껴지기도 합니다.
이것은 단지 피로를 이기는 데만 도움이 되는 것이 아니라 당신의 몸과 영혼을 강건하고 맑게 하는 데도 도움이 될 것입니다.

무거운 짐이 있거나 낙심 될 때

이 경우에도 같은 방법으로 부르짖어서 그 기운을 내보낼 수 있습니다. 부르짖으면서 마음속으로 '나의 부르짖는 소리를 통해서 내 무거운 짐이 사라진다, 낙심이 사라지고 새 힘이 난다' 그렇게 믿고 상상하십시오. 잠시만 부르짖어도 곧 새 힘이 솟아나며 무거운 짐이 완화되고 긍정적인 마음이 일어나게 될 것입니다.

신체 부위에 구체적인 결림이나 아픔이 있을 때

몸 안의 어떤 부분에 답답한 느낌이나 어떤 좋지 않은 느낌이 있을 때가 있습니다.
그 때도 부르짖음을 통해서 그 기운을 내보낼 수 있습니다. 입으로는 부르짖으면서 마음은 그 부위를 생각하는 것입니다. 부르짖으며 예수님의 보혈이 그 부위에 흐른다고 믿고 상상하면서 부르짖는 것도 좋은 방법입니다.

그러한 몸 안의 불편한 느낌이 생긴 지 얼마 되지 않은 것이라면 곧 해결될 것입니다. 그러나 생긴 지 오래된 것이라면 좀 더 많은 시간이 필요할 것입니다.

어떤 경우이든 부르짖는 소리와 믿음의 고백은 그러한 어두움의 부분에 빛을 비추는 것 같이 치유와 회복을 일으키는 데에 도움이 됩니다. 소리는 치유와 회복의 도구이며 '우와~' 하고 부르짖고 소리를 지를 때 그 소리는 나쁜 기운이 바깥으로 나가는 통로가 될 수 있는 것입니다.

담대함이 필요할 때

담대함이 필요할 때가 있습니다. 예를 들어 많은 사람들의 앞에 서게 된다든지 상대하기 어려운 사람을 만나게 된다든지 하는 때입니다.

영이 약한 사람이 대중 앞에서 노래를 하게 된다든지 아니면 예배 중의 대표기도를 맡게 되었다든지 하면 그는 심히 고민이 될 것입니다. 그는 대중 앞에 설 생각만 해도 가슴이 벌렁 벌렁 뛸 것입니다. 그는 밤새 고민하다가 아예 그 주에는 교회를 빠지게 될 지도 모릅니다.

이런 경우에도 부르짖는 기도를 어느 정도 하고 나면 담대해지며 자신감이 생기게 됩니다. 힘과 담대함은 배에서 나오는 것이기 때문에 이 경우에는 배로 부르짖어야 합니다.

그 시간이 되기 전에 배에 힘을 주고 낮은 소리로 '으아아~' 하고 부르짖으면 됩니다. 30분 정도만 낮은 소리로 부르짖게 되면 대중 앞에 서는 것이 별로 떨리지 않을 것입니다.

부끄러움을 많이 타는 기질이라면 이 기도를 한번만 해서는 안 되고 훈련처럼 자주 이 기도를 드려야 합니다. 그러면 점차 영이 강건해지고 담대해지게 될 것입니다.

영이 약해서 남의 말을 거절하지 못하고 남에게 끌려 다니는 사람, 하고 싶은 말을 잘 하지 못하는 사람, 말을 못하고 속에서 고민만 하는 사람도 낮은 발성으로 부르짖으면 강건한 사람이 되어 자유롭게 자신을 표현하게 되고 힘 있는 삶을 살 수 있을 것입니다.

소원을 가지고 부르짖으라

부르짖는 기도는 근본적으로 우리 영혼이 주님께 가까이 나아가는 기도이며 영혼이 깨어나고 성장하기 위한 것입니다. 그러나 부르짖는 기도의 본질적인 목적은 아니지만 소원을 이루는 기도를 할 때도 부르짖는 기도를 사용할 수 있습니다.

소리는 토하는 성질이 있으며 또한 끌어당기는 성질을 가지고 있습니다. 그러므로 어떤 목적을 위해서 간절히 기도를 드리며 부르짖을 때 그것은 그 기운을 끌어당깁니다.

사람이 어떤 소원이 있다고 해도 그것을 마음속에만 가지고 있으면 그것은 현실화되기 어렵습니다.

그리고 기도를 해도 기도가 된 것인지 상달이 된 것인지 응답이 되는 것인지 확신하기가 어렵습니다.

그러나 입으로 소원을 구체적으로 말하며 부르짖을 때 그 기도는 아주 강력한 것이며 우리에게 확신을 줍니다.

그것은 간절히 부르짖어 소원을 기도한 한나가 나중에 기도 응답의 확신을 가지게 되었던 것과도 같습니다.

우리가 구체적인 소원을 가지고 간절하게 부르짖을 때 그 기도는 소리를 통하여 하늘로 올라갑니다. 그리고 우리는 심령의 후련함을 느끼게 되며 확신을 가지게 됩니다.

물론 모든 부르짖는 소원기도가 다 응답이 되는 것은 아닐 것입니다. 악한 소원과 잘못된 기도도 있으며 그러한 경우에는 응답이 되지 않을 것입니다.

그러나 대부분의 기도가 응답되지 않는 것은 기도가 잘못된 기도여서이기보다는 기도의 분량이 부족하거나 믿음이 부족하거나 확신이 부족하기 때문입니다. 부르짖어서 소원을 구하는 기도는 강력한 기도이며 그것은 하늘의 보화를 끌어당기는 힘이 강합니다.

마음속으로 능력을 달라고 구하며 기도해보십시오. 마음에 별 다른 감동이 오지 않을 것입니다.

그러나 큰 소리로 강력하게 부르짖으며 하늘의 능력을 받게 해달라고 기도해보십시오. 그 순간 가슴이 뜨거워지며 불이 임하는 것 같은 느낌을 얻게 됩니다.

마음속으로 기도하거나 조용히 입을 우물거리면서 지혜의 영을 달라고 구해보십시오. 별 확신이나 느낌이 없을 것입니다.

그러나 큰 소리로 외치고 부르짖으며 지혜의 영을 달라고 기도해보십시오. 머리가 시원해지며 머리에 지혜의 영이 임하는 것을 느끼게 됩니다.

어떤 가정을 구원해달라고 조용히 속으로 기도하는 것과 큰 소리로 울부짖으며 그 가정에 역사하는 마귀를 꾸짖고 주님의 구원을 요청하는 기도는 엄청나게 차이가 있습니다.

전자는 힘없이 기도를 마치고 막연한 기대를 품으며 집으로 돌아오게 되지만 후자는 하늘에서 권능과 구원의 능력이 임하는 것을 느끼게 되며 확신과 기쁨을 가지고 집으로 돌아오게 됩니다.

간절한 소원을 가지고 그것을 입으로 시인하고 선포하며 마음 중심으로 뜨겁게 부르짖는 것은 하늘의 영들을 움직이게 합니다. 응답의 기운을 끌어당깁니다. 그것은 아주 강력한 기도입니다. 그 기도에는 능력과 효력이 있습니다.

그러므로 담대함을 가지고 부끄러워하지 말고 자신이 구하는 것을 강력하게 부르짖어 구하십시오. 크게 강하게 외치며 응답의 영을 구하십시오. 당신은 확신과 기쁨을 얻게 될 것이며 많은 기도의 응답을 경험하게 될 것입니다.

우리는 이와 같이 여러 상황에서 여러 방식으로 부르짖어서 기도할 수 있습니다.
우리가 구체적으로 부르짖는 기도를 사용할 때 우리는 이 기도의 은총에 대해서 놀랄 것입니다.
그리고 감사하게 될 것입니다.
할렐루야.

14. 배로 부르짖는 것과 심령으로 부르짖는 것의 차이

6장에서도 잠시 언급했지만, 부르짖는 기도에는 배로 부르짖는 것과 심령으로 부르짖는 것, 2가지의 방식이 있습니다.
목으로 부르짖는 것은 안 됩니다. 목은 긴장을 풀고 자연스러운 상태로 두어 단지 소리가 통과하는 역할만을 해야 합니다. 부르짖는 것은 오직 배와 심령으로만 해야 합니다.

배로 부르짖는 것은 배에 힘을 주고 부르짖는 것입니다. 배에 힘을 준 상태에서 강하게 부르짖을 수도 있고, 주위 상황이나 여건에 따라 작은 소리로 부르짖을 수도 있습니다.
심령으로 부르짖는 것은 의식을 가슴에 두고 부르짖는 것을 말합니다. 이것은 마음과 정서를 쏟아 붓는 기도입니다. 심령이나 영혼이나 비슷한 표현인데 나는 심령이라는 표현이 좀 더 실감이 난다고 생각합니다. 왜냐하면 영혼의 중심은 심장에 가깝기 때문입니다.

배로 부르짖을 때는 배에 힘을 주고 부르짖는데, 심령으로 부르짖을 때는 가슴에 힘을 주고 싶어도 힘을 줄 수가 없습니다.
그러므로 의식을 가슴에 향한 채로 감정과 마음을 쏟아내는 기분으로 부르짖는 것입니다. 배로 부르짖을 때는 낮고 강하고 둔탁한 소리가 나게 됩니다. 이것은 강하고 담대하게 하며 힘을 주는 것입니다.
심령으로 부르짖을 때는 비교적 높은 소리가 나며 눈물이 나고 정서가 자극됩니다. 이것은 정서적인 회복과 치유에 도움이 됩니다.

배로 부르짖는 것은 기계적인 면이 있습니다. 소리는 강하게 나지만 마음은 별로 움직이지 않지요. 그러나 심령으로 부르짖는 것은 마음이 흘러나오게 됩니다. 그러므로 배로 부르짖으면 몸이 반응하며 심령으로 부르짖으면 마음이 반응합니다. 이처럼 두 가지 부르짖음은 명백하게 다른 것입니다.

보통 부르짖음은 배에서 나오며 시작하는 것입니다.
동물의 부르짖음을 보면 그 소리가 다 배에서 나오는 것을 알게 됩니다. 태어난 지 얼마 되지 않은 아가들이 우는 소리를 들어보면 '응애~ 응애~' 하고 우는데 그 소리가 배에서 나오며 아이들이 그렇게 울 때 배가 볼록거리는 것을 볼 수 있습니다.
배에서 부르짖을 때 이것은 몸을 자극합니다. 그리하여 몸에 여러 반응들이 일어납니다. 배는 권능과 관련된 기관으로서 배에 힘을 주고 강력하게 기도하면 능력과 역사가 임하게 됩니다.
배로 부르짖는 기도를 많이 해본 경험이 있는 사람들은 배가 뜨거워지는 것을 종종 경험하곤 합니다. 때로는 아주 견디기 힘들 정도로 뜨겁게 느껴지기도 하는데 이것은 권능의 불이 임한 것이라고 할 수 있습니다.

부르짖는 기도는 소리는 다양하게 나타나지만 그것은 주로 주님을 부르는 기도이며 그 소리를 통해서 주님의 불이 임하는 것이기 때문에 그 불길이 배에 임하면 배는 뜨거워지고 강력한 권능이 임하게 됩니다.
이처럼 배로 부르짖고 배에 불과 권능이 임할 때 배의 정화가 시작됩니다.
배속에는 여러 악한 영들이 집을 짓고 사는 경우가 많은데 배로 부르짖을 때 능력의 불길이 그곳에 임하게 되므로 악한 영들의 집이 파괴됩니다. 그러므로 배가 요동을 치고 정화가 시작되는 것입니다.

각 사람들이 가지고 있는 음란성, 분노, 교활함, 탐심, 거짓의 영들이 그들의 집이 파괴되면서 바깥으로 빠져 나오게 됩니다. 그러므로 부르짖는 기도를 하게 되면 속에서 가래가 나오고 구역질이 나오며 트림과 전율이 나오고 그 과정에서 힘이 빠지고 탈진되어 쓰러지는 등 여러 현상들이 나타나게 되는 것입니다.

배에서 나타나는 그러한 현상들은 결국 정화과정이라고 할 수 있습니다. 사람의 몸 안에 있는 악한 기운들이 소멸되는 과정이며 또한 능력과 권세가 임하는 과정이기도 합니다.

그러므로 체력이 약하여 질병에 자주 괴롭힘을 당하거나 마음이 여리고 약하여 상처를 잘 받고 두려움과 근심이 많은 이들은 배로 부르짖는 기도를 많이 해야 합니다. 이것은 권세와 능력과 힘을 가져다 주는 기도이기 때문입니다. 이것은 전투적인 기도이며 힘에 속한 기도입니다.

심령으로 부르짖는 것은 그것과 전혀 다릅니다. 이것은 기계적이며 권능적인 기도가 아니고 마음과 감정을 쏟는 인격적인 기도입니다.

이 기도에도 정화가 따릅니다. 그러나 이것은 몸에 있는 연약함이나 악의 정화가 아니고 심령에 대한 정화입니다.

이것은 권능이 임하는 기도라기보다는 영혼이 맑고 아름답게 되는 정화의 기도라고 할 수 있습니다.

심령으로 부르짖을 때도 속에서 무엇인가가 올라오는 것이 있습니다. 그러나 이때는 배로 부르짖을 때처럼 구토나 침과 같은 이 물질이 올라오는 것이 아니고 주로 트림이나 재채기와 같은 것이 나옵니다. 배속에 있는 것들은 집을 짓고 그 안에 고여 있고 쌓여 있는 것이지만 심령에 있는 나쁜 기운은 심령 위에 덮여있는 것이기 때문입니다.

이러한 악한 기운은 심령 속으로 들어가지는 못하며 심령의 바깥에서 억압하고 누르며 달라붙어 있습니다. 그러므로 그러한 것들이 재채기나 트림을 통해서 빠져나가게 됩니다. 심령으로 부르짖을 때도 전율이 많이 오게 되는데 이것은 주로 심장근처에서 나타나며 눌림이 벗겨지는 과정에서 생기는 것입니다.

심령으로 계속 부르짖으면 정도의 차이는 있지만 가슴에서 고통을 느끼는 사람들이 많이 있습니다.

처음에는 가슴의 답답함이 느껴지기도 하고 미약하게 가슴에서 통증이 느껴지기도 하다가 부르짖을수록 점점 더 심한 통증을 가슴에서 느끼게 됩니다.

그러한 고통들은 그가 평생을 살면서 쌓인 것들입니다. 이러한 심령의 고통의 원인은 크게 두 가지입니다.

첫째는 그의 영이 약하기 때문에 다른 이들로부터 공격적인 말을 듣고 상처를 받거나 악한 영들이 틈타서 그의 영을 눌렀기 때문입니다.

그렇게 쌓인 고통이 심령으로 부르짖을 때 드러나는 것입니다.

둘째는 그가 주님을 영접하고 모시는 사람으로서 자기 안에 계신 주님을 찌르고 아프게 한 것입니다.

심령은 우리 안에 주님이 계시는 곳입니다. 쉽게 표현하자면 주님은 우리 안의 가슴에 거하신다고 할 수 있습니다.

그러나 사람들은 대체로 자기 안에 계신 주님에 대한 인식이 없습니다. 그들은 교회에서 예배를 드릴 때나 기도를 할 때만 주님이 자기와 함께 하신다고 생각합니다.

그러므로 기도가 끝나고 예배가 끝나면 주님을 거의 의식하지 않으며 함부로 말하고 자기 마음대로 행동합니다.

그러한 것들이 얼마나 주님을 아프고 상하게 하는지에 대해서 거의 알지 못하고 느끼지 못합니다.

그러나 주님은 우리와 언제나 같이 계시기 때문에 우리가 한 사소한 악행에도 깊은 상처를 받으시는 것입니다.

심령은 아주 예민하고 여린 존재입니다. 이는 천국에 속한 것이기 때문에 아주 작은 악도 견디지 못합니다.

우리의 눈은 아주 예민하여 아주 작은 티 하나만 들어와도 눈이 몹시 아픕니다. 심령의 존재가 바로 그렇습니다.

심령은 우리가 누구를 조금만 미워하거나 불평하거나 근심하거나 부정적인 고백을 하거나 해도 깊은 충격을 받습니다.

남들에 대한 불친절한 말이나 험담이나 그러한 작은 악들이 다 심령을 아프게 하며 주님을 십자가에 못 박는 것입니다.

그러나 자기의 심령이 그렇게 고통을 느끼며 자신이 날마다 주님을 십자가에 못 박고 있다는 사실을 느끼고 감지하는 이들은 거의 없습니다. 어쩌다가 잠시 회개를 할 때도 있지만 대부분 그러한 악의 상태로 살아가면서도 거의 고통을 느끼지 못합니다.

그 이유는 대부분의 그리스도인들이 심령의 감각이 거의 잠들어 있으며 마비되어 있기 때문입니다. 그러므로 아무 것도 느끼지 못하는 것입니다.

아주 많이 화를 내거나 불평을 한 후에 약간의 답답함을 느끼는 정도입니다. 아주 오랫동안 세상의 쾌락에 접해야 약간 정도 허무함을 느끼는 정도입니다.

그리하여 이처럼 심령의 감각이 마비되어 있기 때문에 그들은 자신의 느낌, 자신의 감정, 자신의 문제에만 집착이 되어 울고 웃습니다. 자기가 주님을 괴롭게 하며 고독하게 하며 자기 안에서 주님이 얼마나 근심하시는 지에 대해서는 거의 알지 못합니다.

이렇게 둔탁하게 살던 사람들이 심령의 부르짖음을 통해서 영혼의 감각이 깨어나면 비로소 엄청난 가슴의 통증을 느끼는 것입니다. 갑자기 완전히 영혼의 감각이 깨어나면 그동안 심령에 쌓였던 죄의 고통과 충격 때문에 살수가 없을 것입니다.

그때에 쓰러져 누워서 몇 날 몇 일을 울어도 그 죄의 고통과 통증은 쉽게 사라지지 않습니다.
그러므로 부르짖는 만큼 심령은 조금씩 깨어나게 됩니다. 그리고 그 고통을 통해서 비로소 심령의 정화가 시작됩니다. 아주 조금씩 이루어지게 되는 것입니다.
심령의 정화는 짧은 기간 내에, 1-2년에 이루어지는 것이 아닙니다.
심령으로 부르짖는 것을 많이 하면 좀 더 빨리 이루어지기는 할 것입니다. 그러나 그동안 오랜 세월동안 주님을 아프게 한 것, 불순종과 온갖 악들이 있기 때문에 그 정화와 회복에는 많은 시간이 필요합니다.

배의 부르짖음은 강함과 담대함을 주지만 죄의 정화에는 별로 도움을 주지 못합니다.
그러나 심령의 부르짖음은 내적인 정화를 일으킵니다. 정화가 이루어질수록 죄에서 벗어나게 되고 순결해지며 영혼이 맑고 밝고 깨끗해집니다.
그래서 심령으로 부르짖음을 통해서 정화가 될수록 사람은 사랑스럽고 아름다워지며 맑고 순결한 어린 아이와 같은 상태가 됩니다. 나이가 많아도 초롱초롱한 눈망울을 가진 어린 아이처럼 천진난만한 사람이 되는 것입니다.
심령의 정화, 영혼의 정화 과정에 대해서는 해야 할 말이 너무나 많습니다. 이것은 나중에 새로운 책으로 좀 더 자세하게 다루려고 합니다.

배의 부르짖음은 강건함을 줍니다. 그리고 몸이 정화를 이룹니다.
심령의 부르짖음은 순결함과 아름다움을 줍니다. 그것은 영혼의 정화를 이룹니다.
이것을 알게 되면 사람들은 배로 부르짖는 것보다 심령의 부르짖음이 더 좋은 것이며 중요한 것이라고 여기고 좀 더 많이 심령으로 부르짖으려고 할 것입니다. 그러나 그것은 좋지 않습니다. 어떤 면에서 그것은 위험합니다.

심령으로 부르짖으면 몸이 약해지고 영도 약해지게 됩니다. 영이 맑아지고 순수하고 섬세해지게 되지만 약해집니다.

그리고 영이 약해지므로 세상을 이길 수 없습니다. 이 세상에는 온갖 악한 영들이 돌아다니고 있는데 영이 맑기만 한 사람들은 그 영들을 이길 수 없으므로 사람들을 만나면 머리가 아프고 혼탁함을 느끼며 심한 고통을 받게 됩니다.

그리고 각종 질병의 영들에게 눌리게 되어 병에 걸리기도 쉽습니다. 영이 맑은 것은 좋은 것이지만 또한 영이 약한 상태로 있는 것은 위험한 일인 것입니다.

그러므로 배로 부르짖는 기도의 분량이 부족한 사람이 심령으로만 부르짖으려 한다면 그것은 곤란합니다. 그는 배로 강하게 부르짖음으로 먼저 충분히 기초를 쌓아야 합니다.

이 특성을 잘 이해해야 합니다.
배의 부르짖음은 갑옷을 입는 것입니다. 심령의 부르짖음은 부드럽고, 편한 옷을 입는 것입니다.
휴식에는 잠옷과 같은 옷이 좋지만 전투에는 갑옷을 입어야 합니다.
배로만 부르짖으면 강해지지만 둔감해질 수 있습니다.
또한 심령으로만 부르짖으면 맑아지지만 약해 질 수 있습니다.
그러한 특성을 유의해야 됩니다.

우리는 배의 부르짖음과 심령의 부르짖음을 반복해 가야 합니다. 그래야만 영혼이 균형 있게 성장할 수 있습니다.
자연에는 봄, 여름이 있고 가을, 겨울이 있습니다. 더운 계절에는 몸의 긴장이 풀어집니다. 그리고 추운 계절에는 몸이 긴장됩니다.

이렇게 부드러움과 강함을 반복할 때 1년이 지나갑니다. 겨울의 웅크림이 봄의 새싹을 틔게 하며 여름의 더위가 가을의 추수를 가져오듯이 우리는 강한 부르짖음과 부드러운 부르짖음, 권능에 속한 것과 순결함에 속한 것을 같이 경험해야 합니다. 그래야 균형 잡힌 성장을 이루며 열매를 맺을 수 있게 됩니다.

그러므로 우리는 한동안 배로 부르짖어서 권능과 강건함을 얻고 몸의 정화를 이루어야 합니다. 그리고 다음에는 심령으로 한동안 부르짖어서 죄의 씻음과 치유와 아름다움과 순결함을 얻어야 합니다. 그리하여 영혼의 정화를 이루어야 합니다.

배로 부르짖다가 조금 둔탁해진 느낌이 들면 다시 심령으로 부르짖어야 합니다. 심령으로 부르짖을 때 한동안 달콤함과 거룩함이 있으나 서서히 약해진다고 느껴지면 다시 배로 부르짖어야 합니다. 이런 식으로 균형 있게 기도를 선택해야 하는 것입니다.

이렇게 배 기도와 심장기도를 되풀이하며 반복하면 우리는 시간이 흐를수록 영혼의 조화와 균형을 이루게 됩니다.

우리는 강하고 담대하며 또한 아름답고 부드러우며 사랑스러운 사람이 될 수 있습니다.

우리는 죽음과 전쟁의 위협이 있어도 눈썹하나 움직이지 않는 강하고 초연한 사람이 되며 또한 필요할 때 말할 수 없이 부드럽고 따뜻한 사랑과 위로의 사람이 될 수 있는 것입니다.

충분히 부르짖는 기도를 경험하지 않은 이들은 어떤 기도가 배로 부르짖는 것인지, 심령으로 부르짖는 것인지 구분하기 어려울 것입니다. 그러나 그 두 가지는 100% 선명하게 구분되는 것은 아닙니다.

어느 정도는 섞여 있습니다. '저 기도는 배로 부르짖는 것보다 정서적인 부르짖음 쪽의 기도구나' 하는 정도로 이해해도 좋습니다.

간단하게 구분할 수 있는 방법은 이것입니다.

부르짖을 때 감동과 눈물이 있다면, 그것은 대체로 심령적인 부르짖음입니다. 그러나 그러한 정서적인 느낌이 별로 없을 때 그것은 배로 부르짖는 기도입니다. 대체로 여성들은 심령적으로 부르짖는 기도가 즐겁게 느껴지며 남성들은 배로 부르짖는 기도가 좋게 느껴집니다.

그러나 배로 부르짖거나 심령으로 부르짖는 것은 그리 쉬운 것은 아닙니다. 거기에는 훈련이 필요합니다. 부르짖는 기도에 요령과 경험이 없는 이들은 대부분 목으로 부르짖습니다.

나는 목으로 부르짖어 기도하는 이들을 많이 보았습니다. 그들은 오랫동안 부르짖는 기도를 하면서도 요령을 전혀 모르고 있었습니다. 그러한 이들은 밤을 새워 부르짖고 몇 년을 부르짖어도 목만 쉬고 상할 뿐 별로 변화되지 않습니다. 몸의 정화도 없고 영혼의 정화도 없으며 권능도 없고 아름다움이나 순결함도 임하지 않습니다. 그러한 기도는 고생만 할 뿐입니다.

아무튼 배로 부르짖는 기도의 요령을 분명히 익히고 심령으로 부르짖는 기도의 요령을 익혀서 기도하고 경험해야 합니다. 바르게 기도한다면 그에게는 풍성한 열매와 기쁨과 변화들이 따르게 됩니다.

이 두 가지 부르짖음의 차이를 잘 인식하셔서 시도하시고 발전해 가십시오. 우리는 권능과 능력의 사람으로, 또한 아름답고 순결하며 맑고 거룩한 사람으로 성장해 갈 수 있게 될 것입니다.

15. 부르짖는 기도의 열매들

부르짖는 기도에는 많은 수준과 차원이 있습니다. 초보적인 수준의 부르짖는 기도도 있고 오랜 기도와 훈련을 통하여 깊고 풍성한 아름다움의 단계에 도달해 있는 부르짖는 기도도 있습니다.
그것은 1-2년 안에 배우고 경험하고 완성할 수 있는 기도가 아닙니다. 그러나 그 부르짖는 기도의 수준이 어떠하든 간에 부르짖는 기도에는 실제적인 효과와 기도의 열매들이 있습니다.
이제 막 부르짖는 기도를 시작한 초보자들도 많은 기도의 열매를 경험할 수 있으며 기대할 수 있습니다.

부르짖는 기도의 단계가 깊어지고 발전해 갈수록 그의 열매도 발전해 갈 것입니다. 그러나 그리 많은 기도를 드리지 않고도 우리는 어느 정도의 열매와 변화를 경험할 수 있을 것입니다.
1권에서도 어느 정도 이러한 부분에 대해서 언급했을 것입니다. 이제 간단하게 부르짖는 기도의 열매들을 정리해 보겠습니다.

1. 영감이 예민해짐

부르짖는 기도를 통해서 나타나는 열매 중에서 가장 아름답고 놀라운 것은 영감이 예민해진다는 것입니다.
있는 힘을 다해 '주여! 주여!' 하고 부르짖는 것은 아주 단순하고 우스운 기도 같지만 그렇게 한동안 부르짖고 나면 자신의 영감이 아주 예민해진 것을 느끼게 됩니다.

강력하게 한동안 부르짖은 후에 찬양 테이프를 들어보십시오. 전에는 찬양을 들을 때 그저 그렇고 덤덤하게 느껴지던 것이 이상하게 가슴이 흥분되고 감동이 되어서 눈물이 나는 것을 느끼게 됩니다.
TV 소리를 들어보십시오. 소리가 아주 듣기 싫으며 머리가 아파지게 됩니다. 전에는 자신이 좋아했던 프로라도 말입니다.

조용히 주의 이름을 불러보십시오. 조용히 주님께 사랑의 고백을 드리고 찬양을 불러보십시오. 가슴이 벅차고 목이 메이며 눈물이 흐르는 것을 느끼게 됩니다.
하지만 그러한 영감의 예민해짐으로 인하여 난처하거나 고통스러운 부분도 있습니다.
형식적으로 교회를 다니거나 세상을 사랑하고 세상의 욕망에 찌들어 있는 사람이 가까이 오면 그러한 사람의 기운을 느낄 수 있기 때문에 가슴이 답답하고 머리가 아프게 되는 것입니다.
그러므로 전에는 즐겁게 어울렸던 사람들과도 조금씩 피하게 되는데 그러다 보면 이상한 사람 취급을 받을 수도 있습니다.

심지어 사람들의 기도 소리를 들어도 그 기도에 영감이 있는지 말 뿐의 기도인지 느끼게 됩니다. 찬양하는 소리를 들어도 그 사람의 영성이나 평소의 삶에 대해서 감지하게 됩니다.
설교를 듣거나 책을 읽어도 설교자나 저자의 영적 상태를 분별하게 되고 느끼게 되니 조금 피곤해지는 것입니다. 여기에서 잘못 나가면 함부로 사람의 신앙이나 상태를 판단하고 비난할 수도 있습니다. 그러한 부분들은 조심하지 않으면 안 됩니다.
아무튼 교만해질 수 있는 요소가 있으므로 조심해야 하기는 하지만 영감이 예민해진다는 것은 좋은 일입니다.
그는 기도와 찬양의 맛을 알게 되며 세상의 쾌락과 욕망을 싫어하게 됩니다. 세상의 쾌락이나 그러한 것에 찌든 사람들이 고통으로 느껴지니 자연히 세상과 멀어지게 됩니다. 그는 이제 주님과의 사귐을 즐겁게 여김으로 잠을 자면서도 주의 이름을 부르며 잘 수도 있습니다. 그는 기도와 주님 체험이 이 세상에서 가장 아름답고 행복한 일이라는 사실을 몸소 느끼고 경험하게 되는 것입니다.

분명히 여기에는 부작용이 있습니다. 예를 들어 어떤 사람들은 이 은혜의 세계가 너무 좋기 때문에 자기에게 주어진 세상적인 업무를 포기하고 오직 기도하고 예배만을 드리려고 합니다.

그러한 것은 곤란합니다. 그러나 대체로 그러한 것은 일시적인 상태이며 그 시간이 지나면 그러한 이들은 곧 다시 자신의 삶으로 복귀할 수 있을 것입니다.

아무튼 영감이 예민해진다는 것은 아주 복된 일입니다. 그것은 아주 미약하기는 하지만 천국의 문이 부분적으로 살짝 열린 것과 같습니다. 그것은 우리의 삶을 현실 지향적인 것에서 천국 지향적이고 주님 지향적인 삶으로 바꾸어 줍니다. 부르짖는 기도는 영감을 예민하게 합니다. 그것은 우리에게 무한한 복으로 가는 기초가 되는 것입니다.

2. 각종 은사가 나타남

부르짖는 기도를 통해서 얻어지는 유익한 열매 중에는 각종 은사들이 있습니다. 부르짖는 기도에는 각종 은사들이 나타나는 것이 보통입니다.

대체로 조용히 기도하거나 묵상으로만 기도하는 사람들은 별로 은사들을 경험하지 못합니다. 물론 발성으로 뜨겁게 기도하며 부르짖어서 기도하는 사람들 중에도 아무런 은사도 나타나지 않는 이들이 있기는 하지만 그러한 예는 그리 많지 않습니다.

부르짖어 기도하는 이들이 여러 은사들을 경험하게 되는 이유는 무엇일까요? 주님께서 특별히 이들을 편애하시기 때문일까요? 물론 아닙니다. 이들에게 많은 은사들이 나타나는 것은 다만 이들이 주님을 제한하지 않고 표현하기 때문인 것입니다.

우리가 주님을 영접하고 사모하는 사람이라면 거듭난 그리스도인이며 우리의 내부에 주님의 영인 성령님을 모시고 있습니다. 그러므로 은사는 누구에게나 나타날 수 있는 것입니다. 왜냐하면 은사가 성령님의 나타남이기 때문입니다.

"각 사람에게 성령의 나타남을 주심은 유익하게 하려 하심이라
어떤 이에게는 성령으로 말미암아 지혜의 말씀을, 어떤 이에게는 같은 성령을 따라 지식의 말씀을,
다른 이에게는 같은 성령으로 믿음을, 어떤 이에게는 한 성령으로 병 고치는 은사를,
어떤 이에게는 능력 행함을, 어떤 이에게는 예언함을, 어떤 이에게는 영들 분별함을, 다른 이에게는 각종 방언 말함을, 어떤 이에게는 방언들 통역함을 주시나니" (고전12:7-10)

그런데 왜 어떤 이들에게는 성령님이 나타나시고 어떤 이들에게는 나타나지 않는 것일까요? 그것은 각 사람의 신앙 스타일이나 기도하는 스타일이 다르기 때문입니다. 즉 어떤 이들은 입으로 시인하고 외침으로써 그 안에 있는 것을 표현하는 것을 좋아합니다. 그러나 어떤 이들은 표현하는 것을 좋아하지 않습니다.

그것은 속에 사랑이 있어도 그것을 겉으로 표현하는 사람이 있고 그저 속에 가지고만 있는 사람이 있는 것과 같습니다.

그러므로 동일한 성령님을 모시고 있어도 표현하는 사람에게는 그 임재가 나타나는 것이며 표현하지 않는 사람에게는 그 임재가 속에 감추

어져 있는 것입니다. 문제는 능력의 여부가 아니라 능력의 나타남의 여부입니다. 그리고 그것은 각 사람 자신에게 달려 있습니다. 그러므로 적극적으로 자신을 표현하며 부르짖어 기도하는 사람에게서는 그 사람의 안에 있는 주님의 영이 나타나고 그 결과로 여러 은사들이 임하는 것입니다.

입을 열어 강하게 기도하는 사람은 방언의 은사를 받을 것입니다. 그러나 입을 벌리지 않는 사람은 방언 은사를 받을 수 없을 것입니다. 그것은 어느 누구든지 입을 벌리지 않고 밥을 먹을 수 없는 것과 같습니다. 그러므로 적극적이며 부르짖는 사람들은 여러 은사를 경험하게 되며 사용하게 됩니다.

그러나 그러한 은사의 나타남이 그 사람의 신앙이 좋은 것을 의미하거나 성숙한 것을 의미하는 것은 아닙니다. 그것은 목소리가 큰 사람이 조용한 사람보다 사랑이 많다고 단정 지을 수 없는 것과 같습니다. 은사의 나타남은 사람의 스타일과 체질에 관계된 것이며 성숙의 표지는 아닙니다. 어떤 이가 예언을 하거나 투시를 한다고 해서 그가 신앙이 깊은 사람이라고 생각해서는 안 됩니다. 그것은 체질에 관련된 것입니다.

어떤 이들은 그런 이유로 은사를 무시하게도 됩니다. 하찮은 것으로 여기기도 합니다. 그러나 은사가 성숙의 표지가 아니며 주님의 선물이라고 하더라도 그것을 경시하는 것은 옳지 않습니다. 은사를 통한 영적 유익은 말로 표현할 수조차 없습니다.

성령의 은사는 하나님의 능력을 보여줍니다. 성령의 열매는 하나님의 성품을 보여줍니다. 은사는 우리에게 능력이 임하게 하며 강건하고 승리하는 삶을 살게 합니다. 열매는 우리의 삶에 아름다움과 거룩함과 사랑스러움이 나타나게 합니다. 이것은 우리가 어느 한쪽만을 선택할 수가 없는 것입니다.

우리는 은사를 받아 강력한 그리스도의 군사가 되어서 승리하는 삶을 살아야 하며 또한 영적으로 성숙하여 성령의 열매를 맺어야 합니다. 어떤 것이 더 좋고 어떤 것은 나쁘다.. 이런 관점을 가져서는 안 됩니다.
그러므로 부르짖어 기도하는 자들에게 주님이 풍성한 은사를 주셔서 하늘의 권능을 부으시고 승리하는 삶을 살게 하신다는 사실을 기억하시기 바랍니다.
은사는 그리스도인들의 능력 있는 삶을 위해서 반드시 필요하며 부르짖는 기도는 바로 그 관문이 되는 은혜의 도구인 것입니다.

3. 영력이 강해짐

부르짖는 기도의 중요한 열매 중의 하나는 영력이 강해진다는 것입니다. 특히 사역자에게 있어서 이것은 매우 중요합니다.
부르짖는 기도에 익숙한 사역자가 설교를 하거나 기도를 할 때 그것은 부르짖는 기도를 하지 않은 사역자와는 엄청나게 다릅니다.
그것은 사역자 자신은 물론이고 청중인 성도들 모두가 다 느낄 수 있습니다.
방언으로 기도하며 부르짖어 기도하는 사역자의 설교에는 강력한 능력이 흘러나옵니다. 그것은 듣는 자의 심령을 통쾌하고 후련하게 하며 그 심령을 사로잡게 됩니다. 그런 설교를 들으면서 졸거나 다른 잡념에 빠지는 것은 어려운 일입니다.

부르짖어 기도하거나 발성으로 기도하는 훈련이 되어 있지 않은 사역자들은 아무리 논리적으로 훌륭하고 좋은 메시지를 전한다 해도 그 전하는 말씀에 힘이 없습니다. 그러므로 그것은 청중을 사로잡지 못하며 감동을 주지 못합니다.
그러나 부르짖는 사역자는 그 말 한마디 한마디에 엄청난 영적 파워가 나오기 때문에 아주 사소한 말에도 성도들은 영적 충전이 되는 것을 느끼게 됩니다. 이것을 흔히 '은혜 받는다' 고 표현하는 것입니다.
지적인 사역자들은 이러한 영의 흐름, 능력의 흐름에 대하여 알지 못하는 경우가 많으므로 그러한 사역자들에게 감동을 받은 성도들을 비난하며 그러한 설교는 내용이 하나도 없는 설교라고 혹평을 하기도 합니다.
그러나 아무리 비난해도 영의 흐름을 감지하는 성도들을 설득시킬 수 없습니다. 그들은 강력한 능력이 나오는 설교를 즐거워하기 때문입니다.

영감이 별로 없는 교양 있고 지적인 신자들은 강력한 영이 흐르는 설교나 분위기를 시끄럽다고 싫어할 수도 있습니다.
그러나 어느 정도의 영적 은혜를 경험한 신도들은 그러한 권능이 흐르는 분위기에 매료됩니다.
그들은 심장이 뛰고 감동이 되는 것을 느낍니다. 그러기 때문에 신앙생활을 하다가 은혜가 떨어지고 영이 떨어진 것을 느끼면 기도원에 가서 심령을 회복시키고 싶어 하는 것입니다.
분명한 것은 이렇게 영감이 있는 집회에서 은혜를 받은 성도들은 그렇지 않은 보통의 집회에서 몹시 답답함을 느끼며 고통스러워한다는 것입니다.

그것은 나의 경우도 그러했습니다. 신학대학을 다닐 때 날마다 채플 예배 시간이 있었습니다. 그래서 날마다 예배에 참석을 하였는데 예배 중에 통성 기도 시간이 있었고 찬양을 드리는 시간이 있었습니다. 나는 통성 기도의 시간과 찬양을 드리는 시간이 참으로 즐거웠습니다. 그 시간은 전체의 청중이 같이 소리를 내고 찬송하고 기도함으로 영이 흘러나와서 몹시 풍성한 시간이 되었기 때문입니다.

그러나 그 시간이 다 끝나고 설교 시간이 시작되면 강사에 따라 차이가 있기는 했지만 많은 경우에 답답해서 견딜 수가 없었습니다. 숨이 막히는 것 같았습니다.

강사가 설교를 할 때에 그 입에서 나오는 숨기운 때문에 너무나 고통스러웠기 때문입니다.

그 심령이 막히고 답답한 강사들이 많이 있었는데 그들의 입에서 나오는 기운을 나는 도무지 견딜 수가 없었기 때문입니다.

그래서 나는 예배 중에 살며시 밖으로 도망을 쳐서 뒷산에 올라가 부르짖어 기도하곤 했습니다.

이것은 자랑스러운 일이라고 할 수는 없고 부끄러운 일이었지만 그러나 부르짖어 기도하여 심령의 시원한 상태를 유지하지 못하는 사역자들은 성도들에게 고통을 준다는 것을 알아야 합니다.

어느 정도 영이 민감하고 열린 사람들은 사역자의 입을 통해서 나오는 기운을 통하여 그 사람의 중심과 평소의 삶과 영적 실제를 대체로 느낄 수 있습니다. 그러므로 설교를 하는 것은 밝은 빛 앞에서 자신을 환히 드러내는 것과 같습니다. 그렇기 때문에 사역자는 강력한 영권으로 청중 전체를 사로잡을 수 있어야 성도들의 영을 살리고 영적으로 도울 수 있음을 알아야 합니다. 그리고 그 효율적인 도구가 부르짖는 기도인 것입니다.

부르짖는 기도의 효과는 사역자 자신이 가장 잘 느낄 수 있습니다. 사역자가 집회 전에 방언 기도를 충분히 하고 부르짖는 기도를 어느 정도 한 후에 집회에 서게 된다면 그는 흥분과 전율과 기대감으로 설레게 됩니다.

심령이 약한 사역자들은 집회 앞에서 몹시 긴장합니다. 특히 대형 집회나 생소한 환경에서 집회를 인도하게 되었을 때는 더욱 그러합니다. 그러나 부르짖는 기도의 훈련이 된 사역자는 전혀 그렇지 않으며 그의 심령은 자신감과 기대감으로 가득 차게 됩니다. 그는 집회의 시간을 기다리다가 시간이 되면 강한 주의 임재와 능력으로 강단에 나아가 피스톤처럼 강력하게 말씀을 전하며 열정을 토합니다.

그는 자기에게서 불이 나가며 권능이 흐르는 것을 느끼게 됩니다. 그러므로 집회가 끝난 후에는 후련함과 기쁨, 감격에 한동안 깨어나지 못하게 됩니다.

그는 마음껏 심령을 토한 기쁨과 후련함을 느끼게 되며 말씀을 전하는 사역을 받은 자로서의 행복을 느끼게 되는 것입니다.

그러나 부르짖는 훈련이 되어있지 않은 사역자들은 집회 인도 전에 두려움과 부담을 느끼며 집회 중에는 자주 무기력감에 빠지며 집회가 끝나면 좌절과 허무감에 빠지게 됩니다. 그 차이는 너무나 큰 것입니다.

부르짖는 기도는 영력을 강하게 하는데 그것은 사역자에게만 해당되는 것이 아닙니다.

성도들은 부르짖어 기도하면 영력이 강해지므로 복음을 전하거나 기도할 때에 많은 자유와 승리를 느끼고 경험하게 됩니다. 오늘날은 평신도들도 교회에서 주사역자로서 사역을 해야 할 때가 많이 있습니다. 부르짖는 기도는 사역자뿐만 아니라 평신도들도 훌륭하고 강건한 사역자로서 능력 있는 사역을 할 수 있도록 도와줄 것입니다.

4. 교회에 활력이 넘치게 됨

자주 부르짖어 기도하는 습관이 되어있는 교회에는 항상 활력이 넘치는 것이 보통입니다.

예배 시간에 통성으로 부르짖거나 금요 철야 기도회와 같은 시간에 부르짖고 뜨겁게 기도하는 교회에는 활기가 가득하고 성도들에게 생동감이 넘칩니다.

그들은 발성을 통해서 그들의 영이 표현되고 흘러나오므로 자유로움과 풍성함을 경험하게 됩니다.
부르짖음이나 발성의 표현이 전혀 없는 교회의 성도들은 대체로 경직되어 있으며 정서적인 반응을 보이거나 표현하는 것이 부족합니다. 그러므로 강대상에서 사역자가 재미있는 이야기를 해도 거의 반응을 보이지 않으며 간신히 반응을 보이더라도 살며시 미소를 짓는 정도에 그칩니다. 유머나 장난을 싫어하고 불쾌하게 여기는 경향도 있습니다.

그러나 부르짖고 발성으로 표현하는 교회의 성도들은 사소한 유머나 장난에서도 웃음을 참지 못합니다. 즐겁게 웃으며 환호하게 됩니다. 그들은 살아있고 생동감이 넘치는 모습을 보여줍니다. 그러므로 예배에는 활기와 풍성함이 넘치게 됩니다.

조용한 교회의 성도들은 성품들도 소극적이고 무기력한 면이 있어서 봉사를 하는 것이나 전도를 하는 데서도 소극적이게 마련입니다.
자신의 영혼도 충만하지 않은 터에 다른 사람의 영혼이나 구원에 간섭할 여력이 없는 것입니다.
이들은 평소에 기도도 별로 하지 않으며 심각한 문제가 생겨서야 비로소 조금 기도할 뿐입니다. 그러므로 복음을 전하는 것이나 다른 이들을 위하여 중보 기도하는 것이나 봉사를 하는 데에는 더욱 더 여유가 없는 것이 당연한 것입니다.
이들에게 어떤 직위를 맡기거나 일을 맡기는 것은 너무나 힘든 일입니다. 이들은 자신이 없다고 난색을 표하거나 시간이 없고 능력이 부족하다고 계속 사양을 하기 때문입니다.
그러나 부르짖는 교회의 성도들은 다릅니다. 영이 흐르고 움직이게 되면 활력이 넘치게 되기 때문에 사람들은 자꾸 무엇인가 봉사를 하고 싶어집니다. 복음을 전하고 싶고, 받은 은혜를 무엇인가 나누고 싶어집니다. 그것은 건강한 사람이 병원에 가만히 누워있는 것을 답답해서 견딜 수 없어 하는 것과 같습니다.

아픈 사람은 조용히 쉬는 것을 좋아하며 모든 변화를 싫어하며 모든 활동을 귀찮아 하지만 건강한 사람은 움직이고 싶고 활동할 때 기쁨을 느끼는 것입니다.

그렇게 사역자와 성도들이 활기와 생동감으로 가득할 때 교회는 어떻게 될까요? 당연히 부흥이 오게 되는 것입니다.

지금 건물이 크고 많은 성도들이 있어도 거기에 활력이 없다면 그곳에는 부흥이 오지 않습니다. 그러나 작은 교회에 적은 성도들이 있다고 하더라도 그들에게 생기와 활력이 있다면 거기에는 부흥이 옵니다. 사람들은 누구나 시체와 같이 썰렁한 분위기를 싫어하며 웃음이 있고 기쁨이 있고 활력과 생동감으로 움직이는 그러한 살아있는 분위기를 좋아하기 때문입니다.

병든 사람들만이 고요합니다. 그리고 고요한 것을 좋아합니다. 그러나 대부분의 사람들은 다 활력과 생기를 원합니다. 그러므로 부르짖는 기도가 충만할 때 그것은 개인과 교회의 모든 것을 생기로 충만하게 하며 부흥과 풍성함의 역사를 가져오게 되는 것입니다.

5. 성품이 밝아짐

부르짖는 기도는 밝은 성격을 만듭니다. 차분하고 조용한 사람들은 안정되고 세련되어 보이기는 하지만 대체로 밝고 명랑한 면들이 부족합니다.

그러나 부르짖는 기도를 하는 이들은 활력이 넘치고 밝아지는 것이 보통입니다. 원래의 성품이 우울하고 어둡고 비관적이고 소극적인 사람들도 밝고 활달해지게 됩니다.

그것은 부르짖음과 발성을 통해서 어둡고 우울한 기운과 에너지가 바깥으로 배출되기 때문입니다.

그러므로 침체되고 눌려있던 사람들도 부르짖는 기도를 배우고 실천하다보면 어느덧 성품이 밝아져서 잘 웃고 농담도 하고 장난도 치면서 사는 사람이 되는 것입니다.

근엄한 사람들은 그러한 것을 싫어하는 경향이 있습니다. 그래서 웃고 장난을 치는 것을 보면 무게가 없다고 비난을 하곤 합니다. 그러나 지나친 요란함은 좋지 않지만 인상을 찌푸리고 사는 것보다는 웃고 즐겁게 사는 것이 훨씬 더 좋습니다.

복음 전파에도 우울한 모습이나 심각한 표정은 아무런 도움이 되지 않습니다.

사실 무겁고 점잖은 사람들은 그들이 원해서 그렇게 된 것이 아니라 그들의 안에 어떤 틀이나 묶임, 억압을 많이 가지고 있기 때문에 그런 모습이 나타나는 것입니다.

그러므로 그러한 사람들도 부르짖어 기도하게 되면 그러한 틀과 억압이 사라지게 되어 밝고 명랑하고 어린아이 같이 자유로운 사람이 되는 것이 보통입니다. 묶임이 사라지면서 그들도 자유롭게 되기 때문입니다.

우울한 성격의 사람들은 매사에 까다로우며 사람이나 사물에 대하여 비판적인 경향을 많이 가지고 있습니다. 그것은 그들이 별로 행복하지 않으며 여유가 없기 때문입니다.

그러나 그들이 부르짖어서 속에 쌓인 것들을 배출하는 법을 알게 되면 마음속에 그늘이 사라지고 여유와 즐거움이 생기게 되기 때문에 매사에 너그러워지게 됩니다.

사소한 일에 짜증을 내거나 사소한 일로 인하여 깊은 시름과 낙심에 잠기는 일이 사라지고 다른 사람들에 대하여 좋게 보아주고 좋게 평가하게 되며 매사를 긍정적으로 보고 살게 되는 것입니다. 그는 점차 밝은 사람이 되며 그들을 꺼리고 가까이 하지 않던 사람들도 가까이 오게 됩니다.

발성이 부족한 사람들은 대체로 매사에 비관적인 경향이 있으며 항상 안 되면 어떡하나.. 하고 생각합니다. 그리하여 최악의 경우를 예상해서 대처하려고 하는 경향이 있습니다.
상황이 나쁘게 풀리게 되면 '그것 봐라, 내 그럴 줄 알았다' 라고 합니다. 이상하게도 이들은 자꾸 안 되는 상황을 끌어당기는 힘을 가지고 있는 것처럼 항상 모든 것이 잘 안 풀리는 상황에 접합니다.
그러나 발성이 충분해지면 이상하게도 점점 더 낙관적인 사람이 됩니다. 전에는 걱정이 되었고 힘들게 생각되던 것들이 별로 염려가 되지 않으며 잘 될 것 같은 느낌이 듭니다. 상황이 어려운데도 이상하게 낙관적인 마음이 드는 것입니다.
그리고 실제로도 이상하게 어려운 중에도 상황들이 잘 풀리게 됩니다. 그러니 점점 더 걱정이 없어지는 것입니다. 발성이 충분하고 부르짖는 사람들은 그래서 더욱 더 밝아지게 됩니다.
다만 조심해야 할 것은 있습니다. 처음에 부르짖는 기도를 통해서 마음속의 무거운 짐이나 우울한 어두운 기운들이 배출되면 기분이 너무 즐거워지게 되므로 자꾸 오버를 하거나 들뜨게 될 수 있습니다. 마치 술에 취한 것처럼 흥겨운 상태가 되어 실수를 하게 될 수도 있는 것입니다. 그러므로 너무 지나치지 않도록 조심하는 것이 좋습니다.

아무튼 밝아지는 것은 좋은 것입니다. 그러므로 항상 심각한 표정을 짓고 고뇌 속에서 우울하게 사는 사람들에게 부르짖는 기도는 복음과 같은 것이며 그들의 삶과 성품에 놀라운 변화를 일으키게 될 것입니다.

6. 두려움이 사라짐

목소리가 약하고 표현이 부족한 이들은 대체로 두려움이 많습니다. 그러나 그러한 이들도 부르짖는 기도를 어느 정도 하게 되면 어느 사이에 두려움이 사라져버린 것을 느끼게 됩니다.

소리를 내는 것에 익숙하지 않은 이들은 산기도를 다니는 것을 무서워합니다. 어두운 밤에 혼자서 깊은 산 속에 있는 것은 엄두도 내지 못하지요.

그러나 부르짖는 기도를 어느 정도 쌓으면 깊은 밤의 깊은 산 속이 전혀 무섭지 않으며 오히려 포근하게 느껴집니다. 그것은 부르짖는 기도를 통해서 그의 영력이 강해졌기 때문입니다. 악한 영들이 있어도 그들을 제압할 수 있기 때문입니다.

나의 딸인 예원이는 참으로 겁이 많았습니다. 아들인 주원이는 겁이 없어서 초등학교에 들어가기 전에도 집에 혼자 있을 때나 어두운 밤에도 전혀 무서워하지 않았지만 이 아가씨는 중학생이 되어도 혼자 있는 것을 무서워했습니다. 그러던 아이가 밤마다 부르짖는 기도를 하더니 두려움이 많이 사라져 버렸습니다. 그래서 혼자서도 잘 지내며 공부를 할 수 있게 되었습니다.

부르짖는 기도가 두려움을 없애는 이유는 부르짖음을 통해서 두려움과 어두움의 기운이 바깥으로 나가기 때문입니다. 예원이도 부르짖으면서 침을 많이 뱉어내었고 입에서 끈적거리는 타액이 많이 나왔는데 그 이후에는 두려워하지 않게 되었습니다.

기도를 하면서 이렇게 끈적거리는 타액이 많이 나오게 되면 보기에는 더럽지만 대신에 어떤 긍정적인 변화가 생기는 것이 보통입니다. 예를 들어 혈기가 많던 사람이 온순해진다든지, 어리석음이나 반항의 영을 많이 가지고 있던 사람이 그러한 성향에서 벗어나게 된다든지 하는 것입니다.

예원이의 경우에는 그것이 두려움의 기운을 배출한 것과 관련이 있는 것 같았습니다. 물론 그렇다고 계속 한없이 침을 뱉어내서는 안 됩니다. 초기에 어느 정도 그러한 현상이 있다가 점차 사라져야 합니다.

내성적이고 소심하며 아무 것도 아닌 것을 걱정하고 두려워하며 눌린 삶을 살고 있는 이들은 아주 많이 있습니다. 그러한 이들에게 있어서 부르짖는 기도를 통한 두려움에서의 해방은 귀중한 선물이 될 것입니다.

7. 대인관계, 삶에서 적극적이 됨

부르짖는 기도는 사람의 삶과 성품에 많은 긍정적인 변화를 일으킵니다. 특히 두드러지는 것은 인간관계에서의 변화입니다. 소리가 약하고 언어의 표현이 부족한 사람들은 대체로 대인관계에서 소극적입니다. 그들은 사람을 대하는 것을 어려워합니다.

여러 사람이 모여서 대화를 나누는 상황이 있다면 그러한 이들은 꿔다 놓은 보리자루처럼 침묵을 지키며 그 자리에 앉아만 있다가 오는 것이 보통입니다. 그러니 대인관계가 재미있을 리가 없습니다.

이러한 사람들은 아주 소수의 사람들과만 교제를 나눌 뿐이며 교제가 부족하기 때문에 그러한 소수의 사람들에게는 집착을 보이는 성향까지 있습니다.

즉 발성이 부족한 사람들은 비사회적인 경향이 있으며 소극적이어서 사회생활에 열정적으로 임하는 편이 드물며 오히려 광야에서 홀로 거하려하는 성향을 가지고 있습니다. 영이 약하기 때문에 현실 도피적인 면이 있는 것입니다.

그러나 그러한 이들도 부르짖는 기도를 하면 변화되기 시작합니다. 그들은 점차 적극적인 사람으로 바뀌게 됩니다.
소리의 훈련을 통하여 말하는 즐거움을 발견하게 되기 때문에 여럿이 있을 때도 자신의 생각과 의견을 즐거이 발표하게 됩니다. 이제는 여러 사람 앞에서 말을 해도 그다지 떨리지 않으며 자신의 말이 사람들에게 영향력을 행사한다는 것을 느끼며 자신감을 가지게 됩니다.

부르짖는 기도를 제대로 어느 정도 하게 되면 그 사람은 언어에 파워가 생기게 됩니다. 무엇인가 사람을 사로잡는 능력과 흡인력이 그 언어에 나타나게 되어 사람들은 그에게 이끌리게 됩니다.
그러므로 이들은 더 이상 대인관계에서 매이고 눌리지 않으며 적극적으로 자기표현을 하고 적극적인 사회생활을 할 수 있게 되는 것입니다. 대인관계에서 자신감을 얻고 주도권을 가지게 되며 매사에 적극적인 사람으로 변화되어 간다는 것, 이것도 부르짖는 기도가 주는 귀한 열매입니다.

8. 신체적으로도 강건해짐

부르짖는 기도는 영력을 강하게 하지만 동시에 신체적으로도 강건함을 줍니다. 이는 소리를 내는 것이 영혼의 운동이기도 하지만 또한 신체적인 운동이기도 하기 때문입니다.
소리를 많이 내는 것은 몹시 힘들고 피곤한 일이며 이는 전신을 강하게 단련시킵니다.
상식적으로도 목소리가 다 죽어가고 기어 들어가는 사람을 건강한 사람이라고 보지는 않을 것입니다. 그러나 목소리가 강하고 힘이 있으면 그에게서 박력을 느끼게 되며 건강한 사람이라고 여기게 됩니다.
부르짖는 기도는 주로 배출의 기도이며 이를 통해서 몸속에 쌓여진 나쁜 기운이 바깥으로 배출되기 때문에 자연히 몸도 좋아지게 됩니다. 부르짖는 기도를 한 후에는 몸도 마음도 가볍고 편안하게 느껴집니다.

다만 신체적으로 연약하고 속에 질병을 가지고 있는 경우에 부르짖는 기도를 통해서 그러한 연약함이 드러나기 때문에 일시적으로 몸이 힘들 수도 있습니다.

몸이 묵직해지거나 아프고 몸살과 같은 증상이 나타날 수도 있는데 이는 호전반응이라고 할 수 있습니다. 이 시기를 잘 통과하게 되면 결국 이전보다 더 나은 몸의 상태로 회복될 수 있을 것입니다. 부르짖는 기도를 지속적으로 드리게 되면 매사에 적극적인 자세로 변하게 되는데 그것은 부르짖는 기도를 통한 몸의 활력 증가와도 관련이 있을 것입니다.

신체가 연약한 상태에서는 자연적으로 의기소침하게 되기 쉬우며 의욕적인 의식과 활동이 어렵게 됩니다. 그러므로 부르짖는 기도를 통하여 몸의 체력과 활력이 회복되면 전반적인 삶의 자세도 활기찬 것이 될 수 있는 것입니다.

9. 영혼이 맑아짐

부르짖는 기도에는 많은 열매와 긍정적인 효과가 있습니다. 그러한 열매들은 대체로 초기에는 강인함과 능력과 담대함, 활기와 같은 요소들입니다.

그러나 부르짖는 기도의 수준이 초보에서 좀 더 나아가고 발전한다면 그는 강함과 능력뿐이 아니라 좀 더 맑고 아름답고 순결한 영혼을 소유하게 됩니다. 순결하고 아름다우며 죄에 대해서 예민하고 거룩해지며 주님과 깊이 교제하고 주님의 마음을 깊이 느끼는 사람이 되는 것입니다. 그러한 삶의 열매들은 배의 부르짖음을 넘어서 심령으로 충분히 부르짖어 정화가 이루어질수록 나타나게 되는 것입니다.

그러나 현실을 보면 부르짖어 기도하는 사람은 많아도 심령의 정화를 이루어 아름답고 사랑스럽고 맑은 사람으로 발전해있는 사람들은 많지 않습니다.

그것은 대부분의 부르짖는 기도가 초보에 머물러서 깊이 발전해가지 못했기 때문입니다.

깊은 심령의 부르짖음까지 나아가서 영혼의 정화를 어느 정도 이룬 사람들은 단지 그들의 옆에 있기만 해도 달콤함과 부드러움과 따뜻함을 느끼게 해 줍니다. 그들은 주님의 임재를 보여줍니다. 이들은 천국의 아름다움과 기쁨과 행복을 느끼면서 살기 때문에 그 천국의 향취가 다른 이들에게 전달되는 것입니다.

이와 같이 부르짖는 기도가 더 발전하고 나아가서 성전 뜰을 지나 성소와 지성소로 나아가게 된다면 그는 깊으신 주의 임재와 영광을 경험하게 될 것이며 그는 권능만을 얻는 것이 아니라 삶과 인격에도 깊은 주님의 터치를 누리게 될 것입니다.

초보적인 부르짖는 기도에서는 권능만이 임할 뿐 삶과 인격까지 변화되지는 않습니다.

그러므로 부르짖는 기도의 초보에서 머물지 말고 기도의 여정과 단계를 따라 더 발전하고 나아가야 합니다.

부르짖는 기도는 드리면 드릴수록, 깊이 나아가면 나아갈수록 우리의 삶에서 아름답고 풍성한 열매를 가져다주는 기도입니다. 이 기도는 주님의 놀라운 선물이며 아름답고 귀한 은총의 도구인 것입니다.

16. 부르짖는 기도에서 조심해야 할 것들

부르짖는 기도에는 많은 유익이 있지만 또한 주의하고 조심해야 할 부분들도 있습니다. 이것을 몇 가지로 정리해 보겠습니다.

1. 남에게 상처를 주지 않도록 언어 표현에 조심해야 함

부르짖는 기도는 발성 기도이며 소리를 내는 것을 통해서 자신이 드러나고 표현됩니다. 그러므로 부르짖어 기도를 하다보면 자신의 속에 있는 것들이 많이 나타나게 됩니다.
묵상형의 사람들은 속에 있는 것들을 잘 드러내지 않습니다.
좋은 감정도 잘 드러내지 않지만 나쁜 감정도 잘 표현하지 않습니다.
그러므로 속에 불쾌한 마음이 있어도 그것을 감추며 속에 쌓아 놓습니다. 그러므로 속이 썩으며 병들게 되는 것입니다.

그러나 부르짖는 기도를 하다보면 속에 있는 것이 일상의 삶에서도 자주 바깥으로 올라오게 됩니다.
그러므로 부르짖는 기도를 많이 하게 되면 자신의 속에 있는 것과 반대로 말하고 행동하는 것이 어려워집니다. 즉 자신의 속이 그대로 겉으로 드러나게 되는 것입니다.
만약 부르짖는 기도를 하는 사람의 내면이 성숙되고 아름답다면 별 문제가 없을 것입니다. 속에 있는 아름다움과 사랑스러움이 표면에 드러나게 되니까요.
그러나 영적으로, 정신적으로 별로 성숙하지 않은 사람이 부르짖는 기도를 하다보면 그의 속에 있는 분노, 음란, 혈기, 미움 등 각종 악성이 표면에 나타날 수 있는 것입니다.
그것을 아주 나쁘게만 볼 수는 없습니다. 왜냐하면 그렇게 속에 있는 악이 드러나는 것이 겉으로는 경건하게 보이면서 속에는 악이 쌓여져 있는 것보다는 나은 상태이기 때문입니다.
그러한 사람들은 비록 다른 사람들에게는 좋은 인상을 주지 못하겠지만 위선이나 거짓에 속한 상태는 아니므로 구원과 하나님의 나라에 좀 더 가까울 것입니다.
그러나 그렇기는 하지만 속에 있는 악성이 겉으로 드러나는 것은 분명히 고통스러운 일인 것입니다. 그것은 본인도 힘들고 주변 사람들에게도 고통이 될 것입니다. 그는 어느 정도 속이 정화되고 성장하기 전까지는 그렇게 표면에 드러난 악으로 인하여 다른 이들에게 피해를 주게 될 것입니다.

세상에는 상처를 주는 스타일의 사람들과 상처를 받는 스타일의 사람들이 있습니다. 심령이 약한 사람들은 주로 상처를 받는 편이며 심령이 강한 사람들은 주로 상처를 주는 편에 속합니다.
대체로 마음이 선한 사람은 마음이 강하지 못하고 약한 편입니다. 그러므로 이들은 다른 이들에게 눌리며 상처를 받고 삽니다.
또한 비교적 덜 성숙하여 어리고 이기적인 사람들은 다른 이들에게 눌리지는 않지만 반대로 상처를 주고 삽니다.
냉정하게 말하자면 이 세상은 약육강식의 법칙이 적용되는 정글과도 같습니다. 그리하여 강자는 약자를 괴롭히며 약자는 강자에게 잡아 먹히는 것입니다.
마음이 약하여 상처를 받는 이들 가운데는 대체로 선한 마음을 가지고 있는 이들이 많지만 그렇다고 상처를 받는 모든 사람들이 다 선한 것은 아닙니다.

그들은 심령이 약하기 때문에 그들보다 강한 자들에게 눌리는 것입니다. 그들도 자신보다 약한 이들에게는 오히려 함부로 대하며 다른 이들에게 당하는 스트레스를 그들에게 풀려고 하는 경향이 있습니다.
이러한 경우 그들은 선하기 때문에 다른 이들에게 눌리는 것이 아니라 약하기 때문에 눌리는 것입니다.
상대방을 사랑하기 때문에 받아주는 것이 아니라 속에는 분노나 불만이 있어도 분쟁을 싫어하고 두려워하기 때문에 그냥 참고 지나가는 것입니다.

이러한 사람이 부르짖는 기도를 발견하고 사용하면 어떤 일이 생길까요?
그가 충분히 부르짖는 기도를 시도하고 경험하게 되면 그는 심령이 강해지고 담대해지게 됩니다. 그렇게 되면 여태까지 그가 살면서 사람들에게 당했던 억압과 고통과 분노가 표면에 올라오게 되는 것입니다.
그는 부르짖을수록 분노와 혈기가 올라오게 됩니다. 화가 나는 것입니다. 그리고 그 분노를 표현하게 됩니다. 그는 여태까지 사람들 앞에서 큰소리도 치지 못하고 살아왔습니다.
그러나 이제 강건해지고 힘이 생기자 그는 사람들에게 분노를 표시하게 됩니다. 이제는 다른 사람들이 자신을 무시하는 것이 아니라 오히려 두려워하게 되었다는 것을 알고 더 자신감을 얻고 분노를 표시하게 될 수도 있는 것입니다.

문제는 무엇일까요? 이제 그는 더 이상 남들에게 상처를 받지는 않겠지만 반대로 남들에게 상처를 주는 도구가 될 수 있다는 것입니다.
그에 대해서 주위 사람들은 이렇게 생각할 것입니다. '저 사람이 요즘 갑자기 달라졌어. 전에는 아주 착했는데.. 요즘은 성질이 못되진 것 같아. 어쩌다 저렇게 되었을까?'

주위에서는 그렇게 생각하는 것이 당연합니다. 그가 여태껏 마음속에 화가 나도 표현 한번 하지 못하고 있다가, 힘을 얻으니 그것이 갑자기 밖으로 표출된다는 것을 그들이 이해할 리 없으니까요.

아무튼 부르짖는 기도의 그러한 부작용을 알고 조심해야 합니다. 그렇게 행동하는 사람들의 심리를 이해할 수는 있지만 그렇게 억눌린 감정을 드러내고 폭발하는 것은 분명히 좋지 않은 것입니다.

마음이 강해지는 것은 좋은 일이지만 다른 사람들에게 상처를 주는 것은 결코 좋은 일이라고 할 수 없습니다.

그러므로 이러한 사람들은 '여태껏 눌려 살았으니 이제부터는 내키는 대로 풀고 살아야겠다.' 하는 마음을 갖기보다는 자신의 모습을 반성하고 돌아보아야 합니다.

그가 지금껏 다른 이들에게 상처와 억압을 받고 살아왔다면 거기에는 자신의 책임도 있는 것이기 때문에 그에게 상처를 준 이들에 대해서 적개심을 품는 것은 영혼의 성장에 전혀 도움이 되지 않습니다.

사슴은 사자에게 잡아먹히도록 만들어졌으므로 자신이 약한 것이 문제이지 상대방이 강한 것이 문제인 것은 아닙니다.

그러므로 주님 안에서 자신을 돌아보고 반성해야 하며 복수심을 가져서는 안 됩니다.

그러한 마음을 품고 있으면 부르짖는 기도를 해서 영이 열리더라도 어두움에 속한 영들만 찾아오기 때문에 오히려 위험할 수 있습니다.

그러므로 부르짖는 기도를 하면서 영의 힘이 강해질 때 자신의 감정표현과 언어의 사용에 대해서 조심해야 합니다.

이제는 강해졌다고 아무 때나 담대하고 강한 톤으로 말하고 행동해서는 안 됩니다. 그렇게 강하게 대해야 할 대상과 상황이 있지만 또한 세상에는 여리고 약한 심령을 가진 이들도 많이 있습니다. 그러한 사람들 앞에서는 조심해야 합니다.

기억하십시오. 약한 자를 아프게 하거나 찌르는 것은 십자가에 못 박히신 주님을 찌르는 것과 같은 것입니다. 그러므로 우리는 약한 이들 앞에서 주의를 기울여야 합니다.
우리는 강한 사람이 되어야 합니다. 하지만 강건함을 함부로 사용하거나 잘못된 방식으로 사용해서는 안 됩니다.

부르짖는 기도는 자신의 속을 드러나게 합니다. 그러므로 바깥으로 드러나는 당신의 속이 더욱 더 아름답게 되고 정화되기를 힘써야 합니다. 그리하여 속에 있는 아름다움만이 나타날 수 있도록 해야 합니다. 아직 충분히 성숙하지 않았다면 자신의 안에서 악이 흘러나오지 않도록 절제하고 조심해야 합니다.
이것을 조심하면서 성장해간다면 우리의 강건함은 주님의 귀한 통로가 될 수 있을 것입니다.

2. 교만을 조심해야 함

두 번째로 주의해야 할 점은 교만에 대한 것입니다.
부르짖지 않는 사람은 기질적으로 음의 요소를 많이 가지고 있고 소극적인 편이기 때문에 주로 낙심이나 우울함과 같은 침체에 속한 문제를 조심해야 합니다.
그러나 부르짖는 사람은 양의 요소가 넘치게 되어 적극적이고 활동적인 사람이 되기 때문에 소극적인 부분들, 침체와 같은 문제보다 혈기나 미움, 교만과 같은 요소를 주의해야 합니다.
부르짖지 않는 사람이 남에게 상처를 받지 않도록 조심하고 낙심하거나 침체되지 않기 위해서 조심해야 하는 것 같이 부르짖는 사람은 남에게 상처를 주지 않기 위해서 조심해야 하며 또한 교만해지지 않도록 조심해야 합니다.

특히 사역자들에게 있어서 이것은 특히 조심해야 할 문제입니다. 그렇지 않으면 넘어지기 쉽습니다.

부르짖는 기도를 지속적으로 드리는 사역자에게는 각양 은사들과 능력들이 나타나게 됩니다. 발성의 소리는 영적 흐름의 통로가 되기 때문에 부르짖는 기도에 은사와 권능이 따르는 것은 자연스럽고 당연한 일입니다. 그러므로 이러한 사역자가 인도하는 집회에서는 각종 역사들이 일어나게 됩니다.

사람들은 그가 말씀을 선포할 때 힘을 얻게 될 것이며 심령의 뜨거움을 경험하게 되고 각양의 환자가 치유되며 성도들이 성령의 불과 역사를 경험하는 일이 생기게 됩니다.

그렇게 되면 성도들은 그를 높이기 시작합니다. 그리고 사람들이 소문을 듣고 모여들기 시작합니다. 이때 깨어있지 않은 사역자들은 넘어지기 쉽습니다.

그러한 외적인 성공에 고무되어서 마음이 높아지면 그는 그 순간에 마귀의 밥이 되는 것이며 영혼의 감각이 마비되기 시작하고 타락하게 되는 것입니다. 이는 이미 수많은 권능의 사역자들이 걸어갔던 길입니다. 마귀는 그리 만만한 존재가 아닙니다. 겸손과 사랑과 온유함과 순결함이 없으면 그들의 영적 공격을 분별하고 이기며 통과하는 것은 가능하지 않습니다. 만약 사역자가 이 마귀의 유혹에 넘어진다면 그는 비참해집니다. 그에게는 은사와 능력이 임하지 않았던 먼저의 상태가 훨씬 더 나을 것입니다. 교만이란 아주 위험하고 두려운 것입니다.

어떤 신실한 사역자가 있었습니다. 그는 그의 목회에 있어서 사랑하는 것을 가장 중요시하고 강조하는 사역자로서 항상 교회의 강대상에서 잠을 자면서 기도에 힘쓰는 사역자였습니다.

그는 기도는 많이 하였지만 부르짖는 기도에 대해서 알지 못했으므로 그의 사역에 외적인 능력이나 표적이 나타나지는 않았습니다. 그러다가 그는 부르짖는 기도, 발성 기도의 능력에 대해서 배우게 되었습니다. 그때부터 그는 부르짖기 시작했습니다. 그러자 병자가 낫는 등 그의 사역에 권능이 임하게 되었습니다. 성도들은 더욱 더 놀라워하며 그를 따르기 시작했습니다.

그럴 즈음에 사소한 문제가 생겼습니다. 어떤 성도들이 그에게 몹시 무례하게 대했던 것입니다. 그는 성품이 아주 온유하고 부드러운 사람이었습니다. 그랬기 때문에 과거에는 그러한 경우에 지혜롭고 부드럽게 대처하였고 상황이 잘 풀리곤 했습니다.

그러나 권능과 하나님의 역사를 많이 경험한 후에 그는 마음속에서 불쑥 이러한 생각이 일어나는 것을 느꼈습니다.

'여태까지 참자, 참자했더니 이번에 한번 본때를 보여줄까? 능력으로 한번 혼이 나게 해줄까?' 그러면서 그 순간 그는 소스라치게 놀랐습니다. 그는 자신이 생각하고 있는 내용을 깨닫고 놀랐습니다.

그는 그 자리에서 무릎을 꿇고 자기의 생각을 회개하였습니다. 그는 그의 그러한 경험을 여러 사역자들 앞에서 간증하기도 했습니다.

항상 겸손하고 인내하던 사역자가 능력과 역사를 체험한 후에 더 이상 인내하지 않고 폭발할 수 있습니다. 그리고 그것은 사역자와 성도 피차에게 재앙입니다.

그러므로 사역자는 아무리 능력과 표적이 나타난다고 하더라도 절대로 자신을 높여서는 안 되며 사랑과 겸손의 마음을 잃어버려서는 안 됩니다. 그것은 멸망으로 가는 지름길입니다.

성도들은 유의할 필요가 있습니다. 가장 위험한 것이 은사와 권능을 받았으나 아직 성숙하지 못한 사람들이라는 것을 알아야 합니다.

성숙하지 못한 은사자는 능력은 있으나 사랑이 부족함으로 그 권능을 가지고 사람을 칠 수 있습니다. 권능으로 사람을 살리는 것이 아니라 사람을 상하게 하는 것입니다.

이러한 사람들은 능력을 가지고 주님의 영광을 위하여 사용하지 않고 자기의 필요와 기분과 감정에 따라 사용하며 함부로 사람을 치기도 합니다.

그러므로 성숙하지 않은 은사자에게 가까이 가는 것은 위험한 일입니다. 그러한 이들은 능력을 악한 용도로 사용할 수 있기 때문입니다.

어리석은 사람들은 어떤 사람의 삶에 온유와 겸손과 사랑이 나타나지 않아도 능력과 기적이 나타나면 그는 하나님의 사람이라고 하면서 그에게 다가갑니다. 하지만 그러한 이들은 많은 고통의 대가를 지불하게 됩니다.

성도들은 그러한 사역자를 조심해야 하며 사역자들은 그런 상태가 되지 않도록 조심해야 합니다. 겉에는 능력이 임하고 속에는 온유함과 겸손함과 사랑으로 가득 차서 그 능력을 사용할 수 있어야 합니다. 그렇지 않으면 위험합니다.

마귀는 사람들을 통하여 그를 높여주고 기분 좋게 만듭니다. 또한 사람들을 통해서 그를 충동질하고 분노하게 만듭니다.

그러므로 그가 혈기에 빠지고 폭발하며 교만에 빠져 넘어지게 된다면 그의 마지막은 아주 비참하게 될 수 있습니다. 나중에는 그에게 임했던 권능도 사라지게 되며 그가 젊은 시절에 고쳐주었던 질병이나 재앙이 그의 노후에 그에게 고스란히 임하게 됩니다.

권능과 능력이 임하는 것은 좋은 일이지만 그것을 잘 관리하지 못한다면 그것은 아주 위험한 일입니다. 그럴 바에는 권능과 은사를 받지 않는 편이 더 나을 것입니다.

그러므로 능력이 임했다고 해도 부디 마음이 높아지지 않도록, 교만한 마음을 품지 않도록 조심하십시오.

당신이 인도하는 집회에 권능이 불꽃처럼 임하고 사람들이 울고 불며 기뻐하고 춤을 추어도 너무 좋아하지 말고 오직 주님 앞에 무릎을 꿇으십시오.

당신은 아무것도 아니며 오직 주님만이 높으시고 당신은 티끌과도 같은 주님의 도구임을 항상 기억하십시오. 그러한 자세와 순결함을 유지할 수 있을 때 당신은 당신을 쓰러뜨리려는 마귀의 궤계를 물리칠 수 있을 것입니다.

능력이 없을 때 부르짖어 능력을 구하십시오.

그러나 권능이 임했다면 그 순간부터 낮은 마음으로 조심하십시오. 깨어 있으십시오. 당신이 마귀의 표적이 된 것을 인식하십시오. 주의하고 깨어 있을 때 당신은 넘어지지 않으며 주님은 당신을 새로운 곳으로 인도하실 것입니다.

3. 소음 등의 문제에 대하여

부르짖는 기도는 상황에 따라 비교적 작은 음성으로 조용히 드릴수도 있지만 대체로 큰소리가 나게 됩니다.

언어를 사용하는 부르짖는 기도는 그래도 좀 낫지만 소리를 사용하여 부르짖는 기도는 모르는 사람이 들으면 정말 기괴한 느낌을 받게 됩니다. 언뜻 들으면 무슨 동물소리같이 들리기도 하고 미친 사람으로 보일 수도 있습니다. 그러므로 소음의 문제에 대하여 조심해야 합니다.

나 자신이 좋다고 해서 다른 사람들 모두가 좋은 것이 아니라는 것을 기억해야 합니다. 그러므로 다른 이들에게 덕을 세우기 위해서 조심해야 할 필요가 있습니다.

특히 소리를 사용하여 강력하게 부르짖는 기도는 불신자들에게는 큰 고통을 줍니다. 소리를 지르는 사람은 시원하지만 불신자들은 부르짖는 기도 소리를 들으면 소름이 끼치게 됩니다. 왜냐하면 불신자들은 대부분 속에 미움의 영, 음란의 영, 두려움의 영 등 많은 귀신의 영들을 가지고 있는데 부르짖는 소리는 그 귀신들에게 공포를 일으키기 때문입니다.

그러므로 그들은 부르짖는 기도 소리를 들으면 극도의 분노가 일어나거나 공포가 일어나거나 전율이 일어나게 됩니다. 그렇기 때문에 부르짖는 기도의 소음이 다른 이들에게 들리지 않도록 주의해야 합니다.

영의 흐름이나 원리에 대해서 모르는 신자들의 경우에도 그러한 소리에 대해서는 극도의 거부감을 갖게 되므로 소리 내는 것을 조심해야 합니다.

모르는 교회나 기도원에서 다른 이들이 조용히 기도하고 있는데 혼자서 부르짖어서는 안 됩니다. 그러면 이상한 사람으로 취급당하게 될 것입니다. 그러므로 그 때에는 주위의 상황에서 소리가 튀지 않도록 조용히 부르짖어야 합니다.

성도들이 다들 부르짖어 기도하는 교회의 경우에는 차음제와 흡음제를 사용하여 방음에 신경을 써야 합니다. 외부로 나가는 소리를 차단하면 그 공간이 더욱 더 포근해지며 기도와 예배에 좋은 공간이 되기 때문에 그것이 유익합니다. 자칫 소음 때문에 이웃 사회에 부정적인 인식을 끼치고 그로 인한 분쟁의 요소를 남겨서는 안 됩니다.

덕을 끼치기 위하여 또한 조심해야 할 문제는 입에서 나오는 침과 같은 분비물에 대한 것입니다.

악한 영들을 대적하여 기도하고 부르짖는 기도를 시작하게 되면 그 사람의 속에 있는 악한 영들의 집이 무너지면서 각종 가래와 침이 속에서 마구 올라오는 것이 보통입니다. 산 기도를 어느 정도 한 사람들은 입에서 침이 마구 올라오는 경험을 해 보았을 것입니다.

그것들을 뱉어내는 것은 정화의 과정으로서 좋은 것입니다. 많이 뱉어 낼수록 영의 감각이 맑고 예민해지게 되어 영적 세계의 느낌들을 감지하게 됩니다.
세상에 가득한 더러운 영들과 죄의 영들을 분별하고 느끼게 되어 자신을 지킬 수 있게 됩니다.

그러나 옆에서 그것을 보는 사람의 입장은 다릅니다. 기도하면서 무엇을 뱉어내는 모습이 아름답게 보일 리가 없는 것입니다. 그러므로 '기도를 참 더럽게 하는 구나' 하는 인식을 갖게 됩니다. 그러므로 다른 이들에게 보이지 않도록 조심해야 합니다.
부르짖는 기도를 하면 한동안은 계속 입에서 침이 고이기 때문에 길을 가면서도 계속 침을 뱉는 사람들이 있습니다. 물론 그것은 잘못입니다. 위생적으로도 좋지 않고 보기에도 흉합니다. 그러므로 휴지를 준비해서 조심스럽게 처리해야 합니다.

다행하게도 이렇게 입에서 분비물이 나오는 과정은 그리 길지 않습니다.
이렇게 나쁜 것을 뱉어내는 과정은 이미 자기 안에 들어온 더러운 기운을 내보내기 위한 것이며 정화를 위한 것이므로 어느 정도 정화가 이루어지면 더 이상 침이나 가래를 뱉지 않게 됩니다.
처음에는 진한 색깔의 가래가 나오지만 그 다음에는 침이 나오고 비교적 맑은 색의 침이 나오며 나중에는 침을 뱉지 않고도 가벼운 기침이나 재채기, 그리고 호흡만을 통해서도 나쁜 기운을 배출하게 됩니다.
그러나 아주 오랫동안 계속 입에서 침을 뱉어내는 이들이 있습니다. 이것은 정화가 제대로 이루어지지 않고 있는 것입니다.
더러운 것을 내 보냈으면 그 다음에는 마음과 영혼을 거룩하게 사용해야 하며 더러운 문화와 더러운 생각 등으로부터 벗어나야 하는데 입으로는 침을 뱉으면서 마음과 영은 계속 세상의 혼란한 영들과 접하고 있는 것입니다. 그렇게 되면 그는 동일한 반복을 이룰 뿐 영의 정화나 성장을 이루기 어렵습니다.

아무튼 부르짖는 기도의 과정에서 덕을 세워야 하며 소음의 문제나 침을 뱉는 것과 같은 문제로 다른 이들에게 피해를 끼쳐서는 안 됩니다. 상황에 따라 적당히 부르짖으며 분비물에 대해서도 청결하게 주의를 기울여야 합니다. 그렇게 주의하면서 부르짖는 기도와 영의 정화에도 더 발전해 가야 하는 것입니다.

4. 산기도에 대하여

'부르짖는 기도' 하면 연상되는 것이 산기도입니다. 지금에는 좀 뜸해졌지만 전에는 산에서 기도하는 사람들이 많이 있었습니다.
산에서 부르짖어 기도하는 것은 여러 측면에서 도움이 될 것입니다.
산에서는 부르짖어 기도해야 합니다. 산에서 조용히 묵상으로 기도하는 것은 좋지 않습니다. 그래서는 영이 눌리기 쉽습니다. 충분히 부르짖어 기도하고 충분한 승리를 경험한 후에야 약간 정도 조용한 기도를 드릴 수 있을 것입니다.
산에는 악한 영들이 많이 있기 때문에 깊은 밤에 산에서 부르짖어 기도하는 것은 바로 영적 전쟁이므로 담대함을 기르고 영력을 배가 시키는 데도 좋을 것입니다.
나는 어떤 이가 비가 오고 있는 깊은 밤에 산기도를 가면서 "한판 붙어 볼만하다"고 말하는 것을 보았습니다. 경험자들은 산기도에는 묘한 매력이 있어 마치 중독성이 있는 것처럼 자꾸 가게 된다고 말하기도 합니다. 산을 오르게 되면 등산을 겸하게 되어 운동도 되니 건강에도 도움이 될 것입니다.

예수님도 산에서 기도하셨고 모세와 엘리야와 같은 하나님의 사람들도 산에서 기도하였다는 것을 성경은 보여줍니다.
그러나 바쁘게 살아가는 현대인들에게 있어서 산에 가서 기도할 시간과 여유를 내는 것은 쉽지 않을 것입니다. 또한 산에 가지 않고도 충분한 기도의 은총과 능력을 경험할 수 있으며 부르짖어서 기도할 수가 있습니다.
그리고 담력이 약한 사람이 억지로 산에 가서 기도하는 것은 위험한 면이 있습니다.

오래 전에 나는 어떤 청년에게서 귀신을 쫓아낸 적이 있는데 그 영이 들어온 때를 물어보니 10년쯤 전에 이 청년이 산에서 기도하고 있을 때 들어 왔다는 것입니다.
아마 그 청년은 은혜를 체험하기 위해서 두려움을 무릅쓰고 억지로 기도했을 것입니다. 그러한 것은 악한 영들에게 틈을 줍니다.
그러므로 두려움에도 불구하고 억지로 용기를 내어서 산에 가서 밤에 기도하는 것은 좋지 않습니다. 두려울 때는 다른 사람과 같이 기도하든지 아니면 편안하게 기도할 수 있는 장소에서 불을 켜고 하는 것이 좋습니다. 영적 전쟁은 오기로, 깡으로 하는 것이 아닙니다.

어떤 이들은 산에서 부르짖으며 "주님 제게 은혜를 주시지 않으면 이 절벽에서 뛰어 내리겠습니다" 이런 식으로 기도하기도 하는데 그것은 좋지 않습니다.
주님을 협박하는 기도는 바른 기도가 아닙니다. 은혜는 자연스럽고 편안한 상태에서 임하는 것이며 억지를 부린다고 되는 것이 아닙니다. 그러한 기도에는 부작용이 따르게 됩니다.
산에서 기도할 때 유익도 있지만 손해 보는 것도 있는데 그것은 산에서 부르짖으면 그 소리가 사방으로 터져 나간다는 것입니다.

집이나 교회에서 기도할 때 달콤한 주님의 임재를 경험하던 사람이 산에서 기도할 때는 그 달콤함이 사라지고 딱딱한 느낌이 드는 것이 보통입니다. 그 이유는 산에 기도를 방해하는 영들이 있기 때문이기도 하지만 산에는 사방이 터져 있기 때문에 그가 내는 소리가 바깥으로 퍼져나가고 그에게 돌아오지 않기 때문입니다.

사방이 막힌 기도 굴과 같은 곳에서 기도하면 소리가 나가지 않고 되돌아오므로 그는 자기의 기도소리를 듣게 됩니다. 그 소리가 그의 영 안에 흡수되어 그의 영이 충전되며 은혜가 임하게 되는 것입니다.

그러나 산에서는 소리가 다 흩어지므로 비 경험자는 기도가 아주 어려우며 영이 메마르게 느끼게 되는 것입니다.

기도할 때는 자기의 목소리가 들려야 합니다. 많은 사람들이 함께 통성 기도를 할 때 사람들이 너무 많이 악을 써서 지나치게 시끄러워서 자기의 소리가 들리지 않게 되면 은혜가 되지 않습니다.

그러므로 기도 인도자는 그럴 경우 마이크 스피커의 볼륨을 어느 정도 낮추어야 합니다.

자기의 기도하는 소리의 내용을 어느 정도 들을 수 있어야 영혼에 도움이 되지 너무 시끄러워서 아무리 소리 질러도 자기 소리가 들리지 않는다면 마치 허공에 대고 기도하는 느낌이 들게 됩니다.

산기도에는 그러한 어려움이 있으므로 소리에서 흘러나오는 은혜와 감미로움의 느낌을 잃어버리기 쉽습니다. 그러므로 산기도를 가는 것도 좋지만 여건이 되지 않을 때 굳이 산에 가서 기도하려고 애를 쓸 필요는 없습니다.

사방이 벽으로 막힌 공간에서 부드럽게 부르짖는 것이 좋습니다.

그렇게 하면 산에서 기도하는 것 못지않게 영적인 효과와 유익을 얻을 수 있을 것입니다.

17. 오래 부르짖어도 변화되지 않는 사람들

오랫동안 부르짖는 기도를 드리지만 변화되지 않는 사람들이 많이 있습니다. 많이 기도하고 산기도를 많이 다니지만 이들은 변화되지 않습니다. 이들은 몇 가지 은사들을 가지고 있고 능력이 있지만 성품이 거칠고 강해서 주위 사람들에게 상처를 줍니다.
이들은 많이 부르짖고 기도하지만 여전히 화를 내고 남을 미워하며 불평을 하고 세상을 사랑합니다.

나는 몇 십 년 동안이나 부르짖는 기도를 드렸던 분을 알고 있습니다. 강렬하게 부르짖다 보니 영이 열려서 천국 체험도 많이 하게 되었고 강력한 치유능력이 나타나서 죽어 가는 사람들을 많이 고치기도 했습니다. 그가 말씀을 전할 때는 강력한 능력이 흘러 나왔습니다.
그러나 주변의 사람들은 그와 같이 있는 것을 좋아하지 않았습니다.
그가 몹시 공격적인 성향을 가지고 있었기 때문입니다. 그는 능력이 있었지만 날카로운 면을 가지고 있었고 그래서 사람들로부터 사랑을 받을 수 없었습니다.

나는 이와 같은 사람들을 많이 보았습니다. 뜨겁고 열정적이며 많이 부르짖어 기도하지만 삶 속에서 기쁨과 평안과 사랑을 찾아보기 어려운 사람들을 말입니다.
그들은 능력과 은사들은 경험하지만 삶과 인격에서는 변화가 없었고 행복하지 않았으며 대인관계에서도 어려움을 겪고 있는 것이 보통이었습니다.

이들의 문제는 무엇일까요? 이들이 잘못 기도하는 것일까요?
왜 이들은 부르짖어 기도하는데도 은사들은 경험하지만 삶과 인격은 변화되지 않는 것일까요?

어떤 사람이 기도에 대해서 연구만 하고 기도에 대한 책을 읽기만 하고 실제로 기도를 하지 않는다면 그 사람은 기도에 대해서 바르게 알기 어려울 것입니다.
또한 반대로 어떤 사람이 기도에 대한 바른 지식과 기초가 없이 오랜 시간을 기도했다고 해서 그가 기도를 잘 안다고 할 수는 없는 것입니다.
실제로 기도하지 않는 사람도 기도에 대해서 잘 모르는 것이지만 또한 오랫동안 기도를 해왔어도 삶과 인격에 변화가 나타나지 않는다면 그러한 이들도 아직 기도에 대해서 잘 모르고 있는 것입니다.
중요한 것은 기도에 대한 지식이나 경험자체가 아니라 기도의 열매입니다.

부르짖는 기도를 많이 하지만 변화되지 않는 사람의 한 가지 이유는 기도의 목적과 방향이 분명하지 않기 때문입니다.
많이 기도하는 것은 좋은 일입니다. 많이 부르짖는 것은 좋은 일입니다. 그러나 그보다 더 중요한 것은 그가 왜 기도하며 왜 부르짖는가 하는 것입니다.
문제가 있기 때문에, 고통이 있기 때문에 그것을 해결하기 위해서 부르짖는 것일까요?
물론 그것은 좋습니다. 그러나 거기서 멈춘다면 그의 기도는 더 발전할 수 없습니다.
능력을 받기 위해서, 성공을 하기 위해서 부르짖는 것일까요? 그러한 기도는 어느 정도까지 나아가면 더 이상 나아갈 수 없습니다.

참된 기도의 동기는 주를 알아가기 위한 것이어야 합니다.
주님께 나아가서 자기의 소원을 이루는 것이 아니라 주님을 알고 주님과 연합하여 주님의 사람이 되는 것, 이것이 진정 바른 기도의 목적이며 부르짖는 기도의 본질인 것입니다.
기도의 중심은 주님께 나아가며 주님을 아는 것이지 사역을 하는 것이나 성공을 하는 것이나 문제를 해결하는 것이 아닙니다.
이 기초가 분명하지 않은 사람들은 오래동안 기도하고 금식하고 부르짖어도 어느 한계에서 더 이상 나아갈 수 없습니다.

물론 처음부터 정확한 동기와 기초 속에서 기도를 시작하는 것은 어렵습니다. 대부분의 사람들은 어리고 낮은 동기에서부터 기도를 시작하게 됩니다.
그러나 우리의 영이 어느 정도 발전하고 기도가 어느 정도 나아가게 될 때 우리는 주님의 은혜로 말미암아 참된 기도의 방향과 목표가 어디인지, 무엇인지 알게 됩니다. 그것이 보이고 열리기 전까지는 우리는 공허한 기도의 몸부림에서 벗어날 수 없는 것입니다.
오랫동안 기도하고 부르짖어도 변화되지 않으며 참 기쁨과 자유를 경험하지 못하고 있는 이들은 자기의 기도 목적과 방향을 점검해 보아야 합니다. 그리고 분명한 기초 위에서 새롭게 기도를 시작해야 합니다.

변화되지 않는 두 번째의 이유는 기도의 단계에 관한 것입니다.
기도에는 여러 단계가 있습니다. 초보적인 단계도 있고 더 나아간 단계도 있습니다.
어떤 이들은 기도의 초보단계에 있습니다. 낮은 영계의 영역에 있습니다. 어떤 이들은 좀 더 높은 영역으로 올라가 있습니다.
기도를 오래 했다고 누구나 초보의 상태를 벗고 높은 영역으로 올라가는 것은 아닙니다. 오랫동안 기도해도 여전히 낮은 영역에 거하는 이들도 많이 있습니다. 바로 이러한 이들이 기도는 많이 하지만 삶에 변화와 자유가 부족하게 되는 것입니다.

부르짖는 기도에는 권능이 따릅니다. 그러나 이것은 기초적인 영역입니다. 이 영역에는 힘과 기적과 역사가 따르지만 아직 아름다움과 거룩한 영광과 생명의 역사가 임하지는 않습니다. 그것은 그 다음의 영역으로 넘어가야 가능합니다.

그러므로 부르짖는 기도는 초보의 영역을 벗어나 더 아름답고 깊은 영역으로 들어가야 합니다. 아름다움이 있고 거룩함이 있으며 주님과의 깊은 사랑과 안식과 연합이 이루어지는 영역으로 나아가야 하는 것입니다.

그런 의미에서 부르짖는 기도자는 부르짖는 기도의 단계를 이해해야 합니다. 그 단계와 과정을 이해하고 더 깊이 나아가기를 원하고 사모할 때 그는 지금까지 알지 못했던 새로운 영역으로 나아갈 수 있게 될 것입니다. 그리고 그렇게 나아간 만큼 그는 변화와 승리를 경험하게 될 것입니다.

18. 부르짖는 기도의 과정과 단계

부르짖는 기도는 우리의 영혼이 주님께 나아가는 도구입니다. 그리고 여기에는 과정이 있고 단계가 있습니다.
그 과정과 단계는 우리 영혼이 평생 동안 성장해 가면서 이루어지는 것입니다. 또한 그 과정과 단계는 기도할 때마다 반복됩니다.
즉 우리는 주님의 임재로 가까이 나아가는 과정을 평생 동안 이루어 나가면서 동시에 기도할 때마다 이루어 가는 것입니다.

그 과정의 첫 번째 단계는 강력한 부르짖는 기도입니다.
기도의 첫 과정은 뜨겁고 강력한 기도이어야 합니다.
특별한 예외의 상황이 아닌 한 처음부터 고요하고 잔잔하게 드리는 기도는 별로 좋지 않습니다. 그것은 부르짖는 기도의 깊은 단계로 나아가는 데에 실제적인 도움이 되지 않습니다.
그 이유는 기도의 첫 번째 단계에 전쟁이 있고 원수가 있기 때문입니다.
그러므로 이 기도의 단계를 넘어서기 위해서는 강력한 전투의 기도에서 승리해야 합니다. 부드럽고 평화로운 기도로는 이 단계를 통과할 수 없습니다.

기도는 우리의 영혼이 주님께 나아간다는 의미에서 성전의 모형과도 같습니다. 성도들이 성전에서 첫째로 접하는 곳은 바깥뜰입니다.
그리고 다음에 성소에 들어서게 되며 마지막으로 대제사장만이 들어갈 수 있는 은밀한 지성소가 있습니다.

기도는 이와 같이 바깥뜰을 거쳐 성소를 통과하고 지성소에 이르는 것입니다. 그것이 기도의 과정입니다.

첫 번째의 바깥뜰은 전쟁이 있는 곳입니다. 이곳은 영적으로 애굽을 의미합니다. 애굽은 이스라엘 백성들을 지배하고 괴롭히는 바로왕과 그의 군사들이 있는 곳입니다. 이곳에서는 바로와 그의 군사들을 멸하기 전까지 그곳에서 나올 수 없습니다.
그러므로 이 첫 번째 기도의 단계에서 권능과 기적을 경험하셔야 합니다. 승리 후에만 그들은 다음 단계로 나아갈 수 있는 것입니다.
그러므로 첫 번째 단계에서 사랑과 평화로움이 있으리라고 생각하지 마십시오. 안식이 있으리라고 생각하지 마십시오. 이곳은 살벌한 곳입니다. 이곳은 죽느냐, 사느냐 하는 곳입니다. 기도의 첫 번째 계단에는 전쟁이 있습니다.

첫 번째 기도의 단계에서 평화롭고 낭만적인 기도를 드리고 있는 분들은 실제적인 기도를 드리고 있는 것이 아닙니다. 그들은 관념 속에 잠겨있으며 기도의 응답을 경험하는 일이 드뭅니다. 그들은 영적인 실제를 알지 못하며 전쟁이 무엇인지도 모릅니다.
물론 전쟁은 애굽에서만 있는 것은 아닙니다. 광야에도 전쟁이 있고 가나안에도 전쟁이 있습니다. 그러나 그 전쟁은 조금 다른 전쟁입니다. 애굽에서의 전쟁이 마귀와의 원초적인 전쟁이라면 광야에서의 전쟁은 자기와의 싸움이며 가나안에서의 전쟁은 주님의 임재를 잃지 않는 것에 대한 전쟁입니다. 거기에서도 전쟁이 있지만 전쟁의 의미와 방향은 애굽과 전혀 다릅니다.
그러므로 기도의 첫 단계는 강력한 권능을 받고 마귀를 부수는 것입니다.
이것이 바로 초기의 부르짖는 기도입니다. 이것은 초보의 단계이며 깊은 것이 아니지만 그러나 여기에서 권능을 받고 승리해야만 다음 단계에 나아갈 수 있습니다.
이 단계는 전쟁터이며 사랑의 밀어를 속삭이는 곳이 아닙니다. 그랬다가는 자기의 영혼을 보존할 수 없게 됩니다.
강력한 부르짖는 기도는 원수들의 진을 파괴합니다. 그러므로 첫 번째 기도의 단계에서 원수들은 깨어집니다. 그들의 군대는 무기력해 집니다. 그들의 군대는 홍해바다에 빠집니다. 우리는 부르짖는 기도에서 하늘의 열정을 경험하며 기도의 권능과 기름부음, 보혈의 능력으로 원수들을 초토화시키게 됩니다.

부르짖는 기도를 시작하면서 30분쯤 부르짖게 되면 우리는 속이 시원해지고 담대함이 생기며 기쁨과 승리감이 밀려오는 것을 느끼게 됩니다.
그것은 간단한 일이 아닙니다. 그것은 주님의 이름과 능력으로 원수들이 파괴되었으며 홍해바다에 빠진 것을 의미합니다. 그들은 이제 당분간 우리를 공격하지 못할 것입니다. 우리는 승리했으며 그 다음 단계로 나아가야 할 때가 된 것을 의미합니다.

문제는 여기서부터입니다.
지금까지 간절하게 부르짖어서 이 단계에까지 왔다면 그는 이제 부르짖는 기도를 중단해야 합니다.
기도를 하다가 이 상태가 되면 그 때는 더 이상 부르짖는 기도가 즐겁지 않습니다. 그는 조금 지친 것 같은 느낌을 가지게 됩니다. 조금 전까지 뜨겁고 좋았던 부르짖는 기도가 이제 조금 힘들거나 무기력하게 느껴지기도 합니다.
이것은 그의 부르짖는 기도가 잘못되어서 그런 것이 아닙니다.
그는 이제 다음 단계에 가기 위한 과정에 와 있는 것입니다. 이 시간은 그가 계속하여 기도하는 시간이 아니며 주님이 말씀하시고 감동하시는 시간입니다.
어떤 사람은 1시간쯤 부르짖어서 이 상태에 왔을지 모릅니다. 어떤 이들은 30분, 그리고 어떤 이들은 불과 5분만 부르짖어서 이 상태에 도달했을 수도 있습니다. 그것은 각 사람의 영의 상태, 수준, 경험이 다 다르기 때문입니다.
정화가 충분히 이루어지지 않은 만큼 첫째 계단을 통과하는데 좀 더 많은 시간이 필요하게 됩니다.

그런데 여기에서 문제가 생기는 것이 보통입니다.
두 번째 단계에서 우리는 부르짖는 것을 멈추고 주님을 기다리며 응답과 역사를 기다려야 합니다. 그러나 문제는 사람들이 이때에 주님을 기다리지 않는다는 것입니다.
그들은 계속하여 부르짖으려고 합니다. 2시간이든, 3시간이든.. 밤을 새서 부르짖으려고 하는 것입니다.
그렇게 되면 그의 영혼은 약해지고 탈진되며 주님의 깊은 임재에로 나아갈 수 없습니다.

첫 번째 기도의 단계에서 조용히 묵상하는 사람들이 있습니다. 악한 영들이 주위에 잠복하고 있는데도 그들은 묵념에 잠겨 있는 것입니다. 그러한 이들은 원수들에게 눌려서 영혼이 피폐해지게 됩니다. 그들은 그러한 상태에서 주님의 임재와 응답을 기다리지만, 실은 마귀에게 눌리고 속게 됩니다. 이것은 어리석은 것입니다.
또한 어리석은 짓이 있는데 그것은 두 번째 기도의 계단에서 계속 부르짖는 것입니다.
이렇게 하는 사람들은 주님의 임재가 바로 가까이 있는데도 주님의 음성과 임재를 기다리지 않고 계속 간구합니다. 그렇게 되면 주님은 어쩔 수 없이 안타까워하며 떠나시고 그의 영혼은 거칠고 허무해지게 됩니다.
바로 이런 모습이 오래 부르짖어 기도하지만 변화되지 않는 이들의 일반적인 상태입니다.
주님이 가까이 오셔도 그들은 주님께 주의하지 않고 계속 혼자서 부르짖고 기도를 하는 것입니다. 그러므로 그들은 지치고 강퍅해지며 더 깊은 기도에로 나아가지 못합니다.

두 번째 기도의 영역은 영적으로 광야의 상태를 의미합니다.
이곳은 첫 번째의 영역인 애굽에서의 전쟁과 같지 않습니다.
지금, 비록 일시적이기는 하지만 바로와 그 군사들은 물에 빠진 상태입니다. 그리고 성도는 일시적으로 그들의 방해를 물리치고 하늘의 영계에 가까이 간 상태입니다.
기도를 마치고 그들의 영은 다시 이전의 상태로 떨어지게 됩니다. 아니, 떨어지게 되기 쉽습니다. 슬프지만 우리는 육체를 가지고 살아가는 동안에는 이러한 영적 상승과 하강의 과정을 계속 되풀이 할 수밖에 없습니다.

그러므로 지금 기도하는 시간에, 지금 찬양을 드리면서 우리의 영혼이 이전에 갔던 곳보다 좀 더 높은 곳까지 도달하도록 해야 합니다.
매번 기도할 때마다 똑같은 영역까지만 나아가서는 안 됩니다. 한번 기도할 때 우리의 영혼이 전에 가지 못했던 높은 영역에 도달하게 된다면 우리의 영격은 그 만큼 더 성장하며 우리의 삶과 인격과 미래는 그만큼 변화되기 때문입니다.
그렇기 때문에 우리는 매번 기도할 때마다 우리의 삶을 바꿀 수 있는 새로운 기회를 갖게 되는 것입니다.
이 기도의 단계를 간단하게 애굽, 광야, 가나안의 3영역으로 분류할 수도 있지만 그것은 세밀하게는 수천, 수만의 단계로 나뉠 수 있습니다. 영적으로 좀 더 깊고 아름다운 영역으로 올라갈수록 거기에는 놀라운 은총이 기다리고 있는 것입니다.

기도의 두 번째 단계는 첫 번째의 영계를 통과했지만 그렇다고 온전하고 아름다운 곳이라고는 할 수 없습니다. 애굽에 주님의 능력이 임했던 것처럼 여기에도 주님의 임재와 능력이 임합니다. 그러나 이곳은 본질적으로 깊고 순수한 영역은 아닙니다.
첫 번째 영역에서 주님은 권능과 기적과 보혈의 은총과 무기를 주십니다. 그리고 그것으로 인해서 마귀들을 초토화하게 하십니다.
두 번째 영역에서 나타나는 것은 자신의 악성입니다. 이 영역은 정화가 이루어지는 영역으로서 자신의 안에 있는 불순종과 음란과 혈기와 각종 악성들이 드러나게 됩니다.
이 영역에서는 주님의 불을 통하여 이렇게 드러난 요소들이 소멸되고 부숴집니다.

그러므로 첫 번째의 영역에서 우리는 강하게 부르짖고 외치고 선포해야 합니다.
그러나 두 번째 영역에 이르면 우리는 조용히 기도하면서 주님을 기다려야 합니다. 그리고 주님의 빛과 불의 역사가 자신을 깨우치고 정화시키는 것을 기다리고 경험해야 합니다.
부르짖어 기도하는 이들은 처음에는 기쁨과 승리와 자유와 능력을 경험하게 됩니다. 그것은 첫 번째 영역에서의 승리를 경험하고 있는 것입니다.
그러나 조금 있으면 이상하게 혈기가 올라오고 음란성이 일어나며 짜증이 생기고 복잡해집니다. 이는 지금 속에 있는 악의 기운들이 드러나면서 정화되고 있는 과정인 것입니다.

이 단계에서도 기쁨이 있고 치유가 있습니다. 그러나 한번 기도를 할 때 모든 것을 100% 정화시키고 치유할 수 있는 것은 아닙니다.
잠시 한두 군데를 처리 받고 그 다음 단계로 나아가게 됩니다. 그리고 아직 처리가 부족한 부분들은 다음에 이어서 계속 처리를 하게 되는 것입니다.
기도의 첫째영역에서 능력과 승리를 경험하고 두 번째 영역에서 순종과 정화를 경험한 후에 우리는 세 번째 영역으로 들어가게 됩니다.
그것은 성경에서 가나안이라고 부르는 영역으로서 여기가 진정한 기도의 목적지입니다.
이 영역에서 우리는 주님의 실제적인 은총과 임재와 생명을 맛보게 됩니다. 그리고 비로소 주님 안에서 안식하며 주님의 생명을 덧입게 됩니다.

하지만 이 영역에 아주 조금이라도 도달한 사람들은 별로 찾기 어렵습니다. 이곳에서 잠깐씩 머물기만 해도 그의 삶과 인격과 운명과 영혼에 많은 전진과 변화가 일어나게 됩니다.
하지만 대부분의 영혼들은 첫 번째와 두 번째의 영역을 통과하지 못하고 있으며 매번 부르짖고 기도할 때마다 항상 자기가 머물던 영역에서 머물고 있을 뿐 더 깊이 나아가지 못합니다.
그것은 기도의 과정과 원리에 대해서 모르기 때문입니다. 그러므로 그들은 많은 시간 기도하면서도 별로 변화되지 않으며 기도의 은총과 보화와 하늘의 영광에 대해서 잘 알지 못하는 것입니다.

부르짖지 않는 이들은 권능을 받지 못하며 첫 번째의 영역을 통과할 수 없습니다. 그러므로 그들은 평생을 눌려 삽니다.
반면에 부르짖기만 하는 이들은 정화를 받지 못하므로 두 번째 영역을 통과하지 못합니다.

그러므로 그들은 평생을 부르짖어도 몇 가지의 은사와 능력은 나타나고 기적들도 경험하지만 세 번째 영역에서의 주님의 깊은 임재와 평화와 사랑과 영광을 경험하지 못합니다. 그러므로 삶이 변화되지 않는 것입니다.

우리는 이 사실을 깊이 인식해야 합니다. 부르짖는 기도는 문제의 해결을 위한 것이 아니라 주님을 얻기 위한 것이며 우리가 주님의 사람, 주님께 속한 사람이 되기 위한 것이라는 것입니다.

우리는 부르짖는 기도의 단계를 통해서 한 걸음씩 실제적으로 주님의 임재와 천국에 이르러야 합니다.

세 번째 영역에 이르지 못한 사람들은 기독교 안에 있는 참된 행복과 영광과 달콤함에 대해서 거의 알지 못합니다. 그들은 천국의 보화에 대해서 말로만 들었지 실제로 거의 알지 못합니다.

애굽에서 가나안까지 이르는 영혼의 여정에 대해서는 기회가 있을 때 좀 더 깊이 한 권의 책으로 설명할 수 있을 것입니다. 다만 여기서는 부르짖는 기도가 그러한 과정과 단계를 통하여 나아가야 한다는 것을 이해하는 것이 필요합니다.

그러므로 부르짖는 기도는 처음에는 아주 강력하게 외치고 힘을 다하여 부르짖어야 하지만 어느 순간이 되면 조용한 기도를 해야 합니다. 어느 순간이 되면 더 이상 부르짖고 싶지 않고 조용히 기다릴 때 기쁨과 달콤함이 오게 됩니다.

그리고 영혼이 아주 깊은 영역에 들어가게 되면 그때는 아주 깊은 고요함 속에 들어가 기도하며 우리 마음과 의식을 집중시켜야 합니다. 주님과 깊은 연합 속에서 주님의 역사와 말씀하심에 자신을 맡겨야 합니다. 이곳은 영적으로 가나안이고 지성소로서 우리는 모든 천국의 보화를 이곳, 지성소에서 얻을 수 있습니다.

애굽과 광야에서 우리는 어느 정도 주님의 선물을 경험하고 은총을 경험하지만 그것들은 외부적인 것이며 우리의 영혼 속에 깊이 스며드는 것이 아닙니다. 돈이 우리의 깊은 영혼을 채워주지 못하듯이 몇 가지 은사들은 우리의 영혼 깊은 곳을 채워주지 못합니다. 그것들은 우리의 현실적인 외부의 필요를 채워줄 뿐입니다.
그러나 지성소에서 이루어지는 주님과의 연합과 교제는 우리의 영혼 깊은 부분을 채워주어 우리를 중심에서부터 변화시킵니다.
우리는 사랑의 사람이 되고 지혜의 사람이 되며 오직 주님 외에는 아무 것도 구하지 않게 됩니다. 그 생명의 보화만이 우리를 만족시키기 때문입니다.

이 기도의 단계를 기억하십시오.
처음에는 전쟁이 있습니다. 거기에는 요란함이 있고 강건함이 있고 권능이 있습니다.
그 다음에는 정화가 있습니다. 악의 나타남이 있고 처리와 치유가 있습니다.
그리고 마지막으로 깊은 안식과 연합이 있습니다. 앞 단계에서 정화되고 치유된 만큼 안식과 연합이 이루어지게 됩니다.
기도는 이러한 과정으로 진행되는 것입니다. 우리는 기도할 때마다 더 깊고 아름다운 영역으로 갈 수 있도록 구하고 기도해야 합니다.

한 가지 조심해야 할 것이 있습니다.
우리가 기도 중에 깊은 은총을 경험하고 지성소를 경험했다면 그 상태로 주의 없이 세상과 접촉하는 것은 위험합니다.
바로 조금 전에 깊은 침묵기도와 안식과 주님과의 연합을 경험했는데 그리고 나서 바로 TV를 튼다든지, 세상의 영으로 가득한 사람을 만난다든지 하는 것은 위험합니다. 그것은 영적으로 자살행위와 같습니다.

깊은 고요와 침묵의 상태는 영혼은 깊지만 동시에 수동적이고 약한 상태입니다. 그러므로 그 때에는 외부의 영들이 침입하기 쉽습니다.
이때 근신하지 않으면 악한 영들에게 눌려서 고생을 하게 됩니다.
주님의 깊은 임재를 경험한 후에 세상적인 화제를 가지고 수다를 한참 떠드는 사람들도 있습니다.
그것은 내 안에 임하신 주님의 영을 세상의 영과 함께 섞는 것입니다. 그것은 주님의 영을 소멸하는 것이며 주님의 마음에 깊은 상처를 주는 것입니다.

한번은 나의 아들인 주원이가 은혜로운 집회에서 주님의 은총을 경험하고 몹시 행복한 상태로 집에 왔습니다. 그는 집회 중에 주님의 은혜로 인하여 눈물을 흘리고 감격을 했습니다.
그런데 그가 집에 오자 나에게 쭈뼛거리며 말했습니다. 중요한 축구 시합을 TV에서 중계하는데 지금 보고 싶다는 것이었습니다.
나는 그의 부탁을 거절했습니다. 나는 말했습니다.
"안 된다. 지금은 안 돼.. 너는 지금 은혜의 상태에 있단다. 그럴 때 축구와 같은 세상의 영에 접촉하는 것은 위험하단다."

나는 아이들의 요구를 거절하는 일이 별로 없습니다. 아이들이 무리한 요구를 하는 적도 거의 없기 때문입니다. 그러나 이 경우에는 거절해야 했습니다.
우리의 영이 활짝 열리고 주님의 임재가 선명할 때 우리는 세상의 영을 접해서는 안 됩니다. 조금 시간이 지날 때까지 우리는 그 상태로 고요하게 있어야 합니다.
그렇지 않고 바로 세상을 접하는 것은 주님의 영을 세상의 영과 섞는 것입니다.
그것은 우리의 영혼을 손상시키며 주의 영을 소멸합니다.

어떤 가정에서 여럿이 모여서 피아노를 치고 찬양을 하면서 간절하게 주님을 찬양하였습니다. 그 자리에 감격이 있었고 주님의 임재가 있었습니다. 사람들은 감동으로 흐느껴 울면서 찬양을 드리고 있었습니다. 그 상태에서 그 집의 주인이 피아노를 전공하고 있던 그녀의 딸에게 베토벤의 곡을 연주하라고 했습니다. 그래서 딸은 피아노를 연주하기 시작했습니다.

그것이 무엇입니까? 바로 주님의 영과 세상의 영을 섞는 것입니다. 그러한 행위는 주님께 깊은 고통과 상처를 줍니다.

그리스도인들도 세상적인 대화를 나눈다든지, 클래식을 감상하거나 연주하거나 그러한 일을 할 수 있을 것입니다.

그러나 그것은 주님의 임재가 오기 전까지입니다. 주님이 가까이 임하셨을 때는 그와 같은 행동을 해서는 안 됩니다. 그 곳에서는 오직 주님을 높여야 합니다. 그렇지 않고 주의를 다른 곳으로 돌리면 그것은 주님을 상하게 하고 아프게 합니다.

하지만 이와 같은 일은 그리스도인들의 문화에서 흔히 행해지는 일입니다. 많은 이들은 주님의 영과 세상의 영을 한데 섞으며 그것이 주님께 얼마나 상처를 주는지 거의 알지 못합니다.

주님의 임재와 감동이 있을 때 계속 이어져야 하는 것이 있다면 주님께 대한 사랑의 고백이며 감사와 헌신의 고백입니다. 그것은 가까이 임재하신 주님께 대한 마땅한 예의입니다. 주님이 가까이 오셨는데도 모른 척 하고 딴 짓을 하면 주님은 계속 머물러 계시지 않습니다. 그것은 주님의 영을 소멸시킵니다.

우리의 영혼은 아주 가끔 지성소를 경험합니다. 그 깊이와 수준은 각자가 다릅니다. 각 사람이 정화된 수준과 영혼이 발달한 수준이 다르기 때문입니다.

각 사람은 영혼이 발전되고 정화된 수준만큼 지성소를 경험할 수 있습니다. 예를 들어 습관적으로 마음에도 없는 거짓말을 하거나 짜증을 부리거나 염려를 고백하는 사람이 깊은 주님의 임재와 지성소를 경험할 수는 없습니다.

그러나 각 사람의 수준에서 주님은 은혜를 베푸시며 함께 해주십니다. 그것이 각 사람에게는 지성소입니다.

다만 중요한 것은 그 상태에 이르렀을 때 함부로 세상과 접해서는 안 된다는 것입니다. 주님의 영을 세상의 영과 혼합해서는 안 됩니다.

그 때 그는 자신의 마음을 주님께 드려야 하며 주님의 음성과 감동에 집중해야 합니다.

그리고 그 상태로 한동안 조용히 있어야 합니다. 그 때 주님께서는 그 사람의 안에 어떤 일을 이루시게 됩니다.

우리는 지성소에 머무는 기간만큼 변화를 받습니다. 기도의 목적은 바깥뜰이 아니고 지성소입니다.

낮은 수준의 영계에서는 아무리 많이 기도해도 변화되지 않습니다. 아무리 많은 은사를 경험해도 삶과 인격과 가치관과 생명이 변화되지 않습니다. 생명을 경험하고 생명의 열매를 경험하고 천국적인 충만한 삶을 경험하는 것은 얼마나 지성소에 많이, 오래 머물렀는가에 달려 있습니다.

이 원리를 이해하십시오. 지성소는 깊고 아름다운 장소입니다. 그러나 지성소의 상태는 강한 상태가 아닙니다. 그것은 깊지만 약한 상태입니다. 그 때는 수술 후의 상태와 같으며 여인이 해산을 한 직후의 상태와 같습니다. 이때는 보호와 안식이 필요한 상태입니다.

영이 강할 때 그는 깊지 않습니다. 또한 영이 깊을 때 그는 강하지 않습니다.

그러므로 깊은 기도를 마치고 세상의 삶으로 돌아올 때는 어느 정도의 휴식이 필요하며 다시 영을 강하게 하고 긴장시켜야 합니다.
그러므로 기도를 마칠 때나 집회를 마칠 때 깊은 고요와 침묵으로 마쳐서는 안 됩니다. 다시 소리를 높이고 강하게 기도하고 찬양해야 합니다. 그런 강한 상태로 바깥세상으로 나가야 합니다.
지금 일시적으로 승리를 경험하고 깊은 영계에 들어갔다고 하더라도 우리가 육체를 가지고 있는 동안은 이 세상에 전쟁이 있다는 것을 기억해야 합니다.

이러한 단계의 변화를 염두에 두고 기도하십시오. 이 과정들을 모르고 기도하기 때문에 사람들은 많은 기도의 실수를 저지르곤 합니다.
충분히 부르짖어 기도한 후에 힘이 빠지면 그 때는 주님이 임하시는 시간이며 기도응답의 시간입니다.
그 때에도 계속 부르짖으면 그는 응답을 얻을 수 없습니다. 그는 기다려야 합니다.
어떤 이들은 반대로 부르짖음이 부족한데 응답만 기다리고 있습니다. 씨를 심지도 않고 추수를 하려고 하는 것입니다.
이러한 것들이 다 기도의 단계와 과정과 기도의 법칙에 무지하기 때문입니다.

부르짖는 기도는 높은 기도의 단계가 아닙니다. 그것은 기초의 기도이며 초보의 기도입니다.
부르짖는 기도는 완성의 기도가 아닙니다. 그것은 기도의 시작입니다. 낮은 단계에서부터 시작하는 것입니다.
부르짖는 기도는 그 자체가 목적이 아닙니다. 그것은 지성소로 이르기 위한 초보의 과정을 시작하는 것입니다.
전도서는 인생에 시험이 있는 이유를 설명하고 있습니다.

"인생의 일에 대하여 하나님이 저희를 시험하시리니 저희로 자기가 짐승보다 다름이 없는 줄을 깨닫게 하려 하심이라 하였노라" (전3:18)

인생이 짐승과 다름이 없는 것은 동일하게 호흡을 하며 동일한 죽음을 맞는 것을 보면 알 수 있다고 합니다.

"인생에게 임하는 일이 짐승에게도 임하나니 이 둘에게 임하는 일이 일반이라 다 동일한 호흡이 있어서 이의 죽음 같이 저도 죽으니 사람이 짐승보다 뛰어남이 없음은 모든 것이 헛됨이로다" (전3:19)

그렇다면 인간은 짐승과 같은 존재인가요? 물론 아닙니다. 그러나 육체의 영역에서 보면 인간은 짐승과 같습니다. 그것은 둘 다 흙으로 지어졌기 때문입니다.

"다 흙으로 말미암았으므로 다 흙으로 돌아가나니 다 한 곳으로 가거니와" (전3:20)

육체적으로 보면 인간은 동물과 별로 차이가 없습니다. 인간도 역시 동물에 속해 있습니다. 동물과 같이 먹고 마시고 잠을 자며 본능을 가지고 있습니다. 그러나 영혼의 영역에서 인간은 동물과 다릅니다.

"인생의 혼은 위로 올라가고 짐승의 혼은 아래 곧 땅으로 내려가는 줄을 누가 알랴" (전3:21)

바로 이것이 인간과 짐승의 차이입니다. 즉 육체의 영역에서는 비슷하지만 영혼의 영역에서 인간은 짐승과 차이가 있습니다. 사후에 짐승의 혼은 아래로 내려가고 인간의 혼은 위로 올라가는 것입니다. 위는 하늘이며 주님이 계신 곳입니다. 이 말씀을 보면 짐승은 육체의 본능으로 살뿐이지만 사람은 영혼을 가지고 있어서 높은 곳을 사모하며 사는 것을 알 수 있습니다.

그러나 인간이 육체의 정욕을 따라 본능을 따라 살고 있으면 그는 짐승처럼 사는 것입니다. 그의 영혼은 높은 곳으로 가지 못하며 낮은 영역에서 짐승처럼 살게 되는 것입니다.

육체적으로는 짐승도 인간과 비슷하나 그들의 혼은 낮은 영역에 속해 있습니다. 그들은 본능에 속해 있습니다. 그들은 오직 먹고 마시며 욕망을 따라 행합니다. 그러나 인간은 본능을 넘어서는 높은 삶을 사모하고 추구합니다. 그것이 인간 영혼의 특성입니다.

부르짖는 기도는 낮은 영역의 기도입니다. 이것은 동물처럼 부르짖으며 자신을 낮추는 기도입니다. 하나님 앞에서 우리가 육체적으로는 동물같이 연약한 존재임을 시인하며 주님 앞에서 그의 긍휼과 자비를 구하는 것입니다.

그러나 부르짖는 기도는 거기서 멈추는 기도가 아닙니다.

부르짖음은 동물과 같은 욕망의 영역, 본능의 영역에서 높고 거룩한 하늘의 영역으로 가는 과정에 있는 기도인 것입니다. 그것은 높은 영역으로 가기 위한 기도입니다.

아직 부르짖지 않는 이들은 출발하지 않은 것입니다. 그들은 영적인 실제에 대해서 잘 알지 못합니다.

그러나 부르짖는 것을 시작했지만 단순한 부르짖음의 영역에 만족하고 머물러 있는 것은 낮은 기도의 영역에 멈춰 있는 것입니다. 그것은 아직 애굽의 영역에서, 본능의 영역에서 벗어나지 못한 것입니다.

그러한 이들은 몇 가지의 은사를 경험하고 능력을 경험하지만 여전히 낮은 가치관을 가지고 있으며 변화된 삶을 살지는 못합니다.

그러므로 부르짖는 기도는 낮은 영역에서 시작되지만 광야를 거쳐 정화를 이루고 지성소에까지 하늘에까지 이르러야 합니다. 거기에서 비로소 생명과 연합이 이루어지게 되며 진정한 변화가 시작되는 것입니다.

부디 이 단계와 과정들을 이해하십시오.
그리고 좀 더 깊은 기도의 단계에 도달하기 위하여 힘쓰십시오.
많은 사람들이 기도하지만 대부분의 영혼들은 너무나 낮은 영역에 거하고 있습니다.
주님의 많은 백성들이 애굽에서 죽고 광야에서 그들의 인생을 마칩니다. 그러므로 그들은 가나안의 영광이 무엇인지, 천국의 영광이 무엇인지 모릅니다.
부디 더 깊은 영역을 구하고 사모하십시오. 그곳에는 세상의 재물과 비교할 수 없는 천국의 보화가 가득합니다.
세상에서 얻은 재물들은 다 사라지지만 우리가 천국의 곳간에서 얻은 재물은 영원히 사라지지 않습니다.
부디 그 영역에 머무십시오. 그럴수록 우리는 변화되며 새로워질 것입니다.

기도의 단계를 밟아 주님의 영광에로 가까이 가십시오.
주님의 거룩하심을 경험하십시오.
주님의 달콤하심을 경험하십시오.
그 영광의 지성소에서 주님과 같이 안식하며 주님의 풍성하심 속에 사로잡히십시오.
그것은 우리 인간이 누릴 수 있는 최상의 행복이며 영광의 은총인 것입니다. 할렐루야!

19. 통성 기도, 부르짖는 기도의 인도와 요령

부르짖는 기도는 영성훈련과 영적 성장에 있어서 너무나 중요한 기도입니다. 그러므로 교회에 부르짖는 기도에 대한 훈련 프로그램이 있는 것이 좋습니다. 그것은 아주 바람직한 일입니다.
성도들은 일반적으로 부르짖는 기도의 능력과 유익에 대해서 모릅니다. 그리고 그 단계와 과정에 대해서 모릅니다.
그러므로 이것은 경험이 풍부한 사역자에 의해서 훈련되어야 합니다. 그것이 안전합니다. 그들은 부르짖는 기도에 따른 현상과 문제점에 대해서 배워야 하며 주의할 점에 대해서 알아야 합니다. 그리하여 새롭고 놀라운 영역으로 나아가야 합니다.

오늘날 부르짖는 기도에 대해서 훈련된 성도들은 많지 않습니다. 개인적으로 어려움을 겪고 있는 이들은 기도원에 가서 개별적으로 부르짖기도 하며 문제의 해결이나 응답을 받기도 합니다.
그러나 그러한 개인적인 경험에는 체계가 없으며 영적으로 균형을 잃고 어느 한쪽으로 치우치기 쉽습니다. 그러므로 체계적인 부르짖는 기도의 훈련을 받을 수 있다면 이는 아주 좋은 일입니다.

성도들은 부르짖는 기도의 능력과 기쁨에 대해서 알고 경험해야 합니다. 성도들은 모두 사탄에게 빼앗긴 기도의 소리를 찾아와야 합니다. 물질적인 영역에서, 인간관계의 영역에서, 실제적인 영의 영역에서 승리와 자유를 경험해야 합니다. 실제적으로 능력을 경험하고 주님의 살아 계심을 경험하고 은혜에 잠기는 것을 경험해야 합니다. 그래야 세상의 쾌락과 시험과 유혹에서 승리할 수 있습니다. 성도들은 왜 부르짖어야 하는지, 어떻게 부르짖어야 하는지, 어떤 과정을 통해서 발전해가야 하는지 배워야 합니다.

기도의 험난한 과정들을 통과해야 합니다. 사역자에게 부르짖는 기도의 실제적인 원리를 배우며 자라 가는 성도들은 안전하고 강건하며 열매를 맺을 수 있습니다.

부르짖는 기도에는 많은 과정과 단계들이 있습니다. 성도 각 사람이 개별적으로 기도훈련을 하면서 다양한 경험과 실제를 통해서 기도가 발전해 간다면 이는 좋은 일입니다.

그러나 훈련되고 경험이 많은 사역자가 부르짖는 기도를 인도하고 훈련해 간다면 이는 더욱 더 바람직할 것입니다. 왜냐하면 영적인 세계의 여정에는 많은 전쟁과 모험과 위험한 요소가 있으므로 지혜로운 안내자가 그 길을 제시하여 인도해 준다면 좀 더 쉽게 목적지에 도달할 수 있기 때문입니다.

그러므로 부르짖는 기도의 훈련은 아주 중요합니다. 만약 성도들이 자신이 소속된 교회에서 이러한 훈련을 받아 단계적으로 성장해 갈 수 있다면 이것은 아주 바람직한 일입니다.

그러나 이것은 현실적으로 어려운 일일 것입니다. 현대 교회의 영적 수준이나 헌신도는 그리 깊지 않으며 대부분의 사람들은 영혼의 성장이나 깨어남, 주님께로 가까이 가고 주님께로 사로잡히기 원하는 갈망을 그리 많이 가지고 있지 않기 때문입니다.

그러므로 어떤 문제가 있거나 어려움을 겪고 있는 사람들이 아닌 한 이러한 기도를 배우려고 하는 이들은 많지 않을 것입니다. 또한 충분한 경험과 분별력을 가지고 이러한 기도 훈련을 이끌어갈 수 있는 사역자들도 많지 않은 것이 현실입니다.

그러므로 사역자들의 개인적인 훈련이 우선되어야 하며 사역자들을 훈련시킬 수 있는 영성 수련단체가 많이 생겨야합니다.
또한 신학교에서 사역자 훈련을 할 때 부르짖는 기도의 과목이 있어야 합니다.
부르짖는 기도를 통하여 하늘 문이 열리는 경험을 충분히 통과하지 못한 사역자들은 하나님의 능력을 의뢰하지 않고 사람의 지식과 계획으로 사역하게 되기 때문에 그러한 사역의 결과로 교회는 외형이 크더라도 영적으로 무기력하며 인간적인 냄새를 많이 풍기게 됩니다.

교회에서 부르짖는 기도를 체계적으로 훈련시키는 것이 어렵다면 사역자는 자주 통성 기도를 훈련시켜야 합니다. 그것도 부르짖는 기도보다는 못하지만 성도의 영을 강건하고 충만하게 합니다.
예배시간이나 기도 모임 중에 통성으로 기도하는 시간을 할 수 있는 한 자주, 많이 배정해서 성도들의 영을 풀어주어야 합니다.
주일 예배시간에는 통성 기도에 적응이 어려운 사람들이 많이 있을 수 있으므로 통성 기도 시간을 적게 배정하더라도 새벽 기도회나 금요 기도회 등의 시간에 뜨겁게 부르짖어 통성으로 기도하는 훈련을 성도들에게 시키는 것이 아주 중요하고 필요합니다.

합심하여 드리는 통성 기도는 아주 필요하며 중요한 것입니다. 그것은 혼자서 하는 기도보다 훨씬 더 강렬하며 몇 배의 힘이 나는 것입니다. 기도는 한 사람이 천을 쫓고 두 사람이 만을 쫓습니다. 그것은 수학적인 계산과 다릅니다. 성도는 각자 한사람씩은 약합니다. 그러나 혼자서는 약하지만 둘에서는 강합니다.
그러므로 같이 기도할 때 서로 힘을 얻게 됩니다. 초대 교회의 성도들은 문제가 있을 때 합심하여 모여서 기도하였습니다. 베드로가 감옥에 갇혔을 때도 함께 모여서 간절하게 기도했습니다. (행12:5)

함께 통성으로 기도하는 것은 응답도 빨리 임할 뿐 아니라 서로의 영이 하나로 연합되어 함께 교류하게 합니다.
서로 사귀면서도 함께 기도하는 것은 어색하게 여기는 그리스도인 연인들이 있습니다. 그들의 관계는 깊은 일체감을 경험하기 어렵습니다. 함께 신앙생활을 하면서도 부부끼리 통성 기도하는 것을 부끄럽게 여기는 부부들도 있습니다. 그렇다면 그들의 연합은 온전하지 않습니다. 함께 부르짖어 기도하고 통성으로 합심하여 기도하는 가정은 온전하게 연합됩니다. 사탄은 그들의 하나 됨을 흔들지 못합니다.

함께 부르짖어 기도하고 통성으로 기도하는 애인이나 부부가 있다면 그들은 정말 복 받은 자들입니다. 사탄은 그들을 흔들 수 없으며 그들은 마음 속 깊은 곳에 있는 것을 서로 나누고 주님 안에서 하나 될 수 있을 것입니다.
한 마음으로 온 가족이 모여서 부르짖고 통성으로 기도한다면 그 가정은 주님이 임하시는 천국이 됩니다. 주님은 그 가정에 실제적으로 임하시며 그 가정을 다스리시고 지배하십니다.

소리를 내어서 뜨겁게 기도하고 찬송하는 것은 성도들의 영을 강건하게 합니다. 그들은 영혼의 충만함을 경험하게 됩니다. 기도의 맛을 알게 되며 찬양의 맛을 알게 됩니다. 그리하여 예배는 활기가 넘치게 되며 사람들은 예배를 즐기게 됩니다.
그들은 부르짖는 기도를 통하여 영의 깊은 열정을 경험하지는 못할지라도 어느 정도의 활력과 은사들을 경험하게 되며 하나님의 함께 하심을 체험하게 됩니다.
문제가 생겨도 부르짖어 기도하면 문제가 해결되고 어려움이 풀린다는 것을 깨닫게 됨으로 삶과 신앙에 자신감이 넘치게 됩니다.
사역자는 반드시 성도들에게 통성 기도 훈련을 시킴으로써 그들의 영을 풀어주어야 합니다. 그것은 성도들을 모든 묶임에서 풀어주는 것입니다. 가난에서, 질병에서, 정신적인 억압에서, 두려움에서, 각종 고통에서 풀어주는 것입니다. 그것이 바로 통성 기도이며 부르짖는 기도입니다. 소리를 내는 것은 물질적인 영역에서 눈에 보이는 영역에서 실제적인 열매를 맺게 합니다. 그러므로 성도들도 교회도 강건해질 수 있습니다.

사역자가 충분한 부르짖는 기도의 훈련을 쌓고 그래서 영력과 영적 지혜와 분별력을 가지고 성도들의 기도를 인도해 준다면 그것은 아주 좋은 일입니다.

그러나 그렇지 못하더라도 단순히 성도들에게 입을 벌리게 하고 소리를 내게 하는 것만으로도 많은 자유와 은총과 변화들을 경험할 수 있습니다. 그것은 사역자와 성도, 그리고 교회전체에 큰 유익이 될 것입니다.

인도와 요령

금요 심야 기도회와 같은 곳에서 통성 기도나 부르짖는 기도회를 인도할 때 몇 가지의 요령을 알아두는 것이 좋습니다.

우선 기도 인도자는 통성 기도를 인도할 때 너무 많은 기도 제목을 주어서 기도하게 하거나 기도할 내용에 대해서 너무 구체적으로 많이 설명해서는 안 됩니다.

나는 어떤 기도회에서 기도에 대한 설명은 20분이 넘고 기도는 5분도 안되어 끝나는 것을 보았습니다. 그것은 기도 설명회지 기도회가 아닙니다.

전체의 기도제목이 있으면 가능하면 그것을 간단하게 설명해야 하며 될 수 있는 한 성도들이 자유롭게 마음껏 기도할 수 있는 시간을 주어야 합니다.

통성 기도를 시킬 때 강대상 쪽은 약간 밝은 것이 좋습니다. 그러나 성도들의 좌석은 약간 어둡게 하는 것이 좋습니다.

통성 기도를 시작하면서 강대상의 불은 그대로 두고 성도들이 앉는 곳의 불을 끄는 것입니다. 그러다가 통성 기도를 마무리하고 찬양을 하거나 할 때는 불을 켜면 자연스럽게 기도를 잠시 멈추게 하는 효과를 줍니다.

불을 끄는 이유는 어두운 곳에서 영의 움직임이 활성화되기 때문입니다. 영혼의 감각은 환한 대낮보다 어두운 밤에 더 활동적으로 움직입니다.

그러므로 완전하게 깜깜하게 하지 않고 어느 정도 어둡게 하면 자연스럽게 뜨겁고 은혜롭게 기도할 수 있는 분위기가 조성됩니다.

또한 통성 기도나 부르짖는 기도를 할 때에 은혜로운 찬양이 배경에 깔리는 것이 좋습니다. 그러므로 반주를 하는 사람이 기도의 분위기에 맞는 곡을 연주하고 있어야 합니다.

기도회에는 피아노보다 전자 오르간이나 신디의 음률이 어울립니다. 만약 반주자가 없다면 찬양 테이프를 틀어 놓을 수밖에 없지만 반주자와 음악이 없다면 기도회의 인도가 어렵게 됩니다. 음악과 영적 감동은 서로 밀접한 관계에 있기 때문입니다.

경험이 없는 어떤 반주자가 성도들이 통성 기도를 하고 있는데 반주를 하고 있다가 찬양 곡을 바꾸려고 찬양 집을 뒤적거리느라고 몇 초 정도 반주를 멈춘 적이 있었습니다. 그러자 뜨겁게 기도하던 기도 소리도 같이 멈추어지고 말았습니다.

반주하는 곡을 바꾼다는 것이 그만 기도의 불을 꺼버리고 말았던 것입니다. 그처럼 통성 기도에는 배경의 찬양이 중요합니다.

반주곡은 기도의 분위기와 어울려야 하며 기도 소리가 뜨거운데 조용한 경배곡을 연주하거나 조용한 기도에 빠른 템포의 곡을 연주하는 것도 분위기를 깨뜨리게 됩니다. 그러므로 반주곡은 기도의 분위기와 좋은 조화를 이루어 가야 합니다.

기도 인도자는 기도의 과정과 단계에 대해서 잘 알고 있어야 합니다. 기도를 인도하는 순서에 대해서도 잘 알아야 합니다.

기도에는 앞에서 언급한 주기가 있습니다. 그것은 처음에는 강건함으로 시작하며 차츰 부드러움과 감미로움, 깊음으로 가는 것입니다. 인도자는 이러한 방식으로 기도회를 이끌고 가야 합니다.

처음부터 기도회를 조용하게 시작하면 그 기도회는 실패할 가능성이 많습니다. 또한 도중에 휴식도 없이 계속 강하게 부르짖기만 해도 그 기도회는 실패합니다. 성도들은 영이 팍팍해지고 지치게 되어 기도의 감미로움을 알 수 없습니다.

기도회를 마칠 때는 서로 웃고 기뻐하며 승리감과 기쁨과 후련함으로 충만한 상태에서 모임을 마쳐야 합니다. 서로 웃고 격려하고 승리의 선포를 하고 포옹을 하면서 축제의 분위기 속에서 끝내는 것이 좋습니다. 성도들이 조용히 침묵의 상태에서 기도회를 마치고 세상으로 나아가면 시험에 들기 쉽습니다. 그들의 영이 약해지고 영적인 흡수성이 많아져서 세상의 기운이 들어오기 좋기 때문입니다.

인도자는 영의 흐름을 따라 부르짖으며 자연스럽게 기도회를 인도해야 합니다. 기도를 인도하다가 성도들의 영이 지친 것을 느끼면 스타일을 부드럽게 바꾸어서 찬양을 인도하든지 조용한 멘트로 격려하든지 해야 합니다.

기도의 요령을 아는 인도자는 때로는 강하게 하다가 다음에는 부드럽게 하며 때로는 조용히 침묵을 지키다가 다음에는 아주 강력하게 부르짖도록 인도합니다. 찬양과 기도를 적절하게 분배합니다.

그러한 요령을 따라 기도회를 인도하면 밤이 새도록 기도해도 전혀 지치지 않으며 심령에는 마치 꿀물이 흐르듯이 감미로운 기쁨에 사로잡히게 되는 것입니다. 그런 식으로 기도의 경험을 하면서 성도들은 영감이 눈을 뜨고 발전하게 됩니다.

사역자의 경험이 쌓일수록 그는 영의 분별을 자유롭게 할 수 있게 될 것입니다. 성도들의 영이 지루한 상태에 있는지 지친 상태에 있는지 느낄 수 있을 것입니다. 영이 지친 상태에서는 부드러운 기도와 찬양이 필요하며 영이 지루한 상태에 있을 때는 아주 강력한 찬양과 부르짖는 기도가 필요합니다.

인도자의 영성과 경험이 풍부할수록 성도들은 기도의 맛과 찬양의 기쁨을 경험하게 되며 세상에서 기도하는 것보다 더 아름답고 행복한 것은 없다고 실제로 느끼게 됩니다. 그렇게 되면 그들은 자연히 날마다 기도하게 되며 자연히 영적으로 성장해가게 되는 것입니다.

기도하는 성도들의 영적 상태를 분별해야함

많은 곳에서 통성 기도를 하지만 그 모든 통성 기도의 수준과 차원은 서로 같지 않습니다. 어떤 곳의 통성 기도는 문자 그대로 하늘 문이 열리는 기도이며 기쁨과 능력과 영광이 가득합니다.

그러나 어떤 곳의 통성 기도는 그저 시끄럽고 요란하기만 할 뿐 영의 흐름이 없고 은혜가 흐르지 않습니다. 너무 시끄러워서 머리가 아픈 통성 기도도 있습니다.

그것은 인도자의 영력과 분별력, 그리고 성도들의 영적 수준과 상태에 달려 있는 것입니다. 무엇보다 중요한 것은 기도 인도자의 영적 분별력이라고 할 수 있습니다. 인도자는 기도회를 인도하면서 전체의 영적 분위기, 흐름을 잘 감지하고 있어야 합니다. 분위기가 좋지 않으면 그 흐름을 바꾸어야 합니다.

예를 들어서 몇 사람이 지나치게 소리를 지르는데 그 소리가 아주 듣기 싫은 사람이 있습니다. 목소리도 카랑카랑하고 날카로운 것이 불쾌감과 고통을 주는 소리가 나옵니다. 그것은 그 사람들의 안에서 정화되지 않은 기운이 강하게 나오는 것이기 때문에 전체의 분위기를 나쁘게 하며 다른 이들의 영을 손상시킵니다.

이러한 경우 인도자는 기도를 잠시 중단시키거나 부드럽고 낮은 소리로 기도하도록 분위기를 바꾸어야 합니다. 조용히 기도를 쉬게 하며 몇 마디의 메시지를 전하면서 분위기의 반전을 구해야 합니다.

그리고 나서 찬양을 몇 곡 부르고 나서 기도회를 인도하면 조금 전의 날카롭고 강퍅한 소리나 기운이 많이 약해진 것을 느끼게 됩니다.

이런 식으로 인도자는 기도 소리를 듣고 그것의 의미를 알고 정화를 시킬 수 있어야 합니다.

예를 들어 날카롭고 강퍅한 소리로 기도하는 이들이 많을 때는 기도를 조금 쉬는 시간에 사랑이나 용서, 하나님의 은혜에 대한 부드러운 멘트를 하는 것도 좋습니다. 그것은 강퍅한 영의 기운을 소멸시키게 됩니다.

또한 반대로 기도하는 사람들의 소리가 너무 무겁고 어두울 경우에는 믿음과 희망을 주는 밝은 멘트를 사용하여 사람들의 영을 끌어 올려야 합니다.

기도 인도자의 역할은 아주 중대하며 인도자에 따라서 전체의 영이 정화되기도 하고 상승하기도 합니다. 그러한 인도자를 만나면 성도들은 혼자서는 몇 년에 걸쳐서 기도해야 간신히 도달할까 말까 하는 영적 단계에 쉽게 빨리 도달할 수 있게 됩니다.

정화되지 않은 초보자의 부르짖는 기도 소리는 강하기는 하지만 거칠고 요란하며 아름답지 않습니다. 그러나 많은 과정과 정화와 훈련을 통해서 어느 정도 영이 성장된 이들이 통성 기도를 드리면 그 기도는 기가 막히게 아름답습니다. 수많은 이들이 힘차게 부르짖어 기도하고 찬송할 때 그 소리는 천군 천사의 함성과 같으며 화음과 같습니다.
그것은 진정 하늘이 열리는 소리입니다. 하늘이 임하는 소리입니다.
거기에는 권능이 있으며 영광의 임재와 은혜가 있으며 강력한 희열과 천상의 아름다움이 있습니다.

사역자는 깊은 기도훈련을 통하여 그 세계를 경험해야 합니다. 그리고 성도들을 그 아름답고 영광스러운 기도의 세계로 이끌고 가야 합니다. 성도들이 부르짖는 기도를 배우고 그 맛을 알며 어느 정도 수준의 단계로 올라서게 되면 그것은 진정 은총이며 복입니다.
그들은 기도를 즐기는 기도의 용사가 됩니다. 그들은 주를 위하여 싸울 수 있으며 이 땅에 하나님의 임재와 영광을 가득하게 할 수 있습니다. 오늘날 이 시대에 기도에 능한 용사들처럼 필요한 존재들도 없을 것입니다.

우리는 그러한 환상을 꿈꾸어야 합니다.
넓은 광장에서 수없이 많은 하나님의 백성들이 모여서 하나님께 부르짖어 외치고 기도하며 뛰며 찬양하는 광경을 꿈꾸어야 합니다.
수많은 무리들이 온 힘을 다해 이 땅을 위해 부르짖어 기도할 때 이 땅의 영혼들은 깨어나게 될 것입니다. 이 땅의 영혼들은 깨어나고 생명으로 충만하며 부흥하게 될 것입니다. 많은 영혼들이 한 자리에 모여서 같이 부르짖고 외치며 기도할 때 이 땅에는 영적 지진이 일어나게 될 것입니다.
오늘날의 기독교는 너무나 약합니다. 너무나 능력을 잃어버렸습니다. 그래서 사회를 이끌고 인도하는 힘을 상실하고 그저 욕먹기 바쁜 약한 기독교가 되어버렸습니다. 우리는 기독교의 권능을 다시 회복해야 합니다. 하늘의 열림을 회복해야 합니다.

부르짖는 기도는 하늘 문을 열고 하늘의 권능이 이 땅에 쏟아지게 합니다. 많은 성도들이 합심하여 부르짖는 그 영광스러운 장면들을 많은 사역자들이 꿈꿀 때 진정 이 나라는 주님에 속한 나라, 하늘에 속한 백성들로 가득한 나라가 될 것입니다.

* 이슬람 지역에서 열렸던 대형 부르짖는 기도 집회에 대한 보고를 아래에 올립니다. 많은 사람들이 모여서 부르짖어 기도하는 것은 그 지역에 복음과 주님의 능력이 나타나는 좋은 통로가 될 것입니다.

[이슬람 지역의 부르짖는 기도 집회] -H전도사-

2000년 여름에 '실크로드 2000' 이라는 집회가 있었습니다.
초교파 선교단체인 인터콥에서 주관한 집회인데 이슬람권 중심지인 중앙아시아 카자흐스탄에서 대형집회를 갖는 프로젝트였지요.

교회들이 많이 연합해서 일의 추진을 도왔기에 저희 교회에서도 여러 청년들이 단기선교 식으로 참가하게 되었습니다.
이슬람을 신봉하는 나라에서 기독교 집회를 하니 정부에서 당연히 허가를 내려주지 않았는데 기도하고 기도하며 기다리던 중 정말 기적적으로 정부에서 허가를 내려주었다고 합니다.
단, 집회 장소 외의 다른 곳에서는 종교 활동을 하지 않는다는 조건 하에서 허가가 나게 되었지요.

일주일인가 10일 정도 되는 대회 기간 중에 나머지 기간은 어떤 학교의 대강당에서 단기선교 참석자들끼리 집회를 갖고 딱 하루 날을 잡아 큰 스타디움을 빌려 현지 그리스도인과 세계 각지에서 모인 그리스도인들이 대형집회를 가졌습니다.

모인 숫자는 대략 2만 명 정도 되었던 것 같습니다. 이슬람 지역이라는 것을 감안하면 정말 기적 같은 일이었지요.
한두 분의 목사님이 메시지를 선포하고 그 외의 거의 대부분의 시간은 찬양하고 다 같이 부르짖었는데 논스톱으로 오랜 시간 같이 외치고 부르짖었습니다. 도중에 한번은 다 같이 일어서서 동서남북을 바라보며 이슬람 지역 전체에 주님의 영이 임하게 해 달라고 부르짖었습니다.
야외 대형 경기장이었기 때문에 하늘을 올려다 볼 수 있었는데 손을 들고 부르짖고 외치며 바라본 하늘이 정말 장관이었어요.
수많은 사람들이 큰 소리로 부르짖을 때는 정말 하늘이 열리는 것 같은 감격이 있었어요.

집회가 끝나는 마지막 시간에는 축복송을 부르며 다 같이 인사하고 축복하는데 문화도 다르고 외모도 다르고 언어도 통하지 않는 각 나라의 사람들이 서로 얼싸안고 축복하는 모습이 참 아름다웠어요.
외국인들이 그렇게 정겹게 느껴지기는 정말 처음이었던 것 같아요.
그 집회 중에 인도자가 한국의 선교사님이 카작의 교회에 부르짖는 기도를 가르쳐 주었다면서.. 감사하는 시간이 있었지요.
그 날 외에 학교 대강당에서 모이는 집회 중에서도 그 선교사님이 현지 사람들에게 기도를 훈련시키는 장면을 담은 비디오도 보여주었습니다.

한국 사람을 통해서 부르짖는 기도가 전파되고 이와 같은 놀라운 집회를 할 수 있게 되었다는 사실이 기쁘고 감동적이었습니다. 정말 잊혀지지 않는 감격적이고 놀라운 집회였어요. 할렐루야.

20. 거친 소리에서 아름다운 소리로 발전해가라

부르짖는 기도의 훈련은 거칠고 듣기 싫은 기도의 소리가 아름답고 사랑스러운 소리로 바뀌게 하는 과정이라고도 할 수 있습니다.
강하기는 하지만 듣기 싫은 소리가 있습니다. 듣기 싫은 소리는 영적으로도 좋지 않은 소리입니다.
자동차가 사고가 나거나 급정거를 할 때에는 '끼이익!' 하고 소름이 끼치는 기계음이 납니다. 그것은 아주 듣기 싫은 소리입니다.
그러나 새로 산 차가 아주 좋은 엔진을 장착하고 '부우웅~' 하고 달리는 소리는 아주 산뜻하고 듣기가 좋습니다.
이것은 듣기 싫은 소리가 나는 것은 사고나 문제가 있을 때이며 좋지 않은 상황인 것을 보여줍니다.

우리는 소리를 통해서 그 기계나 도구의 상태를 알 수 있습니다. 즉 듣기 좋은 소리가 난다면 그 기계가 건강하고 상태가 좋은 것이지만 기계에서 나오는 소리가 무겁고 둔탁하다면 그 기계의 상태는 좋지 않은 것입니다.
컴퓨터도 하드의 용량에 비해서 너무 많은 내용이 들어있으면 컴퓨터에서 무겁고 힘든 소리가 납니다. 마치 뚱뚱한 사람이 가파른 언덕을 헐떡거리며 올라가듯이 '부웅~부웅~..' 하는 무거운 소리가 나는 것입니다.
나는 수명이 다해 가는 보일러 소리를 들은 적이 있습니다. 그것은 정말 헐떡거리는 소리와 같았습니다. 그 보일러는 그러다가 멈추어 버려서 우리는 보일러를 새것으로 갈 수밖에 없었는데 수명이 끝나 가는 물건의 소리가 어떤 것인지 잘 알 수가 있었습니다. 이러한 원리는 기계와 같은 물질이나 생명을 가진 존재나 비슷하게 적용됩니다.

사람도 아픈 사람은 목소리에서 그것을 느낄 수 있을 것입니다. 강아지도 아플 때의 소리를 우리는 알 수 있을 것입니다. 그 소리는 건강하고 유쾌하고 기분이 좋은 상태일 때와 다릅니다.

소리의 상태는 물질이나 생명체의 건강 상태만 보여주는 것이 아닙니다. 그 성질도 보여줍니다.

사자가 만약 으르렁거리지 않고 '냐옹..' 한다면 그것은 정말 웃길 것입니다. 곰이 '꼬끼요..' 한다면 그것은 정말 웃길 것입니다. 소리는 그 존재의 성질을 보여주는 것이기 때문입니다.

우리는 소리를 통해서 이 사람이 단순한 사람인지, 복잡한 사람인지, 어리버리한 사람인지, 지혜로운 사람인지 느낄 수 있습니다.

교활한 사람인지 성질이 굳고 정확한 사람인지 느낄 수 있습니다. 공격적인 사람인지 부드러운 사람인지 알 수 있습니다. 그것은 소리가 그 사람의 성질을 나타내기 때문입니다.

소리는 그 사람의 특성을 보여줍니다. 여기서 특성과 성질은 각 사람의 체질과 사명과 관련이 있는 것이므로 어떤 것이 좋다, 나쁘다 할 수는 없습니다.

예를 들어 어떤 이들은 사랑의 사명을 많이 받으며 어떤 이들은 강한 용사로서 부름 받습니다. 그 경우에 전자의 소리는 부드럽고 아름다울 것이며 후자의 소리는 강력하고 굳건할 것입니다. 그것은 사명에 관한 문제입니다.

그러나 그러한 소리의 특성과 달리 좋은 소리가 있고 좋지 않은 소리가 있다는 것입니다. 아름다운 소리가 있고 듣기 싫은 소리가 있다는 것입니다.

우리는 본능적으로 나쁜 소리를 싫어합니다. 싸우고 화를 내며 욕을 하는 소리를 들으며 즐거워하는 사람은 없을 것입니다. 그것은 우리의 영혼을 피곤하게 합니다.
그러나 어린 아가가 활짝 웃는 소리를 낼 때 그것은 모든 사람의 마음을 기쁘게 합니다. 화창한 봄날에 산 속에서 시냇물이 졸졸 흘러가는 소리를 들으면 모든 이들의 마음이 산뜻해집니다. 그것은 아름다운 소리이며 조화된 소리이기 때문입니다.

남을 비난하는 소리는 그 내용도 듣기 싫지만 소리 자체도 참 듣기 싫습니다. 자책을 하며 자기 비하를 하는 열등감이 가득한 목소리는 내용도 듣기 싫지만 그 소리 자체도 참 듣기 싫습니다. 교만하고 잘난 척 하는 소리도 듣기 싫은 소리이며 우리의 영혼을 무겁고 지치게 하는 요소가 있습니다.
다른 사람을 칭찬하며 사랑을 고백하는 소리는 듣기가 참 좋은 소리입니다. 지치고 피곤한 사람을 위로하는 소리는 내용도 좋지만 소리가 참 아름답습니다.
중심의 애정을 가지고 주님을 찬양하는 소리도 참으로 아름다운 것입니다. 이처럼 아름다운 소리는 소리 자체의 아름다움보다 그 사람의 정신과 삶의 자세와 관련되어 있는 것입니다.

기도하는 소리가 듣기 싫은 사람이 있습니다. 찬양하는 소리가 듣기 싫은 사람이 있습니다. 기도의 내용도 좋고 찬양의 가사도 아름답지만 그 사람이 기도를 하면 참 듣기가 싫습니다.
그것은 그의 영혼이 아름답지 않기 때문입니다. 그러한 사람의 삶에는 정화가 많이 필요합니다.
어떤 이는 말을 할 때 목소리가 야비하게 들립니다. 거들먹거리는 것 같은 톤으로 말을 하는 사람도 있고 빈정거리듯이, 비꼬듯이 말하는 습관이 있는 사람도 있습니다. 이러한 사람들은 영혼이 맑지 않으며 평소의 삶에 아름다움이 부족한 사람들입니다.
소리는 삶을 보여주는 것입니다. 소리는 그 사람을 보여줍니다. 소리는 얼굴보다 더 그 사람 자신을 보여주는 것입니다.
외모는 그 사람의 표면을 보여주지만 소리는 그 사람의 내면을 보여줍니다.

설교의 내용은 좋지만 소리가 듣기 싫은 사역자가 있습니다. 그러한 경우에 그는 사람들에게 은혜를 끼치기 어렵습니다. 그의 메시지는 표면적으로 사람들의 뇌에는 입력되지만 깊은 심령 속으로는 들어가지 못합니다.
반면에 목소리가 듣기 좋고 아름다운 사역자가 있습니다. 별 내용도 없고 쉬운 이야기에도 사람들은 사로잡히며 하나님의 임재 가운데 들어갑니다.
그의 소리를 들을 때 사람들은 아름답고 거룩한 느낌을 받으며 사랑의 기운이 그들의 영혼 속으로 스며드는 것을 느낍니다. 그것은 소리에서 영이 흐르기 때문입니다.

소리는 곧 우리 자신이기 때문에 소리가 아름답지 않은 것은 문제가 있는 것입니다. 우리는 소리를 변화시켜야 하며 소리를 치유해야 합니다. 그것은 곧 자신을 변화시키는 것입니다.
언젠가 나는 어떤 사람의 소리를 들으며 그의 소리가 듣기 싫은 것을 느꼈습니다. 그의 말은 내용이 좋았으나 그의 소리에는 뭔지 날카롭고 거슬리게 하는 것이 있었습니다.
그것은 단지 신체적인 것은 아니었습니다. 그의 심령을 주목해보니 그 안에 미움과 원망의 기운이 가득한 것을 알 수 있었습니다. 그러한 기운들이 소리를 날카롭게 하고 듣기 싫게 만드는 것입니다.

소리가 듣기 싫은 사람의 영을 주목해볼 때마다 나는 그들의 안에 위선적인 영이 있든지, 분노의 기운이 있든지 하는 것을 알 수 있었습니다. 소리에는 영이 실리기 때문에 아무도 그것을 감출 수 없습니다. 영이 조금만 훈련된 사람은 쉽게 사람의 영을 느끼기 때문입니다.

심령의 정화가 부족한 사람들은 아무리 신체적으로 목소리가 아름답다고 해도 영이 민감한 사람들은 그 소리를 고통스럽게 느끼게 됩니다.

우리는 자기의 소리를 느껴야 하며 변화시켜야 합니다. 우리의 소리를 치유해야 합니다. 소리의 훈련을 통하여 소리를 바꾸어가야 합니다. 부르짖는 기도는 바로 그 훈련입니다.

소리의 변화는 곧 영의 변화입니다. 부르짖는 기도의 발전은 곧 소리의 발전이며 사납고 거칠고 어두운 소리가 아름답고 달콤하고 강하고 은총이 가득한 소리로 바뀌어 가는 과정이라고 할 수 있습니다. 영혼이 변화 받으면 그 변화는 소리에서 나타나기 마련입니다.

부르짖어 기도하는 사람은 자신의 소리를 주의 깊게 들어야 합니다.

사람들은 다른 사람의 소리는 잘 들을 수 있지만 자신의 소리는 제대로 들을 수 없습니다.

사람의 귀의 구조가 그렇게 되어 있기 때문입니다. 자기의 눈으로 자신을 볼 수 없는 것처럼 자신의 귀로 자신의 소리를 정확하게 들을 수 없습니다.

그러므로 자신을 보기 위해서 거울을 사용하는 것처럼 자신의 소리를 남들이 듣는 것처럼 듣고 싶으면 녹음을 해야 합니다. 그렇게 녹음을 해서 자기의 소리를 들으면 대부분의 사람들은 깜짝 놀랍니다. 자신의 소리가 이렇게 날카롭고 사나운가 하고 놀랍니다. 자기의 소리를 들으면 자신의 영혼의 상태를 알 수 있습니다.

자신의 소리를 직접 들어보면 대부분의 경우 듣고 싶지 않은 소리이며 아름답지 않은 소리라고 느끼게 됩니다. 부르짖는 기도자는 녹음기까지 사용하지는 않더라도 자신의 소리에 조용히 귀를 기울여야 합니다. 그리고 그 소리가 정화되도록 기도해야 합니다. 부르짖고 기도하며 자신의 소리가 어떻게 변화되는지 지켜보아야 합니다.

사역자는 기도회를 인도할 때 회중으로부터 듣기 좋은 소리가 나는지 아니면 거칠고 듣기 싫은 소리가 나는지 분별해야 합니다. 그리고 듣기 싫은 소리가 많이 나면 기도를 강력하게 인도하는 것보다는 부드럽게 인도해야 합니다.
듣기 싫은 소리를 크게 내는 사람이 있을 때 강하게 기도회를 인도하면 그 소리가 더 강해지고 커지게 됩니다. 그러면 전체적으로 머리가 아프며 영이 어둡고 혼미해지게 됩니다.

소리가 듣기 싫은 사람은 큰 소리로 기도하지 않는 것이 좋습니다. 그러한 이들은 반성과 회개의 기도가 많이 필요합니다. 그리고 기도를 줄이고 찬양을 많이 하는 것이 좋습니다.
그러한 이들은 삶과 영혼에 문제가 있습니다. 그러므로 무조건 악을 쓰게 해서는 안 됩니다.
그러한 이들은 오래 많이 기도하여도 기도의 깊은 곳으로 갈 수 없습니다. 그들은 정화되어야 합니다.
그들에게는 많은 눈물이 필요합니다. 그들은 심령을 토하여 기도해야 합니다. 가슴에 쌓인 억울함이나 분노를 주님께 고백하고 드리고 버려야 합니다.
그러한 어두움들을 충분히 토하고 버리면 소리가 변하기 시작하며 듣기에 아름다운 소리로 바뀌게 됩니다.
반성을 하고 회개하며 주님을 찬양하고 사랑을 고백하며 부드럽게 기도하면 일시적으로, 부분적으로 영혼의 정화가 이루어집니다. 그래서 기도 소리가 달콤해지게 됩니다. 하지만 지속적으로 회개해야만 지속적인 정화가 이루어질 수 있습니다. 자신의 안에 있는 악에 대한 반성과 회개가 없으면 아무리 부르짖어도 정화가 이루어지지 않으며 주님의 임재 가운데 가까이 나아갈 수 없습니다.
그러나 반성과 회개의 자세를 가지고 있으면 점점 더 영혼이 맑아지며 정화가 이루어지게 됩니다.

부르짖는 기도자는 자신의 소리를 잘 듣고 분별하면서 그 소리가 얼마나 아름답게 변화되어 가는지를 경험해야 합니다.
회개가 이루어지고 심령 속에 쌓인 더러운 것을 토하고 주님의 임하심 속에서 눈물과 감사와 찬양을 드리게 되면 은혜와 기쁨과 감동이 임하는데 그렇게 되면 자신의 소리가 너무나 아름답고 청아하게 들리는 것을 느끼고 감격하게 됩니다.
기도자는 이와 같이 소리의 아름다움을 추구할 필요가 있습니다. 맑고 아름다운 소리는 정화의 결과이며 삶과 영혼의 변화가 없이는 맑고 순결하고 아름다운 소리가 나오지 않습니다.
기도회를 인도하는 사역자도 소리의 아름다움을 분별하며 추구해가야 합니다. 영광의 임재가 임한 곳의 소리는 너무나 달콤하고 아름다운 것입니다.

듣기 싫은 부르짖는 소리를 들으면 머리가 아픈데 그것은 이유가 있습니다. 이 원리를 이해하시기를 바랍니다.
소리에는 살아있는 소리가 있고 죽어 있는 소리가 있습니다. 소리를 지를 때 악이 살아서 나오는 경우가 있습니다. 그럴 때 그러한 소리를 듣고 있으면 그 악이 듣는 사람에게 들어옵니다. 그러므로 머리가 아프게 됩니다. 그러나 부르짖을 때 악이 나오기는 하지만 죽어서 나오는 경우가 있습니다.

이것은 정화되는 순간의 소리입니다. 이러한 소리는 들어도 영적으로 아무 해가 없으며 오히려 유익합니다.

예를 들어서 마음속의 원한을 풀지 않고 억울함을 간직한 채로 '우아~' 하고 부르짖으면 그 사람의 분노, 혈기, 음란성과 같은 것이 그대로 살아서 흘러나옵니다. 그 소리는 다른 이들에게 피해를 줍니다.

그러나 반성하고 회개하는 마음으로 '주여~' 하고 소리를 지르면 그 소리에는 악성이 죽어서 나옵니다. 그러므로 그것은 다른 이들에게도 은혜를 끼칩니다.

그것은 아이가 우는 모습을 생각하면 이해가 갈 것입니다.

아이가 고집을 부리고 악을 쓰면서 울 때는 그 악성이 살아서 나옵니다. 그것은 아이의 영혼을 해치고 듣는 사람을 불쾌하게 합니다.

그러나 그러한 아이를 혼내주고 꾸짖으면 아이가 울다가 나중에는 풀이 죽어서 흐느끼게 됩니다.

그러한 울음소리는 악이 죽어서 나오는 것입니다. 소리를 들으면 그 소리가 악이 살아있는 것인지 죽은 것인지 알 수 있을 것입니다.

이것을 이해하시면 악을 간직하고 반성과 회개와 주님께 대한 간절한 사모함이 없는 상태에서의 부르짖음은 오히려 해롭다는 것을 알 수 있을 것입니다.

기도회의 인도자는 이러한 소리를 분별하고 정지시켜야 하며 중심으로 주를 구하고 정화를 사모하는 마음을 일으켜야 합니다. 그렇지 않고 무조건 소리만 지르게 하면 소리를 통해서 악이 퍼지기 때문에 오히려 영혼이 혼탁해질 수 있습니다.

나의 아내는 기도 모임에서 여러 번 기도 소리가 듣기 싫은 이들을 발견하고는 내게 처방을 묻곤 합니다.

아내는 매주 토요일마다 정원 목사 독자모임의 기도회에 갑니다. 그런데 모임에 자주 참석하신 분들은 영혼의 정화가 어느 정도 이루어져서 소리가 듣기 좋은데 처음 오시는 분들은 대체로 기도하는 소리나 찬양하는 소리가 너무 듣기 싫고 고통스럽다는 것입니다.

나는 그러한 경우에 그 소리가 어디에서 나는지 꼭 찾아보고 인도자에게 이야기해서 기도를 잠시 중단하거나 조용히 하도록 시키거나 찬양을 하는 쪽으로 바꾸라고 말합니다. 그러한 경우에 듣기 싫은 소리를 분별하고 정화시키는 책임은 인도자에게 있습니다.

인도자는 그것을 분별해야 하며 소리에서 나오는 악이나 어두움이 강할 경우에 개인적인 조언과 권면을 해야 합니다.

그러한 이들은 속에 무엇인가 걸림돌이 있기 마련입니다. 무엇인가 두려워하거나 용서하지 않거나 미워하는 어떤 걸림돌이 있는 것입니다. 그것을 제거하고 내려놓아서 그들의 영혼이 주님께로 가는데 장애물이 없도록 인도해야 합니다.

부르짖는 기도를 처음 시작하시는 분들은 대부분 영혼의 정화가 이루어지지 않은 상태이기 때문에 소리가 그리 아름답지 않을 것입니다. 소리를 내는 것도 고통스럽고 자신이 내는 소리를 듣는 것도 고통스러울 것입니다.

그러나 자신의 안에 있는 악을 반성하고 회개하며 사모하는 마음으로 주께 구하고 부르짖으면 그 소리의 악이 죽어서 나가게 됩니다. 그리고 점차 정화가 이루어집니다.

악과 더러움을 부르짖고 토하며 다시 주님께 감사와 찬양을 드리고 안식하고 주의 임재 가운데 거하며 사랑을 고백하고.. 그리고 다시 부르짖어 악을 토하고.. 이런 식으로 부르짖는 기도를 반복하여 해 나갈 때 정화는 점점 더 이루어집니다. 그리고 소리는 점점 더 달콤하고 아름다운 것으로 바뀌게 됩니다.

부르짖는 기도를 제대로 하는 이들은 공통적으로 자신의 소리가 달라지는 것을 느끼게 됩니다.
자신의 소리가 전과 달리 아름답게 나오는 것을 느끼게 됩니다. 그래서 자신의 소리를 듣고 놀라게 됩니다.

부르짖는 기도가 발전해갈수록 기도의 소리는 황홀할 정도로 아름다워집니다. 그렇게 정화된 사람들끼리 모여서 드리는 기도의 소리와 찬양의 소리는 천상의 화음처럼 아름다우며 많은 물소리처럼 신선한 기쁨과 행복감을 줍니다.
그리스도인들은 부르짖는 기도 훈련을 통하여 자신 안에 있는 모든 악한 소리는 죽이고 아름답고 선한 소리를 개발해야 합니다. 그러한 이들이 말할 때 사람들은 안식을 얻으며 위로를 얻게 됩니다. 행복감을 느끼며 그러한 사람들의 소리를 듣고 싶어 합니다.
영혼이 정화되고 소리가 정화된 사역자의 소리는 아름답고 달콤하며 강건합니다. 사람들은 그가 무슨 이야기를 해도 사로잡히게 됩니다. 단순히 그가 손을 들고 '할렐루야!' 만 외쳐도 사람들은 신선한 기쁨과 감동을 느끼게 될 것입니다.
그것은 그의 소리가 아름답고 강건한 영혼의 힘이 흘러나오는 통로가 되었기 때문입니다.

오늘날 우울한 소리, 어두움의 소리, 무기력한 소리, 사납고 거칠고 듣기 싫은 소리들은 아주 많이 있습니다. 그러나 기쁨과 사랑과 달콤함과 행복감을 일으키는 소리는 많지 않습니다.
그러나 당신이 부르짖는 기도를 통하여 정화를 경험하고 주님께 나아갈 때 당신의 소리는 그렇게 바뀌어 갈 것입니다.
그것은 타고난 소리가 아니며 많은 기도와 훈련과 정화를 통해서 이루어지는 것입니다.

부르짖는 기도는 거칠고 사나운 소리에서 아름다운 소리, 거룩한 소리로 발전해갑니다.
부르짖는 기도를 통하여 더 깊이 발전해 가십시오.
더 맑고 아름답고 사랑스러운 소리로 발전해 가십시오.

깊은 주님의 임재 속에서 자신의 안에서 나오는 아름다운 소리를 들으며 당신은 진정 천국의 기쁨과 아름다움이 무엇인지 느끼고 경험할 수 있을 것입니다.

21. 부르짖는 기도는
　　 내면을 열고 하늘을 여는 기도이다

부르짖는 기도에 대하여 잠시 언급한다는 것이 어느 덧 이야기가 길어졌습니다. 그러나 이제는 긴 이야기의 종착역이 가까워졌습니다. 이제 조금만 더 정리하고 이야기를 마무리 지으려고 합니다.

부르짖는 기도의 가장 중요한 목적은 영혼을 깨우는 것이며 영혼의 감각을 살아나게 하는 것입니다.

우리는 다양한 필요를 위해서 부르짖어 기도할 수 있습니다. 여러 가지 일상의 문제와 소원을 위하여 부르짖어 기도할 수 있습니다. 어렵고 힘든 상황에서 부르짖으면 바로 하나님께서 응답하시고 구원하여 주셨기 때문에 하나님의 백성들은 시시로 어려움을 당할 때마다 부르짖어 기도한 사례들이 성경에 많이 있습니다.

사사기에 나타난 이 구도를 보면 몹시 흥미롭습니다. 그들은 평화로울 때에는 부르짖지 않다가 사방에 외적으로 둘러싸이고 고통을 당할 때가 되면 비로소 부르짖었습니다. 그러면 주님께서는 구원의 역사를 이루셨습니다.

이것은 매우 흥미로운 원리를 우리에게 가르쳐줍니다. 바깥이 막혀 있을 때 바깥에는 길이 없고 해결책이 없지만 부르짖으면 우리의 안에서 해결책이 생긴다는 것입니다.

어리석은 사람들은 바깥의 환경에서 길이 막혔을 때 하나님 앞에서 무릎을 꿇고 하늘을 열 생각을 하지 않고 여기저기 해결을 찾아 이리 뛰고 저리 뛰고 합니다. 그러나 성경은 결코 해결책과 구원의 길이 바깥에 있지 않다는 것을 보여줍니다. 구원의 길은 어디에 있는 것일까요? 그것은 우리의 안에 있습니다. 우리의 안에서 구원이 시작되며 하늘이 시작되며 천국이 시작되는 것입니다. 주님은 말씀하셨습니다.

"바리새인들이 하나님의 나라가 어느 때에 임하나이까 묻거늘 예수께서 대답하여 가라사대 하나님의 나라는 볼 수 있게 임하는 것이 아니요 또 여기 있다 저기 있다고도 못하리니 하나님의 나라는 너희 안에 있느니라" (눅 17:20-21)

우리의 안은 하나님의 나라가 시작되는 곳입니다. 우리는 우리 안에 있는 영혼을 통해서 하늘을 경험하게 되고 하늘을 향하는 문이 열리는 것을 경험하게 됩니다. 우리의 내면은 하늘을 향하는 시작인 것입니다.
그러므로 이 사실을 기억하십시오. 바깥 세계는 하늘이 아닌 세상에 속한 것이므로 우리의 의식이 바깥을 향하고 있을 때 우리는 하늘과 밀리 있는 것입니다. 그러나 우리가 바깥세상에서 벗어나 우리의 내면을 향하게 될 때 그 순간부터 우리에게 닫힌 하늘 문이 다시 열리게 되는 것입니다.

이스라엘 백성이 하나님을 잃어버리고 세상을 향하였을 때 그들의 안은 닫히기 시작했습니다. 그리고 그렇게 하늘로 통하는 내면의 세계가 닫힌 후에 곧 바깥의 환경도 닫히게 되었습니다. 그들은 외적들로 둘러싸였으며 도저히 살아날 방법이 없었습니다.
그들의 유일한 해결책은 무엇이었을까요? 그것은 부르짖는 것이었습니다. 안의 막힌 것을 뚫는 기도였던 것입니다.
안이 열리면 그것은 곧 하늘 문이 열리는 것이었습니다. 그들은 바깥에서는 구원의 길이 없었지만 안에서는 구원의 길, 하늘에 이르는 길이 있음을 경험할 수 있었습니다.

오늘날 많은 사람들은 그 의식이 안에 있지 않습니다. 내면에 있지 않으며 내면과 통하는 하늘에 있지 않습니다.

그들의 관심은 바깥 세상에 있습니다.

그리고 그것이 잘못인 줄도 모릅니다. 그렇기 때문에 그들의 영혼은 점점 더 막히고 답답해지며 나중에는 바깥의 모든 문이 막히고 노예생활이 시작되는 것입니다.

그러므로 이 사실을 기억해야 합니다.

내면이 닫히고 하늘이 닫히게 되면 그것은 모든 재앙의 시작이라는 것을 말입니다.

우리의 영혼, 우리의 내면은 곧 하늘과 교통하는 곳이며 이곳이 막히고 답답해지면 반드시 우리의 바깥 환경에도 문제가 생기게 됩니다.

이스라엘의 역사는 이것을 되풀이하는 것이었습니다. 바깥이 막히면 부르짖어서 다시 내면을 엽니다. 그래서 내면이 회복되면 다시 바깥에 속한 삶을 살고 그래서 내면이 막히게 되면 다시 바깥이 막히고 그래서 다시 부르짖음으로 내면을 열고.. 이러한 반복이 곧 그들의 삶이었습니다.

이것은 오늘날의 그리스도인들도 마찬가지입니다. 오늘날의 많은 그리스도인들은 바깥 세상에 매인 삶을 살며 영혼의 맑음과 충만함에 대해서 그다지 관심을 가지고 있지 않습니다. 그러다가 바깥이 막혀서 고통이 시작되면 비로소 주님 앞에 나와서 막혀 있는 것을 뚫어달라고 간구합니다.

부르짖으면 왜 하늘 문이 열리는 것일까요? 그것은 막혔던 내면이 열리는 것이 곧 영혼이 열리는 것이며 영혼이 열리는 것이 곧 하늘 문이 열리는 것이기 때문입니다.

사람의 마음, 영혼은 곧 하늘과 같은 것이며 하늘과 교통하는 것입니다. 그러므로 영혼이 하늘과 밀접한 교통 속에 있으면 영혼에 평안과 기쁨이 있습니다.

그러나 영혼이 더러운 것으로 덮여지고 답답해지게 되면 영혼이 곧 막히게 되며 동시에 하늘도 막히게 되는 것입니다.

그러므로 영혼의 막힌 것을 열고 뚫으면 그것은 하늘이 열리는 것과 같은 것입니다. 그러므로 하늘이 열린 후에는 현실의 모든 문제들도 같이 해결되는 것입니다.

사람은 죄를 지을 때 그 영혼이 막히고 답답해집니다. 그러므로 하늘 문도 닫히게 됩니다. 죄와 악들이 반복되면서 영혼은 더러워지고 감각이 없어지며 막히게 되는 것입니다.

부르짖음은 이러한 영혼의 막힘을 뚫는 것입니다.

부르짖음을 통해서 막혔던 영혼의 길이 뚫리고 영혼은 감각을 회복하게 되며 흘러나오게 됩니다.

바로 이것입니다. 영혼이 막히면 환경도 막힙니다. 그러나 영혼이 뚫리며 흘러나오게 되면 환경의 막힘도 재앙도 사라지게 되는 것입니다.

사사기에서 외적들은 이스라엘을 포위하였으며 그들을 죽이려고 하였습니다. 그들은 구원의 길이 바깥에는 없음을 알고 있었습니다.

그래서 그들은 부르짖었습니다. 부르짖자 그들의 영혼이 뚫리고 영혼의 능력이 흘러나오기 시작했습니다. 영혼이 뚫리자 하늘의 은총이 임하기 시작했던 것입니다.

부디 이 사실을 기억하시기를 바랍니다. 안이 막히고 영혼이 막히면 하늘이 막히는 것이며 결국에는 환경도 막히는 것이며 모든 것이 막히게 되는 것입니다. 그러나 부르짖어 영혼이 열리게 되면 이제 모든 것은 회복되기 시작합니다.

우리는 영혼의 맑음을 유지해야 합니다. 은혜의 감동을 유지해야 합니다. 은혜의 감각과 기쁨을 유지해야 하며 주님을 사랑하는 감동을 유지해야 합니다.

영혼의 청결을 유지하는 것보다 중요한 것은 없습니다. 목숨보다 재물보다 그 어떤 사랑하는 사람보다도 내 영혼의 맑은 상태를 유지하는 것이 더 중요합니다. 그것은 하늘과 땅을 열고 닫는 열쇠이기 때문입니다.

부르짖는 기도는 영혼을 여는 열쇠이기 때문에 더욱 더 아름답고 중요한 기도입니다. 이 기도를 통하여 맑은 영혼의 상태를 유지하게 될 때 그것은 진정 아름답고 놀라운 은총이며 복인 것을 부디 기억하시기를 바랍니다. 할렐루야.

22. 부르짖는 기도는 영혼을 정화시키는 기도이다

사람의 영혼은 본래 맑고 깨끗하게 창조되었지만 타락으로 인하여 더러워지게 되었습니다.
그리하여 영혼에는 많은 먼지가 끼어 있게 되었으며 많은 더러운 것들로 인하여 더럽혀지고 막혀지게 되었습니다.
그것은 죄의 기운이며 악의 기운들입니다. 그것은 더러운 영들이며 혼미한 영들입니다.
그러한 가래와 같이 더러운 기운들이 덕지덕지 영혼의 위에 붙어 있는데 그것들은 오랜 시간이 흘러 굳어져 버렸습니다. 그래서 영혼은 고유의 느낌과 감각을 잃어버리고 마비되었습니다.

부르짖는 기도는 이렇게 막혀 있고 더러워진 영혼을 깨끗하게 정화시키는 기도입니다. 영혼을 깨우고 살리는 과정에서 영혼을 깨끗이 씻어주는 기도인 것입니다.
그러므로 부르짖는 기도를 드릴 때 영혼에 덕지덕지 붙어있던 그 더러운 기운들이 드러나게 됩니다. 그리하여 분리와 정화가 시작됩니다.
그렇기 때문에 부르짖는 기도를 시작하면 온갖 더러운 물질이 입에서 속에서 나오는 것입니다. 온갖 색깔의 가래가 나오고 침이 가득 나오며 피가 나오기도 합니다.
간혹 부르짖는 기도의 요령을 몰라서 목에서 악을 쓰는 바람에 목에서 피가 나오는 경우도 있지만 깊은 부르짖는 기도를 통해서 나오는 피는 목에서 나오는 피가 아니고 속에서 나오는 피입니다. 그것은 나쁜 기운이 소멸되는 과정에서 나오는 것입니다.

입에서 온갖 더러운 물질이 나오고 전신에서 가스와 악취가 나옵니다. 뿐만 아니라 숨겨져 있던 온갖 성질이 나오게 됩니다. 분노도 나오고 미움도 나오고 지독한 절망이나 외로움, 허무함 등 온갖 좋지 않은 부분과 증상들이 정화과정에서 나오게 됩니다.
온 전신은 안 아픈 데가 한 군데도 없이 결리고 쑤시고 아픕니다. 그러므로 충분한 경험과 지식이 없는 이들은 자신이 분명히 잘못되었다고 생각할 것입니다. 그러나 그것은 정화의 과정들입니다.

어떤 이들은 부르짖는 기도를 하면 할수록 고통의 증상이 나오기도 합니다. 전에는 알지 못했는데 부르짖을수록 가슴이 답답하고 터질 것 같이 막힌 것이 느껴지는 것입니다.
부르짖고 또 부르짖어도 그 가슴의 답답한 것은 사라지지 않습니다. 부르짖음을 멈추면 괜찮지만 다시 부르짖으면 또 여전히 가슴속에 막힌 것이 있습니다.
그것도 역시 정화과정입니다. 그가 오랫동안 살면서 겪었던 가슴의 충격과 고통이 숨어 있다가 나오는 과정에서 고통을 겪는 것입니다.

이러한 경우에 그것이 한 순간에 해결되지는 않습니다.
많은 시간이 필요하며 많은 시간을 부르짖어야 합니다. 그러나 시간이 지날수록 그는 지난날의 고통과 눌림에서 조금씩 벗어나게 됩니다.
부르짖을 때 평소에는 느끼지 못했던 속의 불편한 증상이 나타나기도 합니다. 갑자기 머리가 어지러워지거나 배가 아프거나 속이 메슥거리거나 하는 것입니다.
그것 역시 정화과정이며 꾸준히 참고 계속 부르짖으면 해결되는 것입니다. 그러나 그 과정에서 몸이 아주 힘들고 고통스러울 수도 있습니다. 몸과 영혼의 변화에는 많은 시간이 걸리며 고통의 대가를 지불하는 과정이 필요합니다.

부르짖으며 어떤 증상들이 나타날 때 그 증상과 관련된 죄를 주님께서 깨닫게 해주실 수도 있습니다. 또한 부르짖으며 주님께 나아가는 과정에서 주님의 인도와 명령을 구할 때도 있습니다. 그럴 때에 주님이 말씀하시는 것에 순종해야 합니다.

예를 들어서 속이 몹시 아프며 다른 사람에게 모질게 대한 것이 생각날 때도 있는데 그것을 직접 회개하거나 본인에게 사과하지 않으면 더 이상 영혼의 정화가 진행되지 않게 됩니다.

영혼의 정화에는 많은 시간이 걸립니다. 그러나 토하고 뱉어내고 처리하고 더 깊은 곳으로 나아갈수록 거기에는 진정한 기쁨과 아름다움이 있습니다.

토하는 것은 더러운 일이지만 더러운 것을 토한 후에는 맑은 심령의 감미로움과 기쁨과 순결한 감각을 느끼게 됩니다.

어느 정도 정화가 이루어지면 그는 더러운 것이 싫어지게 됩니다. 더러운 말이 싫으며 더러운 농담이 싫으며 아름답고 순결하고 사랑스럽고 거룩한 것만을 좋아하게 됩니다.

그는 죄가 싫어집니다. 죄를 끊으려고 애를 쓰는 것이 아니라 죄 자체에서 고통을 느끼고 죄가 싫어지는 것입니다.

그는 아름다움과 사랑스러움과 거룩함을 기뻐하게 됩니다. 의로움을 즐기게 됩니다. 영혼의 정화가 이루어지면 질수록 그에게는 이러한 내적인 변화가 생기게 됩니다.

그에게 이루어진 변화 중에서 무엇보다도 더 놀랍고 아름다운 것은 주님의 임재에 대한 느낌과 인식입니다.

이제 주의 이름을 조용히 부르기만 해도 그는 주님의 임재를 아주 밀접하고 가까이 느끼게 됩니다. 조용히 찬양을 불러도 그는 주님의 존재를 아주 선명히 느끼게 됩니다. 그가 주의 이름을 부를 때 그는 그것이 너무나 달콤하며 감미로운 것을 느끼게 됩니다. 전에는 주님의 임재에 대해서 별로 느낄 수 없었고 감지할 수 없었으나 그의 영혼이 이제 많이 정화되고 맑아졌기 때문에 그는 비로소 주님의 아름다우심과 사랑스럽고 달콤한 임재를 느끼며 주님과 교제하는 것이 얼마나 행복한 일인지를 실제적으로 경험하고 누리게 되는 것입니다.

오늘날 많은 신자들은 영혼의 감각이 막혀 있습니다. 그러므로 주님의 달콤함과 아름다움을 잘 경험하지 못합니다. 그들에게 있어서 주님의 따뜻하심과 천국의 임재는 너무나 멀리 있습니다.
그러나 영혼이 정화될 때 그들은 이 세상에 기도만큼 좋은 것은 없다는 것을, 주님 앞으로 가까이 나아가는 것만큼 행복한 일은 없다는 것을 알게 됩니다. 그것은 문자 그대로 천국의 경험인 것입니다.

부르짖는 기도는 처음부터 아름다운 것은 아닙니다. 부르짖는 기도는 정화의 기도이기 때문에 처음에는 더럽고 누추하게 보이는 면이 있습니다.
그러나 성악을 하는 사람이 연습 과정에서는 거칠고 투박한 소리를 내지만 무대에서는 아름다운 소리를 내는 것처럼 부르짖는 기도의 정화 과정을 마치고 통과할수록 그의 영혼은 아름다워지며 맑고 투명해집니다. 그리하여 주님의 깊은 사랑의 임재로 나아갈 수 있게 되는 것입니다.
부르짖는 기도는 정화의 기도입니다. 이 기도를 통해서 우리는 많은 것을 얻을 수 있지만 그 무엇보다도 주님을 얻게 됩니다. 주님을 가까이 느끼고 경험하게 되는 것입니다.
깨끗하고 맑게 정화된 우리의 영혼이 주님을 부르며 그 영광스러운 임재를 가까이 누리고 맛보게 되는 것, 그것이 바로 부르짖는 기도이며 부르짖는 기도의 진정한 목적인 것입니다. 할렐루야.

23. 부르짖는 기도는
주를 구하며 갈망하는 기도이다

부르짖는 기도는 주를 부르는 기도입니다.
그것은 주를 구하며 갈망하는 기도입니다.
사람들은 여러 문제들이 있을 때 부르짖어 기도함으로 하늘의 도움을 얻지만 부르짖는 기도는 단순히 문제의 해결을 구하는 기도가 아니라 궁극적으로 주님을 얻고 구하는 기도인 것입니다.
부르짖는 기도는 나를 토하고 나를 비우는 것인데 그것은 주를 얻고 주를 경험하며 주로 온전하게 채우기 위한 것입니다. 그것이 부르짖는 기도의 궁극적인 목적입니다.

기도에는 많은 형식이 있고 종류가 있으나 수많은 기도 중에서 가장 놀랍고 아름다운 기도는 주의 이름을 부르는 기도입니다. 주의 이름을 부르며 구하는 것, 그보다 더 놀랍고 아름다운 기도는 없습니다.
성경은 분명히 말하기를 주의 이름을 부르는 자는 구원을 얻을 것이라고 말씀합니다. (롬10:13)

그 구원이란 피상적인 상태를 말하는 것이 아닙니다. 이 땅에서 무기력하고 눌리며 어두운 영적 상태에서 살다가 죽은 후에는 천국에서 살게 되는 그러한 구원을 말하는 것이 아닙니다.
구원은 실제적인 것입니다. 그것은 하늘의 은총과 영광이 가득한 삶을 의미하는 것입니다. 그러한 구원의 역사가 주의 이름을 부를 때 온다고 합니다. 그러므로 주의 이름을 부르는 것은 가장 놀랍고 위대한 일이며 가장 아름다운 기도이며 능력 있는 기도인 것입니다. 주의 이름을 부를 때 마귀가 달아나며 주의 이름을 부를 때 천사들이 옵니다. 주의 이름을 부를 때 하늘 문이 열리며 주의 이름을 부를 때 천상의 빛이 옵니다. 주의 이름은 아름답고 놀랍고 선한 모든 것의 총합이며 모든 은총의 시작입니다. 그것은 말로 형용할 수 없는 보화입니다. 주의 이름을 부를 수 있는 권세는 우리의 생명과도 바꿀 수 없는 권세이며 은총입니다.

오늘날 많은 신자들은 자신의 일상의 삶을 위하여 많은 것을 구하지만 주의 이름을 잘 부르지 않습니다.
주님을 간절하게 구하지 않습니다.
자녀의 학교 성적을 위하여 염려하고 기도하며 대학 입시를 위하여 기도합니다. 물질의 부족을 인하여 기도하고 질병으로 인하여 근심하고 기도합니다. 결혼을 위하여 기도하고 소원을 위하여 기도합니다. 그러나 주의 이름을 부르며 주를 구하는 이들은 많지 않습니다. 그것은 아직 진리를 알지 못하고 있는 것입니다.

주님은 모든 보화의 총합입니다. 주님은 곧 천국 자체입니다.
주의 이름은 우주 안에 있는 모든 것 중에 최대의 보화입니다.
주의 이름을 부르는 것은 참된 보화이신 주님 자신을 구하는 것입니다. 부르짖는 기도는 이 놀라운 주님, 놀라운 주의 이름을 가장 간절하고 강력하게 부르는 기도입니다. 심령을 쏟아 목숨을 걸고 주의 이름을 부르는 기도입니다. 마음을 다하여 '주여~~' 하고 외치고 부르짖어 기도하는 부름의 기도입니다. 그 기도 가운데 주님이 임하십니다. 주님은 가까이 오십니다.
주님은 오셔서 우리를 치유하시고 더러운 것을 그분의 보혈로 씻어주시며 우리의 영혼을 맑게 씻어주셔서 우리의 영혼이 그분과 가까이 있게 해주십니다.

동방 정교의 영성 훈련 전통에서 내려오는 '예수 기도'라고 알려진 기도는 아주 간단한 내용을 반복하여 기도하는 것입니다.
'주 예수 그리스도시여, 나를 불쌍히 여기소서' 하는 기도를 계속 반복하는 것입니다. '끼리에 엘레이손, 끼리에 엘레이손' 하는 기도를 계속 하루에 몇 천 번 씩 반복하는 것입니다.

어찌 보면 그러한 기도는 참으로 어리석게 보입니다. 기도할 문제가 산적해있고 응답을 받아야 할 기도가 한두 가지가 아닌데 그렇게 한가하게 주를 부르며 주님의 긍휼을 구하기만 하다니 그처럼 어리석은 기도가 어디 있을까 생각하는 것도 무리가 아닙니다.
이 기도를 반복해서 드리는 의미는 바로 이것입니다. 그 어떤 것보다도, 문제의 해결보다도 주님을 구하는 것이 가장 귀하고 근원적인 것이며 그 무엇보다도 우리 모두에게는 주님의 긍휼이 필요하다는 것입니다. 이러한 인식의 기조가 없이는 아무도 지속적으로 이러한 기도를 드리지 못할 것입니다.

부르짖는 기도는 바로 그와 같은 것입니다.
우리는 밤을 새워서 몇 천 번, 몇 만 번이고 주의 이름을 부를 수 있습니다. 오직 주님을 부르면서 밤을 새워 기도하는 것입니다.
오직 주님이 내게 임하시기를, 나를 불쌍히 여겨주시고 용서하시며 은총을 베푸시기를 간절하게 구하는 것입니다.
그것은 주님이 내게 임하시고 나를 불쌍히 여겨 주신다면 세상에 문제될 것은 아무 것도 없나는 깨달음의 기초 위에서 드릴 수 있는 기도인 것입니다.
주 예수 보다 더 귀한 것은 이 세상에 아무 것도 없습니다. 우리의 영혼이 깨어나 주를 알며 교제하는 것보다 아름다운 일은 세상에 다시없습니다.

사람들은 주를 위하여 비전을 품고 세상을 변화시키려 하며 온 세계에 나가서 주를 위하여 많은 일을 하려고 합니다.
그러나 그보다 먼저 중요한 일은 우리가 주님께 속하는 것입니다. 우리가 주를 위하여 일을 하는 것이 아니라 주님이 우리 안에서 일하시는 것입니다.
우리가 주를 위하여 많은 일을 하면서도 막상 주님께 버림을 받는다면 그것처럼 비극적인 일은 없을 것입니다.

나는 청년 시절부터 기도를 드리며 주님을 구해왔습니다. 나는 많은 시간을 교회와 기도원에서 보내며 기도하는 시간을 가졌습니다.
그러나 돌이켜 생각해보면 많은 시간을 기도하였지만 구체적으로 무엇인가를 기도한 시간은 별로 없었던 것 같습니다. 나의 관심은 오직 주를 알고 싶은 것에 있었고 그 외에는 별로 매력적인 기도의 제목이 없었습니다.
나는 몹시 가난하게 자랐지만 물질에 대해서 기도해본 적이 없었습니다. 그것은 나의 관심이 되지 않았습니다. 그러나 주님께서는 필요한 것들을 항상 공급해주셨습니다.
나는 가정과 결혼을 위해서 기도해본 적이 없습니다. 했어도 거의 하지 않았고 아마 약간만 했을 것입니다. 그러나 주님께서는 내게 좋은 아내와 천국과 같은 가정을 허락해주셨습니다.

나는 자녀들을 위하여 별로 기도하지 않았습니다. 그러나 주님은 내게 좋은 자녀를 주셨으며 그들은 선하고 순종하며 그들 역시 주님을 알기 위하여 간절히 기도하고 있습니다.
나는 사람들의 존경이나 사랑을 받기를 기대하거나 기도해본 적이 없었습니다. 그러나 주님께서는 내가 많은 사람들에게 은혜를 입고 사랑을 받도록 하셨습니다.

나는 오직 주님 한 분만을 구해도 주님께서는 필요한 모든 것을 넉넉하게 주시며 공급하시는 것을 알게 되었습니다.
어떤 사람이 주님을 가까이 안다면 그는 모든 것을 가지고 있는 것입니다. 그러나 어떤 사람이 주님을 잘 알지 못한다면 그가 세상에서 아무리 유명하고 아무리 부자이고 아무리 학식이 높은 사람이라도 그는 아무 것도 아닌 사람입니다. 그 모든 것들은 죽음 앞에서 결코 남아있지 않을 것이기 때문입니다.

부르짖는 기도는 세상에서 가장 아름다운 기도인 주를 부르는 기도입니다. 부르짖는 기도는 아주 간절하게, 간절하게 주를 부르는 기도입니다. 목숨을 걸고 심령의 그리움과 사모함을 담아서 주를 부르는 기도입니다.
간절하게 심령으로 기도할 때 주님께서 임하십니다. 그리하여 심령이 시원하고 달콤해지며 천국의 거룩함과 영광을 경험하게 됩니다.
예레미야 애가 2장 19절의 말씀은 부르짖는 기도의 자세를 잘 보여주고 있습니다.

"밤 초경에 일어나 부르짖을 찌어다 네 마음을 주의 얼굴 앞에 물 쏟듯 할 찌어다 각 길머리에서 주려 혼미한 네 어린 자녀의 생명을 위하여 주를 향하여 손을 들 찌어다 하였도다"

한밤중에 간절함으로 인하여 잠을 이룰 수가 없어서 일어나 부르짖으며 주님의 얼굴 앞에서 마음을 물 쏟듯이 쏟아 붓는 것.. 그것이 바로 부르짖는 기도의 자세입니다.
다른 것을 얻기 위해서 그렇게 기도할 수도 있지만 주님을 얻기 위해서, 주님을 가까이 경험하기 위해서 그렇게 간절한 심령으로 부르짖어 구하는 이들에게 주님은 은혜를 베푸시는 것입니다.

주를 부르는 자는 구원을 얻습니다. 이는 천국의 모든 풍성함을 얻는 것을 의미합니다. 죽은 후에가 아니라 바로 지금 이 땅에서 말입니다.
이 땅에서 주님의 거룩하시고 놀라우신 임재에 잠기게 되는 것입니다.
주님은 바로 천국 자체입니다. 주님은 바로 보화자체이십니다.
성경은 주님을 밭에 감추인 보화라고 비유하여 말씀하십니다. 주님이 이 땅에서 감추어져 있다는 것을 의미하는 것입니다.

교회에 다니고 믿는 이들 중에서도 주님이 보화이심을 알지 못하는 이들이 많이 있습니다.
그러므로 그들은 참된 보화를 구하지 않고 쓸데없는 것들을 많이 구합니다. 이는 아직 그들의 눈이 열리지 않은 것입니다.

부르짖는 기도는 참된 보화이신 주님을 갈망하며 구하는 기도입니다.
주님의 선물이 아니라 주님 자신을 구하는 기도입니다.
이 보화를 아는 이들은 오직 주를 구할 것입니다.

깨어있을 때 주를 구하십시오.
밤에 잘 때에도 주를 구하십시오.
꿈속에서라도 주를 구하십시오.
구하고 사모하는 자들에게 주님은 가까이 오십니다.

외로울 때 주의 이름을 부르십시오.
슬플 때에 주의 이름을 부르십시오.
괴로울 때 주를 부르십시오.
아플 때에 주를 부르십시오.
낙심했을 때 주를 부르십시오.
절친한 친구에게 배신을 당했을 때 주를 부르십시오.

실연을 당했을 때 주를 부르십시오.
세상에서 혼자라고 여겨질 때 주를 부르십시오.
오직 주님만이 당신의 필요를, 영혼을 온전하게 채우실 수 있습니다.

필요할 때도 주를 부르며
평안할 때도 주를 부르십시오.
당신은 처음에는 문제를 위하여 부르짖지만 나중에는 주님을 얻기 위하여 주를 부르게 될 것입니다.

부르짖는 기도는 주님을 구하며 갈망하는 자의 기도입니다.
주를 향하여 부르짖으십시오.
주님이 가까이 오실 것입니다.
주님의 은총과 사랑이 당신에게 가까이 부어질 것입니다.
그 달콤함과 기쁨과 영광과 사랑 속에
그 사랑의 물결에 깊이 잠겨 들어가십시오.
오직 주의 사람이 되십시오.
당신은 그것이 곧 천국인 것을
천국이 당신의 앞에 있는 것을
알게 될 것입니다.

부디 부르짖는 기도의 여정,
간절히 주를 구하는 기도의 여정을 출발하십시오.
주님의 은혜가 당신에게 함께 하실 것입니다.
모든 영광을 사랑의 주님께 올려 드립니다.
할렐루야.

3부

부르짖는 기도
경험자들의 간증

[정원 목사 독자 모임] 카페 회원들이 올린
부르짖는 기도에 대한 간증을 정리하였습니다.
이들의 경험담과 소감들은 부르짖는 기도의
간접 경험으로서 좋은 참고가 될 것입니다.
많은 간증을 탈락시키기는 했지만
그래도 비교적 많은 간증을 실은 이유는
이러한 간증에는 영적인 에너지가 있어서
읽는 이들에게 영감과 힘을 공급하기 때문입니다.
부디 여러분도 부르짖는 기도를 적용하셔서
풍성한 승리와 변화의 경험들을
누리게 되시기를 바랍니다.
할렐루야!

1. 부르짖는 기도를 통해 경험한 주님   -H전도사-

얼마 전에 방을 정리하다가 예전에 쓰던 일기장이 나왔어요.
카페에 온지 얼마 되지 않았던 때에 여러 기도 훈련들을 적용하고 실습하면서 쓰던 일기장이었습니다.
그 때는 한참 부르짖는 기도에 맛을 들이던 때여서 여동생과 둘이 밤새도록 부르짖고 기도하며 기도의 즐거움에 빠져들기도 하고, 강력한 부르짖음에는 익숙하지 않은 교회 분위기 속에서 눈치 안보고 혼자 신나게 외치며 기도하다가 여러 재미있는 일들도 많이 일어났었지요.
그 당시 있었던 에피소드 중에 한 가지만 소개해 볼게요.

금요일 대학팀 예배 후에 수련회 준비를 위해 불을 꺼놓고 다 함께 기도하는 시간이 있었어요..
정원 목사님의 카페 글을 통해 부르짖는 기도에 대해 처음 알게 된 저는 적용 및 실습을 해 보려고 으르렁~ 하면서 신나게 사자같이 울부짖고 외쳤지요..
그런데 그 주 일요일 예배 후 식사시간에 한 후배가 심각한 표정으로 "언니.. 언니한테 고마운 거 있어요." 하는 거예요.
뭐가 고맙냐고 물었더니
"있잖아요.. 어제인가 그제.. 기도회 할 때 언니가 막 부르짖으면서 기도했잖아요... 근데 부르짖는 소리가 너무 무서웠어요.. 흑흑.. 그래서 기도 골방으로 도망갔어요.. 무서워서.. 주님.. 저 기도소리.. 너무 너무 무서워요.. 도무지 못 견디겠어요.. 제발 도와주세요.. 하면서 죽기 살기로 정신 없이 막 외쳤어요.. 두려움을 떨치려구요..

근데요.. 그렇게 간절하게 외치다가 방언이 터진 거 있죠.. 처음엔 언니 기도소리가 너무 무서웠는데.. 그래도 덕분에 방언 받게 되어 감사해요..."

부르짖는 기도가 다른 사람 안에 있는 영을 드러내기도 한다는 것, 자매의 안에 있는 두려움의 영이 표출되고 나가면서 방언이 터져 나온 것임을 알게 된 것은 나중의 일이었고 그 당시만 해도 '내가 뭘 잘못한 건 아닐까..' 하면서 고민했던 기억이 나요.
그만큼 저는 부르짖는 기도의 의미에 대해서 잘 알지 못했고 영적인 지식이 없는 상황이었지요.
제가 다니던 교회는 전형적인 제자훈련 중심의 교회였고, 말씀 묵상과 큐티를 중심으로 하는 훈련을 주로 받았기 때문에 발성 기도를 조금 하기는 했지만 강력하게 외치며 쏟아내는 부르짖는 기도에는 그리 익숙하지 않았습니다.
게다가 제 자신이 머리를 굴리고 복잡하게 생각하는 기질인 탓에 기도를 배우고 싶은 소원과 열정이 있었고 주님을 가까이 만나고 싶은 갈망이 있었지만 신앙생활에 열심을 낼수록 경직되고 딱딱해질 뿐, 어떻게 하면 주님을 실제적으로 느끼고 경험할 수 있을지 알 수 없었습니다.

어떤 사람들은 조금만 기도해도 주님을 느끼고 경험한다고 하는데 저는 아무 것도 되지 않았습니다.
수련회에 가서도 앞, 뒤, 옆의 사람들은 다 눈물 콧물을 흘리고 회개하며 은혜를 받는데 저는 밋밋하고 썰렁하기만 했어요.
기대감에 부풀었다가 아무 은혜도 받지 못한 수련회 마지막 날 밤에는 너무 슬퍼서 밤하늘의 별을 보며 홀로 운동장 위를 뒹굴며 울기도 했지요. 시간이 날 때마다 혼자 기도 방에 들어가 기도하려고 애를 많이 썼지만 기도에 잘 집중이 되지 않았어요.

잔뜩 기도할 태세를 취하고 기도 방에 들어가도 그 다음날 아침까지 의자 위에서 졸다가 나오기 일쑤여서 나는 왜 이렇게 기도를 잘 하지 못하는가.. 하는 절망감에 싸일 때도 많았습니다.

그 당시 교회의 목사님께서도 아무 소리 안내면 자꾸 졸리니까 소리를 내서 기도하라는 말씀을 가끔 하시긴 했는데 논리적인 이해가 되지 않으면 잘 받아들이지 못하는 기질인 데다가 생각이 복잡하고 내성적이고 한참 침묵기도와 묵상기도에 관련된 신앙서적들에 매료되어있었기 때문에 소리내서 기도하는 것에 마음이 움직이지 않았습니다.

그러다가 정원 목사님의 글을 읽고서 비로소 부르짖는 기도와 묵상기도의 차이와 의미, 전체적인 영성의 발전에 있어서 외면적 기도와 내면적 기도가 갖는 위치와 의미를 이해하게 되었고..부르짖는 기도에 대한 갈망이 일어나기 시작했습니다.

충분한 이해가 있어야 비로소 천천히 움직이기 시작하는 저 같은 사람에게는 목사님의 논리적이고 체계적인 설명이 너무나 절실하게 필요했던 것 같아요.

저는 방언도 다른 사람처럼 술술 흘러나온 것이 아니라 정말 밋밋하게 마치 의지적으로 발음해낸 것처럼 나왔기 때문에 이것이 과연 방언이 맞나.. 의구심이 들고 그랬었지요.

그런데 바른 방언을 받았더라도 발성이 부족하면 영감이 둔하여 감동이 없다고, 충분히 소리를 내어 기도해 보라는 목사님의 말씀에 방언으로 부르짖는 기도를 시작했습니다.

처음에는 한참동안 방언을 해도 아무 느낌이 없었는데 발성하며 부르짖는 기도의 분량이 늘어날수록 가슴속에서 찡.. 하면서 어떤 감격이 솟아오르기 시작했어요.

방언의 발음도 따따따.. 하는 단조롭고 평범한 발음에서 시작해서 여러 자음, 모음의 형태로 발전하더니 나중에는 온갖 동물소리 비슷한 소리가 나기 시작했어요.
꽥꽥꽥꽥.. 오리 소리가 나기도 하고 왈왈왈왈.. 강아지 소리, 째재잭잭잭.. 새소리를 내기도 하고 원숭이 소리..으르렁~ 하는 사자 소리 등등 온갖 동물소리가 나와서 얼마나 재밌고 웃기고 신기한지..
무엇보다 기도를 많이 해도 하나도 힘이 들지 않고 지치지 않아서 좋았습니다.
밤에 기도를 시작하면 어느 새 시간이 후딱 지나가서 눈뜨고 보면 아침이 되었습니다.

기도가 이렇게 재밌고 즐거운 것인지 그 때 처음 알았던 것 같아요.
그런데 그렇게 많이 기도를 해도 목이 하나도 상하지 않고 오히려 목소리가 윤택해져서 내가 듣기에도 내 목소리가 참 부드럽고 좋다는 느낌이 들었습니다.
한잠도 안 잤는데 기도를 하고 나면 오히려 온 몸에 힘이 나고 피부가 뽀얘지고 온 몸과 마음이 상쾌해졌습니다.
더욱 놀라운 것은, 제 안에 갇혀있었던 주님의 임재가 서서히 표현되면서 느껴지기 시작했다는 것이었어요.
기도하면서 우는 사람들이 그렇게 부럽고 은혜 받는 사람들을 보면 그렇게 부러웠던 제가 서서히 기도의 맛을 느껴가기 시작했습니다.

"오늘은 기도 잘 되었니?" 하고 질문하거나
"음.. 오늘은 좀 잘 안되네."
하고 대답하는 사람들을 보면 참 부러웠거든요.
저는 대체 뭐가 기도가 잘되는 것이고 뭐가 안 되는 것인지 느낄 수가 없었으니까요. 제가 전도해서 양육하는 사람들은 오히려 영적인 경험들을 더러 하곤 해도 저는 도무지 아무런 느낌도 감각도 없었습니다.

그런데 놀랍게도 부르짖는 기도를 시작하면서 어떤 느낌들이 생기기 시작했어요.
처음에는 가슴 중심부에 미세한 진동이 시작되었고 그 다음에는 가슴에 날카롭게 찌르는 듯한 느낌, 답답하게 막혀있는 느낌, 끈적한 느낌, 뭔가 누르고 있는 듯한 압력감.. 전기가 짜르르 흐르는 느낌 등 다양한 느낌이 생겨났어요.
배에도 여기 저기 통증이 많이 드러나서 칼로 쑤시듯이 아프기도 하고 트림과 하품과 구토가 한없이 나왔구요.
나중에는 완전 마비되어있던 머리에도 느낌이 생겨서 여기저기 꼭꼭 찌르듯이 아프기도 하고 저릿저릿하기도 하고 멍.. 하고 띵.. 하기도 했어요.

처음에는 그렇게 주로 아픈 느낌들이 많았는데 어느 정도 지나면서 시원한 느낌으로 바뀌기 시작했습니다.
한참 부르짖고 나면 눈에 힘이 들어가고 온 몸에 힘이 들어가고 배에 열기가 올라 꼭 사우나에 들어갔다 나온 것처럼 시원했지요.
심장은 따뜻했고, 머리에는 물이 쏟아지는 듯 청량하고 시원한 느낌이 들었어요. 아주 가끔이지만 머리에 찬 물이 쏟아 부어지는 듯한 느낌도 들었구요.

때로는 집중적으로 많이 부르짖고 나면 온 몸이 몸살이 난 것처럼 쑤시고 아팠는데 목사님의 글을 통해 그것이 정화의 과정이라는 사실을 알게 되었지요.
한참 몸이 쑤시고 아프고 나면 흐름이나 분위기에 대해서 이전에는 몰랐던 어떤 느낌을 얻게 되었고,
기도가 잘 되고 있는지 막히고 있는지를 조금씩 감지할 수 있게 되었어요.

주님께 대한 작은 느낌 하나라도 있으면 평생 소원이 없겠다고 생각했던 저에게는 단순한 부르짖음을 통해 이런 실제적인 경험을 할 수 있다는 것이 그저 놀랍고 감사할 뿐이었습니다.

정서적인 측면에서도 많은 변화가 있었어요.
때로는 부르짖는 기도를 하다보면 깊은 속에서 울컥.. 하는 눈물이 쏟아질 때가 많았는데 그런 제 자신을 보며 스스로 많이 놀랐지요. 내 안에 이렇게 눈물이 많이 있었나.. 싶었구요.

특별한 이유나 어떤 원인도 없는데 하염없이 눈물이 쏟아지고 갑자기 심하게 외로워진다거나 슬퍼지는 등.. 감정적인 격변이 일어나는 것이 처음에는 이상하고 의아했고... 너무 폭발적으로 어두운 감정이 쏟아져 나와 감당하기 힘든 적도 있었는데, 속에 억압되어있던 슬픔과 어두움이 부르짖는 기도를 통해 정화되고 표출되는 것임을 배우면서 조금씩 제 자신을 이해하게 되었어요.
항상 씩씩했고 강했고 외로움이나 두려움이나 슬픔을 몰랐던 저였기에.. 나는 참 냉혈한이다.. 하고 생각할 때가 많았는데 그것은 감정이 없었던 것이 아니라 직면하기가 두려워 깊은 속에 억압해 놓고 있었다는 사실을 알게 된 것이에요.

게다가, 인간관계를 참 어려워하던 저였는데.. 부르짖는 기도를 하면서 사람들에게 가까이 다가가는 것이 어렵지 않게 되었습니다.
예전에는 대화를 시작하려면 그렇게 어색하고 서먹하고.. 좋아하는 사람이 있고 친하게 지내고 싶은 사람이 있어도 감정 표현을 전혀 하지 못했는데 속에 있는 말을 하게 되기도 하고 장난을 걸기도 하고 아주 정상적인 감정 표현을 할 수 있었습니다.

부정적이고 염세적이고 자학적인 생각을 주로 많이 하고
나는 왜 이 모양일까.. 나는 너무 혐오스러운 존재야.. 하는 생각만을 주로 하던 저였는데..
점차적으로 마음에 여유가 생기고 편안해지고 긍정적이고 밝은 생각이 들고 사소한 일에도 웃게 되고 사람들에게 웃긴 이야기를 하게 되기도 했어요.

물론, 한동안은 아무리 부르짖어도 진전이 없는 것 같을 때도 있었어요. 배는 아프지, 심장에는 끈적한 랩을 둘러 씌워놓은 것처럼 답답하지..
게거품 같은 끈적한 침이 한없이 나오고, 몇 시간을 부르짖어도 그저 밋밋하게 기계적으로 반복하고 있는 것만 같고 특별한 변화가 나타나지 않는 것 같을 때도 있어서 부르짖는 기도의 재미를 잃어버리기도 했어요.
게다가 워낙 기질적으로 조용하고 어두운 편이라 옆에서 동기부여를 해 주거나 부르짖는 기도에 관련된 어떤 글을 읽거나 그러지 않으면 부르짖는 기도를 잘 하게 되지 않았습니다.
자꾸 조용한 쪽으로 들어가고 싶어지고 호흡기도나 묵상기도가 마음에 끌리고 부르짖는 기도는 유치해 보이기도 하고 그랬지요.

그런데 한 몇 주 동안 부르짖는 기도를 쉬고 있으면 꼭 문제가 터지기 시작했습니다.
사소한 일에 상처를 받거나 작은 말 한마디가 마음에 꽂힌다든지.. 우울해진다든지.. 외롭거나 슬퍼진다든지.. 그래서 돌아보면 그런 때는 꼭 부르짖는 기도를 쉬고 있었다는 것을 알게 되었습니다.
그래서 때로는 실험을 해보기도 했지요. 부르짖지 않고 얼마 정도 버티는지.. 그런 실험을요.

실험 결과를 분석해 보니, 정말 부르짖지 않을 때는 여지없이 마음과 생각이 어두워진다는 것을 알게 되었고 제 기질을 극복하기 위해서라도 의지적으로 부르짖는 기도를 지속하게 되었습니다.
그런데 제가 좀 극단적으로 치우치는 성격이다 보니 너무 열심히 부르짖으려고 용을 쓰다가 탈진되는 바람에 대상포진에 걸려 병원 신세를 지기도 하고, 쉬지 않고 부르짖다가 목을 많이 상하기도 하고.. 여러 가지 난리가 있었지요.
그렇지만 그렇게 헤매면서 '부르짖는 기도는 악으로 깡으로 하는 것이 아니다. 리듬과 흐름을 따라 자연스럽게 가야 한다.'
'부르짖는 기도의 분량 이상으로 충전하는 기도가 필요하다'
하는 등의 중요한 원리를 실제적으로 경험하게 되어 너무 감사해요.

여하튼 그렇게 중구난방 좌충우돌하면서 그래도 저도 모르는 사이에 부르짖는 기도의 분량이 조금씩 쌓여 갔나 봐요.
처음에는 한참동안 외쳐도 부르짖는 기도의 기쁨이나 청량감, 시원함을 얻기 어려웠는데 이제는 예전보다 조금만 외치고 발성을 해도 금세 우울하고 무기력한 기분이 사라지고 밝아지는 것을 느끼게 되고
'으아아아..' 하는 단순한 외침 속에.. 주님을 향한 그리움과 갈망과 간절한 마음을 쏟아 부으면 그렇게 후련하고 시원하고 기쁠 수가 없게 되었습니다.
그리고 부르짖고 또 부르짖을수록 주님이 더 보고 싶고.. 보고 싶고.. 그리움이 가슴에 사무침을 느낍니다.

지금 저는 작은 기도모임을 인도하고 있습니다.
모임을 인도하면서 겪게 되는 많은 실패와 성공의 경험을 통해 부르짖는 기도의 중요성을 더욱 많이 느끼고 있어요..
모임 전날 충분히 부르짖고 준비한 날은 앞에 서면 이상하게 마음이 뿌

듯하고 든든하면서 자신감과 여유가 생겨요. 그래서 사람들을 자연스럽게 웃기게 되고 여유 있게 모임을 이끌어가게 됩니다. 사소한 말에도 사람들이 재미를 느끼기 때문에 모임을 이끌어 가는 것이 참 수월해지지요.

찬양을 할 때도 제 자신이 시원한 느낌이 들고, 강력한 선포가 입에서 쏟아져 나와서 시간가는 줄 모르고 모임을 풍성하고 활발하고 밝게 인도할 수 있게 되어요.

그러나 부르짖는 기도가 충분하지 않을 때는 혼자 기도하면 부드럽고 따뜻하고 포근하고 참 좋은데 막상 앞에 서면 위축되고 힘들고 서로 인사하기도 서먹할 정도로 좌중에 어색하고 썰렁한 느낌이 가득해지고, 나 같은 사람이 무슨 모임을 인도한다고 그러나.. 하는 죄책감과 자신감 상실, 뭔가 우울하고 눌린 느낌이 듭니다.

빠르고 밝은 찬양을 인도하기가 힘들어지고 자꾸 느리고 조용한 찬양만 고르게 되어 분위기는 더욱 침체되는데다가 영적인 힘이 딸리고 지치니까 자꾸 시계를 보게 되고 '언제 끝나나..' 하면서 간신히 버티다가 모임 끝나고 나면 한동안 온 몸이 아프게 되곤 했어요.

그런 경험을 몇 번 하고 나니, 모임 인도 전에는 반드시 부르짖는 기도의 충분한 시간을 확보하는 것이 기본 원칙이 되었습니다.

게다가 예전에는 부르짖는 요령을 잘 몰라서 많이 부르짖고 나면 목이 쉬어버리는 통에 찬양하기 전에는 가급적이면 호흡기도만 하고 부르짖지 않으려고 했었는데, 조금씩 부르짖는 발성의 요령을 익히게 되면서 부르짖고 나면 목소리가 더 윤택하고 부드러워진다는 것을 경험하자 이제는 찬양인도 하기 전에 오히려 부르짖는 기도를 많이 하는 것도 원칙이 되었어요. 일단 부르짖고 나면 가슴이 뻥! 하고 뚫리면서 찬양이 강하고 시원하게 나오는 것 같아요.

아직도 분별력이 없어서 많이 헤매지만 그래도 처음에 비해서는 이제는 기도가 잘되는 것이 무엇인지 잘 안 되는 것이 무엇인지 조금은 느낄 수 있고 기도의 방해가 있는지 어떻게 기도해야 하는지 조금씩 느낌이 생기게 되어서 참 재미있어요.

더욱 좋은 것은 부르짖는 기도를 통해 호흡기도나 대적기도 등 다른 기도에 있어서도 실제적인 경험이 생기기 시작했다는 것이었어요.
처음 카페에 왔을 때 다른 사람들은 호흡기도에 대한 목사님의 글을 읽고 많은 체험들을 하며 즐거워하는데 저는 아무리 호흡해도 코에 바람만 들락날락할 뿐 아무 변화가 없었거든요.
그런데 부르짖는 기도를 하면서부터 호흡기도에도 많은 열매가 맺히기 시작했어요.
그전에는 아무리 많이 호흡을 해도 느낌이 없었는데 부르짖고 토해내면서 조금씩 정화되고 여러 느낌들이 살아나기 시작하자,
호흡을 하면 가슴속에 몽실몽실한 기운이 피어오르면서 포근하고 달콤한 기운이 조금씩 채워지기 시작했어요.
드디어 호흡기도가 제게도 실제적인 것이 되기 시작한 것이었어요.

대적기도 역시 부르짖는 기도를 통해 실제적인 능력을 많이 경험하게 되었어요..
예전에는 '귀신아! 나가라!' 하고 아무리 반복해도 별 느낌도 변화도 없었는데 부르짖는 기도가 어느 정도 익숙해지면서부터는 '귀신아!' 하고 속으로 생각하기만 해도 속에서 '부르르!' 하는 진동과 함께 내 속의 어두움이 분리되는 것이 느껴졌고 내 것인 줄만 알았던 슬픔, 우울, 외로움, 집착, 자기연민, 판단, 분노, 자책.. 그 모든 것이 내가 아님을 알게 되었어요.
그래서 예전에는 사소한 어두운 생각과 감정들을 그냥 대수롭지 않게

받아들였는데 부르짖기 시작한 후에는 그러한 것들을 많이 조심하게 되었어요.
어두운 감정을 받아들이는 순간, 혹은 그 즉시는 모르다가도 나중에 부르짖다보면.. 어지럽고 답답하고 아프면서 통증이 표출되곤 했으니까요.
부르짖어 기도할수록 영적인 근원을 분별하고 영혼을 조심스럽게 지키는 데에 집중하게 될 뿐 아니라, 영적인 전쟁과 싸움이 실제적인 것으로 느껴지고, 승리의 경험도 실제적인 것이 되어갔습니다.

한동안 아는 가까운 분이 불면증으로 시달릴 뿐 아니라, 자꾸 귀에 아는 사람들 소리가 들린다고 하시는 등 악한 영들의 공격으로 힘들어하신 적이 있어요..
그 분을 위해서 저와 가족들이 한동안 기도의 씨름을 한 적이 있었는데 부르짖는 기도의 힘이 약할 때는 아무리 대적하며 기도해도 별로 효과가 없어서 오히려 기도를 하던 저희들이 아프고 쓰러지고 그랬죠.
그러나 한참동안 외치고 부르짖으며 온 몸에 힘을 가득 채우고 나면 간단한 대적기도에도 어둠의 세력이 제압되고 기도를 받던 분이 힘이 빠지고 쓰러져 한동안 자리에 눕곤 했어요.
여러 차례의 경험을 통해 대적기도의 효과는 부르짖는 분량과 거의 비례한다는 것을 발견하게 되었고 대적기도에 있어서 부르짖는 기도가 일종의 모터 역할을 한다는 것을 느낄 수 있었습니다.

부르짖는 기도는 제 자신의 내면에 변화를 주었을 뿐 아니라 주변에도 영향력을 행사하기 시작했습니다.
재정적인 어려움이 많이 있던 가정의 형편이 점차 좋아지기 시작했습니다. 그리고 가족들이 한사람 한사람씩 변화되기 시작했어요.
예수님을 믿고 가족들에게 복음을 열심히 전해서 다들 영접기도를 했고 교회를 다니게 되었지만 구체적인 삶의 변화는 없어서 아쉬웠었는데 부르짖기 시작하면서 가족들에게도 실제적인 복음의 능력이 나타나기 시작하였습니다.

또한 교회 공동체에도 변화가 생기기 시작했습니다.
정원 목사님께서 지금은 집필에 몰두하셔서 집회 인도를 일체 하지 않고 계시지만 그 당시만 해도 책을 많이 쓰지 않으시던 터라 초청을 받아 ** 교회 중고등부 수련회를 인도하셨던 적이 있었습니다.
아이들의 마음이 거의 준비되지 않은 상태라서 강력한 기도와 찬양에도 별 반응을 보이지 않자, 마지막 날 집회 전에 목사님께서 중고등부 선생님들을 모아 함께 부르짖으며 아이들을 위해 중보하는 시간을 가졌어요.
부르짖는 기도에 대해서 많이 들어왔고 카페에 올리신 목사님의 글을 읽었지만 그렇게 실제적으로 전투를 하는 모습은 처음 보았습니다. 참으로 감격적이고 인상적인 장면이었습니다.
속에 있는 것을 토해내며 주님께 전심으로 매달리는 기도.. 정말 감동적이었지요.

그렇게 간절하게 중보 기도를 드리고 난 후 그 다음날 집회에서 강력한 성령의 역사가 있었고 중고등부 아이들이 거의 대부분 방언을 받고 수련회가 끝난 이후에도 밤마다 모여 기도하는 등 영적 각성이 일어나는 것을 보고 큰 충격과 감동을 받았습니다.
오랜 동안 교회의 부흥을 기대하고 사모하던 저는 부르짖는 기도를 통한 중보와 영적 싸움이 교회의 어두움을 깨뜨리고 부흥을 가져온다는 사실을 목도하고 흥분한 것이었어요.
그리고 나서 바로 저희 교회에 수련회가 있었는데 저는 공교롭게 중보기도국을 맡게 되었습니다.

** 교회에서 목사님과 중고등부 선생님들과 함께 했던 기도가 마음에 떠나지 않아서 중보 기도국에서도 같은 방식으로 기도를 인도하기로 마음을 먹었지요.
중보 기도실에 모인 아이들에게 부르짖는 기도에 대해 이야기하고 기도를 시작하는데 처음에는 잘 기도가 되지 않았어요.
인도하고 있던 저와 여동생은 첫날 저녁, 온 몸에 힘이 빠지고 거의 쓰러지다시피 곯아떨어졌어요.

다음 날 아침에 일어났는데 여전히 온 몸이 쑤시고 아팠습니다.
이것이 말로만 듣던 영적 전쟁인가 싶어서 긴장이 되었습니다.
둘째 날 기도는 첫날에 비해서는 수월했지만 여전히 힘이 실리지 않았습니다.
그러나 셋째 날 드디어 배에서 소리가 나오기 시작하면서 전날에는 그렇게 애써도 가슴에서 꽥꽥 소리가 날 뿐 깊은 곳으로 소리가 내려가지 않아서 답답했는데 배에 힘이 실리면서 드디어 '으아아아~' 하는 부르짖음이 회복되었습니다.
모인 학생들 모두 얼마나 전심으로 기도했는지 방안에 걸려있던 거울에 김이 서리고 벽에도 물이 축축하게 배일 정도였습니다.
온 방안이 부르짖음, 울부짖음, 외침으로 가득했고 떠오르는 죄들을 가지고 울부짖는 회개가 이어졌습니다.

아이들이 방언을 받기 시작하고 기도실에서 떠나지 않으려는 아이들도 있었습니다. 기도가 즐거워지고 죄를 깨닫고, 서로 간의 관계가 회복되고, 마음이 부드러워진 사람이 많았습니다.
워낙 이러한 기도분위기에 익숙하지 않던 터라, 반감을 갖고 공격하는 사람도 있어서 나중에는 절제해야 했지만 단순한 부르짖음 한 가지로 엄청난 풍성함을 경험하게 되었고 그 이후에도 공동생활을 하던 자매들 사이에 방언이 퍼져나가고 교회에 새로운 활력이 생기고 무엇보다 주님에 대한, 기도에 대한 사모함과 열정이 많이 일어났습니다.
영적 무감각과 무관심을 깨뜨리고 주님을 갈망하는 마음이 일어난다는 것.. 이것이 부르짖는 기도의 가장 아름답고 매력적인 부분 중 하나가 아닌가 싶어요.

성경을 읽고 연구하면서 항상 머리 속을 떠나지 않던 장면이 있었어요. 그것은 진열장의 유리 앞에 서성대고 있는 아이의 모습이었어요.
성경 속의 인물들이 경험한 그 살아 계신 하나님을 나도 경험하고 싶은데.. 나는 마치 진열장 유리 앞에 서성대며 구경만 할 뿐 손을 뻗어도 그 물건을 만질 수 없는 아이처럼.. 주님을 경험할 수 없다는 것이 그렇게 괴롭고 슬프고 서러울 수가 없었어요.
그러나 부르짖는 기도는 개념적이고 관념적이었던 주님의 실상을 직접 맛보게 해 주었고 기독교와 성경은 시시히 제게 살아 움직이는 것이 되었습니다.
진열장의 유리는 걷혀졌고, 멀게만 느껴지던 영혼의 세계가, 주님의 임재가 바로 내 가까이에, 손을 뻗어서 만질 수 있는 바로 그곳에, 눈에 보이는 어떤 물체보다 더 실제적으로 내 곁에 존재한다는 것이 너무 기쁘고 행복해요.

성경을 읽을수록 머리만 커지는 것 같고 판단만 많아지는 것 같아서 '주님.. 제발.. 성경을 머리로 읽지 않고 경험할 수 있게 해 주세요. 진리에 대해서 이해하는 것이 아니라, 진리를 직접 경험하게 해 주세요.' 하고 간절히 구했었는데.. 그렇게 찾고 찾던 진리를 경험하는 방법이 이렇게 단순한 부르짖음 속에 숨어있을 줄은 몰랐습니다.
그저 단순하게 큰 소리로 부르짖듯이 외치며 성경을 읽어 내려갈 때, 깊은 속에서 쏟아지는 감동과 기쁨은 저를 얼마나 행복하게 하는지요..

주님이 허락하신 은혜의 길은 너무 단순하고 쉬워서 복잡하고 어렵게만 생각하던 저는 오히려 받아들이기가 너무 어려웠던 것 같아요.
그저 어린아이 같이 외치고 부르짖을 때 하늘의 문을 열어주시는 주님.. 이렇게 쉽고 단순한 방법으로 당신께 다가갈 수 있도록 허락하신 자비하신 주님을 찬양합니다.

아직은 부르짖는 기도의 맛을 처음 보기 시작한 터이지만..
날마다 조금씩 걸어나가..
더 깊고 풍성한 부르짖음의 기쁨과 맛을 경험하고 싶습니다.
그리고 주님을 더 경험하고 싶습니다.
눈에 보이는 그 어떤 것보다 더욱 실제적이고 놀라우신 주님의 영광과 거룩과 아름다움을 경험하고 싶습니다.
그리고 부르짖음을 통해 하늘의 권능이 온 땅에 임하는 것을 보게 되기를 간절히 기대합니다.
할렐루야~!!

2. 저의 부르짖는 기도 경험   -G자매-

부족하지만 부르짖는 기도에 대한 간단한 경험 몇 가지를 이야기해보겠습니다.

1.
제가 이 카페의 가족이 된 지도 벌써 3년이 넘었습니다.
2002년 10월 12일에 정회원 신청을 했으니까요.
참 많은 일이 있었습니다.
이곳에서 남편을 만나고, 결혼을 하고, 아이를 낳고, 그리고 무엇보다 나의 주님을 만났으니 얼마나 제게 소중한 곳인지요.
저는 모태신앙에다 대학생 선교단체에 있었고 단기선교 훈련에 열심을 내기도 하고 거의 교회에서 살다시피 하는 열심 청년이었어요.
그렇지만.. 기도하라, 성경을 읽으라, 전도를 하라 등등의 항목은
제게 참.. 피하고 싶은 숙제였지요.
지금은 부끄럽긴 하지만 저도 기도의 재미, 기쁨이 무엇인지 알게 되었고, 자유와 행복이 어떤 건지 깨달아 가고 있답니다.
와, 너무 좋아요!

부르짖는 기도는 제가 이 카페에 와서 처음 배운 낯선 기도 방법이었습니다.
물론 주여 삼창 기도나 통성 기도 같은 것은 해봤지만 이 기도처럼 '으~' 라든지, '아~' 라든지 혹은 낮은 소리로 방언을 하기만 해도 기도가 된다는 것은 참 생소했습니다.

그 시절, 몇몇 자매들과 모여 함께 기도를 했었는데, 부르짖는 기도를
첨 한 그 날인가 그 다음날인가.. 하혈을 하게 되었습니다.
얼마나 놀랐는지..
근데 그 때의 느낌이 뭔가 쑥 빠져나간 듯 시원했었습니다.
그리고 나서, 기도 중에 침, 가래, 구역질이 나오기 시작했고
나중에는 심장에 통증이 나타나기 시작했습니다.

저는 심장병에 걸린 줄 알았어요. 얼마나 가슴이 아픈지..
정말 자주 아팠습니다.
영혼이 깨어나기 시작했던 것이었죠. 그것이 그 동안 제 안에 계신 주
님을 아프게 했던 저의 악성들이 처리되는 과정이라는 것은 나중에야
알게 되었습니다.
이것을 시작으로 저는 많은 신기한 느낌.. 아픔.. 들이 조금씩 생겨났
고, 그 이후 내 안의 죄와 어둠들을 발견해 나가고 진정 살아 계신 나의
주님을 만나게 되었습니다.
지금도 계속해서 제 영혼의 감각은 깨어나고 있는 것 같습니다.

2.
저는 아기를 낳은 지 얼마 되지 않아서 출산 당시의 상황과 고통을 아
직 생생히 기억하고 있습니다.
그런데 한 가지 신기한 것은 아기를 낳을 때 호흡과 힘주기를 제대로
해야 하는데, 그것이 배호흡과 부르짖기와 똑같았다는 점이예요.
해산의 고통이 얼마나 극심한지 호흡을 하는 것도 힘주는 것도 너무나
어려웠지만, 제가 제대로 호흡하지 못하고, 힘을 주지 않으면 세상으로
나오려는 아가가 너무나 힘들고 위험할 뻔했답니다.
침대에 누워 진통을 할 때 제 배에 태아의 심장박동을 체크하는 선을
연결하더군요.

진통이 올 때마다 저는 꼭 정신을 잃을 것 같았는데 옆에서 간호사가 호흡을 깊이 하라고 말해주었어요.
나름대로는 호흡을 한다고 했는데 진통이 극심해서 호흡이 배에까지 가지 않고 가슴으로만 호흡하게 되었어요. 그렇게 하면 태아의 심장이 잘 뛰지 않는다고 옆에서 지켜주던 언니가 강하게 호흡하라고 얘기해주면 있는 힘을 다해 배로 호흡을 했지요.
그럼 진통도 훨씬 덜하고 정신을 차리게 되기도 했답니다.

그리고 아기가 나오게 될 때는 정말 아랫배에 있는 힘을 다 주게 되는데, 부르짖는 기도를 할 때 아랫배에 힘을 주잖아요..
아기를 낳는 와중에서도 이거 다 기도하는 거잖아.. 하는 생각을 했던 것 같아요. 그래서 남편과 다음 번에 아기를 낳는 사람이 있으면 기도 열심히 하라고 일러줘야겠다.. 고 얘기하며 웃기도 했지요.

처음 낳은 아기이지만 그 동안 했던 부르짖는 기도의 훈련 덕분에 수월하게 낳은 것 같아요.
부르짖어 기도를 한다는 것.. 아기를 낳는다는 것..
모두.. 고통에 비할 수 없는 큰 기쁨을 얻는 것이라는 생각이 들어요.
저도 더 부르짖고 부르짖어서.. 주께로 더 가까이 가고 싶어요.
주님을 더욱 실제적인 분으로 경험하게 되길..
주님이 진정한 나의 연인이 되시길.. 간절히 바래요.

* 초기에 자매를 만났을 때 자매와 여러 사람들과 같이 식사를 할 때가 있었지요. 그 때 조용히 대화를 나누는 가운데 갑자기 가슴이 찢어지는 것 같은 통증을 느끼게 되었습니다. 물론 자매의 가슴 안에서 일어나는 것을 제가 느끼는 것이지요.

그 통증은 몹시 심해서 집에 온 후에도 며칠동안 앓았지요. 자매도 한참 동안 아파서 고생을 한 것 같았습니다. 제가 알기로 그것이 자매의 영혼이 최초로 깨어나는 경험이었던 것 같습니다.

영혼이 깨어나고 눈을 뜨는 순간에 이와 같은 가슴의 통증을 느끼는 일이 많이 있는 것 같습니다.

제 아내의 경우도 어느 날 저와 조용히 천국과 영의 법칙에 대한 대화를 나누는 가운데 갑자기 가슴이 얼어붙고 통증이 와서 그 후에 3일 정도 일어나지도 못하고 가슴이 아파서 고통을 겪은 적이 있었지요. 그 후부터 영적인 감각이 새로워져서 사람들의 영을 느끼고 분별하기 시작하게 되었습니다.

자매도 이러한 통증을 느끼면서 영혼의 감각이 생기기 시작했고 점차 주님의 마음을 느끼게 되었던 것 같습니다.

부르짖는 기도에는 이러한 현상들이 더러 올 수 있는데 그것은 당시에는 고통스럽지만 영혼의 감각이 살아나는 과정이기 때문에 잘 견디고 기도하면 결국은 풍성한 복과 은총이 된다는 것을 기억해야 합니다.

3. 부르짖는 기도 너무 좋아요. -Y전도사-

처음 쓰는 글이라 쑥스럽지만 그러나 너무 감사하고 기뻐서 용기를 내서 글을 올립니다. 부르짖는 기도를 하게 된 것은 저에게 있어서 주님이 주신 큰 축복입니다.
제가 부르짖는 기도를 하면서 힘들었던 것은 며칠 간 계속 되었던 심한 몸살이었습니다.
그리고 2개월에 걸쳐서 머리가 터져 나갈 듯이 심하게 아팠던 일과 속이 미식거리고 뭉친 것 같고 답답하고 소화가 되지 않아서 2개월간 소화제를 먹었던 일입니다. 그리고 기도하면서 가래가 나오게 되니까 주위에서 오해를 빚었던 일입니다. 뒤늦게 목사님의 글을 통해 정화과정인 것을 알게 되었지요.

부르짖는 기도를 한 후 주님에 대한 느낌이 예민해졌습니다. 전과 달리 말씀이 새롭게 깨달아지고 메말라 이기적이던 저에게 울고 웃을 수 있는 마음의 여유로움이 생겼습니다.
가슴에 집중하면서 기도하니까 눈물이 나왔어요. 그리고 주님이 고독하시고 아픈 마음을 가지고 계시다는 것을 조금이나마 느끼게 되었습니다. 사람들이 불쌍해 보였습니다. 영혼을 사랑한다는 것이 무엇인지 알게 되었어요. 왜 주님께서 사람들을 보시고 우셨는지, 우실 때 마음이 어떠하셨는지 조금 느끼게 되었습니다.
부르짖는 기도 할 때 머리에 집중하면서 기도할 때는 주로 꿈을 많이 꿉니다. 낮은 목소리로 부르짖어 기도하니까 목소리가 남자처럼 굵은 소리가 나왔어요.

이 기도를 하면서 가장 큰 기쁨은 내 자신이 보이고 내가 누구인지를 알게 되었다는 사실입니다.
예를 들어 전에는 가족들이 저에게 고집이 너무 세다고 말하면 저는 내가 왜 고집이 세냐고 나는 고집이 없다고 대답하곤 했지요. 가까운 사람들이 나에 대해 아무리 말해 주어도 내가 보이지 않았어요.
들리지 않았어요. 변명했어요.
외식은 2000년 전 예수님이 바리세인들에게 말씀하셨던 성경 속의 이야기라고 생각했어요. 나하고는 너무 거리가 멀고 관계가 없다고 생각했지요. 화를 내면 괴롭고 후회가 되어 화내지 말아야지, 화 안 나게 해주세요.. 하고 기도하지만 어느새 끓어오르는 분노를 멈출 수가 없었습니다. 분에 못 이겨서 또 화를 내곤 했지요.

그러나 부르짖는 기도를 하면서 결국 나는 아무것도 할 수 없다는 것을 깨닫게 되었습니다. 이제는 내가 조금씩 보이게 되었어요. 나를 볼 수 있다는 것이 너무 기쁩니다.
이제는 사소한 일에도 귀를 기울입니다. 환경을 통해서 말씀하시는 주님의 말씀을 잘 들으려고 하지요.
지금은 내가 노력한 것도 아닌데 화가 잘 안나요.
노력한 것도 아니데 주님이 원하시는 선한 길로 발걸음이 옮겨져요.

죄에 대해 예민해졌어요.
전에는 죄라고 생각하지 않았는데 이제는 죄가 보이고 깨달아지고 알게 되었어요. 부르짖는 기도를 통해서 이러한 여러 가지 변화들이 온 것을 감사할 뿐입니다.
주님의 은혜 감사를 드립니다.

4. 부르짖는 기도의 능력   - L 사모 -

부르짖는 기도를 통하여 받은 은혜를 나눌까 합니다. 저는 2002년 정원 목사님이 인도하시는 팔당 기도원 집회에 처음으로 참석하게 되었습니다. 그때부터 오늘까지 글을 읽고 훈련을 하고 있습니다.
기도하고 훈련을 하면서 날마다 기이한 체험과 삶에서의 변화를 경험하면서 사는 것이 신기하고 재미가 있습니다.
그 전에도 발성 기도나 방언 기도를 드렸지만 부르짖는 기도의 그 능력과 권능은 알지 못했습니다.
그러다가 목사님을 만난 이후 부르짖는 기도의 영적인 의미를 알았고 그 파워를 체험하곤 했습니다.

저는 대학에서 성악을 전공하였고 현재 중등학교 교사로 일하고 있습니다.
전 평생을 노래하면서 늘 하던 호흡, 특히 복식 호흡, 그리고 늘 하던 '아아아~~' 하고 소리 지르는 발성 연습이 이 부르짖는 기도와 호흡 기도와 밀접한 관계가 있다는 것을 목사님을 만난 이후에 너무나 실감나게 깨닫게 되었습니다. 자세한 사항은 목사님의 책에 잘 설명이 되어 있습니다.
그 이후 계속 '아아아~~' 소리내어 기도하고 목을 풀듯이 아주 가볍게 그러나 강하게, 때로는 흉성을 쓰면서 호흡을 실어 보내는 동시에 '하아아~~' 하고 부르짖어 기도하면 속이 미식거리고 뒤집히고 침과 가래 오물 때로는 누런 찌꺼기 가끔은 피 섞인 액체가 나오기도 합니다. 그리고 나면 머리도 맑고 가슴이 뻥 뚫린 것처럼 시원합니다.

저는 대학 다닐 때부터 계속 성가대 지휘자로 봉사하고 있습니다.
성가대 연습을 하면 요즘은 간단한 메시지와 함께 항상 호흡기도, 눈 기도, 부르짖는 기도로 훈련을 합니다.
지금은 중고등부 성가대를 맡고 있습니다.
올해 부임 받았을 당시 인원은 12명에서 13명 정도로 간단한 피스 곡이나 찬송가를 하던 정도였습니다.
지금 제가 지휘자로 온 이후는 30명에서 33명 정도로 늘었으며 서로 성가대원을 하고 싶어 후보가 줄을 서 있습니다.
성가대 훈련을 할 때 먼저 호흡 기도와 눈 기도, 부르짖는 기도를 열심히 훈련하고 곡 연습에 들어갑니다.
지금의 곡은 지난주에 '거룩한 성'을 했으며 크리스마스 칸타타 '사랑의 왕'을 마스터하고 12월 마지막 주엔 헨델 메시아의 '할렐루야'를 할 계획이라 연습을 대충 마쳤습니다.

예전에는 기대하기 어려운 놀라운 수준의 발전이었는데 이것의 비결은 오직 기도 훈련이었습니다.
기도훈련에 대해 잘 이해하지 못하던 아이들도 열심히 성의껏 설명하면 집중해서 따라 하였고 좋은 반응을 보였습니다.
이 아이들은 성가대 경연 대회와 대외적인 대회에서 상을 휩쓸기도 했으며 성적도 오르고 교우관계도 좋아지는 등 많은 아름다운 열매를 맺게 되었습니다.

제가 한 것은 오로지 주님을 사랑하고 사모하는 마음으로 찬양케 하고 주님께로 집중하여 찬양하고 외치고 선포하게 한 것 외엔 아무 것도 없었습니다.
교회 어른들이 성가대가 찬양을 할 때면 불같이 뜨겁기도 하고 물이 흐르는 것 같은 감동이 있다고 칭찬하십니다.

제게 다른 노하우는 아무것도 없습니다. 오로지 이 부르짖는 기도의 능력에 의지할 뿐입니다. 애쓰고 힘씀은 목사님이 하시고 저는 이렇게 재미만 보고 있으니 죄송하고 감사하는 마음뿐입니다.

찬양의 예 외에도 이 부르짖는 기도의 위력과 능력은 대단합니다.
방학 때 초등학교 아이 레슨을 할 기회가 있어 어떤 아이를 잠시 보아 주었는데 이 아이는 반에서 꼴지를 해서 자존감을 무참히 상실하고 자신감이 없었습니다.
집안 형편은 부모님 모두 한의사로 부유한 환경입니다.
이 아이에게 성악 레슨을 하면서 두 달간 과외를 해주었습니다.
그러면서 공부 시작하기 전에 매일 눈 기도 와 호흡기도 훈련을 하고 수업을 했습니다.
그로부터 몇 개월 후 아이의 성적은 향상되었고 드디어 이 아이는 반에서 반장이 되있습니다.
그 이후 저와 우리 딸은 한약은 공짜로 먹고 있습니다.
단지 눈 기도를 조금 시켰을 뿐인데.. 그 결과와 열매는 정말 놀랍습니다.

학교에서 아이들 수업 할 때도 칠판에 점을 찍어 놓고 눈 기도의 훈련을 시킵니다.
성경 구절을 알려 주면서 간단한 설명과 함께 훈련을 합니다.
그러면 그만한 집중력은 그 어느 방법에서도 찾을 수가 없습니다.
이런 간증은 너무나도 많아 밤을 세워가며 나열해도 부족할 것입니다.
이것이 모두 부르짖는 기도와 기도 훈련의 덕분입니다.
부르짖는 기도는 참으로 하나님의 능력이요 하늘을 여는 비밀의 열쇠인 것 같습니다. 부르짖음은 그 열매가 실제로 나타나는 실존의 방법이요 길입니다.

제가 체험한 부르짖는 기도란 기쁨이요 감사요 축복이요 쟁취입니다.
물론 이런 결과가 나타나기까지 평안하기만 했던 것은 아닙니다.
무수한 오해와 전쟁과 아픔이 있었고 인내와 눈물이 있었습니다.
하지만 어려울 때마다 주님께 맡기고 엎드려 꾸준히 기도할 때 승리를 경험할 수 있었습니다.

하나님이 허락하신 부르짖는 기도, 이것을 잘 받아들이고 훈련하면 놀라운 발전과 변화가 있을 줄 믿습니다.
주님과 감사와 영광을 돌립니다.
할렐루야!

5. 부르짖는 기도로 인한 변화들   - Y자매 -

정원 목사 독자 모임 카페에 오고 목사님 책을 읽고 훈련을 시작하면서 부터 부르짖기와 발성 기도의 중요성에 대해서 깨닫게 되었습니다.
제가 출석하던 제자훈련 계열 교회의 특성상 저의 기도는 주로 묵상에 집중되어 있었고, 그래서 늘 기도는 별로 재미가 없는 것이라고 느낄 수밖에 없었습니다.
제가 머리를 많이 쓰는 타입이어서 묵상기도 하다보면 어느새 공상과 이런 저런 생각들이 꼬리에 꼬리를 물고 일어나서 처음에는 기도를 한 게 분명한데 나중에는 혼자 상상을 하고 있었던 적도 많았고,
맘잡고 기도하려고 하다가 잠이 든 적도 많았습니다.

그러다가 방언기도와 부르짖는 기도의 유익을 배우게 되면서 기도시간에 발성 기도가 많은 부분을 차지하게 되었습니다.
부르짖는 기도를 통하여 얻게 되는 열매라고 목사님이 소개해 주셨던 것들 중 제가 기억하고 적용했던 것들은 다음과 같았습니다.

1. 내향성을 벗어나고 적극적인 표현을 함으로써 현실의 삶 속에서 눌려있는 억압을 떨치고, 강한 영권을 얻고자 함
2. 뇌의 체험으로 인한 영적 혼란을 없애고 영적 분별력을 증가시킴.
3. 영계에서 이루어진 일들을 현실계에서 일어나도록 함
4. 소리의 길을 뚫음으로써 영의 길을 뚫음

각 부분에 있어서 저에게 일어난 변화를 정리해 보고자 합니다.

1.
저는 수줍음을 좀 타는 편이고 막내라서 그런지 친한 사람한테는 매우 친근하게 대하지만 새로운 사람을 만나게 되면 좀 눌리거나 힘들어하는 경우가 많았습니다.
그런데 그런 어색함이 모두 영적인 억압과 눌림 때문이라는 것을 알게 되었고, 그렇게 내성적인 성향은 악한 영들의 온상이라는 것을 배웠습니다.
그래서 열심히 부르짖는 발성 기도를 하고, 사람들과의 교류를 막는 내성적 성향을 극복해가면서 더 활발하게 인간관계를 만들어가기 위해 노력을 하고 있습니다.

이제는 처음 보는 사람에게도 좀 더 자연스럽게 대할 수 있게 되었습니다.
발성 기도를 하게 되면 영을 보호하는 껍질이 두꺼워지기 때문에 사람을 만나도 눌리지 않는다고 하셨는데 정말 그런 것 같아요.
또한 인간관계에서 늘 좋은 소리만을 해야 했고, 저에게 대적하거나 불리하게 대하는 사람에게도 늘 당하고만 사는 경향이 있었는데 이제는 무례하게 굴거나 부당한 대우를 하는 사람에 대해서는 화내지 않고도 분명하게 의사를 표현하는 경우가 늘어나게 되었습니다.

저는 체격은 좋은 편인데 늘 목소리가 너무 높고 가늘며 뭔가 목에 걸린 듯한 느낌이 있었는데 낮게 부르짖는 기도와 낮은 방언 기도를 통해서 목소리를 낮출 수 있게 되었고 낮은 목소리를 통해 대화의 분위기를 조절하는 것도 훈련 중에 있습니다.
낮고 부드러운 목소리로 이야기하면 대화의 진행도 훨씬 부드럽고 일도 잘 되는 것 같아요.
배로 부르짖게 되면 배에서 뜨거운 물이 부어지는 듯한 느낌을 자주 받게 됩니다. 이런 느낌이 있고 나면 더 자신감이 많이 생기고 강해지는 느낌이 들어요.
그리고 저는 사람 눈치도 많이 보고, 머리를 굴리면서 '다른 사람이 나를 어떻게 생각할까?' 하는 생각을 많이 했는데 부르짖고 배가 뜨뜻해지면 그런 생각들이 사라지게 됩니다.

주변 눈치보고 의식하는 것에서 제가 어느 정도 심했냐하면… 지하철에 타면 꼭 어떤 사람들이 저를 뚫어지게 쳐다보고 있는 것만 같아서 지하철 타는 것을 매우 기피하는 경향이 있었어요.
요즘도 지하철은 될 수 있으면 잘 안 타려고 하지만, 전에는 누군가 쳐다보는 것 같은 쪽을 제대로 보지도 못했던 반면, 요즘에는 그쪽을 한 번 쳐다보게 되는 것이 제게는 큰 변화라고 할 수 있습니다.
그럼 거기에는 아무도 나를 보고 있지 않아요.
물론 때로는 진짜 어떤 사람이 저를 보고 있을 때도 있지만 그런 경우는 많지 않았구요. 지금 생각하면 그러한 것도 어떤 영적인 억압과 관련된 것이 아닌가 싶습니다.

어쨌든 부르짖고 나서는 그런 현상들도 부쩍 줄어들게 되었어요.
외부에서 누군가 보는 것 같고, 눈치 보게 되고 그런 것들이 모두 다 악한 영에게 눌려서 그렇다는 것을 확실히 알 것 같아요.
그런데 부르짖게 되면 그런 것이 다 없어지게 되고, 머리에 복잡한 생각도 많이 사라지게 되니까 삶이 무지 행복해 집니다.

2.
주님을 만나는데 가장 큰 장애가 되었던 것은 발성 기도를 통한 충분한 영의 정화가 없었기에 영을 분별할 수가 없었다는 것이었지요.
분명히 물질세계의 감각도 아니고, 일반적인 생각과도 다른 감각을 체험하게 되면서 영적인 세계가 실재하는 것임을 알게 되었고, 그래서 처음에는 너무나 큰 놀라움과 경이로움에 사로잡히게 되었어요.
많은 음성이 들리기 시작했고 무수한 감동들이 일어나기 시작했어요.
그 중에서 좋은 것들도 많이 있었지만, 점점 가면 갈수록 이상한 음성이나 감동들이 많아지게 되었습니다.

대표적인 예를 들면.. 잘 다니던 회사를 그만두고 선교지에 가야한다는 감동이었습니다.
그래서 이 감동을 따라 회사를 그만두고 선교지에 가려고 하다가 좌절을 겪기도 했습니다.
그 당시 상황에서 저는 도저히 이해를 할 수가 없었습니다.
개인적으로 기도를 할 때 실제로 너무나 구체적인 느낌(거의 누가 말을 해주는 것 같이)으로 감동이 왔고, 또 환희와 엑스터시에 가까운 기쁨이 느껴지는 것 같았기 때문에 저는 그런 종류의 체험이 주님의 임재 체험이라고 믿게 되었어요.
그 당시에는 어떤 누구의 권면도, 설득과 충고도 귀에 들어오지 않았으며, 이것은 주님의 감동이 분명하다는 확신이 아주 확고했었지요.
그러나 그것이 주님의 음성인지, 아닌지는 결국 열매에서 드러난다고 하셨듯이 저는 그런 종류의 자극적이고 강한 느낌의 음성을 따라갔다가 크게 고생을 하게 되었습니다.

그리고 나서부터 어떻게 하면 영을 분별할 수 있을 것인가?
모든 영적 감각들이 주님으로부터 오는 것이 아니라면.. 어떻게 주님의 음성과 그렇지 않은 것을 분별할 것인가? 이것이 저에게 큰 의문으로 다가오게 되었습니다.
그제서야 목사님의 글들 중에 부르짖는 기도에 관한 글들이 많이 눈에 띄게 되었습니다.

그리고 제가 영의 체험이라고 생각했던 것들은 모두 뇌의 체험이었고, 그것은 상상의 왕국에 불과할 뿐이며 미혹과 혼미케 하는 영들의 장난이 얼마든지 가능한 영역이라는 것을 알게 되었습니다.
잘못된 감동, 뇌의 감각에 속아 오래 고생을 하고 나서 얻게 된 가장 큰 수확이라면 함부로 자신을 신뢰하지 않게 되었고 어떤 영적인 음성이나 감동이 올 때에 그것을 그대로 믿지 않고 잘 분별하게 되었다는 것이라고 할까요?

그리고 무조건 밝게 웃고 떠들고.. 무식하게 부르짖고 방언하고, 크게 찬양하고 춤추면서 더 많이 표현하고 발산하는 행복한 신앙생활을 하게 되었다는 것입니다
이전에는 사람들이 시끄럽게 박수를 치고 찬양하고 그러는 것을 보면 속으로 '어머, 천박해, 무식한 사람들 같으니라구..' 했었는데 이제는 제 사신이 그렇게 주님께 간절히 부르짖고 뛰고 춤추며 찬양하는 사람이 되었습니다.
또한 계속 부르짖으면서 영적 분별에 있어서 자라가기를 사모하고 있습니다.
전에는 어떤 조금 더 달콤하고 감미로운 체험을 하게 되면 '아.. 정말 놀랍다.. 이런 건 정말 아무도 모를 거야.' 하면서 마치 자신이 대단하게라도 된 양 금방 마음이 높아졌던 것 같고, 그런 상태에서 오는 감동들을 다 좋은 것으로 확신하면서 섣부르게 행동하고 결정했었는데 이제는 오히려 은혜를 받았을 때 더욱 조심하며 그때 들어오는 생각들을 면밀하고 주의 깊게 관찰하며 통제하게 되었습니다.

3.
주님께서 주시는 복은 영적인 축복과 물질적인 축복이 있는데, 저는 지나치게 물질적인 축복을 경시하고 터부시한 측면이 있었어요.

선교단체에서 훈련을 받으며 주를 위해 목숨을 바치는 삶이란 정말 현실 속에서의 모든 것을 다 버리고 선교지로 떠나는 것이라는 인상을 받았고 그런 사람을 주님께서 특별히 사랑하신다는 잘못된 생각을 갖고 있었던 것 같아요. 그래서 저는 신앙생활을 열심히 할수록 현실 생활에 있어서 무능해 지게 되는 것 같았어요.

진로에 대해 고민하다가 결국 사회진출을 늦추고 석사과정을 선택했었는데, 그 과정 중에서도 교회 일, 선교 등에 빠져 학업에도 충실하지 못하고, 논문도 못쓰고 수료만 하게 되었어요.

그리고 결국은 목사님의 대적기도 책을 읽으면서, 그 대학원시절 당시 은혜체험을 해서 열심히 신앙생활을 했던 것이 한편으로는 현실을 도피하게 만들고 현실에서 무능한 사람이 되도록 했던 영들이었음을 깨닫고 열심히 그 영들과 싸워서 결국 7년 만에 논문을 완성하게 되었습니다.

목사님께서 예수님의 능력을 체험할수록 현실 속에서 더욱 유능한 사람이 되는 것이 정상이라고 하셨는데 저는 영적 체험과 신앙생활을 추구할수록 현실에서 더욱 무능해졌던 것 같아요.

이제는 그런 생각들에서 자유로워져서 주님께서 주신 직장과 삶의 터전을 소중하게 여기며 큰 비전과 이상과 멀리 있는 어떤 대단한 것을 추구하기보다는 지금 이곳에서 주님을 누리고 즐기는 삶의 즐거움을 추구하게 되었어요. 그러다 보니 조금씩 조금씩 삶이 제자리를 잡게 되는 것 같아요.

앞에서 말했던 '회사를 그만두고 선교지로 가야한다' 는 감동이 예언의 영이 임한 것이라고 확신하고 따라간 후부터 저의 현실에서의 삶은 걷잡을 수 없이 어려워졌어요.

그때부터 정화가 시작되고 고생은 많이 했지만, 결국은 지금 근무하고 있는 직장에 들어와서 인턴부터 다시 시작을 하게 되었지요.
이 직장은 정부기관이라서 자리가 잘 안 나는 곳이어서 계약직으로 계속 다니고 있었어요. 그런데 진로와 관련해서 주님께 인도를 구하면서 부르짖자, 전혀 기대하지 않았던 일이 벌어졌어요.
저희 팀에 있던 선배가 다른 곳으로 스카웃되어 갈 수도 있다고 하는 거예요. 그 때 목사님께서 부르짖는 기도는 영계에서 일어난 일을 물질계에 나타나게 하는 것이라고 하셔서 열심히 부르짖으면서 기도를 했어요. 그랬더니 그 선배가 정말 나가게 되었고, 저는 그 자리에 채용이 되었어요.

그리고 이곳에서 하는 일이 주로 보고서 작성하는 일인데, 때로는 정말 머리가 너무나 복잡해지고, 눈앞이 혼미해질 때가 많아요.
자료 자체의 문제일 수도 있고, 작업을 방해하는 그런 영들이 있는 것 같아요.
몇 달 전에 중요한 글을 하나 써야했는데 자료는 산더미같이 모아놨고 머리 속에는 이미 다 구상이 들어있는데 열흘이 넘도록 컴퓨터 앞에만 앉으면 한 글자도 글을 쓸 수 없는 것이었어요.
아.. 그때의 답답함과 곤고함이란..

난 왜 이럴까? 써야 하는데, 써야 하는데.. 하면서 시간만 보내다..
결국 한적한 곳에 가서 무식하게 부르짖고 일을 못하도록 하는 영들을 대적하고 내려왔더니 제가 컴퓨터 앞에 앉아서 마구 타자를 치며 글을 쓰고 있는 것이었어요. 제 자신도 놀랄 정도로 말이에요..
어떤 일을 해야 할 때 못하고 있다면 정말 주변에서 악한 영들이 누르고 있는 것이 확실하답니다.
머리 속에 있는 것이 현실에 나타나도록 물질화 시키려고 할 때는 소리가 정말 중요하다는 것을 다시 한번 깨닫게 되었지요.

4.
저는 찬양을 하고 노래하는 것을 매우 좋아해요. 주님께서 주신 좋은 달란트라고 생각하고 더 개발하고 싶은 마음이 많이 있어요. 그래서 성악 레슨을 받아보기도 하고 그랬었지요.
그런데 소리를 내기 시작하면서부터 제 자신의 몸이 얼마나 막혀있고 순환이 되지 않는지, 그리고 더러운 오물로 가득 차 있는지를 느낄 수 있게 되었어요.
처음에 카페에 와서 사람들이 토하고, 구역질하고, 트림하고 그러면 그 소리가 너무 듣기 싫었던 것을 고백하지 않을 수 없네요.
말은 안 했지만 속으로 '어머, 왜 저래, 더럽게..' 그랬어요.. 그리고 목사님 글에 트림과 구토, 지저분한 것들이 나오는 것은 속에 더러운 기운들이 나오는 것이라고 하시기에 '어머. 저 사람들은 속에 더러운 것이 많나보다.. 나는 안나오는데..' 라는 착각 속에 잠시 빠져있기도 하였습니다.

그런데 부르짖는 기도를 시작하고 나자 점점 안에 있는 것들이 표출되기 시작했어요.
초창기에 열심히 부르짖고 크게 찬양을 하고 나면 속에서 계속 썩은 악취가 올라오는 것이었어요. 저는 처음에는 너무 소리를 크게 질러서 성대가 찢어져서 고름이 맺힌 것이 아닐까 걱정을 했는데 목에 아무 이상이 없을 때도 그런 악취가 계속 나더라구요.
그래서 관찰해보니 그 악취는 가슴 쪽에서 올라오고 있었어요.
호흡기도를 하려고 할 때도 저는 가슴이 뽀개지는 것 같은 통증을 자주 느껴서 호흡을 많이 채울 수가 없었고요. 노래를 부를 때도 소리가 배를 통과하여 가슴을 지나가야 하는데 가슴이 막혀 있어서 소리가 뚫고 올라오지 못하는 것을 많이 느끼게 되었어요.
그런데 부르짖기 시작하면서 그런 통증들이 표출되면서 서서히 줄어들기 시작했고, 가슴에서 끊임없이 끈적한 가래가 나오고 있어요. 그리고 트림을 할 때도 가슴이 꽉 막혀 있으니까 트림이 올라오다가 다시 배로 내려가곤 했는데 지금은 가슴을 많이 뚫려서 그런지 트림이 한꺼번에 밖으로 표출되고 있어요.
가슴 쪽이 완전히 막혀 있다가 점점 뚫려갈수록 뭔가 저의 막혔던 삶들도 조금씩 뚫려가고 있는 것 같아요.
그리고 찬양을 들으면서 호흡하거나 할 때도 가슴에 따뜻한 느낌, 시원한 느낌들이 반복되면서 행복한 느낌들이 드는 경우도 많아졌어요.
이렇게 소리로 실제적으로 몸의 막혀있는 부분들을 뚫게 되면 그 부분이 정화되게 되고, 그 막힘으로 인해 제 삶에 형성된 어떤 저주와 재앙들이 사라지게 되는 것 같아요.
이것은 앞으로도 실제 신체의 부위변화와 삶에서의 변화들을 좀 더 주의 깊게 관찰해보고 싶다는 마음이 들어요.

저에게 있어서 부르짖는 기도의 가장 큰 유익이라면 제 안에 숨어있는 적군들.. 제가 주님께 나아가지 못하도록 속이고, 주저앉게 만들고, 괴롭혔던 적군들이 하나 둘 씩 전면으로 드러나게 되었다는 것이에요. 나와 내 속에서 속이고 있었던 악한 영들이 분리되기 시작하였다는 것이지요.
부르짖는 기도는... 저의 기도에, 제 삶 속에 혁명을 가져다주었습니다. 앞으로도 소리를 정복하고, 영의 세계와 원리에 대해서 더 많이 알아가고 싶어요. 그래서 영성을 추구하는 것이 현실도피가 아니라 현실 속에서 승리하는 강한 영권을 가진 진정한 영적 실력을 쌓아 가는 것임을 체험하고 싶어요.
놀랍고 아름다운 부르짖는 기도의 세계를 알게 하시고 앞으로 계속 더 깊은 기도의 세계로 인도해 가실 주님을 찬양합니다.
할렐루야!

6. 부르짖는 기도와 사람의 영에 대한 분별
   -Y자매-

앞에서 부르짖는 기도로 인한 변화들에 관해 정리한 글을 썼는데 꼭 이것을 추가하고 싶은 마음이 들어서 조금 더 써보려고 합니다.

부르짖는 기도를 하면서 실제 생활 중에서 가장 크게 달라진 점 중 하나라면 사람들과 대화를 할 때 상대방의 상태가 몸으로 느껴진다는 것이었습니다.

한 예를 들면, 회사에서 학교 후배가 새로 들어오게 되어서 그 친구에게 많은 도움을 주고 정을 주고 잘해 주었는데 이 사람이 자꾸만 저에게 나쁘게 대하고, 그 아이 때문에 제가 불이익을 받는 일들이 일어나게 되었습니다.

처음에는 주님의 감동으로 그녀를 도와주고 있다고 생각했지만 가면 갈수록 상황이 이상하게 되어가고, 도움을 받는 대상의 태도도 불손해져만 갔습니다.

그러다가 사모님께서 '자매는 사람들에게 너무 잘 대해주고 정을 주기 때문에 오히려 그것이 문제가 되는 것 같다. 주님 안에서 마음을 열고 교류하는 사람에게만 잘해주어야지 그렇지 않고 아무에게나 잘해주면 오히려 상처받고 무시를 당할 수 있단다.' 하는 말씀을 듣고 깊이 충격을 받게 되었어요.

그 후로는 그 친구에 대한 태도를 바꾸어서 그냥 사무적인 태도로만 대하고 잘해주던 것들을 다 끊었습니다. 그러자 신기하게도 그녀가 저에게 너무나 공손하고 얌전하고 깍듯한 태도로 바뀌는 것이었어요.

잘해줄 때는 건방지더니 잘 안 대해주니까 정상적인 태도를 보이는 것을 보면서 스스로 많은 것을 느끼게 되었습니다.
그런데 그 친구가 고분고분해지자 저는 마음이 약해져서 또 다시 잘해주려고 했어요.
그 친구가 저에게 어떤 문제로 도움을 청하자 다시 마음을 열고 도와주려고 그 친구에게 가까이 와서 앉으라고 말을 했습니다.
그 아이도 웃는 얼굴로 공손히 와서 이야기를 하기 시작했는데 그런데 그 순간 갑자기 눈이 막 시린 느낌이 들고, 배 있는 부위에도 '확~' 하는 어떤 불쾌한 기운이 느껴졌어요.
그녀는 여전히 웃으며 이야기하고 있었지만 그 느낌은 정말 불쾌하고 냄새나는 것이었어요.

그 날의 경험을 통해서 저는 정말 사람은 외모와 말로 대하기보다는 그 사람의 기운과 느낌으로 대해야 하는 구나 하는 깃을 뼈저리게 느끼게 되었습니다.
이처럼 부르짖는 기도 이후에 서서히 이전과는 달리 상대방이 겉으로 보이는 표정과 말의 내용이 아니라 전체적인 기운이 선명하게 느껴지기 시작한 것 같아요.
이전에는 사람들과 대화를 할 때 내가 무슨 말을 해야 하는가.. 즉 내 자신의 상태, 나에게 의식이 집중되어 있었다면 이제는 대화를 할 때에 상대방의 상태를 느끼면서 대화를 진행해 나가는 쪽으로 바뀌게 되었습니다.

사람들을 대하며 대화를 하면서 관찰을 하고, 느낌을 비교하기도 하는데 어떤 사람은 처음부터 끝까지 별로 불쾌한 느낌도 없고 대화가 술술 잘되는가하면 어떤 사람은 시종일관 머리부터 발끝까지 긴장이 되고, 식은땀이나 불쾌한 느낌들이 등골에서 머리까지 스치고 가기도 해요.

그리고 대화 중에 어떤 주제가 나오면 상대가 무척 경계를 하거나, 불쾌해하거나 감추고 싶어하거나.. 그런 상태들이 머리의 유추가 아닌 몸의 감각으로 느껴진다는 것이 참 신기합니다.

그렇기 때문에 분위기가 경색되게 하는 주제들을 피해가거나 도저히 피해갈 수 없을 때에는 그냥 빨리 대화를 마치거나 내가 어떤 말과 행동을 했을 때 상대가 좋아하는가..
그런 부분들에 대해서 그냥 나의 머리로 생각하고 유추하는 것이 아니라 몸의 느낌이나 감각으로 반응하는 비율이 높아져가고 있다는 것이 분명한 변화의 경향입니다.
그리고 이런 변화들이 일어나기 시작한 이후부터는 사람을 대하고 대화하고 만나는 것이 어렵거나 두렵다고 느껴지지 않고 그냥 할만하다는 쪽으로 바뀌기 시작한 것 같습니다.

저는 상대방이 저의 의견이나 말을 동의해주지 않고, 대화가 경색되는 것을 무지 두려워했고 그럴 때는 마치 제 자신의 존재가 거부당하기나 한 것처럼 무척 힘들어했어요.
그러면서도 대화를 끊지 못해서 질질 끌려갈 때도 많았는데.. 이제는 대화 중에 상대방의 거부의 기운이나 불쾌한 느낌들이 빨리 포착이 되니까 대화를 다른 방향으로 바꾸거나 얼른 끊어버릴 수 있어서 참 좋아요.
이번에 해외 출장을 다녀왔는데, 한국인, 외국인을 합쳐 출장 중에 무수한 새로운 사람들을 만나 대화를 나누었는데도 그저 그 자리들이 모두 즐겁고 재밌고.. 할만하다고 느껴졌어요.
말이 외국어라고 해도 결국 대화는 분위기인데, 제가 대화 자체에 대해서 별로 두려움이 없어지다 보니까 그냥 쉽게 느껴졌던 것 같아요.

한번은 홍콩사람과 영어로 대화를 하는데 그 사람은 시종일관 웃으면서 친절하게 이야기했는데 중간에 어떤 질문을 했을 때 얼굴 표정의 변화는 없었음에도 상당히 안 좋은 느낌이 전해져 와서 얼른 다른 쪽으로 이야기를 돌리게 되었거든요.
그 느낌은.. 불쾌하거나 좀 후끈하는 그런 종류의 느낌일 때도 있고,
상대가 무척 기뻐할 때는 시원하고 상쾌한 느낌일 때도 있고,
부위는 머리.. 등골.. 배.. 등등의 느낌이 그때그때 상황에 따라 사람에 따라 다르더군요.
이런 식으로 사람에게서 기운을 느끼고 그때그때 얼른 주제를 바꾸거나 돌리기도 하고.. 그런 식으로 해 나가다 보니 생판 모르는 외국인과 앉아서 한 시간, 한 시간 반정도 대화하고 인터뷰하는 것이 전혀 힘들게 느껴지지 않더라구요.
오.. 할렐루야!!
정말 놀라운 변화인 것 같습니다.

늘 목사님께서 사람은 말이나 외모가 아닌 그 사람의 영에서 나오는 기운으로 분별을 하고 느껴야 한다고 하셨었는데 부르짖으면서 그런 분별들이 조금씩 민감해지기 시작한 것 같아요.
앞으로도 더 열심히 부르짖고 정화되어서 분별에 있어 더 자라가고 싶습니다.
모든 선한 것의 근원이 되시는 주님을 찬양합니다. 할렐루야.

* 부르짖는 기도는 영혼을 정화시키고 깨어나게 하기 때문에 어느 정도 부르짖는 기도를 하고 나면 영혼의 감각이 예민해지게 됩니다. 그래서 분별력과 내적인 감각이 생기게 되지요.
그 중의 하나가 사람과 사람의 영, 느낌에 대한 분별력입니다.

그래서 사람의 마음을 느끼게 되고 사람들이 말할 때 참을 말하고 있는지, 거짓을 말하고 있는지, 말할 때 어떤 영, 어떤 기운이 흘러나오는지, 그 마음의 생각이나 동기들을 쉽게 느낄 수 있게 됩니다.

그렇기 때문에 피할 사람을 피하게 되고 가까이 할 사람을 가까이 하게 되며 사람의 내적 상태를 이해하게 되기 때문에 적절하게 사람들을 도울 수 있게 되며 어떤 사람들이 주님을 받을 수 있는 상태인지 알게 됩니다.
이러한 분별력은 사역에 있어서나 대인 관계에 있어서 아주 유용한 것으로서 부르짖는 기도가 주는 중요한 선물의 하나라고 할 수 있을 것입니다.

7. 천국의 놀라운 보화 부르짖는 기도 -H형제-

군대에 있는 H형제가 부르짖는 기도에 대한 소감문을 써서 보내왔어요.
우수에 잠긴 슬픈 눈빛과 힘없이 축 처진 어깨..기쁨도 희망도 없이 살던 H형제가.. 지금은 '웃긴 놈' 이라는 별명과 함께 생기와 기쁨과 웃음과 즐거움을 주는 사람으로 변화된 것이 너무 신기하고 감사해요.
"내가 한 건 부르짖는 거밖엔 없었는데.. 어찌 이렇게 변했을까.."
하고 종종 이야기하는 H형제..
H형제를 만나주시고 삶을 변화시켜주신 주님께 감사와 찬양을 돌립니다! -H전도사-

 [천국의 놀라운 보화, 부르짖는 기도]

부르짖는 기도를 시작하게 된 것은 4년 전쯤 정원 목사님을 처음 알게 되고 나서부터 입니다.
저는 그보다 3년 전인 1998년도에 예수님을 영접했었지요.
늘 인생의 목적, 삶의 목적에 대해 끊임없이 고민하고 연구하며 찾아 헤매던 누나가 드디어 '예수님이 진리' 라는 확신을 갖게 되고, 예수님을 영접하고 교회를 나가게 되자 누나를 통해 한 명씩 한 명씩 예수님을 알게 되고 저도 예수님을 믿게 되었지요.
그 때는 대학을 계속 낙방하여 3수를 하고 있을 때였습니다.
교회에 가면 너무나 재미있었고, 형제자매들과 지내는 것이 행복했지만 문제는 생활 속에서 진정한 변화가 일어나지는 않는다는 것이었습니다.
성경을 읽고 예배를 드려도 이미 무너져 있던 제 삶이 새롭게 바뀌지는 않는 것이었습니다.
청년의 정욕과 음란함을 싸워 이길 힘이 없었고 예수 믿기 전에 허무와 외로움으로 인해 방황하고 도피하던 제 삶의 습관들이 바뀌질 않았습니다.

예수 믿기 전에 늘 길가에서, 빈 공원 벤치에서, 학교 운동장에서, 전철역 벤치에서 앉고 누워서 그저 멍하니 시간을 보내곤 했던 제 안의 패배감과 두려움이 남아있었습니다.
예수님을 믿고 대학에 붙은 이후에도 교회 생활 이외에는 정상적인 것이 없었습니다.
학교에서 같은 과 학생들과 사귀기가 어렵고 두려웠으며 학교에 가기 싫었고 게으름과 놀림으로 인한 과도한 늦잠과 폭식과 도피심리,
교회 사람들과 그저 예배드리고 웃고 즐기는 시간만이 유일한 낙인 그런 내 모습..

돈을 쓰고 싶은데 벌 엄두는 안 나고 내가 무언가 할 수 있는 사람일 거란 생각도 못한 채 우연히 만들게 됐던 신용카드에 손을 대서 내 힘으로 감당할 수 없는 만큼 빚을 지게 됐던 일.
어릴 적부터 자꾸만 고쳐지지 않고 나를 따라온 거짓말과 나쁜 손버릇으로 인한 도둑질..
내가 서서 싸워야할 내 삶의 자리에 나는 서 있기가 너무나 두려웠고 그래서 다른 교회 친구들의 학교에 찾아가 시간을 보내다가 또 아무도 없이 혼자가 되는 시간이 무서워서 나 자신이 싫고 가난하고 보잘 것 없는 내가 부끄럽던 그 때에..

내 안의 죄를 이길 수가 없어서 다시 절망했던 그때에 주님께서 새로운 길로 저를 인도해 주셨습니다.

누나와 여동생이 정원 목사님을 인터넷 카페를 통해 필연적으로 만났으며 그곳에서 정말 처음인 것 같은 행복을 경험하고 기뻐하는 모습을 보게 되었습니다.

밤이 새도록 방언으로 시끌벅적 기도하는 시간을 너무도 행복(행복이라는 단어로도 모자랄 정도로 크게 넘치는 행복한 모습이었지요)해하는 두 자매의 삶은 급속도로 밝아지고 달라졌고 제게도 정원 목사님을 소개해 주었습니다.

목사님을 통해 기도에 대해.. 주님을 추구하는 삶에 대해.. 배우게 되었습니다. 그리고 저의 삶은 너무나 달라졌습니다.

춥고 어두웠던 감옥에 따스한 햇살이 내리쬔 것 같이 그렇게 예수님은 제 삶을 비추시기 시작했습니다.

처음에 목사님께 배웠던 기도가 부르짖는 기도였습니다. 우리는 교회에서 마냥 행복해하며 밤이 새는 줄도 모르고 기도했습니다.

부르짖는 기도를 통해 주님과 만나는 시간이 너무나 즐거웠기에 수없이 많은 밤들을 주께 부르짖으며 보냈습니다.

부르짖고 토해내고 또 부르짖고..

아주 단순한 방언이었지만 수없이 부르짖고 토해낼 때 내 영혼이 자유케 됨을 느꼈습니다.

오색찬란한 가래들과 피가 나왔고 정화의 과정들을 거치면 거칠수록 감미로운 어떤 기운이 나를 감싸고 만지고 안아주는 것 같았습니다.

부르짖는 기도를 시작하게 되면서부터 저는 진짜 신앙 안으로.. 예수님을 향한 마음으로 살게 되었고 조금씩 조금씩 나 자신에서 벗어날 수 있게 되어갔습니다.

난처했던 것은 정화되는 과정에서 어디를 가더라도 늘 입안 가득히 침이 고이곤 했던 것인데요, 자꾸 자꾸 엄청난 양의 침이 나와서 뱉고 또 뱉고 몰래 뱉고 했었지요.

부르짖는 기도 속에 숨겨진 엄청난 능력.. 발성을 통해, 소리를 통해 내 안의 영들이 표출되고 나가면서 때론 내가 더 나빠진 것 같을 때도 있었지만 정화의 과정이었고 청년의 정욕에서 점차로 자유롭게 되었으며 눈을 조심하게 되었고 음란함이 얼마나 내 영혼을 망가뜨리는지, 얼마나 나를 괴롭게 하는지 알게 되었습니다.

죄가 미워지니까 끊어지기 시작했고 부르짖음으로 내 영혼이 생기를 얻고 힘을 얻게 되자 나를 무겁게 짓누르던 눌림에서 벗어나 일자리를 찾게 되었습니다.

재수 삼수 시절, 예수님을 몰랐던 시절에 가난한 집안 형편과 실패한 내 인생을 비관하며 무기력하게 전철역 벤치에 누워서 허무와 외로움, 패배감과 괴로움에 어쩔 줄 몰라 하던 제가 돈을 벌 자신이 없어서 우연히 만들었던 신용 카드에 손을 대서 결국 카드 빚을 지고 그 빚을 갚을 능력이 없어서 카드 독촉 일이 다가올 때면 부들부들 떨며 죄책감과 공포감과 불안감에 눌려 더 비참해져만 갔던 제가, 청년의 정욕적인 죄와 음란, 집착, 소유욕과 게으름에 빠져있던 제가, 어떻게 지금의 제가 된 것일까요?

부르짖는 기도 덕분이지요!

주님께 간절히 매달려 구하자 그가 내게 임하셨습니다.
그리고는 내 삶을 바꾸기 시작하셨습니다. 도망치고 도피하는 내 안의 어두움들을 기이한 빛으로 채우신 것이지요.
누구든 돈이 필요하면 일을 해서 벌면 될 것이라 생각할 것입니다.
그러나 그러한 평범한 생각도 할 수 없을 만큼 폐인이었고
빛으로 드러나는 것, 현실로 나아가는 것이 어려워 도피하던 제 상태에

서는 기적과도 같았던 일을 하고자하는 마음이 생긴 것과 아르바이트 구인란을 찾아가며 일을 찾고 구한 것,
아르바이트를 해서 게으른 삶을 청산하고 부지런히 일하는 일상을 회복하게 된 것.
이 모든 것을 이룬! 저를 사람답게, 사람되게 하신 주를 만날 수 있는 비밀이 바로 부르짖어 기도하는 시간 속에 숨어있었습니다.

정말 제가 일을 한다는 것은 기적인데, 제가 일을 하며 기쁨을 느끼게 되었습니다.
학사경고를 세 번이나 맞고서 한 번 더 맞으면 퇴학인 상황이었는데, 영혼이 점차로 강건해지면서 사람들 사이에서의 두려움도 차차 사라지고 담대해져서 학교에 나가고 수업을 들으며 내가 진정 서 있어야할 자리, 나를 부르신 위치에 점차로 서기 시작했습니다.
나의 죄를 빛 가운데 드러내고 주 앞에 회개했을 때
그리고 주님께 도움을 요청했을 때 내 영혼은 힘을 얻었습니다.
가족들의 격려와 사랑 안에서 일하며 카드 빚을 점점 갚아나가게 되었던 것이지요!

정말, 내 평생 나쁜 손버릇을 가리기 위해 거짓말하고, 또 들킬까봐 두려워하고 들키면 혼나서 마음에 죄책감과 정죄감에 시달리며 살아왔었는데.. 지금은 그렇게 시원하고 떳떳할 수가 없었습니다.
보통 사람들이라면 자신의 의지와 힘으로 이겨냈을지도 모르지만
의지력 없고 내성적이고 죄책감 많았던 저의 힘으로는 할 수 없을 것만 같던 자유란 세계가 펼쳐졌습니다.
사람답게, 사람으로 살아가는 나 자신이 참 신기하고 제 삶에 이루신 놀라운 일들로 인해 주를 찬양합니다!
부르짖는 기도는 제게 꿀맛과 같이 달콤했습니다.

제 인생에 놀라운 선물이었습니다. 정원 목사님을 만난 이후로 제 기도와 기도의 목적과 삶이 달라졌고 예수님의 소유가 되는 사람이 되는 것, 영혼이 열려서 주를 만나는 것이 제 목표이자 삶의 전부가 되었습니다. 부르짖음으로 내 영혼이 강하고 담대해졌으며 악한 세력을 이길 힘을 얻었습니다.

강력하고 낮은 발성의 기도로 마귀를 부수고 주께 부르짖음으로 제 안의 수없이 많았던 끊을 수 없었던 죄들이 끊어졌으며 군대에 오기 전에는 드디어 카드 빚도 다 갚는 감격의 시간을 갖게 되었습니다.

군대에 와서도 처음 훈련소에 입대하여 구르고 뛰고 기합을 받을 때에도 주를 잊지 않고 마음속에서 매일 같이 힘을 다해 부르짖고 마귀와 싸워나가며 성경을 읽고 기도했더니 주님께서 제게 너무 좋고 편한 보직을 내려주셨습니다.

과자 파는 군인.. PX병이 된 것이지요!

군 생활이 핀 것이면서 동시에 제가 살아오면서 가장 많이 무너지고 넘어졌던 '돈'과 관련된 임무라는 점에서 주님의 예비하심이 참으로 놀라웠습니다.

이곳에 보직되어 군 생활을 한지도 어느덧 1년 반이 되었는데 부르짖고 기도할 때마다 참으로 놀라운 경험들, 재미있는 사건들이 많았습니다. 군 생활을 하면서 실제 현금을 만지고 관리할 수 있는 유일한 곳이 PX인데, 이곳에서 군인으로써는 거의 경험할 수 없는 금전관리, 사회생활을 경험하며 성실과 정직을 제 몸과 영혼에 점차 새겨나갈 수 있게 해주신 주님의 은혜가 너무도 크고 감사합니다.

또한 서비스 직종(?)이라 많은 사람들을 대하면서 사람에 대해 배우고 영혼을 사랑하는 법에 대해 실질적으로 배우게 되는 것이 참 감사합니다.

정말 재밌고 행복한 군 생활을 하고 있는 저를 보면 너무 신기하고 감사합니다.
PX 형광등이 너무 어두워서 주여~ 주의 빛으로 비추소서! 기도했더니 희한하게도 다음날 어떤 인부들이 와서는 형광등뿐만 아니라 다른 것들도 다 바꿔줘서 엄청나게 밝은 3파장 필립스 형광등으로 제 일터를 비춰주셨으며 돈은 없는데 너무 배고프던 이등병 시절에는 '주님~ 너무 배가 고파요~ 도우소서!' 했더니 먹을 것 사러온 고참들이 갑자기 제게도 먹을 것을 하나 씩 하나 씩 사주고가서 배터질 만큼 많이 채움 받기도 했죠.

우리 부대 제일 높은 곳에서 주님께 부르짖던 날도 있었고
가족들이 면회를 와주어서 함께 부르짖고 찬양하며
행복한 예배를 드렸던 아름다운 추억들도 잊지 못할 것 같습니다.
쏙 휴가를 나가야 할 때가 있었는데 휴가 신청을 그보다 일찍 해서 나가야 할 때를 빗겨갔는데 '주님, 어쩌죠?' 하고 부르짖었더니
휴가를 상부에 올리는 일을 담당하는 병사가 우연히 착각을 해서 제 휴가를 못 올려서 다시 휴가를 신청해야 하는 상황이 발생하여 나가야 할 때를 딱 맞춰나가게 된 적도 있지요.

지난 5월에 군복무 기간 중에 아버지께서 돌아가셔서 청원 휴가를 나가게 됐던 때에도 부르짖고 눈 기도도 강하게 하고 기도했더니 제 마음이 흔들리지 않고 얼마나 평안했고 행복했었는지요!
환경과 상황을 넘어서 주를 바라고 부르짖을 때 주님은 얼마나 신실하게 제 기도를 들으시고 응답하시는지!
쓰러지신 후 오랫동안 차라리 죽는 것이 나을 만치 고통 속에 지내셨던 제 아버지를 영원한 안식 가운데로 부르신 주님, 또한 큰 사랑과 위로로 남아있는 우리 가족을 채워주신 주님의 사랑이 너무나 커서.. 너무

나 귀해서.. 보잘 것 없는 저를 사랑하신 주님의 십자가 사랑에 목이 멥니다.

저를 왜 이토록 사랑하시는지요, 주님!
이렇게 주님 이름을 부르고
소리내어 내 온 맘 다해 주를 향해 부르짖는
천국의 놀라운 보화를, 비밀을 제게 가르쳐 주서서 감사합니다!

주님, 찬양합니다!
예수님의 임재를 추구하며 살겠습니다!
주신 귀한 은혜 잊지 않겠습니다.
기도로, 예수 이름으로만 살겠습니다.
내 목숨을 주님께 드립니다.
주여, 당신의 아름다움을 열방 가운데 전하는
주님을 위해 생명 다해 부르짖는 기쁨을 알리는 제가 되도록 도와주십시오.

주님을 위해 주님의 영광을 위해 부르셨사오니
주님께 달려갑니다.
영광의 주, 영원의 주 예수 그리스도시여
홀로 존귀와 영광을 받아주소서!
제 부족한 삶, 부끄러운 삶을
영화롭게, 행복하고 밝게 바꿔주신 주님만이
이 글 통해 드러났기를 바랍니다.
감사합니다. 할렐루야!
* 형제를 처음에 보았을 때 형제가 느끼는 것 같은 폐인과 같은 느낌은 없었고 겉으로 보기에는 유쾌하고 재미있는 청년이었습니다. 그러나

깊은 심령 속에 불안감이 느껴졌고 그것을 감추기 위해서 장난도 치고 오버하는 면이 있었지요.
처음에는 영성에도 별로 관심을 보이지 않았고 집회를 할 때도 뒷 자리에서 장난을 치곤 했지요.

그러나 부르짖는 기도를 시작하면서 갑자기 눈빛이 달라지고 모든 것이 변화되기 시작했습니다. 우렁찬 소리로 부르짖으면서 많은 눈물을 흘리며 많은 것들이 달라졌지요.
형제는 그 전에는 모든 것들이 항상 운이 없는 쪽으로, 잘 안 되는 쪽으로만 진행이 되었는데 강력하게 부르짖는 기도를 하는 이후로 는 모든 것이 잘되는 쪽으로 풀려 갔습니다.

군대도 자꾸 미루기만 하다가 늦게 가게 되어 부담감이 있었는데 열심히 부르짖자 PX병으로 보직을 얻게 되어 편한 위치에서 자유롭게 기도하며 살 수 있게 되었고 문제가 있을 때마다 부르짖으면 주님이 개입하셔서 휴가도 얻고 모든 면에서 응답을 얻게 되었습니다.
물질적인 면에서나 대인관계, 모든 면에서 전과 비교할 수 없이 자유롭고 풍성한 삶을 살고 있는 형제는 부르짖는 기도가 얼마나 실제적으로 인생의 방향을 잘 되는 방향으로 바꾸는 지를 잘 보여주는 실례라고 할 수 있을 것입니다.

8. 부르짖는 기도에 얽힌 이야기들 -H형제-

H형제가 군대에서 보내온 소감문 중에 부록으로 짤막짤막하게 에피소드 형식으로 쓴 글이 있어요. 재미있는 이야기들이라 다시 올립니다. -H전도사-

1.
이등병 때 처음 부대에서 부르짖었던 기억입니다.
PX에 손님도 없고 고참도 잠깐 화장실 간 틈을 이용해 시편을 큰 소리 내어 읽던 일도 있었습니다. 그랬더니 몸에 힘이 느껴지고 권능이 막 들어왔습니다. 좀 더 낮고 큰 소리로 읽다가 부르짖고 방언 기도도 하고 그랬었는데 답답하던 가슴이 뻥 뚫리는 기분이었고 너무 행복했습니다.

2.
야간에 경계 근무를 서는 시간에 주변에 아무도 없고 비도 많이 오는 날이었는데 3-4미터 떨어진 자리에서 근무를 서는 고참도 졸고 있길래 몰래 찬양을 했습니다.
천천히.. 내 입에선 찬양과 방언이 터져 나왔습니다.
예수 사랑해요, 거룩한 나의 주님, 주께서 높은 보좌에, 산과 시내와..
찬양하고 기도할 때 어떤 거룩한 기운이 느껴지고 내 주변을 감싸는 것 같았습니다. 마음껏 찬양하고 주님을 부르던 그 시간들이 너무 감동이 되었습니다.
매일 같이 내무실에서는 가요를 들으며 일어나고 PX에서도 고참이 틀어놓은 가요와 TV소리를 들으며 일하던 터라 눌렸었는지 찬양이 잘 나오지 않았었는데.. 그 순간 자연스레 그동안 눌렸던 내 안의 영혼의 찬양과 경배가 그 비 오던 밤에 터져 나와 눈물이 나고 주를 향한 그리움과 사모함을 마음 깊숙이 느꼈던 행복한 밤이었습니다.

3.
목사님의 글 중에 '두려워하기 싫으면 분노하십시오' 라는 구절을 읽은 기억이 있습니다.
그 짤막한 글은 두려움과 초조, 불안감과 도피심리에 시달리던 제가 목사님을 통해 배운 부르짖는 기도를 통해 두려움을 극복한 것을 다시금 기억나게 하셨습니다.
분노는 강한 힘이며 이것을 사람이 아닌 마귀에게 토해내며 부르짖을 때 놀라운 승리를 맛보게 된다는 것!
진정 마귀는 두려워할 존재가 아니며, 마귀에게 분노하며 거룩한 주 앞에 설 때 진정한 승리를 할 수 있는 것을 새삼 깨닫게 되었습니다.
주님, 감사합니다!

4.
군대에 와서도 고참들이 무섭게 생각될 때가 많았습니다. 그래서 눈도 잘 못 마주치던 적도 있었습니다.
그러다가 목사님의 글 중에 '다른 사람의 눈을 피하지 마십시오. 다른 사람의 눈을 자연스럽게 쳐다볼 수 있다면 그는 거의 치유가 된 사람입니다!' 라는 부분을 읽게 되었고 충격을 받았습니다.
혹시라도 다른 사람들로부터 안 좋은 것이 오지 않을까 하는 마음과 함께 눈을 잘 마주치지 않았었는데.. 이것은 소극적인 의식이며 일종의 두려움이었던 것입니다!
그 글을 통해서 내 안에 두려움이 있다는 것을 깨달았으며 상상으로 부르짖고 대적하며 싸워나갔습니다.
시간이 지날수록 누군가를 쳐다볼 때 그런 생각과 두려움은 사라져갔고 이제는 자유합니다. 나는 치유되었습니다!
할렐루야!!

5.
훈련소에서의 구르고 뛰며 땀 흘리는 시간이 지나 이제 자대로 배치를 받았습니다.
신병 소개 시간이 다가왔습니다.
자신을 소개하고 자신의 장기를 보이는 시간입니다.
다른 신병들이 자신의 장기로 어설픈 발라드를 불렀고 소극적인 모습을 많이 보였습니다.
고참들이 재미없어하고 시시해 했습니다.
저도 예전의 제 모습이었다면 더 재미없고 더 시시한 신병 소개를 했을 것입니다.
그러나 부르짖고 눈 기도를 하면서 훈련소 생활을 잘 마무리하고 온 저였기에! 저는 자신 있고 재미있는 자기소개와 장기 자랑을 할 수 있었습니다!

"백! 마! 이병 H! 신병 소개 하겠습니다! .. 중략.. 제가 나이는 이 내무반에서 가장 많지만, 계급으로는 가장 막내이니까 여러 고참님들 앞에서 재롱을 부리고 즐겁게 해드리겠습니다! 올챙이쏭 노래 다 아시면 불러주십시오! 제가 춤을 추겠습니다!"
하고는 훈련소에서 다 쉬어버린 굵고 낮은 목소리로 올챙이 노래를 부르며 신나게 춤췄습니다. "개울가~에 올챙이 한 마리~" 엄청난 오버와 다양한 표정으로 좌중을 압도한 저의 무대가 끝이 났고 다들 제가 춤추는 동안 정신 없이 황당한 표정으로 웃고 즐겼습니다.

그 후 고참들은 너의 신병 소개는 100점이었다며 너의 군 생활은 이제 완전히 폈다고 칭찬해주었고 정말 다들 저를 좋아해 주고 잘해주었습니다.
예수님을 몰랐다면, 부르짖는 기도를 몰랐다면 자신감 없고 재미없고 부끄럼 많던 저였을 텐데.. 정말 웃긴 놈으로 저를 새롭게 하신 주를 찬양합니다! 하하하!

6.
부르짖을 때 이성 관계에 있어서도 큰 변화가 일어났습니다.
과거에는 이성에게 과도하게 집착하고 사랑을 구하고 소유하려하고 자꾸만 상대방을 구속하고 싶어지는 그런 증상들이 많았습니다. 그러다가 상대방이 부담을 느끼거나 힘들어하면 미안해하기보다 나를 사랑해 주지 않는다는 서운한 마음이 들었었습니다.
그가 날 채워주지 않고 날 사랑하지 않는다는 생각에서 시작되는 어두운 분노와 혈기가 나를 사로잡아 상대를 괴롭혔습니다. 그 이후 드는 죄책감과 정죄감, 무력감에 스스로를 자학하기도 했었습니다. 슬픔도 밀려왔으며 우울하고 미칠 것 같았습니다.
그러나 부르짖고 또 부르짖으며 그러한 어두움의 영들에게서 벗어나고 싶어 몸부림치고 구르며 기도했습니다.

분노, 집착, 소유욕과 음란, 혈기의 영들에게 결별을 선언하고 싸우고 또 싸우고 또 싸웠습니다. 저는 이제 빛에 속한 사람, 예수께 속한 사람이 되고 싶었으니까요.
오랜 시간, 길고 긴 전쟁이었습니다. 내 평생 내 안에 자리잡아온 어두움들과의 가장 큰 전쟁이었으니까요.
얼마나 오래 그 문제로 괴로워하며 싸우고 이를 갈고 또 싸웠을까요.. 할렐루야! 드디어 저는 이성 문제에서 해방되었습니다!

오직 주만이 나를 채우실 분이시며 그분만이 모든 것을 소유하실 수 있으며 그분만이 모든 것이라는 것을 경험해가면서 서서히 제 영혼 깊숙이 변화가 일어났던 것입니다!
저는 자유케 되었습니다.
오랜 집착과 육적인 애정의 늪에서.. 음란과 혈기와 소유욕의 끈에서, 묶임에서 풀려 자유롭게 날아다니는 행복하고 밝은, 주의 소유된 영혼이 된 것입니다!
그 해방감! 그 자유함! 그 놀라운 진리 되신 주님의 능력!
부르짖을 때 저는 육에서 벗어났고 '나' 라는 자아 중심의 사고에서 벗어나게 되었습니다.
인간적이고 육적인 애정의 감정에서 벗어나게 되자 이제 저는 자유롭게 주님 안에서 사랑하게 되었습니다. 이제는 애정과 집착으로 인하여 묶인 사랑이 아니라 애정을 통하여 더 주님께 가까이 가고 풍성함을 경험하는 관계가 될 수 있었습니다.

아직도 부족하고 불완전하지만 지금까지 오랜 전쟁을 통해 저는 믿음이 생겼습니다. 단순히 그 분을 믿고 신뢰하며 싸워나갈 때 나는 온전한 빛 가운데로 더 가까이 날아갈 것이라는 믿음이 생긴 것입니다!
부르짖어 내 안의 고통을 다 쏟아낼 때 내 신음을 들으신 주님!
내 신음과 내 눈물을 다 아시고 손을 내밀어 나를 깊은 수렁에서 끌어올리신 주님! 나의 소리에 귀 기울이시는 긍휼이 많으신 우리 주님!
너무나 감사드립니다. 할렐루야!

7.
집착과 소유욕, 사랑 받고 싶은 마음은 다 지옥에서 오는 것임을 깨닫고.. 그러한 내 안의 어두움들이 드러나면서 시작된 것이 바로 폭식과의 전쟁이었습니다.

지금의 저는 배도 많이 나왔고 몸도 건장해 보이는 편입니다.
그러나 원래의 저는 사실 굉장히 마른 편이었습니다.
예수님 믿기 전, 대학에 계속 낙방하면서 혼자가 되었고 돈도 없어서 사람들 가까이 가기도 스스로 부담이 되었습니다.
사람들과 있으면 돈을 써야하니 부담이 되었기 때문입니다.
그래서 외로움에 익숙했었는데 예수님을 믿고 교회에 나가게 되면서 그리스도인들의 따스한 교제를 경험하게 되었습니다.
사람들과 함께 하는 것이 너무 기뻤지요. 오랜 시간 혼자였던 제게는 너무나 행복한 시간들이었습니다.
모두들 참 잘해주었습니다. 교회에서는 사람들이 돈이 있고 없고에 상관없이 그저 주안에 하나라는 이유로 사랑하고 축복해주었으니까요.
그래서 사랑 받고 싶던 제 어린 모습들이 주님의 사람들로 인해 많이 채워졌습니다.

가난으로 굶주리기도 했던 저였기에 교회에서 음식이 있으면 참 맛있었고 많이 먹었습니다.
그런데 그동안의 굶주림 -사실 육적 굶주림보다 영적 굶주림이었던- 이 폭발하면서 참 많이 먹었고 사람들은 놀라기도 하고 잘 먹는다고 칭찬도 해주었습니다.
그런데 그런 분위기 속에서 더 많이 먹기 시작한 저는 그러다가 폭식의 습관이 생기고 말았습니다. 그렇게 생긴 폭식의 습관은 잘 고쳐지지 않았습니다.
말랐던 제 몸도 어느새 살이 오르기 시작했습니다. 살이 안찌는 체질이었던 제가 1년여만에 10키로 정도 쪄버렸습니다.
그러던 중 목사님의 글 중에 '식욕을 절제하지 못하면 다른 음란이나 모든 죄와 싸워 이길 수 없다. 왜냐하면 인간의 타락이 먹는 것에서 시작되었기 때문이다' 하는 글을 읽고 큰 충격을 받았습니다.

저는 주 앞에 살고 싶고 죄를 이기고 싶기에 이때부터 폭식을 이기기 위해서 부르짖기 시작했습니다. 그리고 지금은 전쟁에서 싸워 이겨가고 있습니다.

군대에 와서 과자를 파는 임무를 맡은 저는 매일 바로 눈앞에 놓여있는 먹을 것들을 보며 처음에는 계속 지고 쓰러졌지만 이제 서서히 이 식욕과의 전쟁을 치르고 또 치르며 절제와 인내라는 덕을 배워가고 있습니다.

이제 저는 많이 자유롭게 되었습니다.

더욱 주 앞에 성장해가며 의지력 있는 주님의 강한 용사가 되겠습니다. 주님! 감사합니다! 할렐루~야!

8.
우리 부대에는 두 부대가 같이 있습니다.
한 집에 두 집 살림이 함께 있다보니 사이가 좋지 않습니다.
그런데 두 부대가 사용하는 PX는 제가 있는 한 곳 뿐입니다.
그래서 전통적으로 제가 소속된 부대가 아닌 다른 부대 쪽과 PX병의 사이가 아주 안 좋습니다.
처음에 와서는 너무나 무례하고 버릇없는 서로의 태도와 으르렁거리는 분위기에 놀랐고 긴장도 됐습니다.
때론 저도 저쪽의 시비에 휘말려 고통을 겪은 적도 있었구요.
그래서 저는 주님께 부르짖고 부르짖었습니다.
이제 1년여가 흘러 그들과의 관계는 많이 달라졌습니다.
다양한 사람들에 대해 많이 배웠고 그들을 기쁘게 하는 방법을 어느 정도 배우게 되어 그렇기도 하지만, 꾸준한 부르짖음 속에 주님이 두 부대를 이간질하는 영을 박살내셨다고 믿습니다. 이제는 다른 부대의 군인들이 와서는 저와 친하게 웃고 농담을 즐기다가 제게 음료를 사주고 가기도 하고 참 친해졌습니다.

저도 감기 걸려 고생하는 그 부대의 한 병사에게 제가 가지고 있던 비타민 약을 선물해서 아프지 말라고 격려도 해주곤 했지요. 주의 사랑의 통로가 되고 서로 화목한 우리 두 부대의 초석이 된 것 같아 뿌듯하고 PX병인 제가 자랑스럽습니다! 부르짖을 때 늘 신실히 응답하시는 주를 찬양합니다!

9.
부르짖고 계속 부르짖은 지 어언 몇 년.
처음에는 침이 넘치게 나와 절제가 안 될 정도였다가 서서히 침도 줄어들고 색깔도 달라졌습니다. 그러다 요즘에는 트림이 많이 나옵니다. 침보다는 트림이 조금 부담이 덜 되니 이제는 정화의 과정이 조금 쉬워졌다는 마음도 들어서 기쁘고 행복합니다!

10.
부르짖고 기도하니 원래 꿈을 잘 안 꿨었는데 꿈도 자주 꾸게 되었습니다. 꿈의 내용도 즐겁고 행복합니다.

11.
고참이 전역하고 한 달 여간 혼자 PX를 보게 되었었습니다. 환경적으로 보면 혼자 두 명분의 일을 하게 되어 참 힘든 시간이었는데도 부르짖음으로 강건함을 얻으니 힘들지 않게 행복한 마음으로 일을 잘 할 수 있었습니다. 주님께 감사드립니다!

12.
드디어 졸병이 들어왔습니다.
그런데 이 놈이 실수 투성이 입니다. 그래도 귀엽지요.
하지만 그래서 참 고생도 많이 했습니다. 돈을 다루는 곳인데 계산을 맞추는 월말마다 그 녀석 때문에 계산이 틀려서 제가 다시 몇 배의 시간을 들여서 작업을 해야 했으니까요.
그러나 주님은 제 이전의 모습을 다 아시기에 저는 용서할 수밖에 없었습니다. 그리고 바른 교훈으로 훈계할 수 있게 하셨습니다.
목사님과 상담 후 이 졸병이 머리는 좋은데 그 속의 두려움으로 인하여 자꾸 실수를 하는 것을 알게 되어 제가 그의 영혼을 치유하는 기도를 해주고 그 이후에 졸병이 많이 변화되는 것을 경험하게 되었습니다.
때론 권능으로 때론 사랑으로 졸병을 다루며 훈련시키는 제 모습도 놀라웠고 많은 묶임과 증상들을 가지고 있었던 졸병이 서서히 변화 되어 가는 모습을 보며 주님의 능력을 찬양하게 됩니다. 할렐루야!

13.
졸병이 어느 날 안경과 테를 이어주는 나사를 화장실 바닥에 떨어뜨렸는데 이 놈이 눈이 많이 나빠서 그 안경을 못쓰게 되면 큰일입니다. 그렇지만 나사는 정말 먼지처럼 작고 화장실은 너무 넓어서 찾는 것이 거의 불가능한 상황이었습니다.
그래서 이 아이가 주님의 능력을 알게 하고 싶다고 속으로 기도하며 졸병에게 '내가 찾으면 먹을 것 사라..' 하면서 그 졸병이 듣는 앞에서 이렇게 기도했죠.
"오, 주님! 제가 A에게 얻어먹으려는 것이 아니라, 이 눈에 보이지도 않아 찾을 수 없는 것을 주께서 함께 하신다면 찾을 수 있다는 것을 보여주려 하오니 나사를 찾게 하소서!"라고 말입니다.
그리고는 잠시 바닥을 보는데 눈앞에 나사가 반짝이는 게 아닙니까? 할렐루~야! 그 졸병은 제 기도를 기억하며 참 신기하다고 하나님이 정말 계시다고 하는 것이었습니다. 너무나 행복한 전도의 시간이었습니다.
저는 마지막으로 얘기했죠. "음.. 내가 뭐.. 얻어먹으려고 찾은 건 아니다. 하하하!"

14.
부르짖는 기도를 통해 많이 달라진 생활..
적은 군인 월급이지만 저는 매일 같이 가계부를 쓰고 있습니다. 입대해서부터 하루도 안 빼고요. 정말 게으르던 제가 이렇게 부지런해지고 알뜰해지다니! 저 스스로 가장 많이 놀랍니다!

15.
사격을 하는데 20발을 처음에 쐈는데 5발 맞아서 오리걸음을 냅다 돌았지요.
그래서 마귀를 쏴 죽이는 상상을 하며 상상 부르짖기를 하며 다음 번을 벼르다가 드디어 제 차례가 와서 빵 빵! 쐈더니 두 번째 때는 10발을 쐈는데 글쎄! 10발이 다 맞았습니다! 와아!
부르짖으면 특등사수가 된답니다! 할렐루야! 하하하!

16.
군대라는 곳이 삭막한 이유는 사과하는 것, 사랑한다는 표현이 없기 때문일 것입니다.
그런 이곳에서 특히 고참들로부터 사과를 받는 일은 드문 일입니다. 거의 없습니다.
그런데 어느 날 늘 졸병들을 괴롭히고 나쁜 말을 하는 무서운 고참이 나에게도 뭐라고 하며 무작정 나쁜 소리를 해댔습니다.
그 날 나는 속이 상해서 부르짖고 또 부르짖었습니다.
그랬더니 다음날에 그 고참이 내게 오더니 미안했다고 사과를 하는 것이 아닙니까! 와~ 정말 너무나 놀라운 부르짖음의 세계입니다. 할렐루야!

17.
군인은 언제나 바깥 세계가 그립지요.
어느 날은 조금이라도 밖에 나가보고 싶은 마음이 들었는데..
부르짖고 기도했더니 주임 원사님이 가을이라 밖에 낙엽이 많다고
위병소 밖의 낙엽들을 쓸라는 것 아니겠습니까!
그래서 매일 군대 밖으로 몇 걸음 나갈 수 있는 특권이 생겼습니다.
일거리가 하나 늘은 것이지만 나에겐 참 행복한 축복이었습니다! 모든 것을 부르짖을 때마다 들으시고 응답하시는 주님을 찬양합니다! 할렐루야!

9. 나의 삶을 변화시킨 부르짖는 기도 -H자매-

처음 예수님을 영접하고 얼마 후에 방언을 받게 되었습니다.
그리고 얼마 지나 카페를 알게 되었고 부르짖는 기도와 영혼의 자유와 해방에 대해 알게 되었습니다.
내 삶에 묶여 있는 많은 부분들이 부르짖는 기도를 통해 해방되기 시작했습니다. 전에는 호흡하는 것이 갑갑하고 많은 부분들이 자유롭지 않았는데 이제는 많이 자유로워졌습니다.
처음 부르짖는 기도를 하면서, 구역질, 기침, 하품, 소리를 지르는 등 다양한 현상들이 나타나고 랄랄라.. 뚜뚜뚜.. 빠빠빠 등 이상한 소리와 행동들이 나타나기도 했습니다. 또 여러 가지 심리적 현상도 나타나고요. 여기저기 몸살도 겪었습니다.
그런데, 이러한 현상들이 영혼이 깨어나는 과정임을 알게 되어 얼마나 기뻤는지 모릅니다!

부르짖는 기도의 시간은 너무나 재밌었습니다. 밤이 새도록 기도를 해도 시간이 가는 줄을 몰랐으니까요..
행복했던 기도의 시간만큼 삶에서도 열매를 맺게 되었습니다.
인생이 즐겁고 행복해졌어요.
모든 것이 아름다워 보이고.. 주님께서 이렇게 아름다운 분이구나.. 이렇게 우리를 사랑하시는 구나.. 하는 생각에 살아 있는 것이 꼭 천국에 있는 것처럼 행복했습니다.
그전까지 삶에 대한 아무런 기쁨도 소망도 없었는데.. 부르짖는 기도를 통해 큰 기쁨과 행복을 누리게 된 것입니다.. 할렐루야!

부르짖는 기도를 한 후에 악한 영들과의 전쟁에서도 승리를 맛보게 되고 눌려 있던 많은 것에서 자유롭게 되었습니다. 가정환경도 많이 어두운 편이었는데 이제는 많은 부분이 더 자유롭게 되었지요.
부르짖는 기도를 통해 저의 삶은 더욱더 밝아졌고, 기쁨으로 넘치게 되었습니다. 그리고 무엇보다도 부르짖는 기도는 주님을 더 가까이 만날 수 있도록 저를 이끌어 주었습니다.
내 영혼에 자유함을 주는 부르짖는 기도!
이것은 너무나 아름답고 행복한 기도라고 생각됩니다..
부르짖는 기도의 현상과 열매들을 조금 정리해보았습니다. 주님. 감사합니다!

1. 부르짖는 기도로 나타난 현상들

저는 대학교 2학년 때인 2001년쯤 부르짖는 기도를 알게 된 것 같아요. 처음 부르짖으면서 몸살을 많이 겪었습니다.
마치 감기몸살처럼 아프기도 하고, 며칠동안 쓰러져 있기도 했어요. 부르짖는 기도를 하는 가운데 악~! 하고 소리를 지르며 쓰러지기도 하고, 마치 몸이 오징어가 된 것처럼 흐느적거려지기도 했습니다.
그리고 이러한 현상들과 함께 내 안의 죄악(두려움, 폭발적인 분노, 증오, 게으름..) 들이 깨달아 졌습니다.

그렇게 부르짖으면서 어두운 의식이 많이 사라지고, 단순해지고 밝아졌어요. 그 후에도 매일같이 교회에서 찬양하고 부르짖었는데 부르짖은 후의 청량함은 말로 표현할 수 없을 만큼 너무 행복했습니다.
처음에는 부르짖는 요령을 잘 몰라서 목이 많이 가고 탈진하기도 했고, 많이 퍽퍽해 지기도 했지요. 그러나 점차 나를 누르고 있던 악한 영들로부터 승리하고 자유하게 되었습니다!

2. 정서적인 변화

예전에는 늘 우울하고 슬프고 삶의 소망이 없었는데, 부르짖고 나니 행복하고 살고 싶은 마음이 드는 것이었습니다!
모든 것이 아름답고 감사했습니다. 우울하고 어두웠던 내가 기쁨이 많아지고 웃음이 많아졌습니다.
믿음과 자신감이 생겼고, 나를 자유롭게 표현할 수 있게 되었습니다.
두려움과 긴장에서 자유로워지고 다른 이들을 사랑하고 섬길 수 있게 되었습니다.
무서움도 많이 사라지고 외로움, 죄책감, 소유욕, 집착, 잡념, 남에게 자꾸 의지하려는 약한 마음도 사라지게 되었어요.
사람들이 사랑스럽고 그리워졌습니다.

그리고, 주님의 사랑.. 가까운 사랑.. 늘 멀리 계시다고 생각했는데
날 정말 사랑하시는 주님이 실제적으로 다가와서 너무 행복했습니다.
속죄함.. 나의 죄를 대속하신 주님의 사랑.. 보혈의 능력이 온 몸과 마음으로 다가왔고, 그 이후 더 자유로워졌습니다.
그 큰 은혜를 받았기에 저도 주님을 닮고 싶은 마음이 가득해지게 되었어요..
그전에는 이기적이고 항상 긴장된 삶이었는데 주님의 끝없는 사랑을 알게 되어 이제는 주님의 사랑으로 다른 이들을 사랑하고 섬기고 싶습니다.
처음에는 많이 울었는데, 눈물이 점점 사라지고 웃음이 많아 졌어요.
삶이 풍성해지고 넉넉해졌습니다.
삶이 여유롭고 풍요로워졌어요.
저의 마음이 주님의 사랑으로 채워졌습니다.
정말 감사할 뿐입니다.

3. 대인관계

저의 성격은 원래 내성적이고 소극적이었는데, 적극적이 되었죠!
대학을 다닐 때의 일인데, 한번은, 친구들이 단체로 저를 오해하게 된 일이 있었습니다. 예전에는 상처를 많이 받고 울었을 텐데, 마음이 상하거나 하지 않고 오히려 당당하게 오해한 부분에 대해 이야기 할 수 있었습니다.
인간관계에서 타인에게 끌려 다니지 않게 되었구요. 예전에는 선생님이나 어른들을 무서워했는데, 이젠 무섭지 않아요.
강퍅한 선배나 교수님들이 화를 내거나 이유 없이 기합을 주었는데, 그럴 때에 부르짖으면 상대방이 몸살을 겪게 되거나, 순해지는 것을 경험했습니다. 특별히 상대방에 대해서 나쁘게 기도하지도 않았는데 말이죠.

부르짖는 기도를 하면서 학교를 다니고 있었을 때 주변 사람들이 저를 행복한 사람으로 생각했다는 것을 알게 되었습니다.
저에게 그런 말들을 많이 하더군요.
다른 사람들에게 잘 보이려고 하는 마음은 전혀 없었는데 이상하게 사람들이 저를 좋게 보아주기 시작했습니다. 참 신기했지요!
언젠가는 술자리에서 예수님 이야기가 자연스럽게 나오게 되었고,
모두 긍정적인 반응을 보였습니다.

처음 입학해서는 그렇지 않았는데 부르짖는 기도를 한 후에는 제가 무엇인가 달라졌는지 교수님들도 계속 칭찬을 하시고 선배님들도 칭찬을 하시는 것입니다.
정말 기도의 능력이라고 생각할 수밖에 없었습니다.

4. 은사가 나타남

부르짖는 기도를 하는 데 롤롤롤롤.. 돌돌돌돌.. 등 여러 가지 희한한 발음과 음의 방언이 나오고, 입이 크게 벌려지기도 하고, 사자처럼 으르렁거리게 되기도 하고.. 온 몸이 주님의 영에 사로잡혀서 뒹굴려지기도 하고, 방서, 몸이 저절로 움직여지는 춤.. 등의 은사가 나타나고 예언과 환상도 보였습니다.

제가 예수님을 만나기 전에 많이 우울하고 슬펐기 때문인지 행복하고 즐거운 환상과 영상들이 많이 보였어요. 그것들을 보면서 참 즐거웠고 정말 많이 웃었습니다. 주님께 감사드립니다.

5. 영적으로 민감해짐

사람들이 말할 때 겉과 속마음이 다른 것이 느껴졌어요.
그리고 그 사람의 느낌이랄까.. 그런 것이 느껴지고요.
그런데 처음에는 자신의 영을 잘 지키지 못해서 다른 사람들이 가지고 있는 기운이 나에게 들어오는 전이현상으로 고생을 많이 했어요. 나중에는 점차 영이 강해져서 그것을 이길 수 있게 되었습니다.
다른 사람들을 위해서 중보 기도를 하면, 실제적으로 힘들었던 사람이 회복되기도 하고, 축복을 하면 그 에너지가 전달되는 것을 느꼈습니다.
어떤 장소의 느낌이나 말할 때의 느낌에 대해서도 민감해지고요.
주님의 임재를 실제적으로 많이 느끼게 되었어요.
마치 내 눈앞에 계신 듯.. 십자가의 사랑을 많이 경험하게 되었습니다.
주님의 임재가 너무 강렬하게 느껴져서 '예수'라는 이름을 듣기만 해도 눈물이 펑펑 쏟아지고 그 자리에 쓰러지기도 했습니다.
예전엔 알 수 없었던 주님의 놀라운 사랑을 많이 체험했어요.
심령 깊은 곳에 촉촉하게 은혜의 비가 내린 것 같았습니다.

6. 물질적인 면

예전에 비해 굉장히 풍성해 졌습니다. 학교 다닐 때, 필요한 물품들을 모두 채워주셨어요.
등록금은 전액 장학금을 받게 되었고요, 무용과였기 때문에 학교에 내야하는 돈들도 많았고 무용복이나 레슨비가 많이 들었는데 그러한 돈들도 채워졌습니다. 그리고 먹고 싶은 음식들도 많이 먹게 되었구요..
필요한 물질들을 모두 채워주셨습니다. 부르짖는 기도는 정말 필요한 것들을 채워주는 것 같아요.

7. 전공과목에서

저는 무용을 전공했습니다. 그런데 연습실이 따로 없어서 강의가 없는 시간에는 혼자 빈 강의실에서 성경을 큰소리로 읽고, 몸이 움직여지는 대로 춤을 추기도 했지요.
학교에서 배운 것을 다시 연습하면서 재밌게 놀았는데, 처음 입학했을 때보다 무용 실력이 많이 늘게 되어서 선후배, 친구들.. 교수님께 칭찬을 많이 받았습니다.
무용 동작을 할 때 자신감도 생기고, 동작도 커지게 되었어요. 예전에는 무용을 할 때 선생님이 웃으라고 말씀하셔도 기쁘지 않으니까 웃음이 안나왔는데, 부르짖고 나니까 기분이 좋아서, 저절로 웃으며 무용을 하게 되었습니다.

그리고, 무용에 대해 제가 알고 싶었던 부분들이 이해가 되고 깨달아졌어요. 예전에는 이해되지 않았던 선생님의 설명이 이해가 가고, 기억에 남았습니다. 부르짖는 기도를 드리면 자기의 전공에서도 주님이 힘과 지혜를 주시는 것 같아요. 할렐루야.

8. 기타

온 가족이 예수님을 영접하게 되었습니다.
집안의 경제적 형편도 나아지기 시작했습니다.
영혼과 육체의 차이에 대해 알게 되었습니다.
무기력 속에 아무것도 하지 못했는데, 이제 많은 일들을 할 수 있게 되었습니다! 부르짖고 나면 피부가 고와지기도 했지요.
제가 하도 즐거워하니까 학교에서는 사람들이 뭐 좋은 일 있냐며 궁금해 할 정도였습니다. 정말 그 정도로 일이 재밌어지고, 인생이 즐거워졌습니다!

이러한 것들이 저의 부르짖는 기도를 통해 나타난 현상들과 삶의 열매들이었습니다.
부르짖는 기도를 통해, 저의 삶은 변화되었습니다..
슬픔이 기쁨으로, 눈물이 웃음으로 바뀌었습니다.
주님의 사랑을 더 깊이 경험하게 되었습니다.
앞으로도 계속 더 기도해서 내 안의 죄악을 발견하고 정화되어서 더욱 더 천국을 향해 달려가고 싶습니다!
너무 행복하고, 감사합니다!
내일은 더더욱 놀랍고 풍성한 세계가 펼쳐질 것을 믿습니다.
모든 영광을 주님께 올려드립니다!
할렐루야!

10. 부르짖는 기도로 많은 변화가 일어났습니다!
　　-P자매-

먼저, 주님께 감사하다는 말씀을 드리고 싶어요.
주님은 영원하시며, 항상 저와 함께 하신다는 것!
정말 변치 않는 진리예요! 할렐루야!
정원 목사님 책을 한 권, 한 권 읽으면서 '부르짖는 기도' 에 대한 중요성을 정말 많이 느끼게 되었습니다. 처음에는 무조건 큰 소리로 기도했다가 목도 쉬고.. 낮은 방언과 낮은 음으로 배에서 끌어올리듯 기도를 열심히 했다가 그 목소리로 친구와 통화를 했는데 너무나 깜짝 놀라서 친구가 너 맞냐고.. 그랬던 기억도 있었지요.

부르짖는 기도를 하고 난 후에는 늘 가슴의 청량감과 머리가 시원해지는 느낌이 있었습니다. 배가 콕콕 쑤시고 아플 때도 있었구요.
처음에는 부르짖는 기도를 하면서 가슴이 점점 아파져서 주님이 나 때문에 많이 힘드시구나 하며 회개를 했었는데.. 그건 다 영혼이 깨어나는 과정 중에 하나라는 얘기를 듣게 되니 좀 더 대담하게 기도할 수 있게 되었고 자연스럽게 기도할 수 있게 되었어요.
부르짖는 기도를 하다보니, 생활 속의 많은 변화가 있었답니다.

　　1. 마음이 밝아지다

저는 순간 순간 생각이 엄청나게 많이 떠올라서 늘 공상에 잠겨 있곤 했는데.. 이제는 순간적으로 어둠의 생각들을 차단하고 어두움의 생각들을 넣어주려는 악한 영들을 대적하고 쫓아내는 담대함이 생겼지요 그러면서 많은 복잡한 생각에서 벗어나 점점 단순해져 가는 저를 볼 수 있었어요! 할렐루야!
어렵게 생각하던 매사를 쉽고 재미있게 생각하는 밝은 마음을 갖게 된 것이지요! 하나님! 감사합니다! 정원 목사님 감사해요!

  2. 위기 상황에서도 담대해지다

아버지가 많이 편찮으셔서 중환자실에서 생사의 갈림길에서 열심히 싸우고 계실 때 저는 곁에서 부르짖는 기도, 낮은 방언 기도로 담대함을 얻고 어떤 상황이 와도 의연히 주님만 찬양하는 마음이 일어났습니다.
정말 기도로.. 주님의 지키심으로.. 아버지가 다시 살아나셨다는 것.. 너무나 놀랍고 감사한 일이에요.
부르짖는 기도로 아빠의 병환을 지키다 보니 웃음도 많아지고 원래 애교가 거의 없었던 제가 애교도 부리면서 아빠를 웃겨드리기도 하고.. 재미나게 간호를 하게 되었어요.
일반 병실로 옮기실 때, 기쁨의 춤과 노래를 부르면서 정말 주님께 감사하다는 말 밖에 나오지 않았습니다.

  3. 쇼핑 중독에서 많이 벗어나게 되다

어려서부터, 특이하고 싶고 남들에게 주목받고 싶어 치장하는 데 신경을 많이 썼답니다. 엄마, 아빠의 신용카드도 몰래몰래 쓰기도 했었지요.
정말 철부지 같은 20대 초반 시절이 있었는데 부르짖는 기도와 눈 기도를 하다 보니 정말 필요하지 않은 옷은 쳐다보지도 않게 되고, 남의 시선을 의식하는 모습은 없어지게 된 거예요. 할렐루야~!

4. 내가 좋아하는 일을 찾으면서 자유함을 얻게 되다

저는 언제나 의기소침하고 자신감이 없어서 정확한 계획이 없으면 실행하기를 꺼려하는 아주 소심한 타입이었어요.
자신 없는 일을 맡으면, 엄청 스트레스 받고 혼자서 끙끙 앓는 스타일이었는데 부르짖는 기도로 성격이 많이 활발해지고 자신 없어하던 영어 배우고 가르치기에서 자격증을 수료하며 주님 안에서는 "All things are possible" 이라는 말을 실감했답니다!
부르짖는 기도 경험담을 쓰다보니 정말 놀라운 변화와 체험이 있었던 것 같아요!
주님께 감사드립니다!!
언제나 제 삶의 등불이 되시고.. 주인이 되어주세요!
주님을 사랑합니다!

11. 마음과 삶을 바꾸는 부르짖는 기도   -M자매-

성경의 '부르짖으라' 하는 말씀은 알고 있었지만, 실제 기도에서 크게 발성을 하고, 몸을 긴장시키고, 속엣 것을 토해내며 하는 부르짖는 기도에 대하여서는 카페에 와서 처음 알게 되었습니다.
지금은 부르짖는 기도를 생활 속에서 꾸준히 훈련하며 저의 성격과 삶의 태도 등이 달라지고 있는 것을 느끼고 있습니다.
근 2년 대학원 생활을 하면서 여러 가지 어려움과 힘든 문제로 자신감을 잃고 부정적이고 우울한 생각에 눌리고, 목소리도 무겁고 우중충하게 변하고, 대인관계도 거의 끊어지다시피 하였고, 재정적으로도 막힌 담이 있는 것처럼 실었습니다.

그런데 목사님 문서사역을 통해 부르짖는 기도에 대해 알게 되고, 또 기도모임에 참여하며 계속 훈련하면서, 이제는 변화를 경험하고 있습니다.
가장 많이 해보았던 부르짖는 기도의 방법은 배에다 힘을 주고, 눈을 강하게 뜨고 낮은 소리로 '으아악!' 하고 외치는 기도였지요.
처음엔 이게 기도인가 싶은 생각이 들기도 했지만 실제로 부르짖는 기도를 해보니 조금만 해도 금세 마음이 기뻐지고, 가슴이 시원해지는 것을 느꼈습니다.

물론 속엣 것을 토해낼 때는 힘들지만 충전의 기도를 하면 이전보다 훨씬 더한 신선함으로 채워지는 것을 느낄 수 있었습니다.
두려움이나 근심에 휩싸일 때, 우울한 생각이 누를 때, 부르짖는 기도를 하고 나면 언제 그랬느냐는 듯이 다시 희망과 기쁨, 자신감이 생겼습니다.
목소리에서 많이 섞여나던 둔탁하고 무겁고 답답한 느낌도 기도를 하면서 점점 사라지고 나도 이런 소리가 나나 싶을 정도로 가볍고 밝고 시원하면서 부드러운 소리가 나오는 것도 느꼈습니다.
신기한 것은 목소리가 달라지니까 제 마음도 달라지고 대인관계도 훨씬 자유롭게 된 것입니다.

목소리에 민감한 또 하나의 이유는 제가 하고 있는 일이 중국어를 가르치는 일인데, 기도를 하면서 힘이 생기고, 목소리가 낭랑하게 듣기 좋게 되니까 학생들의 반응이 달라졌습니다.
이전보다 훨씬 힘을 덜 들이고도 학생들을 집중시킬 수 있고, 학생들도 제가 전달하는 내용을 잘 이해하는 것이었습니다.
부르짖는 기도로 삶에 대한 용기와 자신감을 다시 얻게 되니까 주님께 더욱 신나게 달려갈 수 있게 된 것이 무엇보다도 가장 감사합니다.
부르짖는 기도는 기도의 기초석과 같은 것이라고 들었는데 앞으로도 계속 이 기도를 통해서 주님의 튼튼하고 아름다운 성전으로 계속 지어져 가기를 소망하고 기도합니다.

기도할 때마다 은혜를 베풀어주시는 주님께 감사드립니다.
목사님의 문서사역에 주님의 기름 부으심이 더욱 넘치시기를 기도 드립니다. 할렐루야!!

12. 승리의 삶을 가져다주는 부르짖는 기도
　－K자매－

안녕하세요? 저는 카페에 온 지 3년이 조금 넘었는데, 부르짖는 기도 경험담을 쓰러 지난날을 되돌아보니, 어느새 정말 많이 변해 있는 제 자신을 보게 됩니다.
부르짖는 기도를 알게 하시고 소리를 내어 기도하는 기쁨을 알게 하신 주님께 감사드립니다!

　1. 신체적인 변화

처음 카페에 와서 부르짖는 기도를 알게 되고, 방언을 하게 되면서부터 기도하는 시간이 어찌나 즐겁던 지요.
하루 종일 아무것도 먹지 않아도 그냥 좋고 배부른 것 같고 만족스럽고, 하루에 한번씩 근처에 있는 교회에 가서 막 소리 지르고 기도하고 방언하고 그러는 시간이 너무나 기쁘고 즐거웠습니다. 태어나서 기도 시간이 재밌다고 느껴본 적은 그 때가 처음이었던 것 같아요.
그리곤 제 몸에도 여러 변화들이 발생하기 시작했습니다. 트림, 가래, 침, 기타 여러 생리적인 현상들이 왕성해지기 시작한 것이지요.
저는 항상 위가 더부룩해서 소화가 잘 안 되고 자주 체한 것만 같은 느낌이 들어 손을 많이 땄는데요.
실제적으로도 가슴과 배 중간, 위장이 있는 부분이 조금 불룩하게 올라와 있었습니다.
항상 그 부분이 막혀 있고 뭔가 답답한 느낌이었거든요.

부르짖는 기도를 하면서 더욱 그 부분이 답답한 느낌이 들었고,
여길 뚫지 않으면 답답해서 안 되겠다 싶은 마음이 드는 거예요.
그래서 기도할 때마다 그 부분에 집중하고 손가락으로 톡톡톡톡 그 부분을 두드리면서 낮은 방언을 하거나 부르짖는 기도를 하곤 했습니다.
그러다 보니 어느 사이엔가 그 부분이 서서히 작아지면서 답답한 느낌이 조금씩 없어지더니 언제부턴가는 그 부분이 정상적으로 들어가고 소화도 잘 되고 예전에 느꼈던 답답한 느낌도 없어진 거예요!
지금은 전혀 소화제도 먹지 않고 소화도 아주 잘 되고 시원합니다!

2. 일의 측면에서

저는 대학원을 수료하고 석사논문을 못 쓴 채 몇 년을 보냈는데, 현지조사를 한다고 중국에서 2년 동안 있다 와서도 계속 논문을 쓰지 못하고 있었습니다.
현지에서 보고들은 것도 많고 모아 놓은 자료도 많은데, 도저히 논문에 대한 부담감만 있지 자신이 서질 않고 딱 착수를 하지 않게 되는 거예요. 논문 쓰는 것이 너무나 두렵고 컴퓨터 앞에 앉을 생각만 해도 너무나 부담이 되었습니다.
그 즈음 '해야 할 일을 못하고 있는 것은 영이 약해서 눌려서 그런 것'이라는 목사님의 말씀을 듣고 안 되겠다 싶어 일단 부르짖는 기도를 시작했습니다.
얼마간 부르짖는 기도와 낮은 방언을 반복하고 나니, 이제는 어느 정도 논문을 쓸 수 있겠다 싶은 마음이 들었고 그제서야 조금씩 용기가 나기 시작했습니다.
그래서 드디어! 수료한 지 3년 만에 다시 논문을 시작하게 되었는데, 논문을 시작하고 나서도 중간 중간 계속해서 진전이 되질 않는 것이었습니다.

마감 날짜는 다가오는데, 컴퓨터 앞에 앉아서 1시간 2시간 동안 한 자도 못 치고 머리를 쥐어짜고 있는 심정이란.. 정말 너무 막막하고, 이건 그 누구도 대신해 줄 수 없는 일이고, 어찌해야 할지 답답하기만 한 심정이었습니다.

아무리 생각해도 도저히 아이디어가 떠오르지 않고 그 다음 말을 어떻게 이어야 할지조차 생각나지 않는 상황에서 하얀 화면을 앞에 놓고 앉아 있자니 정말 어떻게 해야 할지를 알 수 없었습니다.

그 때 다시 목사님께서 부르짖는 기도를 하라고 하셨던 말씀이 생각났고, 곧바로 저는 방구석에 꿇어 엎드려 무조건 부르짖기 시작했습니다. 으아아아- 으아아아- 정말 기도 외에는 아무것도 그 누구도 의지할 수 없는 상황이어서 그런지 더욱 절박한 부르짖음이 나왔던 것 같습니다.

그런데 정말 신기한 것은! 그렇게 한 10분-15분 정도 부르짖고 엎드려 있으면 갑자기 어디선가 뾰로롱! 하면서 새로운 아이디어가 막 솟아난다는 것입니다!

방금 쓰다 만 논지에서 다시 어떻게 논지를 전개시킬지 어떤 내용을 첨가해야 할지가 막 생각났고 새로운 방향이 막 생각나면서 다시 컴퓨터 앞으로 달려가곤 했습니다.

제가 논문을 마칠 수 있었던 것은 전적으로 부르짖는 기도 덕분이었습니다.

하루에도 몇 번씩, 정말 논지가 막히고 더 이상 전개가 안 될 때마다 방구석으로 달려가 부르짖고 다시 쓰고 부르짖고 다시 쓰고 하면서 드디어 논문을 마치게 되었습니다! 할렐루야!

지금 생각해보면, 부르짖는 기도를 통해서 저를 둘러싸고 생각이 나지 않도록 방해하는 어두운 영들을 처리하고 나니 주님께서 주시는 생각들이 뾰로롱~하고 막 머리 속으로 들어왔던 것 같습니다.

머리를 꽉 막고 생각을 못하도록 방해하던 영들이 없어지고 나자 주님께서 주시는 빛의 생각들이 들어올 수 있었던 것 같습니다.
주님의 임재를 구하기 전에 먼저 주변에서 어슬렁거리고 있는 악한 영들을 처리해야 한다고 하셨던 목사님 말씀이 이런 뜻이 아니었나 싶습니다.

3. 인간관계에서

예전의 저는 겉으로 보기에는 활달하고 매우 사교적이었으나 제 속에는 항상 사람들에 대한 두려움과 거부감이 있었고, 세상에 대한 두려움이 있었습니다.
세상에서 사는 것이 너무나 힘들고 두렵게 느껴졌고 신앙생활에 열심을 내면서부터는 오히려 소극적이 되고, 인간관계에서 수동적이 되는 측면이 많이 있었습니다.
저는 그것이 경건한 것이라고 생각했고 상대방의 말을 무조건 들어주고 따라가는 것이 착한 신앙인의 모습이라고 생각했습니다.

사람들을 만나도 제가 해야 할 말을 제대로 다 하지 못하고 언제나 돌아서서 그 때 이렇게 말했어야 했는데.. 저렇게 대꾸했어야 했는데.. 라며 제 자신을 구박할 때가 한 두 번이 아니었습니다.
이것도 영이 약해서 나타나는 현상임을 나중에 알았지만 어쨌든 전 그런 제 자신이 너무 싫었고, 당당하게 이야기를 나누는 사람이 되고 싶었습니다.
그런데 부르짖는 기도를 알게 되고, 영을 서서히 강화하게 되자 평소에 저를 함부로 대하던 사람도 제게 함부로 대하지 못하고 조심하는 모습을 보이고
사람들과 대화를 끝내고 돌아서서도 제가 하고 싶은 말을 충분히 다 하

고 제 의견을 충분히 펼쳤기에 아쉬움이 남지 않고 시원하고 보람찬 마음이 들 때가 많아졌습니다!
부르짖는 기도가 충분히 된 상태에서 사람들을 만나면 제가 하고 싶은 이야기들을 충분히 다 할 수 있다는 것을 알게 되곤 얼마나 기뻤는지 모릅니다.
제 안에는 정말 많은 좋은 것들이 있는데, 부르짖는 기도를 통해서 그러한 것들을 개발하고 꺼내어 쓸 수 있다는 것이 너무 좋았습니다.
이제는 사람들을 만나게 되거나 직장에서 인터뷰를 하게 되거나 계약 건으로 고용주를 만나게 될 때 부르짖는 기도만 충분히 하고 가게 되면 말이 술술 나오고 전혀 그 만남이 두렵지 않게 됨을 느낍니다.

예전에는 누구를 만날 생각을 하면, 머리 속으로 '만나면 이런 이런 말을 해야지..' 하고 계획하고 준비하곤 했는데, 이제는 그렇게 머리를 굴리는 대신 그냥 아무 생각 없이 막 부르짖고 낮은 발성으로 기도하면서 영을 강화시키는 데 중점을 둡니다.
그러면 사람들을 딱 만났을 때 기죽지 않고 오히려 분위기를 제압할 수 있는 것을 느끼며, 피고용자 입장에서 고용자들을 만났을 때조차 당당하게 제 의견을 어필하고 제가 원하는 방향으로 대화를 이끌어가게 되는 것을 경험합니다!

할렐루야~!!! 제게는 이것이 얼마나 큰 자유인지요.
더 이상 사람과 세상을 두려워하지 않고 당당하게 나아갈 수 있게 되었다는 것, 더 이상 만남이 끝난 후에 이랬을 걸 저랬을 걸 후회하지 않고 시원하고 개운한 마음으로 보람을 느낄 수 있다는 것..
이 모든 것이 부르짖는 기도와 발성 기도로 인한 것임을 고백하지 않을 수 없습니다. 너무나 감사드립니다.

4. 내면을 향하여..

저는 번역, 번역 감수하는 일을 해서 주로 집에서 일을 합니다.
바쁘게 활동할 때보다 혼자 조용히 있을 때 자신의 영의 상태가 더 잘 드러난다고 목사님께서 말씀하셨는데, 정말 그런 것 같아요.
집에 혼자 있으니 예전에는 잘 드러나지 않았던 저의 무기력한 상태가 드러나기 시작했고, 시간이 많음에도 불구하고 일을 잘 하지 못하고 축축 늘어지는 제 모습을 발견했습니다.
무언가에 눌리는 듯 갑자기 온 몸에 힘이 없어져 드러눕는 일도 종종 있었습니다.

그런데 낮은 발성과 부르짖는 기도를 알게 된 후부터 이런 현상이 올 때마다 '으~~' 하고 낮은 소리를 내며 부르짖고 온 몸에 힘을 꽉 주고 눈을 부릅뜨고 긴장을 하면 다시 힘이 돌아오고 생기가 팔팔해지는 것을 느낍니다.
이제는 더 이상 혼자 있어도 눌리지 않고 어두워지지 않고 밝고 긍정적인 고백을 계속 선포하면서 열심히 일을 하고 있는 제 자신을 발견합니다.
오.. 할렐루야!! 모든 좋은 은사를 주시는 주님께 감사드립니다!

부르짖는 기도를 통해서 눌리고 어두웠던 제 삶은 밝고 기쁘고 신나고 멋진 삶으로 변화되고 있습니다.
소리를 내고 소리를 통해 자신을 표현하는 법을 배우면서 제 안에 있는 모든 것들이 새로워지고 있습니다.
주님께서 제게 주신 모든 은사들이 이 발성의 기도를 통해 아낌없이 사용되고 개발되기 원합니다!
승리와 능력과 기쁨을 주시는 주님을 찬양합니다!

* 이 카페에는 유독 S대와 S대 대학원 출신들이 많은데 이들은 명문대 출신이라고 다른 사람들에게는 부러움을 받지만 그들 자신들은 많은 고통과 갈등을 가지고 있는 것이 보통입니다.

그것은 그들이 현재 우리나라의 입시 상황에서 톱을 유지하기 위해서 이를 악물고 공부를 하게 되는데 그 결과로 뇌에 에너지가 치우치게 되고 의지가 심령을 억압하기 때문에 심령은 공허해지고 그리하여 많은 눌림과 묶임이 따르게 되기 때문입니다.

그 후유증은 의외로 심각합니다. 명문대에 가는 것은 좋을 것 같지만 이러한 심령의 후유증을 치유하지 못하면 이들은 그러한 심령의 고통에 평생 시달리게 됩니다.

이렇게 머리가 영리한 사람들은 대체로 영력이 부족해서 많은 증상들을 가지게 되는데 대부분 논문을 쓰는 데에도 많은 고생을 하는 것 같습니다. 그것은 지혜와 아이디어가 부족한 것이 아니라 영이 약해서 그러한 지혜와 아이디어를 악한 영들에게 빼앗기기 때문입니다.

그러므로 부르짖는 기도를 통해서 영력을 강화시키고 눌림을 처리하고 나면 지혜와 아이디어, 깨달음이 샘솟는 경험을 많이 하게 되는 것입니다.

의식이 뇌에 치우친 사람들은 지적이지만 균형을 잃어서 많은 어려움을 겪게 됩니다. 그러므로 이러한 사람들이 부르짖는 기도를 통해서 영을 깨우고 영의 조화와 균형을 회복하게 되면 지혜가 새롭게 될 뿐 아니라 인간관계, 성품 등 모든 면에서 긍정적인 변화를 경험하게 됩니다.

부르짖는 기도는 각 사람이 가지고 있는 무한하고 풍성한 잠재력을 일으키는 기도인 것을 조금만 시도해보면 확인할 수 있게 될 것입니다.

13. 부르짖는 기도로 인한 내적인 변화 -K자매-

위의 글에 이어서 한 가지 더 쓰려고 합니다.
부르짖는 기도로 환경의 변화, 외적인 변화들도 많이 경험했지만,
내적인 부분에서도 많은 변화가 있었던 것 같아요.
전 두려움이 참 많았는데 세상에 대한 두려움, 사람들에 대한 두려움이 많았어요.
그런데 더 문제였던 것은 제가 이런 두려움을 감추고 제 영혼을 억압하면서 살았다는 것이었지요.
속으로는 너무나 두렵고 무서우면서도 겉으로는 전혀 안 무서운 척,
전혀 안 두려운 척 오히려 더 사람들에게 사교적으로 대하고 담대한 척 강한 척 그렇게 살아왔어요. 그러니.. 사는 것이 얼마나 힘들었던지요.

하루 종일 바깥에서 활발하게 사람들과 만나고 전도다, 성경공부다 하면서 정신 없이 바쁘게 보내다가도 집에만 들어와서 혼자 조용히 있게 되는 시간이면 여지없이 몸과 마음이 무너지면서 너무나 힘이 빠지고 비참한 느낌이 들었어요.
휴일이나 방학같이 한가할 때는 그런 무기력한 증상들이 더욱 심해졌고, 그러다 일상생활이 바빠지면 정상으로 돌아오는 것 같이 보였지만 다시 휴일이나 쉬는 날이 되면 어김없이 비참한 상태로 되돌아오곤 했어요.
강해지고 싶었는데, 어떻게 할 줄 몰랐고, 그래서 세상에 나가면 사람들에게 다칠까봐 강한 "척"을 해야 했고, 그래서 제 마음은 더욱더 괴로웠어요.

난 왜 이럴까.. 도대체 원인이 뭔지도 알 수 없었고, 그렇게 비참하도록
무기력해지는 이유도 알 수 없었어요.
마치 다람쥐 쳇바퀴 돌 듯 그렇게 좌절과 절망을 반복하고 있을 때,
정말 더 이상 일어설 수 없을 거라고 생각했을 때, 목사님 책을 알게 되
었고 소리내어 기도하는 법을 알게 되었습니다.
주로 낮은 방언기도와 부르짖는 기도였는데요.
처음 방언을 받았을 때 갑자기 방언찬양이 나오면서 목소리가 쫘악~
하고 위로 올라갔어요.
도저히 평소에는 낼 수 없는 고음까지 한번에 쫙~ 하고 올라가는데,
그 때 뭘 잘 모르긴 했지만, 그래도 느낌으로 아.. 왠지 갇혀 있던 내 영
혼이 이제 풀려나서 올라가나 보다.. 하고 생각했던 게 기억이 나네요.

그리고 나서 한국에 돌아와서 부르짖는 기도를 시작했어요.
몇 달쯤 지났을까.. 가슴에 통증이 느껴지기 시작했고, 처음에는 아주
미세하게 가슴 위쪽, 목 바로 아래쪽이 아픈 느낌이 들다가 그 통증은
점점 아래쪽으로 내려오면서 심해졌어요.
때로는 칼로 쑤시는 것 같은 느낌이 들기도 하고, 아주 얼음장 같이 차
가운 느낌이 들면서 저릿저릿하기도 하고, 콕콕 쑤시기도 하고... 여러
가지 다양한 느낌이 생겼는데, 나중에 알고 보니 그건 그동안 갇혀있고
억압됐었던 제 영혼이 느끼는 아픔이었어요.
그동안 얼마나 강하게 살아보려고, 강한 "척"하려고 내 자신을 다그치
고 영혼을 억압했는지, 정말 제 영혼은 너무나 아프고 고통스러운 상태
에 있었고, 온 심장에 유리조각이 박힌 것 마냥 아프고 불쌍한 상태에
있었어요.
계속해서 트림과 구토, 침 등으로 이 고통의 기운들을 뱉어내고
계속 낮은 방언과 부르짖는 기도를 병행했어요.
물론 중간 중간에 호흡기도와 눈 기도.. 등 목사님이 말씀하시는 영을

강화시키고 충전하는 기도들도 함께 했습니다.
그리고는.. 이젠.. 제 영이 어느 정도 강해진 것을 느껴요.
이제는.. 더 이상 제 영은 약하고 두려운데, 겉으로 강한 "척"하면서 힘들게 살지 않아도 된다는 것이 너무나 감사합니다.
부르짖으면, 사람들이 함부로 대하지 못했고,
부르짖으면, 자신감이 생겼고,
부르짖으면, 사람들을 봐도 두렵지 않았고,
부르짖으면, 제가 하고 싶은 말들을 다 할 수 있었고,
부르짖으면, 제 앞에서 누가 화를 내도 더 이상 심장이 벌렁거리지 않았고, 부르짖으면, 몸과 마음이 따뜻해지면서 주님이 함께하심이 느껴졌어요.

목사님 글 중에 '스스로 강해지려고 하는 사람들은 영혼을 마비시켜 버려요. 그래서 '하나님의 능력이 나의 힘'이라고 고백하고 항상 그 능력을 의지해야 합니다.' 라는 구절이 있는데,
정말.. 그랬던 것 같아요.
저는 스스로의 힘으로 강해지려 했기 때문에 제 자신을 속으로 끊임없이 죽이고 영을 마비시킬 수밖에 없었어요.
하지만 이제는 알 것 같아요.
더 이상 그렇게 살지 않아도 된다는 것을..
여기.. 정말 진정으로 강해지는 방법이 있고..
정말.. 진정으로 두려움으로부터 벗어날 수 있는 방법이 있고,
정말 진정으로 자유해질 수 있는 방법이 있다는 것을요.
부르짖는 기도를 통해서 저는 "하나님이 나의 능력"이라고 고백하는 것의 실제를 알았고, 또 앞으로도 계속 이렇게 부르짖으면서 "하나님만이 나의 능력"이 되심을 체험하며 살고 싶습니다.
입을 벌려 내 안에 있는 모든 두려움과 악성들을 토해낼 때, 하나님의

능력은 임하시고, 나는 더 이상 두려워하지 않아도 된다는 것을..
이제 정말.. 진짜로.. 더 이상 강한 "척"하지 않고, 정말 강해질 수 있다는 것을.. 알게 돼서 너무 기쁘고 감사해요.
제 모든 것이 주님께 드려져서 강하고 능력 있는 주님의 군사로 서기 원합니다.
예수님, 감사합니다..제 모든 것이 되어 주셔서 감사해요.
제 능력과 힘이 되어 주셔서 감사합니다.. 제 모든 것이 더욱더 정화되고 깨끗해져서 주님께 더 가까이 나아가기 원합니다.
저의 모든 고통과 아픔과 슬픔을 기쁨과 능력과 승리로 바꾸시는 주님을 찬양합니다! 할렐루야! 주님께 영광을..!

* 자매를 처음 보았을 때 단정하고 정확한 인상이었습니다. 세련되고 자신감이 넘치는 캐리어 우먼 같은 분위기였죠. 그러나 겉으로 강해 보이는 것과는 반대로 내면에 조그만 어린 소녀가 두려움을 가지고 웅크리고 있는 것이 느껴졌습니다.
두 번째 보았을 때 자매의 가슴에 날카로운 비수와 같은 것이 꽂혀있는 것을 느끼게 되었지요. 정말 심한 통증이었습니다. 자매와 헤어진 후에도 나는 하루 종일 그 통증에서 벗어나지 못했으니까요.
그 때 자매 안에 있는 어린 아이에게 두려워하지 말라고 기도를 해준 기억이 납니다.
그 때부터 자매의 가슴이 조금씩 회복되고 영혼이 치유되는 것을 느끼게 되었습니다. 그 후에도 자매가 곁에 있으면 가슴의 통증이 느껴졌지만 점점 더 그것이 작아졌지요.
이제 부르짖는 기도와 각종 기도의 훈련들, 그리고 많은 깨달음들을 통해서 자매의 영혼이 자유로움에 나아가는 것을 기쁘게 생각합니다.
오직 주님께 감사와 영광을!

14. 자유로운 삶으로 인도하는 부르짖는 기도
   -S집사-

부족하지만 이렇게 부르짖는 기도 소감문을 올리게 됨을 주님께 감사드립니다. 한 것이라고는 아무것도 없는데 주님께서 꾸준한 변화와 자유로운 삶의 길로 인도해 주셨음을 알기에 감사하는 마음과 함께 소감문을 올려 드립니다. 할렐루야!

1. 목사님을 만나기 전의 부르짖는 기도

제가 책을 통하여 목사님을 알게 되고 카페에 가입 한지가 3년이 지나가고 있습니다.
초창기 신앙생활을 할 때는 특별히 누군가가 기도의 방법을 가르쳐 주지 않아서 기도모임이나 새벽 예배 시에 다른 사람들이 어떻게 기도를 하나 옆에서 보면서 따라했지요.
그저 조용한 톤으로 나라와 민족, 교회, 가족, 형제 등등.. 이러한 순으로 나열해 가며 기도하는 것을 보고 저도 매일 매일 이러한 기도를 계속해서 반복했던 것 같습니다.
기도에 대한 특별한 느낌이나 즐거움이 있어서라기 보다는 기도하면서 살아야 한다는 부담감 때문에 기도를 드린 것 같았으며 기도의 맛은 알지 못한 채 그저 30분이나 1시간 이렇게 시간을 채우는 기도를 했었습니다.
그러다가 전문대 2학년에 다니면서 힘들고도 어렵게 "랄랄라" 하는 방언은사를 받게 되었답니다.

처음에는 얼마나 주님께 고맙고 감사하던지 눈을 감아도 떠도 "랄랄랄 ~라", 교회에서 의자를 붙잡고 앞뒤로 흔들면서 "랄랄~라" 이렇게 몇 개월 동안 기도를 했던 기억이 납니다.
그러는 가운데 2년 정도가 지나면서 방언기도의 억양이 중국식, 일본식, 미국식, 아프리카 식 등으로 다양하게 바뀌면서 많은 변화를 경험하게 되었고 주님께서 삶을 은혜 가운데 인도해 주심을 하나하나 체험해 갈 수 있었습니다.

2. 직장생활을 하면서 와르르 무너지는 신앙생활

행복했던 학창시절을 마치고 사회에 뛰어 들어 제가 직장을 갖게 된 곳은 경비정을 타고 바다를 지키는 곳이었는데 주일도 거의 지킬 수가 없었고 퇴근도 일주일에 2-3일 정도 하는 상황이었습니다.
바다에 떠있는 경비성 안에서도 나름대로 방언기도를 하며 신앙을 유지하려 애는 썼지만 서서히 동료들과 함께 어울리면서 주님에 대한 확신을 잃어버리고 세상적으로 빠지며 신앙생활이 무너지게 되었습니다. 그 후 두 번에 걸쳐서 직장을 옮기고 생활하는 동안 주님을 따르는 길과 세상으로 향하는 두 갈래 길에서 방황하며 거의 15년 동안을 목표 없이 헤매는 삶을 살아왔습니다.

이 기간 동안에는 며칠 주님을 따르는가 하면 무너지고, 몇 달 따르는가 하면 또 무너지고.. 정말이지 절망과 좌절의 세월이었습니다.
아무리 세상을 이겨야지, 이겨야지.. 다짐을 해도 무너지고.. 주님을 따라야지, 따라야지 하면서도.. 또 무너지고..
괴로운 심정에 너무도 괴로운 삶이 빨리 끝이 나도록 죽었으면 하는데 삶이 너무 길다는 생각과 죽으면 지옥에 갈 것 같으니 무서워서 죽지도 못하겠다는 생각에 절망 가운데 살아 왔었습니다.

3. 새롭게 알게 된 부르짖는 기도

그러는 가운데 3년 전에 독자모임 카페에 가입하고 기도 모임에 참석하게 되면서 부르짖는 기도의 방법에 대해서 새롭게 배우게 되었습니다. 그래서 이러한 기도의 방법들을 아내와 함께 산책을 하면서 적용을 하게 되었습니다.

처음에는 배의 힘으로 입을 벌리면서 '으~아~악' 하고 부르짖는 기도를 시작으로 한두 시간씩 산책 코스를 다니면서 기도를 하게 되었는데 서서히 이렇게 부르짖는 기도를 통하여 기침, 가래, 콧물 등이 나오기 시작하면서 제 안에 있는 어두움들이 처리되며 신앙생활의 활력을 얻게 되었습니다.

산책하며 기도를 하는 동안 배의 힘으로 부르짖어야 된다는 기본 원리를 바탕으로 사자처럼 부르짖는 '으르렁~ 기도',
오토바이가 시동을 걸고 달릴 때 나는 소리를 바탕으로 '오토바이 시동 기도',
불독이 힘차게 물어뜯을 때 하는 행동과 비슷한 '불독기도',
고통 중에 호소하는 '으~으~으~ 기도',
아랫배를 두드리면서 하는 '아~아~아 기도',
호흡을 통해서 하는 '펌프기도',
손과 배에 힘을 주고 얼굴을 찡그리면서 하는 '찌둥그리기 기도',
내 안에 있는 어두움을 배출할 때 사용하는 '해소천식 기도' 등등..

기도모임에서 배운 방법들을 적용하고 내 나름대로 이름을 붙여서 조금씩 변형도 하면서 다양한 기도를 훈련하며 서서히 자유로운 삶을 경험해 가게 되었답니다.

최근에는 신나는 찬양을 틀어놓고 따라 부르면서 땀을 뻘뻘 흘리면서 주님을 향해 춤을 추면서 시간을 보내기도 하고 눈 기도와 온몸에 긴장하며 힘을 주고 "아~아~아" 소리내며 기도하는 등 다양한 방법들을 사용하여 영을 강건케 하고 기도의 생활을 유지하고 있습니다.

4. 부르짖는 기도를 통한 변화들

산책을 하면서 부르짖는 기도를 하는 2년 동안 때때로 힘든 때도 있었고, 낙심하고 갈등하던 때도 있었지만 쉬지 않고 꾸준하게 부르짖어 기도할 때에 저도 모르는 사이에 조금씩 변화되고 삶 가운데서 마음이 많이 자유로워지며 주님께서 언제나 함께 하신다는 소망과 확신이 늘어감을 느낄 수 있었습니다.

가정생활에서는 그 동안 경제적인 어려움 때문에 힘든 부분도 있었고 아내와의 관계에서 다툼도 자주 있었으며 딸과의 관계에서 막힌 부분이 많이 있어서 힘이 들었는데, 이제 경제적인 부분은 많이 자유롭게 되었고, 아내와는 거의 다투는 일이 없이 행복하게 살아가고 있으며, 딸과의 관계도 많이 개선되어 감을 느낄 수가 있었습니다.

무엇보다도 직장생활을 하면서 전에는 너무 나약해서 인간관계 속에서 사람에게 눌리고 쓰러질 때가 많이 있었지만 이제는 사람들을 상대함에 있어 두려워하거나 비굴해지지 않고 강한 마음으로 주님께 기도하면서 소신껏 대할 수 있게 되었다는 것에 너무도 감사하고 감사합니다.

내면에서도 많은 변화가 이루어 졌다고 볼 수 있는데 이전에는 짜증이나 불평, 원망 등이 많아 주님을 믿는다고 하면서도 즐겁고 행복한 삶을 살수가 없었지만 이제는 일상의 삶 속에서 주님과 함께 한다는 의식 속에서 항상 기도하며, 주님을 바라보고 매일 매일을 기쁘고 행복하게 살아가고 있답니다.

부족함이 많고 허물과 실수가 많은 삶이었지만 부르짖는 기도를 통하여 주님께서 오늘까지 인도하시고 이렇게 마음이 자유롭고 행복한 가운데 살아갈 수 있도록 해주심이 얼마나 감사하고, 감사한지..
영원히 함께 하시고 인도하시는 주님의 은혜를 찬양하며 경배를 드립니다.
앞으로도 더욱더 부르짖는 기도를 통하여 성장하게 해주실 주님의 크신 은혜를 기대합니다.
부르짖는 기도.. 너무, 너무 좋아요.
할렐루~야!

* S집사님은 아주 재미있는 분입니다.
열정도 많고 나름대로 연구하시면서 기도 훈련을 많이 하는 편이지요. 지금은 아주 재미있고 유쾌하고 강인한 분이 되셨지만 전에는 마음이 아주 약한 편이었습니다.
몇 년 전에 제가 우리 가족들과 몇 분의 독자님들과 함께 일산에 있는 허니 랜드에 놀러갔던 적이 있었는데 그 때 그 소식을 알고 가족들과 같이 왔으면서도 저희들의 근처에서 맴돌기만 할 뿐 자신을 밝히지 못할 정도로 소극적이었지요. 쑥스러워서 먼저 다가와 인사를 할 수가 없었다고 합니다.
그러나 지금은 아주 재미있고 활달한 분이 되셨지요. 열정도 있고 순수함도 있어서 많은 이들에게 즐거움을 주는 분이 되셨습니다. 직업 상 거친 사람들을 많이 상대해야 하는데 지금은 심령이 강해져서 잘 감당하게 되었지요.
사람의 심령을 변화시키고 강건하게 만드는 부르짖는 기도의 능력을 선명하게 보여주는 실례라고 할 수 있을 것입니다.

15. 부르짖는 기도로 생긴 삶의 열매들 -J자매-

저는 중학교 3학년에 다니고 있는 학생입니다. 부르짖는 기도를 처음 알게 된 것은 아주 어릴 때였던 것 같아요.
그런데 그 때는 입으로는 부르짖고 있기는 하지만 자꾸 다른 생각이 나곤 했었지요. 정말 간절한 마음으로 부르짖기보다는 의무적인 느낌으로 시간만 채워서 기도하는.. 그런 정도였어요.
그러다가 최근에 들어서 부르짖는 기도에 정말 흠뻑 빠져버렸습니다. 예전에는 시계만 보고 하품하면서 기도하던 것이 이제는 시간가는 줄도 모르고 기도하게 되었어요.
그리고 온 마음을 다해서 부르짖으려고 노력하다 보니 저에게 정말 많은 변화가 생기게 되었답니다.
아직 부르짖는 기도에 대해서 잘 알지는 못하고 시작한지도 얼마 안 되었지만 저에게 생긴 변화들이 정말 놀라워 주님께 감사한 마음으로 이 글을 쓰게 되었어요.
이렇게 놀라운 부르짖는 기도를 알게 하신 주님께 감사 드립니다.

1. 아토피 피부병 증상이 호전되다.

부르짖는 기도를 통해서 일어난 정말 놀라운 일 중 하나는 그 동안 가장 오랫동안 저를 괴롭혀왔던 아토피의 증상이 많이 좋아졌다는 것이었어요!
그 동안 아토피를 치료하기 위해서 몇 년 동안 식이요법을 하고, 음식 관리, 여러 가지 운동, 한약 복용 등.. 안 해본 것이 없었어요.

그런데도 늘 얼굴에는 시뻘겋게 부어오른 아토피의 증상이 나타났고 그 때마다 스트레스를 받고 나중에는 많은 사람들이 지나가는 곳이나 밝은 곳을 싫어하게 될 정도였어요.
그렇게 되자 '아토피가 왜 이렇게 낫지 않을까.. 너무 속상하다.' 이런 생각을 저도 모르게 하게 되었어요..
기도를 할 때도 강하게 부르짖기보다는 속상해서 울고.. 그랬었는데 부르짖는 기도를 시작하자 아토피가 나아버렸습니다.

특별히 아토피에 대한 기도를 하지도 않고.. 낮은 목소리로 으~~아 하면서 부르짖은 것 뿐인데 그동안 거의 5년 가까이 저를 괴롭히던 것이 조금씩 없어지기 시작하더니 아토피의 증상이 깨끗이 사라져버린 것입니다! 할렐루야~!
그리고 예전에는 아토피 때문에 안 좋은 음식들을 절제하고 먹지 않아야 하는 것이 많이 힘들었었어요. 남들은 다 먹는데 왜 나는 못 먹을까.. 하고 속상하기도 했구요.
하지만 이제는 안 좋은 음식들이 정말 구역질이 나고... 가까이 가기가 싫답니다. 그리고 어쩌다가 안 좋은 음식을 먹게 되었다 해도, 아무런 이상이 없답니다.
이제는 아토피 때문에 음식조절을 하는 것이 아니라.. 제 체질이 변화되어서 음식조절을 하게 되었습니다.
부르짖는 기도가 아니었더라면.. 정말 평생을 가도 아토피를 고칠 수 없었을 거예요. 정말 놀랍고 감사할 뿐입니다!

  2. 좋지 않은 관계를 끊게 되다!

저는 친구들과의 관계에 있어서 적극적으로 여러 친구를 많이 사귀는 것이 무조건 좋다고 생각했었어요.

그래서 전에는 좋지 않은 친구들과도 어울리게 되고.. 안 좋은 언니, 오빠들과도 사귀게 되었어요.
그러다가 아빠의 글 중에서 '멀리해야 할 사람을 멀리하라' 라는 글을 읽고 충격을 받게 되어서 그런 친구들을 멀리하게 되었습니다.
그런데 막상 친하게 지내다가 갑자기 멀리하려고 하니까 생각처럼 잘 안되고 그랬었는데 부르짖으면서 마음을 담대하게 먹고 학교에 가면 자연스럽게 친구들과 멀리 할 수 있게 되었어요!

예전에는 학교 친구들에게 너무 기대고 의지하고 그랬었는데, 이제는 적절히 친구관계를 유지하면서 속마음을 아주 주지 않으면서도 적당한 관계를 유지하고 있어요!
학교에 갈 때는 마음속으로 무장을 하고 영적으로 나쁜 것이 옮아오지 않도록 영적인 칼을 빼들고, 담대한 마음으로 가고, 다시 집에 와서 충전을 하고, 회복을 하고 학교에 기서는 또 좋지 않는 영들과 싸우고 그렇게 되었답니다. 야호!

또 친구들과 같이 잘 놀다가도 갑자기 사소한 한마디에 가슴에 팍 찔리면서 상처를 받곤 했는데 부르짖고 마음을 담대하게 하자, 예전 같으면 상처받고 신경 쓰고.. 그랬을 말도 대수롭지 않게 넘어가게 되었어요!
그리고 이런 것들은 제가 영이 약하고, 또 긴장하지 않고 있어서 그렇다는 것을 알게 되었습니다!
이제는 정말 주님 안에서 나누고 교제할 수 있는 카페 식구들과 가족과 있을 때만 마음을 편하게 두고 학교나 학원에 있을 때는 강하게 긴장하고 있으면서 자신을 방어하게 되었어요!
부르짖는 기도 덕분에 좋지 않은 교제와 좋은 만남을 구별하게 되고 싸워 이기게 되었습니다!

3. 허스키한 목소리에서 자연스러운 목소리로!

아주 어렸을 때에는 목소리가 맑고 예쁘다는 소리를 들었었는데...
어느 순간부터 목소리가 허스키해지기 시작했어요. 그냥 그런가보다 생각하면서 그것을 나름대로 제 개성이라고 생각하고 그랬었는데..
머리에 목소리를 막고 있는 악한 영이 있다는 말씀을 듣고 '이게 정말 원래 내 목소리가 아니라 귀신이 막고 있나보다!' 이런 생각이 들어서 목소리에 집중하면서 열심히 부르짖었습니다.

그런데 처음에는 잘못 부르짖어서 그런지 부르짖고 나면 오히려 더 목소리가 쉬어 버렸어요.
그런데 목이 안 상하게 부르짖는 법을 알게 되고 그러면서 부르짖고 나면 목소리가 뻥! 뚫리면서 높게 올라가는 것이었어요!
아.. 정말 오랫동안 이렇게 높은 음이 올라가지 않았었는데.. 정말 감사하고 기뻤어요.
아직도 목소리를 들어보면 목소리에 군더더기가 껴 있는 느낌이 들지만 목소리가 예전보다 훨씬 소리도 크게 나고 윤택해졌답니다.
더 열심히 부르짖어서 아름다운 목소리로 주님께 영광을 돌려드리고 싶어요!

4. 두려움과 짜증이 사라지다!

저는 어렸을 때부터 눈물이 많고 겁이 많았었어요.
혼자 걸어가거나 무서울 때는 조금 겁먹은 목소리로 '두려움아. 가라~ 가라~~' 하면서 바들바들 떨면서 기도했는데 부르짖는 기도를 하면서는 두려움이 정말 많이 사라지게 되었어요!
그리고 자고 일어나면 꼭 짜증과 신경질을 많이 부리곤 했었는데 '짜증을 부리고 나면 그것이 두려움으로 돌아온다.' 는 아빠의 충격적인 말씀을 듣고!! 두려움의 영과 짜증의 영이 서로 긴밀하게 연결되어있다는 것을 알게 되었어요.

그래서 밤에 부르짖을 때마다 짜증의 귀신을 대적하면서 낮은 목소리로 으아~~ 하면서 부르짖자 짜증과 함께 두려움도 많이 사라져 버렸답니다!

또다시 짜증이 올라오려고 해도 다시 부르짖고 기도를 하면 신기하게도 조금 전까지만 해도 있었던 짜증이 금방 사라지게 되었습니다.

그리고 혼자 밤에 가거나 무섭다는 생각이 들 때도 작은 목소리로 낮게 잠깐만 부르짖으면 신기하게도 두려움이 금방 사라지는 것을 느끼게 되었습니다!

5. 여러 가지 영적 감각이 생기다

부르짖는 기도를 하기 전에는 아무리 기도를 하려고 해도 가슴이 꽉 막히고 답답한 느낌이었어요. 즉, 아무런 느낌이 없었어요.

그런데 부르짖고 나자 여러 가지 감각이 생기기 시작했습니다.

아주 사소한 것이지만 가슴이 아프다, 답답하다, 머리가 땅~하다, 가슴이 찔리듯이 아프다.. 이런 느낌이 생기게 되었어요.

그리고 침과 트림, 가래 같은 것들이 속에서 나오기 시작했어요.. 그래서 '나도 드디어 속에서 뭔가 나오고 정화가 되나보다' 하고 기분이 아주 좋았답니다.

다른 사람들은 부르짖는 기도를 하면서 트림이 나오고 침이 나오고 또 여러 가지 영적 현상에 대해서도 잘 느끼는데 나는 왜 아무것도 안나오고.. 아무런 감각이 느껴지지 않을까? 나의 영은 정말 마비가 되었나봐.. 하면서 슬퍼했거든요.

그런데 계속 부르짖으니까 이런 느낌들이 느껴지게 되었답니다! 주님이 기뻐하시지 않는 행동을 하면 속에서 고통이 많이 느껴지게 되었고 사람들이 말을 할 때도 여러 느낌을 알게 되었어요. 그래서 더욱 주님을 잘 붙들어야겠다는 마음을 가지게 되었습니다.
지금까지 부르짖는 기도를 통한 여러 가지 변화들이었습니다.
아직 부르짖는 기도를 하게 된지도 얼마 안 됐고.. 아주 일부분밖에 알지 못하지만.. 그래도 이렇게 여러 가지 변화를 경험하게 되었네요.
참 감사해요.
앞으로 변화되어야 할 것이 훨씬 더 많고 알아가고 배워야 할 부분도 훨씬 더 많지만..
더 많이 부르짖어서 차근차근 한 계단씩 더더욱 주님의 사람으로 발전해가고 싶어요! 감사합니다! 할렐루야~!

* 이 아가씨는 저의 딸입니다. 저의 아이라 어릴 적부터 영성 집회에 자주 참석하다보니 영안도 열리고 여러 가지 은사도 경험하고 영적인 경험도 많이 하게 되었지요.
아들 녀석은 어릴 때 영안이 맑게 열려서 천국과 지옥도 보고 사람들에게 붙어있는 귀신들과 천사들을 보고 이야기를 하곤 했습니다. 아직 언어를 잘 사용하지 못할 때이기 때문에 자기가 본 천국과 지옥을 그림을 그려서 보여주곤 했습니다.
하지만 그것은 어릴 때의 일이고 초등학교에 들어가고 자라면서 차츰 그러한 영적 감각은 사라지게 되었지요. 어릴 때는 쉽게 영안이 열리고 천국과 지옥을 보고 영계를 보게 되지만 이성이 눈을 뜨기 시작하면서 뇌가 발달하게 되면 그러한 감각이 사라지는 것이 보통입니다. 우리 아이들도 예외는 아니었지요.
이 아가씨는 영리하고 성격이 활발하고 리더십이 있습니다. 그래서 학교에서는 항상 회장을 하고 친구들에게도 인기가 많지요. 지혜가 있어서 친구들의 상담도 잘 해주는 편입니다. 그러다 보니 친구들이 가지고 있는 영적 기운이 달라붙어 올 때도 많이 있습니다.
물론 그러한 경우에는 아빠가 아프게 되기 때문에 저에게 영향을 주지 않으려고 집에 들어올 때는 조심을 하지요.
이 아가씨가 어느 정도의 영적인 갈망은 간직하고 있었지만 그다지 간절하지는 않았는데 최근 들어 다시 부르짖으면서 많은 변화를 경험하게 되었습니다.
무엇보다 오랫동안 고생하던 아토피 질병을 깨끗이 고치면서 부르짖는 기도의 능력을 선명하게 깨닫게 되었지요. 또한 매력이 많은 성품이라 친구들이 많았고 그것이 영성 생활에 다소 어려움이 되었는데 이제 부르짖는 기도를 통해서 영이 민감해지니 친구들이 평범하게 말하는 원망이나 불평, 험담과 같은 것에서 고통을 많이 느끼게 되었고 정말 주님을 같이 나눌 수 있는 영적 교제가 무엇보다 중요하다는 것을 알게 되었시요. 그래서 친구 관계도 많이 절제히고 조심하게 되었습니다.

오랫동안 열등감을 가지고 있던 소리가 맑아진 것도 아주 즐거운 수확이 되었지요. 전에는 허스키한 목소리가 창피하다고 노래를 부르지 않았는데 지금은 아빠와 같이 피아노를 치면서 찬양을 자주 같이 부르게 되었습니다.
그것은 우리에게 아주 큰 기쁨이지요. 예원이가 시험공부를 하다 지쳤을 때, 그리고 내가 글을 쓰다가 지쳤을 때 예원이의 반주로 같이 찬양을 부르는데 그것은 우리에게 휴식과 새로운 충전이 되곤 합니다.
아직 많이 부족하지만 그래도 어린 아가씨가 영성의 발달을 사모하며 그것을 아빠와 같이 교제하고 나눌 수 있다는 것, 그것은 주님이 주신 귀한 은총이고 축복입니다.
가족끼리 주님과 영성에 대해서 같이 나눌 수 있다면 그것만큼 귀한 복은 없겠지요. 오직 주님께 감사할 뿐입니다.

16. 부르짖는 기도를 통하여 변화 된 삶 －K집사－

제가 처음 부르짖는 기도를 했을 때엔 그것이 정말 이렇게 중요하고 아름다운 기도인지 인식하지 못했던 것 같습니다.
그러나 시간이 흐르고 지금에 와서 보니 부르짖는 기도는 많은 것을 바꿔 놓았습니다.
예전에 전 겉으로는 밝고 명랑한 척했지만 속으로는 무척 소심하고 겁도 많았습니다. 그러나 저는 제 자신이 무척 강하고 담대한 사람이라는 착각 속에 살았습니다.

겁이 많고 소심했던 저는 제 권리나 주장을 제대로 말도 못하고 언제나 다른 사람들의 말에 질질 끌려 다녔고 그것이 옳지 않다는 것을 알면서도 거절하지 못했습니다.
또 한편 고집이 센 편이어서 제가 상대방에게 잘못한 것을 알면서도 그것을 인정하지 못하고 끝까지 우기면서 억지를 쓰는가 하면 열등감과 우월감도 심해서 나보다 나은 사람을 보면 기가 죽기도 하고 나보다 못하다 싶은 사람에게는 무시하고 조롱하기도 했었습니다.

그리고 간은 콩알만해서 누군가 큰 소리를 치면 심장은 마구 방망이 질을 해대고 남들 앞에 나가 뭔가를 하려고 하면 온 몸이 바들바들 떨렸습니다.
그리고 항상 뭔가에 쫓기는 듯한 삶을 살았습니다.
그럼에도 불구하고 전 제 상태를 바로 보지 못하고 교만한 마음과 사람들에 대한 판단과 정죄를 품고 있었습니다.

그러다 부르짖는 기도를 하게 되면서 제 안에 있는 많은 어두운 부분들이 보이기 시작했습니다.
그리고 단순하게 '으아~' 하고 부르짖는 기도를 통하여 제 안과 밖이 변화하기 시작했습니다.

처음에는 부르짖어도 아무 느낌이 없는 것처럼 느껴지기도 했습니다.
그래서 낙심이 되기도 했는데 꾸준히 하다보니 차츰 차츰 감각이 생기게 되었습니다.
영의 분별력도 조금씩 증가가 되는 것 같았습니다.
부르짖는 기도를 통하여 제 안에 두려움이 차츰 차츰 사라져 가고 담대함이 생겨나 이제는 명확하게 제 의견을 말할 수 있게 되었고 삶도 밝아져서 많이 웃고 즐기는 여유가 생겼습니다.
예전에는 '난 쓸데없는 존재야'라고 생각했으나 이제는 주님이 사랑하시는 귀한 존재라는 것을 느끼게 됩니다.

부르짖는 기도를 통하여 의식이 아주 많이 밝아졌다는 생각이 듭니다.
예전에는 의식이 어두워서 항상 부정적인 생각을 많이 했었는데, 이제는 삶이 참 밝고 행복한 것이라고 느낍니다.
그리고 그것을 누리고 사는 삶이 얼마나 아름답고 행복한 것인지 느껴가고 있습니다.

부르짖는 기도를 하다보면 내 안에 막혀 있던 것들이 뚫리는 것을 느낍니다.
제 생각과 의식이 바뀌게 되니 환경이 변화가 되는 것을 봅니다.
사람들을 보는 시각이 달라진 것을 보게 됩니다.
단순히 '으아~' 하고 부르짖거나 그것이 여의치 않은 상황에서는 상상으로 부르짖기만 해도 금세 회복이 되는 것을 느끼게 됩니다.

무기력하고 혼란스럽던 것들이 마치 구름이 걷히듯 말끔히 걷히게 되는 것을 경험하게 됩니다.

부르짖는 기도를 하다보면 악한 영들에 대한 분노가 더 많이 생겨나는 것을 느낍니다. 그리고 그것이 큰 힘이 되어 놈들을 마구 혼내주게 되고 그러다 보니 두려움도 사라지게 되어 놈들이 아무 것도 아니라는 것을 느끼게 됩니다.

부르짖는 기도는 참 재밌습니다.
부르짖는 기도를 하게 되면 될수록 삶이 더 아름다워지고 밝아지게 되는 것을 느낍니다.
실제로 제 삶이 그렇게 변했습니다.
할렐루야! 주님을 찬양합니다!

17. 부르짖는 기도와 직장생활   -O자매-

주말에 예배를 드리고.. 충전하고 직장에 출근하면 왜 그렇게 힘들고 처지고 일이 많이 생기는지.. 전 단순히 월요병인줄 알았습니다.
그러다가 목사님 글을 읽고 나니 '아!' 하고 놀라지 않을 수 없었습니다. 직장에 갈 때는 강하게 눈 기도, 부르짖는 기도를 하고 영을 긴장시키고 무장상태로 가야 한다는 것을 몰랐던 것이죠.
깨닫고 나서는 나름대로 준비를 하게 되었습니다.
회사 가기 전날 부르짖는 기도를 조금이라도 하고 자거나 아니면 전날에 기도를 못했을 때는 회사까지 한 시간 넘게 걸리기 때문에 차안에서 눈 기도나 배호흡기도를 좀 합니다.
부르짖기가 어느 정도 된 때는 대인관계가 많이 달라져서 저도 즐겁게 대화에 참여하고 농담도 하고 여유 있게 지냅니다.
저 스스로 생기가 있고 즐거우니까 일도 잘되고 사는 게 재미있다는 생각이 들어요. 일이 잘 안 되도 그냥 여유 있게 넘어가고 잘 되겠지.. 라는 생각이 듭니다.

하지만 며칠 무방비로 살면 일이 터지곤 하죠.
전 마음이 약해서 상사가 다른 사람을 혼내는 소리를 듣고만 있어도 심장이 두근두근 거리고 답답하고, 일이 잘 안되면 온 생의 존재에 불안을 느끼며 쫓기고 삶이 힘들어 집니다.
어제는 일이 터진 날이었습니다.
상사에게 엄청 깨지고 하루 종일 마음이 우울한 상태였습니다.
아무리 웃으려고 해도 얼굴이 어색하더군요.

부르짖기를 해서 확 바꿔야겠다.. 벼르면서 계속 참았습니다.
금요예배가 있는 날이라.. 교회에 갔는데 하루 종일 그래서 그런지 힘이 빠져서 예배도 겨우 드린 것 같습니다.
그러나 예배의 끝 부분에 드디어 불을 끄고 다같이 부르짖는 시간이 되었지요.
체면이고 뭐고.. 다 내 던지고 막 부르짖고 난리를 냈죠..
마귀를 부수고 믿음을 선포하고, 회개하고.. 주여~ 주여~
목에 힘 빼고 배에 힘을 줘야한 다는 것을 배웠기에 신경 써가면서 부르짖었어요.

역시.. 부르짖는 기도의 힘은 나를 실망시키지 않았습니다.
주님께 모든 걸 다 토해내고 나니까 구역질, 가래, 눈물, 그리고 나서.
그 후의 시원함이란.. 정말 감사했습니다.
얼굴도 부드러워지고 집사님들이랑 재미있게 놀면서 청소도하고 남아서 찬송도 하고.. 다시 삶이 즐거워 졌지요.

저희 엄마는 부르짖는 기도를 어쩌다 하신 날이면 상당히 말이 많아지시고(어머니의 표현대로) 거칠어지시고 당당해 지셔서 오히려 다른 가족들이 무서워하는 경향이 있습니다.
저도 저 자신을 보니까 그렇게 자신감을 얻고 나면 저도 모르게 말이 많아지고 혼자 흥분되어 자칫 대인관계에 실수할 경우도 있었던 것 같습니다.
그래서 부르짖고 나면 흥분을 가라앉히고 조용히 주님 앞에 있는 시간을 잠깐이라도 가지려고 하지요.
날마다 강하게.. 균형 있게.. 자연스럽게.. 부드럽고 따뜻하게..
즐겁고 생기 있게 저를 만들어 가시는 주님을 찬송합니다!

18. 부르짖는 기도일지 -C형제-

저는 고등학교 2학년에 다니는 학생입니다.
카페 가족들의 많은 간증문을 읽으면서 저도 쓸까말까 심히 고민을 하다가 미흡하지만 이렇게 글을 써보기로 마음을 먹었습니다. 저는 부르짖는 기도를 알고 적용한지 얼마 되지는 않지만 짧은 시간이나마 부르짖는 기도를 통해 맺은 열매에 대해서 나누고자 합니다.

  1. 죄를 멀리하게 되었습니다.

저는 모태신앙에 어머니가 전도사님이지만 오히려 오랜 신앙생활에 대해 싫증을 느끼고 마음은 더욱 강퍅해져만 갔습니다.
교회에서 드리는 예배나 교제보다는 세상 친구들과의 만남과 교제가 더 좋았고, 주님을 향한 마음은 사라져만 가고 세상으로 더 나가게 되고 많은 세상적이고 육신적인 죄를 짓는 것을 더욱 즐기게 되었습니다.

그런데 정원목사님과 카페식구들을 알게 되고 부르짖는 기도에 대해 알게 된 후 저의 삶은 변화되어가기 시작했습니다.
나의 죄를 깨닫고 회개하게 되었고, 나를 용서해주시고 사랑해주시는 주님을 만나게 되었습니다.
부르짖는 기도를 통해서 예전엔 내 힘으로 멀리할 수 없었던 더러운 죄들과 세상 것들이 자연스럽게 싫어졌고 주님을 바라보고 찬양하는 것만이 삶의 기쁨이 되었습니다.

2. 분비물이 나오기 시작했습니다.

밤마다 부르짖는 기도를 하면서 점점 침과 트림이 나오게 되었습니다. 다른 분들이 기도하면서 그런 현상을 경험하고 변화와 정화를 경험하게 되었다는 간증을 많이 들어서 저도 부러웠는데 부르짖는 기도를 하면서 저에게도 그러한 현상이 나타나게 되었습니다. 더럽기는 하지만 이것이 정화과정이고 이로 인하여 여러 좋은 변화들이 생기게 되었기 때문에 기분이 좋았습니다.
그런데 침이 시도 때도 없이 막 나오다보니 여러 난처한 상황이 발생하게 되었습니다.
주위의 친구들에게는 침이 많이 나오는 병이 걸려서 그렇다고 양해를 바라고 몰래 몰래 침을 뱉었습니다. 친구들은 더럽다면서 구박을 주기도 했지만 내 안에 있는 더러움과 어두움이 처리되고 정화되는 이 과정이 너무나 기뻤습니다.

3. 공부에 대한 압박감이 사라졌습니다.

전에는 공부를 하면서도 항상 압박감 속에서 했었습니다. '혹시 점수가 안 오르면 어떡하지?' '원하는 대학에 떨어지면 어떡하지?' 이런 두려움과 걱정 속에서 공부를 하면서 내 자신도 스트레스를 받고 능률도 별로 오르지 않았습니다.
하지만 부르짖는 기도를 통해 담대하게 되었고 두려움과 근심이 사라지게 되었습니다.
그래서 공부하기 전에 연습장에 점을 찍고 밑에 '예수' 라고 쓴 뒤 눈 기도로 눈을 강하게 한 후 공부를 시작했습니다.
공부가 잘 안되고 집중이 되지 않을 때 몇 분만 부르짖고 나면 다시 의욕이 마구 샘솟기도 했습니다.

두려움과 걱정이 사라지게 되니 공부를 하는 게 점점 더 즐거워지고 성적도 그 전보다 잘 오르게 되었습니다.

4. 생각을 지킬 수 있게 되었습니다.

저는 평소 쓸데없는 생각이 많은 편이라 항상 공상과 잡생각들로 머리를 가득 채우고 생활을 했습니다. 그런데 부르짖는 기도를 하고 나니 잡생각과 공상에 대해서도 점점 자유하게 되었습니다.
악한생각이 들어올 때마다 대적기도를 통해 결박하고 생각을 비우는 훈련을 하면서 이제는 생각을 지킬 수 있는 능력이 생기고 잡생각 대신 주님께 더 집중하고 긍정적이고 밝은 생각을 하게 되었습니다.
이 밖에도 삶에 많은 변화들이 부르짖는 기도를 통해 나타나게 되었습니다. 아직 많이 부족하고 갈 길이 멀지만, 더 많이 부르짖어서 영을 강화시키고 주님께 더욱 가까이 가고 싶습니다.
오늘까지 나를 인도해주신 주님, 앞으로도 나를 인도해주실 주님을 찬양합니다.
내 평생을 주님을 바라보고 사랑하며 살기를 원합니다. 찬양합니다. 주님~할렐루야~!

* 형제는 아직 고등학교 2학년의 어린 학생이지만 아주 열정적으로 부르짖는 기도를 드리며 영적 성장을 갈망하고 있습니다.
열심히 기도하면서도 공부도 열심히 해서 600명이 넘는 학생들 가운데 거의 전교 수석을 유지하고 있는 편입니다.
부르짖는 기도는 짧은 시간에 영적인 갈망과 변화도 일으키면서 정신적으로도 안정감을 주고 집중력도 강화시키기 때문에 학습에도 좋은 효과와 도움을 주는 것 같습니다.

19. 부르짖는 기도를 통하여 받은 축복 —O권사—

저는 워낙 표현력이 부족하여 그동안 부르짖는 기도를 통해 제 심령에 경험한 것들을 올릴 용기가 없어서 미루고 있었는데 요즈음 제가 누리고 있는 이 기쁨과 자유함을 조금이라도 나누고 싶어서 용기를 내서 몇 자 적어 볼까 합니다.

제가 호흡기도를 처음 시작할 때 저는 늘 가슴에 납덩어리가 있는 것처럼 답답했기에 주로 가슴에 의식을 두고 호흡을 했습니다.
저는 제 자신이 겉이 두껍고 영적으로 둔하다고 생각했기 때문에 배기도 보다 가슴호흡기도를 많이 했습니다.
그런데 아무리 열심히 주님을 생각하며 호흡하고 가슴에 답답한 것을 '휴~'하고 배출해도 시원해지지가 않았습니다.
그래도 포기하지 않고 열심히 했지요.
너무 답답하여 고통스러웠기에 혼자 있을 때면 틈틈이 부르짖었고 호흡기도에 주력했습니다. 그렇게 어느 정도 시간이 지나면서 가슴이 달콤해지고 눈물이 한없이 흐르고 주님의 위로하심과 제 마음을 만지시는 것을 많이 경험하게 되었습니다.
저는 정원 목사 중보 기도모임인 월요기도 모임 때 찬양을 부르면서 저의 내면이 많이 치유가 된 것 같습니다.
찬양할 때에 전심으로 마음을 다하여 부르짖듯이 불렀습니다. 찬양을 하다가 끝 소절 가사 '~하소서~' '~합니다~'에 배에 있는 힘을 다 주어 기도하는 마음으로 간절히 부르짖어 부르면 뱃속에서 더러운 것이 다 쏟아져 나오는 것 같고 뜨거운 회개의 눈물과 은혜로 충만해지지요. 그러더니 언제부터인지 제 가슴속에 있던 납덩어리가 없어져버리고 말았습니다.. 할렐루~야!

저는 월요기도 모임에 오면 나이를 잊고 기쁨으로 찬양하며 춤을 춥니다. 정말 너무 행복하고 기뻐요!

언제부터인가 의식을 배에 두고 호흡하면 트림이 나오고 가래가 나왔습니다.

낮은 방언과 '으~~' 하고 배에 힘을 주고 부르짖으면 눈물, 콧물, 하품이 정신 없이 나와 그것 처리하느라고 정신이 없었습니다.

그러다 보면 힘이 딸리고 그러면 다시 충전하고.. 그러다 보면 어느새 시간이 다 지나가지요.

그리고 하루를 주님 부르며 행복하고 활기차게 살아갑니다.

저는 평소에 의식을 주님께 두고 주님을 마시는 호흡기도를 제일 많이 합니다. 어쩌다 충전하는 호흡기도를 안 하면 벌써 마음이 허전해지고 생기가 없어져 매사가 시들해 집니다.

그러면 다시 주님께 회개하고 내면에 중심을 두고 주님을 부르며 호흡하면 다시 회복이 되어 주님이 느껴지고 눈물이 나며 행복해 집니다. 사람들과도 많이 웃고 떠들고 이야기를 하지요.

저보고 주위 사람들이 얼굴이 환해지고 많이 예뻐졌다고 해요..

제가 생각해도 이전에는 굳은 얼굴과 표정으로 무덤덤하게 살았는데 지금은 잘 웃고 또 마음도 많이 여유로워지고 사람들에게 먼저 다가가서 말을 걸고 남을 많이 배려하게 되었습니다..

정말 주님께 감사를 드립니다. 제가 이렇게 된 것은 순전히 호흡기도와 부르짖는 기도 덕분입니다. 제가 워낙 둔해서 많이 발전하지는 못했지만 그래도 이전에 비하면 이게 어디야? 할 정도로 변했지요. 제 삶에 많은 자유함을 누리고 살고 있습니다.

그 중에 근래에 제가 변화된 것을 두 가지만 적어보겠습니다.

1.
지난 6월 저의 친정어머니께서 갑자기 뇌경색으로 쓰러지셔 치료하던 중 합병증으로 중환자실에 한 달여 계시다가 소천 하셨지요.
그때도 주님께 부르짖는 기도와 대적기도를 통하여 두려움과 고통을 이길 수 있었어요..
이전의 저 같으면 울고불고 난리였을 텐데 담담한 마음으로 어머니를 보내 드릴 수 있었던 것은 부르짖는 기도의 덕분인 것 같습니다. 어쩌다 가끔 어머니가 그리워지고 눈물이 울컥 쏟아지지만 그럴 땐 얼른 주님께 돌이키고 주님을 부르며 호흡기도로 그리움을 배출합니다. 그리고 다시 씩씩해집니다.

2.
저의 남편이 지난 9월 퇴직을 하시게 되었지요. 저의 남편이 다니는 회사는 정년이 딱히 정해져 있지 않습니다. 기술직이라 몇 년 더 다니실 줄 알았는데 갑자기 그만 두시게 되었지요.
요즈음 주로 집에 계셔서 저하고 있는 시간이 많아 졌지요. 그런데 같이 붙어 있어도 재미있게 생활하고 있답니다.
제가 놀라운 것은 제 자신의 마음의 상태입니다.
주님이 주신 환경이 고통스럽지가 않고 담담하게 받아들여지고 잘 적응하고 있는 것이 이전의 제가 아니거든요.
또 앞날의 걱정도 일부러 안 하는 게 아니라 저절로 안 하게 되는 것이 너무 감사하구요. 그저 제가 할 일은 부르짖는 기도만 열심히 하면 되는 것 같아요..

앞으로 저의 간절한 소망은 열심히 부르짖어 기도하여 내 안에 어두움과 죄성을 초토화시키고 오직 주님의 영으로 채워 나가는 것입니다. 오직 주님으로만 충만하기를 간절하게 바랍니다! 할렐루~야!

20. 부르짖는 기도로 자신감이 넘치는 삶을!
  -K자매-

저도 소감을 써보려고 합니다. 다른 분들처럼 열심히 기도 훈련도 못했는데.. 하고 망설였지만 저 같은 아이가 부르짖었다면, 그리고 변화되었다면 누구나 부르짖는 기도를 할 수 있고 변화될 수 있다는 자신감을 드릴 수 있지 않을까 싶어서요.
저는 어떤 구체적인 사건보다 부르짖는 기도를 통하여 저의 변화된 모습을 생각해보았어요.
저는 어렸을 적부터 소리를 내서 기도한다는 건 상상도 못해봤죠.
늘 마음속으로만 기도했었고 통성 기도를 하라고 해도 다른 사람 기도 소리만 듣고 있고 저는 아무 소리도 내지 못했어요. 중고등부 시절에는 대표기도 시킬까봐 교회 빠질까 말까도 고민했을 정도였지요.
생각해보면 어려서부터 부모님과도 별로 대화도 못해봤고 집에서도 친구와 놀기보다는 TV만 보고 지내서 저는 소리를 많이 잃어버리고 살았던 것 같아요.

그랬던 제가 어느 날 남자 친구를 통해서 부르짖는 기도라는 걸 알게 되었습니다. 처음엔 소리를 내는 것이 너무 부담스럽고 그것도 동물 같은 소리를 내야하니 쑥스럽기도 했습니다.
다들 잘 하는 것 같은데 나는 방법도 잘 모르겠고.. 그래도 그냥 했습니다. 아주 조금씩.. 아주 조금씩.. 용기를 내서 해보았지요.
잘 하지도 열심히 하지도 못했지만 그래도 모임에 참석할 때마다 남자 친구와 있을 때마다 배에 힘을 주는 연습을 하고 부르짖기 시작했습니다. 언제부터인지 저도 잘 모르겠지만, 서서히 부르짖는 것이 재밌다고 생각하게 되었습니다.
눌려있을 때 속으로만 생각하며 하는 기도가 차츰 너무나 답답하게 느껴졌습니다.
소리치고 선포하고 '으~아~~' 하면서 배에서부터 소리를 끌어올리는 것이 너무나 재미있고 시원했습니다.
제가 소리를 내서 기도하다니요. 그것을 재미있게 느끼다니요..
와~이건 정말 주님이 주시는 은혜이고 기적입니다!
그리고 나서 저는 조금씩 저도 모르게 변해갔습니다.

   1. 우울증에서 벗어나다!

저는 주기적인 우울증을 가지고 있었어요.
고등학교 때 저를 '3초'라고 부르는 친구도 있었지요.
3초만 있으면 운다는 것이지요. 그럴 정도로 저는 눈물이 많았어요.
즐겁게 지내다가도 어느 순간 너무 외로워지고 세상에 혼자인 것 같은 마음이 들곤 했습니다.
아무도 내 편이 없고 아무도 날 사랑해주지 않는다고 생각했어요.
그래서 스스로도 '또 시작이구나' 느낄 만큼 주기적으로 그리고 꾸준히 외로워했습니다.
그런데 요즘의 저는요, 언제 외롭다는 생각을 해봤는지 생각이 나질 않는군요. 저도 모르는 새 그렇게 되었어요.
이 소감을 쓰려고 생각을 하다보니 비로소 제가 예전에 그렇게 주기적인 우울증에 시달렸던 게 생각나더군요.
늘 사랑을 갈구하고 외로워하던 아이가 이제는 혼자 있어도 둘이 있어도 셋이 있어도 외롭지 않습니다.
맨날 외롭다고 흘리던 눈물샘이 이제 말라버렸습니다. 하하하..

이제 제게는 주님을 위해 흘릴 눈물만 남아있음을 믿습니다!
할렐루야!

2. 자기표현을 시작하다

자기표현이라.. 거창한 것은 없구요.
저는 소리를 내서 기도하지도 못했지만, 손을 올리고 찬양하는 것 역시 아주 강력한 은혜가 임했을 때나 가능했습니다. 보통은 거의 상상하기 어려운 일이었지요.
그런데 요즘 저는요 찬양할 때 마구 뛰고 몸을 흔들고 손을 높이 뻗고 주님께 영광을 올려 드리는 것이 너무나 재밌고 행복합니다.
이것도 저로서는 상상 못할 일이지요.
사실 요즘 혼자 슈퍼를 가면서도 찬양을 흥얼거리며 몸을 흔들고 다닌답니다.
그렇게 길을 걸으면서도 스스로 참 신기해요.
또 애교도 늘어갑니다. 저희 엄마는 '너는 왜 그렇게 애교가 없냐' 하시며 걱정하셨었는데.. 늘 무표정이었었는데 그래서 째려본다는 둥, 무섭다는 둥의 소리를 듣기도 했었는데 지금은 사람들이 저를 애교장이라고 불러요, 글쎄. 호호호..
사람들 앞에서 저를 표현해 나가는 것이 무척 재미있는 일이더군요.

3. 자신감이 생기다

저는 제 외모 때문에 아주 자신감이 없었습니다.
어렸을 적부터 돼지라는 별명을 늘 듣고 살았지요.
고등학교 때는 거울을 볼 때마다 제 얼굴이 괴물 같아 보여서 거울은 물론이요 친구들 얼굴도 똑바로 쳐다보지 못했습니다.

그런데 부르짖는 기도를 배워나가면서 그것이 귀신의 속임임을 알게 되었습니다.
나는 하나님이 창조하신 사랑스럽고 아름다운 피조물이라는 것을 느끼게 되었습니다.
꼭 외모에 대한 속임뿐만이 아니더라도 강하게 부르짖고 나면 나도 모르는 자신감이 불끈 불끈 솟아올라 훨씬 더 밝고 명랑해져갔습니다.
또 제 감정, 제 기분, 제가 좋아하는 것, 싫어하는 것을 점점 더 표현할 줄 알아 가는 것 같아요. 할렐루야!

4. 재미있는 선생님이 되다

저는 올해 초등학교 교사가 되었습니다.
이 일을 하며 참 행복함을 많이 느낍니다.
어느 날 아이들에게 '선생님'을 주제로 일기를 써오라고 한 적이 있었어요.
아이들의 일기장에는 거의 대부분 '우리 선생님은 어쩔 땐 정말 무서우시지만 정말 웃기시다. 재미있으시다' 이런 말들이 적혀 있었습니다.
내심 놀랍기도 하고 또 얼마나 기쁘던지..
부르짖는 기도를 하기 전의 저였다면 이전의 저의 성격으로는 아이들에게 만만하게 보여서 질질 끌려 다니고 그러다가 스트레스가 쌓이면 짜증만 부리는 교사가 되었을지도 모릅니다.
그런데 부르짖는 기도를 하면서 제 성격도 많이 밝아지게 되었고 아이들 앞에서 춤도 추고 개그도 하는 웃기는 선생님이 되어버렸습니다.
제가 힘이 없을 때는 아이들에게 짜증을 내게 되고 말도 하기 싫어지는데 부르짖는 기도로 충전을 하고 나면 저는 전혀 화를 내지 않으면서도 아이들이 스스로 순종하고 따르려는 것을 느낍니다.
또 수업에도 훨씬 잘 몰입하지요.

아이들에게 재미있는 선생님이기도 하지만 때로는 엄하고 권위 있는 선생님으로 보일 수 있다는 것이 저는 정말 신기할 뿐입니다.
아.. 부르짖는 기도를 통해 주님이 주신 은혜는 정말 말로 다 할 수 없을 것 같네요.
사실 지금도 너무나 부족하고 부끄러운 모습이지만 그래도 부르짖는 기도를 통해 앞으로 더욱 발전해나가고 변화되어 나갈 것을 생각하면 너무나 기뻐요.
저는 정말 너무나 내성적인 아이였습니다. 그런데 그런 저도.. 모두가 다 변해도 나는 안 될 것 같다고 생각했던 저도 조금씩 변해가고 있습니다. 그리고 나는 변화될 것이라는 믿음은 자꾸만 더 커져갑니다.
주님은 나를 변화시키실 것입니다.
주님을 따라 나는 이 길을 꾸준히 갈 것입니다.
값없이 이 모든 은혜를 주시는 나의 주님을 영원히 찬양합니다.
할렐루야!

* 자매는 참 귀엽고 아름다운 아가씨입니다. 그런데 자신의 외모에 열등감을 가지고 있었다니 참으로 놀라운 일이군요.
다만 생기 없는 모습에 눈물이 참 많았지요. 내가 평범한 이야기를 할 때도 눈물이 그칠 새 없이 흘러내리던 모습이 기억납니다.
기도 모임이 있을 때에도 다들 뜨겁게 기도하고 흥겹게 웃는데 혼자 바깥에서 쪼그리고 슬프게 울곤 했습니다.
심령이 여리고 약하다보니 사람에 대한 의존도도 높았지요.
그러나 부르짖는 기도를 하면서 밝고 맑고 명랑한 아가씨로 바뀌어져서 놀라웠습니다. 지금은 아주 활기차고 재미있는 선생님으로 행복하게 살고 있지요. 자매의 놀라운 변화도 부르짖는 기도의 놀라운 능력을 잘 보여주고 있는 실례입니다.

21. 부르짖는 기도를 통한 삶의 변화 -N전도사-

몇 년 전에 영성 훈련을 받으면서 많이 부르짖은 것 같습니다. 그 때는 산기도 철야기도 금식기도 무척 많이 했었습니다.
매일 부르짖다보니 목이 잠겨서 2개월씩이나 목소리가 나오지 않아 애를 많이 먹기도 했습니다.
그러나 그렇게 많이 기도하고 부르짖어도 삶에는 진정한 자유와 변화가 없었습니다. 기도는 많이 하는 것 같은데 심령은 여전히 갈급했고 허무했습니다.
지금 생각하면 그 때는 부르짖는 기도의 원리를 알지 못하고 무턱대고 부르짖은 것 같아요.

그러던 중에 정원목사님 책을 알게 됐고 서울로 이사를 오게 되었습니다. 정원 목사 독자모임의 기도모임에 꾸준히 참석하면서 부르짖는 기도의 원리를 알고 배우게 되었습니다.
그 때부터 제 삶에 많은 변화들이 생겼습니다. 부르짖을 때마다 침, 가래, 트림, 구역질, 하품 등등 많은 증상들이 생기고 영적으로도 예민해졌습니다.
예전에는 건강이 무척 안 좋았습니다. 비염도 심하고 신경성 위염, 가슴이 막혀서 숨을 쉴 수가 없어서 병원에 가니 화병이라고 해서 한약도 먹고 병원도 다니고 했지만 점점 더 심해졌습니다. 일명 '걸어다니는 종합병원' 이었죠. 거의 누워서 생활할 정도로 약했답니다.
그런데 부르짖는 기도를 통해서 저도 모르게 모든 병이 다 사라졌습니다. 그래서 지금은 아주 힘차게 뛰어다닌답니다. 호호.. 야호!

그리고 성격이 아주 소심하고 완벽하며 내성적이었고 말도 별로 없었습니다. 생각도 많았고 사소한 짜증과 근심과 두려움이 많았습니다.
그런데 부르짖는 기도를 통하여 성격이 아주 밝아지고 어린아이처럼 단순하게 되고 모든 근심과 두려움들이 사라지고 심령에 생수와 같은 기쁨이 솟아나게 되었습니다.
아이들을 향한 잔소리와 짜증도 차츰차츰 줄어들었습니다. 삶이 참으로 기쁘고 행복하고 즐겁다는 걸 느끼게 되었습니다.
아이들에게도 많은 변화가 있었습니다. 성격도 밝아지고 순종하는 아이들로 바뀌었습니다.
경제적으로도 차츰차츰 풍성하게 채워지게 되었습니다.
부르짖는 기도를 통하여 주님께 더 가까이 더 가까이 나아가길 소원합니다. 지금까지 함께 하시고 나를 변화시키신 주님께서 더 아름다운 주님의 신부로 변화시키실 것을 믿습니다.
할렐루야~ 수님 찬양합니다!

* N전도사님도 참 놀라운 변화를 경험하신 분입니다.
얼굴이 너무 밝고 맑고 환하고 어린 아이 같아서 원래 성격이 그렇게 밝고 환경이 천국 같은 줄 알았더니 삶 속에는 너무 많은 환란을 겪었고 어려움 속에서 살던 것을 알게 되었습니다.
성격도 최근까지 아주 강하고 접근하기 어려운 편이었다고 합니다. 그런데 갑자기 최근에 이러한 변화들이 생겼다고 합니다. 아이들도 어머니가 최근에 갑자기 변했다고 아주 기뻐하며 어머니와 친밀한 관계가 되었다고 합니다.
지금의 환경에도 어려움이 있지만 얼굴에 웃음이 떠나지 않는 기쁨의 삶을 살고 있습니다. 간절하게 부르짖어 기도하며 온전한 마음으로 주를 따를 때 환경을 초월하는 천국의 삶을 살 수 있는 것을 보여주는 좋은 간증의 사례라고 할 수 있습니다.

22. 마음을 강하게 하는 부르짖는 기도 -C형제-

저는 마음이 소심하고 약한 편이라서 평소에 사람 대하는 게 약간 힘듭니다.
저는 동사무소에서 공익요원으로 근무하고 있습니다. 등본, 초본을 많이 떼어 드리는데 어떤 때는 손님이 가까이 오면 너무 부담스럽고 또 고참이 고압적으로 대하면 많이 두렵고 스트레스를 받았습니다.
그런데 부르짖는 기도를 해야겠다고 생각하고 상상으로 부르짖기를 잠깐 10분에서 20분 정도하면.. 바로 마음이 밝아지고 잘 처리하게 되는 것을 경험했습니다.
그때부터는 이상하게 좋은 일들도 같이 많이 생기는 것을 경험하였습니다.

오늘은 마음이 복잡해지고 긴장되고 평소에 들지 않던 어두운 생각이 많이 드는 것이었습니다.
그래서 이것을 없애려고 한 시간정도 부르짖었는데 그러고 나니 마음이 편안해지고 주님이 저와 함께 계시는 것을 느끼게 되어 참 행복하였습니다.
인격적인 성장도 중요하지만 부르짖는 기도는 정말 기본적으로 마음을 강하게 해주는 기도인 것을 경험하였습니다.
앞으로 부르짖는 기도를 통해서 주님의 놀라운 역사를 경험하기를 기대합니다!

23. 부르짖는 기도와 생활의 변화　-J형제-

저는 고등학교 2학년에 다니고 있는 학생입니다. 많이 미흡하긴 하지만 나름대로 부르짖는 기도를 실천하고 변화된 것을 써보고자 합니다. 어렸을 때부터 아빠 엄마를 따라서 기도원두 많이 갔었고 초등학교 때부터는 교회에서 드럼을 치는 봉사를 맡기도 했지만 저는 최근까지만 해도 주님을 추구하는 마음이 무엇인지 잘 몰랐던 것 같습니다.
아빠가 몇 년 전까지 많은 집회를 해 오셨고 저도 항상 매 집회마다 드럼을 쳤지만 주님을 정말로 갈망하지는 않았던 거 같아요.
하지만 최근에 들어서 아빠의 많은 저서를 접하고 특히 부르짖는 기도를 접하고 나서 저의 생활과 신앙이 조금 달라지는 것을 느꼈습니다.

1. 주님을 더 많이 사모하게 됨

예전에도 주님을 알고는 있었지만 주님을 향한 사모함이 별로 없었던 것 같습니다. 기도 모임이나 예배에 가서도 사람을 만나 얘기하는 것이 즐거웠지 내적인 변화나 주님과의 만남에 대해선 그다지 관심이 없었습니다. 하지만 이제는 나에게 기도 모임이 주님을 추구하는 그런 장소로 변하게 되었습니다.
단순히 드럼을 치는 즐거움을 즐겼던 제가 이제는 나 자신의 즐거움을 위해서가 아니라 주님께 찬양 드리고 주님을 높이기 위해서 드럼을 치게 되고 찬양도 나를 자랑하는 것이 아닌 주님을 향한 갈망을 담아.. 진심을 다해서 부르게 되었습니다.
찬양을 부르면 감격이 넘치고 눈물이 쏟아지곤 해요. 찬양 드리는 시간이 정말 즐겁습니다. 앞으로도 더욱더 주님을 높이는 기쁨, 다른 사람을 섬기면서 사는 기쁨을 누리고 싶어요.

  2. 아토피가 많이 나아짐

저는 오래 전부터 아토피로 인하여 고생을 했었는데 한동안 아토피의 증상이 사라졌었습니다. 그런데 몇 년 전에 새 집으로 이사 오면서 다시 아토피가 재발되었습니다..
그래서 계속 아토피와의 전쟁을 하며 살아야만 했고, 많이 고생을 하였습니다. 항상 눈 주위가 빨갛게 부어있었고 몸의 여러 부분이 가려워서 긁느라고 힘들었었습니다.
그런데 부르짖는 기도로 상당히 많은 부분에서 효과를 보았습니다.
강하게 부르짖으면서 '아토피 귀신아~ 떠나갈지어다~ 나를 괴롭히는 마귀는 무너질지어다!' 하면서 자꾸 결박하고 대적하고 부르짖으니까 아토피의 대표적인 증상인 가려움증이 많이 사라졌고 눈 주위의 빨갛게 부은 것들도 다 없어졌습니다!

  3. 집중력이 좋아짐

부르짖는 기도를 하니까 집중력도 좋아지는 것 같습니다.
공부에 대해 별 관심이 없었고 열심히 하지 않았던 저는 부르짖는 기도를 통해 집중력이 생기게 되었고, 특히 공부를 할 때 잘 집중하게 되었습니다. 그전에는 잘 집중을 하지 못해서 공부를 하다가도 자꾸 다른 데에 신경을 쓰고 그랬었거든요.
특히 부르짖을 때 집중 못하게 하는 혼미케 하는 영과 방해하는 영들을 부르짖고 대적하고 나면 홀가분해지고 즐거운 마음으로 공부를 할 수 있게 되었습니다.

4. 자신감이 생김

저에게는 참 중요한 변화라고 생각하는 부분입니다. 물론 처음부터 자신감이 없는 그런 학생은 아니었지만, 중학교에 들어가자 갑자기 변한 낯선 환경과 계속된 시험의 압박으로 인해 스트레스가 쌓이기 시작하면서 자신감이 많이 사라지기 시작했습니다.
중학교를 졸업할 때 즈음에는 고등학교 생활을 어떻게 하나 하는 불안감도 많이 있었습니다.
그만큼 공부에 대한 중압감이 컸고, 규칙적인 삶에 얽매였던 내 자신의 삶이 정말 힘들고 피곤하게 느껴졌습니다.

작년부터는 부모님의 권유에 따라 성악 공부를 하고 있습니다. 음악적인 재능을 버리기가 아깝다고 하시며 받은 달란트를 사용해야 한다고 하셨습니다.
노래 부르는 것을 좋아하고 즐기던 저였지만 처음에는 고민이 되었습니다. 그러나 기도하는 가운데 마음이 설레고 기쁘고, 주님을 찬양한다고 생각하니 너무 행복해져서 성악을 하기로 결정했습니다.
성악을 시작한지 얼마 되지 않았을 때는 여러모로 힘들었고 학교 음악 선생님은 제 목소리가 작다고 하셔서 많이 실망이 되었습니다.
그래서 그럴 때마다 중학교 때부터 이어져온 자신감이 결여된 나의 모습에 대해 부르짖으며 악한 영들을 대적하고 결박하기 시작했습니다.
'내가 지금 우울하고 힘든 것은 악한 영에게 눌린 것이다. 그러나 나는 악한 영들에게 절대 지지 않겠다!'
'지금 이렇게 자신감이 없는 나약한 모습은 나의 원래 모습이 아니다!'
'나는 잘 할 수 있다!'
자꾸 이렇게 고백하고 시인하면서 부르짖는 기도를 하니 시원하고 통쾌하기도 했습니다. 이렇게 부르짖는 기도를 통해 자신감을 키워나갔고 성악 실력도 꾸준히 늘어나기 시작했습니다.
그 결과로 비록 크지 않은 대회이지만 첫 무대에서 자신감 있게 노래를 불렀고 상을 타게 되었습니다.
학교 축제 때도 무대에 나갔고 고2는 나 혼자였고 고3형들만 있는 가운데에서도 당당하게 노래를 불러서 많은 칭찬을 받게 되었습니다. 소극적이었던 내 모습은 부르짖는 기도를 통해서 180도 바뀐 것 같았습니다.

성악뿐만이 아니라 모든 것에도 적극적으로 변하게 되었습니다.
친구들과 사귀는 것이 조금 어려웠는데 차츰 친구들과도 스스럼없이 지내고 좋은 우정의 관계를 가질 수 있게 되었지요.
기도 모임 중에 다른 분들이 주님을 찬양하면서 즐겁게 춤을 추는 것을 보면 몹시 부러웠지만 전에는 부끄럽기도 하고 해서 엄두를 내지 못했었지요.
하지만 어느 정도 부르짖고 나니까 나중에는 찬양을 드리며 즐거운 마음으로 춤을 추면서 주님을 높일 수 있게 되었습니다!
부르짖는 기도를 통해서 주님께서 저에게 임하시고 은혜를 주시는 것이 너무나도 감사하고 앞으로도 부르짖는 기도를 더욱 많이 생활화해서 자신감과 주님에 대한 갈망이 더욱 넘쳐났으면 좋겠습니다.
제가 지금 잠시 동안만 주님을 추구하는 것이 아니라 평생 주님을 추구하고 사모할 수 있는 주님의 사람이 되었으면 좋겠습니다.
저의 목소리를 통하여 평생토록 주님을 찬양 드리며 영광 돌리기를 원합니다!
앞으로도 저의 갈 길을 인도하실 주님을 사랑합니다.
주님~! 감사합니다! 할렐루야~!

* 이 아이는 저의 아들입니다. 본인의 말처럼 마음은 선하고 성실한데 소극적이고 자신감이 적었었지요.

어렸을 때는 영안이 열려서 천국 지옥을 많이 보고 그 빛 가운데 사로잡히기도 하고 영계를 보면서 그림도 그리고 많은 이야기를 하곤 했습니다.

하지만 나이가 들어가면서 그러한 영적 감각은 서서히 사라져갔습니다. 아이들의 경우는 대부분 그렇게 되는 것 같습니다.

이 아이는 돌 정도 되었을 때부터 음에 대해서 민감해서 많은 노래를 따라 불렀습니다.

말이 느려서 엄마, 아빠도 제대로 발음하지 못하면서도 두 살쯤 되었을 때는 대부분의 복음성가, 경배 곡들을 음정, 박자가 아주 정확하게 따라하는 것이었습니다. 그래서 많은 사람들이 놀랐었습니다.

초등학교 2학년 때는 한 번도 배우지 않은 드럼을 스스로 치고 그 후로는 교회에서 드럼을 치게 되었지요. 그래서 4학년 때는 제가 집회를 할 때 수 천 명 앞에서 드럼을 치기도 했습니다.

보기 드물게 음의 위치를 분별하는 절대 음감을 가지고 있어서 이 아이의 음악적인 재능을 살려야겠다는 마음을 가지게 되었지요.

처음에 성악을 시작할 때만 해도 자신감이 많지 않았지만 부르짖어 기도하면서 자신감과 용기를 많이 얻게 되고 많은 변화를 경험하게 되었습니다.

그래서 지도하는 선생님께도 소리가 달라졌다고 칭찬을 받게 되었고 많은 사람들 앞에서 독창을 하면서도 거의 떨지 않게 되었지요.

부르짖는 기도를 통하여 성품적으로도, 또한 자신의 하는 일에 대해서도 발전해 가는 것을 보면서 부르짖는 기도의 실제적인 능력을 다시 확인할 수 있었습니다.

24. 내 영혼을 변화시킨 부르짖는 기도
   -H형제-

부르짖는 기도를 시작하기 전의 제 모습부터 시작해서 부르짖는 기도를 통하여 변화하게 된 과정을 나누고 싶습니다.
저는 대학교 4년 학부과정을 마치고 부족했던 학점을 보충하고자 1년을 더 다녀서 총 5년 간 대학교를 다녔습니다.
그리고 예수님을 영접한 것은 대학교 5학년 때였습니다.
고등학교 때부터 대학 입학에 제 모든 삶의 목적을 두고 살았던 저는 대학에 입학한 후, 삶에 대한 모든 목적을 잃어버리고 점차로 방황하기 시작했습니다.

그 즈음하여 대학교 입학할 때 처음 만났던 기독교인 대학교 선배를 통해서 성경에 대한 예화를 적은 조그마한 소책자를 가지고 짬짬이 성경공부를 함께 나누긴 했지만, 당시 예수님은 저와는 너무나 동떨어진, 제 마음속에서 아주 멀리 계신 분이셨습니다.
성경공부를 한 것은 단지 선배가 좋은 분이고 밥도 사주고 하니까 시간 날 때 밥도 얻어먹고 신앙에 대한 이야기보다는 살아가는 이야기를 나누는 것이 재미있어서 만났던 것이었죠.
그러다 한번은 선배의 권유로 머리털 나고 처음으로 여름 수련회란 걸 참석해봤습니다.
당시는 아직 예수님을 믿기 전이었습니다. 별 생각 없이 따라갔던 여름 수련회에서 저는 울며불며 기도하는 사람들 사이에서 머리가 깨어지는 듯한 고통을 느끼고 수련회 도중에 도망 나왔습니다.

지금은 그 원인을 알지만 그 당시엔 머리가 이렇게 깨어질듯이 아팠던 적이 태어나서 한 번도 없었기에 이 일을 계기로 전 성경공부에 대한 관심이 사라지게 되었습니다.
그 후에 대학교 2학년 때부터 관심을 가지고 가입했던 학내 무술 동아리 활동이 제 삶의 주축을 이루게 되었지요.
저는 무술이 너무나 재미있게 느껴졌습니다.
무술을 열심히 수련하면서 제 삶의 목표는 천하제일고수가 되어 무림계를 평정하고 노년에는 산중에서 비밀히 손자에게 숨겨진 비전 무공을 전수하며 여생을 보내는 것이었습니다. 보통 사람들에게는 황당하게 보이겠지만 당시에는 저에게 이것은 아주 중요한 삶의 목표였습니다.
하지만! 몇 년 간의 수련 끝에 이곳에는 제가 찾던 것이 없음을 발견하게 되었습니다.

이 시기는 제가 대학원 입학시험을 보고 동시에 군 소집영장을 받아 학사장교시험을 쳤던 때쯤이었는데 당시 저는 재수를 했었고 학부과정을 마치느라 5년이 걸렸기 때문에 군대를 갈 수밖에 없는 상황이었습니다. 그리하여 입학했던 대학원에 휴학원을 내고 군대에 입대했습니다.
군대 입대 후 진해사관학교에서 장교가 되기 위한 14주의 군사훈련을 마치고 저는 해군본부에서 근무하게 되었습니다.
이때의 3년 4개월간의 군대에서의 기간 동안에 저는 상관의 명령에 복종하는 것에 대하여 철저히 배워야 했으며, 세상일이 내 뜻대로 되는 게 아니라는 걸 철저히 깨달았던 것 같습니다.
군대생활 기간동안 제 영혼은 심한 괴로움과 고독감을 느꼈습니다.
그러던 어느 날 군대에서 휴가로 들렸던 집에서 전 동생과의 얘기하던 중에 예수님을 받아들이는 영접기도를 하게 되었습니다.
저에게는 정말 기적과도 같은 일이었습니다.

하지만 예수님을 영접한 뒤에도 제 삶은 별 변화가 없었고, 예수님을 믿는 삶과 제 군대에서의 삶은 전혀 별개의 삶이었습니다.

저는 예수님을 영접한 뒤에도 지금까지 살아오던 대로 개인과 가정의 짐을 마음에 짊어지고 무언가에 끌려가는 듯한 생활을 계속할 수 밖에 없었습니다.

중학교 시절부터 은밀히 숨어 들어와 내 삶을 파괴하고 괴롭히던 더러운 영, 고등학교 이후로 내 삶에 들어왔던 절망과 고독감의 영, 대학생활을 하며 날 사로잡았던 지긋지긋한 게으름과 나태의 영, 대학교 4년 동안 기 수련을 근간으로 무술수련을 하며 들어온 무술의 영과 군대생활에서 겪게 된 음란의 영과 무능력한 영.. 그러한 악한 영들의 세력은 내 삶을 비참하게 만들었습니다.

결국 3년 4개월간의 군대생활이 별 변화 없이 지나갔고 제대 후 저는 해군경력을 인정받고 조선소에서 사회생활을 시작하게 되었습니다.

저는 이제 군대생활에서의 모든 때를 벗어버리고 새롭게 시작하고 싶었습니다. 하지만, 제 사회생활은 단지 군 생활을 벗어났을 뿐이었습니다.

더 깊은 음란과 게으름과 나태와 무력감과 인간관계에서의 절망은 저를 더 깊은 수렁으로 잡아당기고 있었습니다.

깊은 수렁에 빠져 허우적거리면서 제 영혼은 마음속 깊이 한없이 울고 있었던 것 같습니다.

나의 하루하루는 갈수록 지옥과도 같았습니다.

지하 단칸방 집에 가면 사업 실패 후 쓰러져 말 한마디 제대로 하시지 못하시는 아버지, 24시간을 아버지와 병 수발하며 지쳐 계신 어머니, 궁핍한 가정형편으로 밥 한 끼 제대로 먹지 못하는 동생들, 게다가 밤마다 지하 단칸방 보일러실에서 나는 소음으로 잠을 제대로 자지 못하고 설치는 동생들이 있었습니다.

가정은 제게 너무나도 견딜 수 없는 곳이었습니다. 장남으로서 겪는 가정에서의 부담, 그리고 그보다도 나의 나태와 무기력함으로 인해 간신히 지탱해가고 있던 직장생활마저도 파괴되어가고 있었으며, 도망칠 수 없는 업무의 중압감과 인간관계의 절망적인 갈등은 나를 숨쉴 수 없도록 눌러왔습니다.

그러다가 입사 후 일년쯤 되었을 때, 동생을 통하여 '사랑의 영성 모임'(지금의 '정원목사 독자모임')을 알게 되었습니다.
그리고 정원 목사님과 이혜경 사모님을 알게 되었고, 목사님을 통하여 영적으로 거의 죽어가던 제가 예수님을 실제로 만나게 되었습니다.
목사님께서는 제게 부르짖는 기도가 도움이 될 것이라고 조언해주셨고, 동생은 갈급해 하던 저에게 구체적으로 부르짖는 방법을 알려 주었습니다.
그 조언 이후로 저는 물불 가릴 것이 없었습니다.
동생은 제게 상상으로 부르짖는 기도를 알려주었고, 저는 처음에 하늘을 바라보며 상상으로 부르짖기, 사자같이 울부짖는 상상으로 부르짖는 기도에 전념하게 되었습니다.
이 기도의 방법은 너무나 간단했기 때문에 생각나고 틈날 때마다 어디서나 손쉽게 적용할 수 있어서 더욱 열심을 냈습니다.

그렇게 계속적으로 상상으로 부르짖는 기도를 하던 어느 날, 그 날은 업무를 마치고 동생의 권유로 함께 교회에 기도하러 갔는데 그 날 부르짖을 때 내 몸에 이상한 반응이 일어나기 시작했습니다.
심한 트림과 구토가 쏟아져 나왔고 등이 찢어지는 듯한 느낌이 들면서 내 안에 있던 더러운 영들이 '억울하다!'고 외치면서 하나 둘 일어나 내 몸 속으로부터 빠져나가기 시작했습니다.
그리고 맨 마지막에 그 때까지 남아있던 '나는 착하다'고 속삭이던 '자기 의' 의 영이 빠져나가는 것을 느낄 수 있었습니다. 오, 할렐루야!
그 날의 기억은 지금도 뇌리에 생생합니다.
얼마나 많이 몸부림치며 트림과 구토를 쏟아냈는지..
이때부터 본격적으로 침이 고이기 시작하게 되었던 것 같습니다.
매일 입안에 침이 고이고 더러워서 뱉고만 싶었습니다.
회사에서 업무를 마치고 나면 하루에 종이컵으로 한 통씩 침이 가득 차 있었습니다.

그 이후에 가정에서 기도회 하는 중에 방언을 받게 되었으며, 방언을 하면서 더욱 본격적으로 소리내어 부르짖는 기도를 할 수 있었습니다.
시간이 날 때마다 동생들과 함께 교회의 골방에서 부르짖는 재미에 점차로 빠져들게 되었고, 동생에게 부르짖는 기도가 이렇게 재미있는 건데 왜 이제야 이런걸 알려 주느냐고 까지 했었던 기억이 납니다.
(예수님 믿으라고 하면 싫다고 하던 땐 언제고.. 참 사람의 마음이란 알다가도 모르겠습니다. 그런데 이렇게 재미있는 신앙을 왜 이제야 알려 주었느냐고 묻자 동생들이 말하기를 자기들도 예수님을 믿는 것이 이렇게 좋은 것인지 최근에야 알게 되었다고 하더군요.)

점차 저는 부르짖는 기도에 몰두해갔습니다.
부르짖는 기도를 하면서 경험하게 된 여러 가지 체험들은 더욱 주님에 대한 간절함과 사모함을 불러 일으켜 주었으며 날이 갈수록 부르짖는 기도에 집중하게 되었습니다.
그 이후 제 삶의 중심은 주님이 되었고 인간관계의 중심은 주님을 향해 함께 기도하며 교제를 나눌 수 있는 사람들이 되었습니다.
카페의 청년들과 기도를 함께 하기 위한 교제를 갖게 되었고 함께 기도하는 즐거움을 발견하게 되었으며, 대구참사사건이 있었을 때, 나도 모르게 마치 내 일처럼 전심으로 간절히 중보기도를 하게 되었다든지, 회사 출근 중 충돌사고로 너무나 위급했던 상황 가운데도 평안한 가운데 사고를 처리했던 일들은 부르짖는 기도 이후 일어난 놀라운 경험들이었습니다.

하지만 한편으론 부르짖으며 영이 민감해지면서 겪는 고통도 많았습니다. 회사 동료들과의 대화 도중에 불만과 원망이 섞인 얘기들이나 비난을 하는 얘기 등이 나오면 잠시 동안 듣고 있는 것만으로도 너무나 견딜 수 없이 힘들었고 대화가 끝나고 저는 가슴이 너무나 답답하여 한참을 트림을 하고 토해야만 했습니다.
회사에서 대인관계를 하며 영이 약하고 민감해서 얼마나 수시로 트림하고 토하였고 피가 나오고 가래가 나오고 했던지요.
너무 견디기 힘들 때는 사무실 자리에서 기도하기가 어려워 화장실로 몰래 도망가 부르짖곤 하였는데, 소리내어 부르짖고 있던 중에 청소부 아주머니가 밖에서 기다리고 계셔서 어색하게 문을 열고 나오기도 했습니다.

때로는 회사에서 퇴근하면서 집에까지 일부로 걸어온 적도 있었습니다. 두 시간도 넘게 걸리는 길이었지만, 걷다보면 크게 외쳐도 좋은 시끄러운 도로와 터널이 나와서 신나게 부르짖을 수 있었기 때문에 몸의 피곤도 잊고 자주 걸으며 부르짖으며 퇴근하곤 했습니다.
이렇게 한참동안을 꾸준하게 부르짖어 기도하는 가운데 주변 상황들이 점차로 호전되었고 점차로 견딜만해졌으며 지금은 회사에서 대인관계를 통하여 더욱 영이 강건해지고 새로운 것들을 배울 수 있었습니다.
이렇듯이 저는 상상으로 부르짖기, 방언으로 부르짖기, 소리내어 부르짖기 등을 배우며, 카페를 통해서 또 동생을 통해 구체적인 부르짖는 기도에 대한 조언을 구하고 적용하며 내 삶의 결코 이길 수 없었던 많은 부분에서 자유함을 얻어가기 시작했던 것입니다.

부르짖는 기도는 제게 보이지 않는 변화의 시작이었으며 실제 내 삶 가운데 열매를 맺기까지 이끌어준 귀한 보화였습니다.
상상으로 부르짖는 기도부터 시작하여, 방언으로 부르짖고, 소리내어 외치며 강력히 부르짖고 선포하며 나아가기까지 눈물로 부르짖던 순간들은 제 삶에 그 무엇보다도 잊을 수 없는 귀한 기억입니다.

처음에 부르짖는 기도를 하며 영이 민감해졌을 때에는 너무나 힘들어서 회사를 그만두고 싶다고까지 생각했었지만 꾸준히 부르짖는 기도를 하다보니 어느 기점을 통과한 후에 회사생활은 이제는 제 삶에 빼놓을 수 없는 기쁨이 되고 있으며, 하루하루 회사에 출근해서 일하고 싶은 의욕이 넘쳐나고 예전 같으면 회사 업무에서 해야 할 일들이 큰 부담이었지만 이제는 점차 수월해지고 아무런 관심도 생기지 않을 것 같던 제 업무들이 제게 큰 즐거움과 기쁨이 되고 있으며, 함께 근무하는 동료와의 대화에서 이젠 새로운 관계를 배울 수 있는 소중한 관계의 장이 되고 있습니다.

꾸준히 부르짖으며 주님을 향하여 나아가는 사이 기대하지도 않았는데 많은 좋은 일들이 일어났습니다.
어렵던 가정형편이 점차로 호전되었고, 지금의 아내를 만나 축복 가운데 결혼하게 되었으며, 아이를 낳고 아름답고 행복한 주님이 주인 되는 가정을 꾸리고 살 수 있게 되었습니다. 그 무엇보다도 주님을 향한 사랑이 더욱 깊어지고 주를 향한 갈망이 더욱 간절해져서 너무나 감사할 따름입니다.
삶의 전반에 걸쳐 예전 같으면 겉으론 '잘 될 거야' 라고 말하지만 속으로 과연 잘될까 싶던 일들이 지금은 그냥 마음에 기쁨과 확신이 생기며 잘 되어갑니다.
날마다 새로운 아이디어가 떠오르고 이 아이디어를 제가 하는 일에 접목시켜서 좀 더 근원적인 부분에서부터 일을 의욕적으로 하고 싶은 마음이 듭니다. 앞으로 나아갈 삶에 대한 소망이 생기고 그 무엇보다도 제 삶을 변화시켜 가시는 주님에 대한 감사와 찬양이 그리고 기쁨이 마음속에 솟아납니다.

한번은 근력을 강화하는 것이 영력을 강화하는 데 도움이 된다는 이야기를 듣고 근처 초등학교에 가서 철봉에 도전해 본 적이 있습니다.
다른 운동들은 비교적 재밌게 잘 하는 편인데도 유독 철봉만큼은 이상하게 두려움이 있었는데, 마음속에 은근히 자리 잡은 자기 한계에 대한 의식을 대적하며 기도하는 마음으로 시도하자 너무 놀랍게도 한 번도 제대로 해 보지 못하던 철봉을 5개나 거뜬히 할 수 있었습니다. 사소한 작은 사건이었지만 그 순간을 저는 평생 잊지 못할 것 같습니다. 몸도 마음도 모든 것이 무기력하고 망가져 있던 저를 새롭게 회복하신 주님의 사랑이 느껴졌기 때문입니다.
철봉을 마치고 나서 바라본 그 하늘은 제 마음속에 오래 기억될 것 같습니다.

살아 계신 주님 감사합니다.
강하고 능력 있는 삶에 대해서는, 유능한 업무에 대해서는 아무런 소질도 능력도 없다고 생각하던 제게 주님 당신께서 저를 사랑으로 인도하여주시고 부르짖는 기도를 통하여 제게 능력을 주시고 제 삶을 당신께로 당신의 빛으로 그 밝고 행복한 기쁨과 평강의 세계로 이끌어 가심을 감사 드립니다.
제가 무능력하다고 느꼈을 때 부르짖는 기도를 하며 이 모든 어려움들을 딛고 일어나게 하시고 제게 뚫고 나갈 수 있는 힘과 용기를 주셨음을 감사 드립니다.
꾸준한 부르짖는 기도를 통하여 제겐 너무나도 두려웠던 업무에서 또 인간관계에서 자유케 해주셨음을 감사 드립니다.
꾸준하게 부르짖는 기도를 통해 영과 더불어 몸과 마음도 강건하게 해 주심을 감사 드립니다.
당신의 권능과 은혜로 제가 정상적인 사람으로 또한 평범한 사람으로 주님 당신께서 주신 제 역할을 하며 살아갈 수 있게 해주셔서 감사 드립니다.
기도를 통해 열어주신 그 기쁨의 세계를 저는 영원히 잊지 못할 것 입니다.
저는 더 강해지고 성장할 것입니다. 더욱더 강건하여져 주님 당신의 나라를 세우는 일꾼으로 자라갈 것입니다.
제 삶을 당신께 드리며 언제까지나 당신의 사랑의 나라에서 강건하고 굳건하게 살겠습니다. 당신만을 사랑하며 살겠습니다.
아버지..
부르짖는 기도를 통하여 절 변화시켜주시고 제 삶을 변화시켜주신 당신께 감사드립니다.
아버지 사랑합니다.
오직 예수. 나의 왕!
할렐루야!

* 형제는 아주 영리하고 성실한 사람입니다. 고등학교 시절부터 모범생 타입이어서 성적도 우수하여 항상 전교 수석을 했었고 나중에 그 고등학교에서 몇 년 동안 전에도 후에도 없었던 S대에 합격생이 되기도 하였습니다.
그러나 형제는 대학 입학 후에 목표와 방향 감각을 잃고 방황하고 고생하였습니다. 형제는 영이 맑고 순수하여 영계와 접선이 쉬운 기질이었는데 주님을 모르니까 각종 속이는 영들이 형제를 누르고 있었습니다.

그렇게 어두움의 영들이 형제를 누르고 있었기 때문에 형제는 복음을 받아들이기는 했지만 자유함을 느낄 수 없었고 오히려 교회에 오면 머리가 깨어질 것 같은 고통을 느낄 뿐이었습니다.
이것은 실제가 없는 개념적인 신앙은 사람을 진정으로 자유롭게 해주지 못한다는 것을 잘 보여줍니다.
형제가 처음부터 권능적인 기독교와 접촉했었더라면 형제는 많은 승리와 역사를 체험했을 것입니다.

우연히 형제와 동생들과 같이 식사를 하면서 형제를 처음 보게 되었는데 형제의 영이 너무 맑지만 약해서 혼란한 영들에게 눌리고 있는 것을 보고 형제에게 반드시 부르짖는 기도를 배워야만 형제의 머리 위에서 형제를 따라다니며 누르고 있는 영들의 억압과 묶임에서 벗어날 수 있다고 말한 기억이 납니다.
그 때부터 형제는 동생에게 부르짖는 기도에 대해서 묻고 배우고 같이 훈련하면서 많은 변화와 승리와 주님의 은총을 경험하게 되었습니다.
영이 예민하게 열렸던 초기에는 대인관계나 직장 생활에서 어려움을 겪기도 했지만 잘 극복하고 영을 강화시켜서 행복한 삶을 누리고 있습니다.
형제는 남은 삶을 주를 더 깊이 알기 원하는 갈망을 가지고 있으며 지금도 아무리 피곤해도 밤마다 쉬지 않고 부르짖는 기도를 하고 있는데 그러한 형제의 열정과 간절함이 앞으로도 지속적인 열매를 맺을 것이라고 믿습니다.
형제의 삶은 부르짖는 기도가 실제적으로 주님을 경험하게 하고 주님의 능력을 통해서 영혼과 삶이 새로워질 수 있다는 것에 대한 귀하고 아름다운 간증입니다.

25. 부르짖는 기도와 변화된 삶   -L집사-

정원목사님을 알게 되고 카페에 들어오고 기도회에 참석하면서 많은 변화가 있었습니다. 기도회에 계속 참여하면서 부르짖는 기도를 많이 했습니다. 그 후의 변화에 대해서 나누고 싶습니다.

  1. 성격

저의 성격은 우울하고 내성적이고 변덕이 심한 편이었는데 부르짖는 기도를 한 이후에 긍정적이고 밝고 명랑하게 되었습니다. 직장에서도 'Old Candy' 라는 별명을 들을 정도가 되었습니다.
아침에 일어나서도 평안하고 즐거운 마음이 있습니다.
찬양을 흥얼거리면서 아침을 시작하는 저를 보게 됩니다.
얼마나 감사하고 기쁜지!

  2. 직장생활

전에도 직장에 다녔지만 조금 다니다 보면 권태롭고 다니기 싫어지고 동료들과도 좋지 않은 관계가 되고.. 그래서 결국은 오래 다니지 못하고 그만 두곤 했었지요.
그랬던 제가 늦은 나이에 다시 직장생활을 하는데 지금은 즐겁고 행복하게 잘 하고 있습니다.
자기 능력만큼 받기 때문에 수입도 좋은 편이지요.
저는 직장에 출근하면서 차안에서 외치고 부르짖는 기도를 합니다.

'나는 승리한다! 나는 성공한다!
어떤 어두움도 나에게 영향을 미칠 수 없다!
사고 나게 하는 영! 실수하게 하는 영!
깨어져라!
예수는 왕! 예수는 승리하셨다! 우와~!'
그런 식으로 외치곤 합니다. 그러면 마음이 좋아지고 자신감이 생기지요.
요새는 더 많이 부르짖었더니 매월 말일에 교재비 마감을 하는데 전에는 꼭 몇 명의 어머니들이 돈을 안 보내곤 했는데 이번 달에는 다 보내서서 쉽게 마감을 하게 되어 아주 기뻤습니다.
늦은 나이에 취직을 하게 된 것도 다 기도 덕분입니다.
그렇게 취직을 했지만 또 조금 있으니까 권태로움이 밀려오길래 다시 부르짖고 외쳤습니다.
'나는 이 일을 좋아한다!
나는 이 일을 잘 한다!
나는 건강하다!' (사실 몸도 좀 안 좋았지만..)
그러자 다시는 일을 하기 싫은 생각이 안 들고 너무나 쉽고 힘차게 직장생활을 하고 있습니다.

3. 가정생활

지금은 제가 우리 남편을 많이 좋아합니다. 하지만 전에는 솔직히 남편을 판단하는 마음이 있었습니다. 그래서 부부싸움도 많이 하고 어렵고 힘들게 살아왔었지요.
그런데 기도하고 선포하고 외치고! 하다보니까 부부금실이 너무나 좋아졌습니다.
그러니까 아이들까지도 행복해합니다.

작은애는 잘 모르지만 우리 큰애는 이런 변화를 잘 압니다.
저는 어려서부터 우리 어머니한테 많이 구박을 받고 살았습니다.
그런데 그것이 제 딸에게도 그대로 이어져서 제가 딸을 많이 구박했습니다. 그러나 지금은 우리 딸이 너무나 예쁘고 사랑스럽습니다.
그러니 딸도 엄마를 좋아하고 대화도 많이 하게 되었지요.
제 생일에는 우리 딸이 장문의 편지를 써줘서 감동 엄청 받았습니다.
너무나 감사할 뿐입니다.

4. 대인관계

저에게는 대인관계가 참으로 어려운 부분이었지요.
열등감도 많고 자신감이 없어서 힘들었습니다.
저는 인상도 차가운 편이어서 제가 가르치는 아이들이 무서워하곤 했습니다. 누가 나에 대해서 안 좋은 소리를 하면 많이 상처를 받고 미워하고 했었지요.
그런데 그랬던 제가 자신감을 갖고 웃는 얼굴로 대하다 보니까 지금은 성격 좋다는 소리도 듣고 많이 예뻐졌다는 말도 듣게 되었어요.
제가 보기에도 제 일생 중에서 지금이 제일 인상이 좋은 시절인 것 같아요. 호호호..
사랑을 많이 받아보지 못해서 대인관계에서도 많이 구속하는 스타일이었는데 지금은 자유롭게 되었습니다.
다른 이들이 나에게 어떻게 대하든지 담담하게 대할 수 있다는 것이 참 좋습니다. 앞으로 더 많이 좋아지겠지요..
아직도 할 말은 많지만 이만 줄이면서 이 모든 것들로 인하여 주님께 감사 드립니다.
할렐루야!

26. 생사의 갈림길에서 드리는 부르짖는 기도
  -P목사-

사역을 시작하면서부터 의무적으로 새벽기도를 매일 해야 하기에 매일 1시간 이상씩 방언기도를 수십 년을 하였습니다.
사역자들이 그러한 것처럼 교회를 위해, 성도를 위해, 사역자 자신의 비전을 위해, 가족들을 위해 기도하였습니다.
그러는 가운데 인터넷 검색을 통해 정원목사님의 글과 책들을 접하기 시작하였습니다.
'부르짖는 기도가 영혼의 기초이다'
'부르짖는 기도는 영혼을 정화한다'
'부르짖는 기도를 통해 영이 열린다'
저에게는 생소한 단어들이었습니다.

말씀 중심으로 살아야 정석의 목회를 한다는 교육을 받아 저 또한 성령의 체험을 한 다음에 성경에 나오는 '영'과 '영혼'에 대한 단어를 일일이 찾으면서 영에 깊은 관심을 가졌던 적도 있었습니다.
그런데 부르짖는 기도에 대한 정원목사님의 글을 접하면서 그동안 저 스스로 주님을 사랑한다고 착각하고 살았다는 것을 깨닫게 되었습니다.
지금까지 나의 부르짖는 기도의 목적은? 하고 돌이켜보니 주님께 얼굴을 들 수가 없습니다. 그리하여 저는 처음부터 다시 시작한다는 마음으로 부르짖는 기도를 하기 시작하였습니다.
그동안 정원목사님의 책과 글들을 읽으면서 꾸준히 훈련을 하면서 여러 가지 현상들이 나타났습니다. 구토와 하품, 트림, 가래, 오물 등이 나오기 시작하였습니다.
나의 악성이 나오기도 하였습니다.
그러나 무엇보다 중요한 것은 주님께 대한 갈망이 일어나는 것이었습니다. 부르짖으면 크고 비밀한 일을 알려 주신다는 것이 무엇인가도 조금 이해가 되기 시작했습니다.
정원목사님이 말씀하신 것처럼 오직 주님, 오직 주님이라는 것을 깨닫게 되었습니다.

얼마 전에 저는 지병으로 쓰려져 몇 달 동안 중환자실에서 있어야 만 했습니다.
오랫동안 말도 못하고 움직이지도 못하고 있을 때 중환자실의 침대 위에서 저는 상상으로 수없이, 수없이 부르짖었습니다.
고통이 너무 심하여 몇 날을 잠을 이루지 못할 때에도, 시간이 몇 시 인지 오늘이 며칠인지도 아침인지 낮인지 저녁인지도 모르고 지내면서도 오직 '예수 충만' '예수 보혈' '예수 평강' '예수 생명' '으아아~~'하고 부르짖었습니다.

너무나 좋으신 우리 주님은 나의 기도를, 부르짖는 기도를 들어주시어 승리하게 하셨습니다.
의사선생님들도 중환자실의 간호사들도 모두들 의학적으로 불가능한 일들이었다고 기적이라고들 합니다.
그러나 저는 압니다. 주님이 하셨다는 것을..
여러 많은 사랑하시는 분들이 부족한 저를 위해 기도해 주시고
그 분들의 부르짖는 기도를 들어주셨다는 것을..
나의 고통을 들으시고 주님이 치료하셨다는 것을 저는 압니다.
사랑의 주님께 감사와 찬양과 영광을 돌립니다.

지금도 저는 투병 중에 있습니다.
그러나 매일 저는 순간 순간마다 부르짖는 기도를 합니다.
부르짖는 기도를 하면서 주님께 대한 갈망이 더욱 간절하기를 원합니다.
정원목사님의 글에 있는 것처럼
'설교자가 아니고
가르치는 자가 아니고
그저 하나님을 보여 주는 자' 가 되고 싶습니다.
그것이 저의 간절한 소망입니다.
부르짖는 기도를 통해 살아 계신 주님을 더욱 알아가게 해주옵소서.
주님! 사랑합니다.

* P목사님은 순수함과 간절함으로 주님을 구하는 사역자이십니다. 그는 최근에 거의 죽은 목숨이었고 회복이 어려운 상황이었으나 극심한 고통 속에서도 믿음을 잃지 않고 원망하지도 않으며 의식이 없는 비몽사몽 중에도 간절히 부르짖는 가운데 몇 달 동안의 중환자 실에서 기적적으로 의식을 되찾고 회복이 되었습니다.
지금은 퇴원하여 완전한 치유를 위하여 힘쓰고 있으며 기도함으로 주님을 의지하고 있습니다. 주님의 은총과 자비가 목사님께 더욱 넘치시기를 기원합니다.

27. 군대에서의 부르짖는 기도 경험들 -J형제-

저는 이제 전역을 얼마 남겨놓고 있는 군인입니다. 회원 여러분들의 글을 보고 저도 군대에서의 경험을 몇 가지 나누고 싶습니다.

1. 훈련병 시절

저는 군에 가기 전에는 부르짖는 기도를 잘은 몰랐습니다. 하는 것도 좀 어색했지요.
그래서 부르짖을 때면 '아~~' 하지 못하고 '주여~~' 하는 식으로 부르짖곤 했습니다.
처음 가는 낯선 군대, 두려움이 생길 수밖에 없는 곳이었는데 훈련소에 들어가니 저희 소대 조교가 제 친구였던 것입니다!
정말 주님께 감사했죠. 그 친구를 보자 너무 마음이 편하고 반갑고 그랬어요. 그래서 낯선 곳에서 편하게 훈련을 받을 수 있었습니다.

2. 이등병 시절

이등병 때 저는 정말 힘들었어요. 고참들이 다 저만 싫어하는 것 같은 느낌이 많이 들었고, 한 사람을 왕따 시키는 데 그 왕따 시키는 사람과 같이 지낸다고 또 저를 별로 안 좋아했어요. 저는 다른 모든 사람이 그를 무시하고 피하고 싫어해도 저는 그러기 싫었거든요.
그런데 그것도 고참들이 저를 별로 좋아하지 않게 만드는 한 요인이었어요. 그 상황에서 도저히 벗어날 수 없을 것 같았죠.

벗어날 구멍은 보이지 않고 해답도 보이지 않았습니다.
그 때는 눈 기도하고 호흡기도만 할 수 있었죠. 부르짖는 기도는 아직 잘 몰랐어요.
하지만 갑작스레 제가 원래 주특기를 바꾸어 새로운 보직으로 변경되는 일이 생겼어요. 덕분에 소대도 옮기게 되었습니다. 할렐루야!

3. 상병 시절

상병 때 저를 힘들게 만드는 가장 큰 요인은 저보다 3달 위의 고참이었어요. 그는 저랑 성격이 안 맞고 일하는 것을 참 싫어했어요.
저는 그걸 참을 수 없었죠. 그가 저에게 시키는 것들을..
그래서 많이 싸웠습니다.
그럴 때마다 분노가 너무 많이 올라와서 주체 할 수가 없었지요.
거기에다가 저의 담당권도 입만 열면 짜증을 내고 독설을 내뱉는 사람이어서 저는 자주 머리가 아팠어요.
그 사무실만 들어가면 한사람은 짜증내고 한사람은 중얼거리며 불평하고.. 그래서 저는 속에서 분노가 끓어오르고 머리는 띵하고 터질 것만 같았죠.
너무 자주 아파서 CT촬영까지 했지만 이상은 없었어요.
그러다가 대적기도 책을 읽으며 부르짖는 기도를 함께 했어요.
화장실에 앉아서 '으아~' 하며 상상으로 부르짖고 대적하곤 했지요.
그리고 운동장을 뛰면서 배에 힘주고 '으아~~' 하고 부르짖곤 했어요. 운동장에서는 상상이 아니고 소리를 어느 정도 내면서 했지요.
그런데 몸에 힘주고 뛰면서 부르짖으니깐 효과가 잘 나타났어요.
그래서 전에는 부르짖고 대적할 생각은 못하고 아프면 약 먹고 누워있고 그랬었는데 이제는 약을 안 먹어도 대적하고 부르짖으면 아프지 않고 낫게 되었지요. 주님께 참 감사합니다.

4. 병장시절

한번은 인후염이 심해서 온 몸에서 열이 나고 목은 너무 아파서 소리도 못 낼 지경이었어요.
정말 너무 고통스러울 정도였는데 갑자기 이런 병에 걸린 것이 이해가 안 갔어요.
감기는 많이 걸려봤지만 이렇게까지 심하게 목이 아파 본 적은 난생 처음이었거든요.
그래서 참 이상했지요. 이것도 마귀의 장난인가 싶었어요.
그래서 아파서 누워있으면서 상상으로 부르짖었죠.
그런데 속으로 부르짖는데 갑자기 '아.. 왜 이렇게 맨날 마귀놈들한테 당하고 아파서 낑낑대야 하지..' 하는 뭔가 모를 서글픈 마음이 드는 거예요..
그런데 그 순간 그것이 마귀가 심는 마음인 것 같아서 곧장 마귀를 대적하고 '나는 주님을 사랑한다. 아파서 몸이 부서질지라도 나는 영원히 주님만을 사랑할 것이다!' 하고 고백하면서 부르짖었더니 몸은 아픈데 이상하게 마음속에서 너무나 평안한 느낌이 올라오는 거예요. 그러더니 3일정도 계속 열이 나던 것이 다음날부터 열이 내리고는 조금 지나자 목도 다 낫게 되었습니다. 할렐루야.

5. 힘들었던 3달 고참과의 관계

저는 어떻게든 군에 있을 때 그와 화해하고 싶었습니다.
그래서 H전도사님께 도움을 구했지요.
그러자 전도사님은 상상으로 대적하고 부르짖는 기도에 대하여 자세하게 설명해 주셨어요.
저는 그 방법대로 상상으로 대적기도하고 부르짖었어요.

처음에 그를 생각하면서 상상을 했더니 그의 주변에 시커먼 그림자 같은 것들이 그를 완전히 감싸서 둘러싸고 있더군요.
도저히 그에게 접근조차 할 수 없을 정도였어요.
저는 상상으로 그것들을 잘라내며 대적을 했지요.
그런데 잘 안되더군요. 이상하게 그에게 접근하기는 싫은 마음이 있었어요. 제 마음 속에 거리끼는 마음이 있었던 거예요...
그래서 다시 그 마음을 대적하고 부르짖고 토해낸 후에 다시 상상기도를 했어요.
그랬더니 제가 굉장히 강력해진 것처럼 상상 속에서 그 악한 세력을 다 박살내고 그 고참의 영혼에게 가서 그를 위로하고 축복해 주게 되었어요.
그렇게 상상의 기도가 성공하자 실제로도 그와 화해하고 잘 지내다가 전역을 하게 되었습니다. 정말 제 군 생활 중 가장 마음속에 걸리는 부분이었는데 화해하게 되어 참 감사합니다.

6. 휴가

10월부터 제가 영어시험을 준비하기 위해 열심히 공부를 했답니다.
그런데 하필 10월에 저희 부대에 중요한 훈련과 평가가 2개나 있었어요.
저희는 정말 눈코 뜰 새 없이 바쁘게 준비하고 매일매일 훈련을 하였지요.
그 와중에 공부를 하려니 참 힘들었는데 정말 틈날 때마다 영어공부를 했어요. 그랬더니 온통 모든 신경이 영어공부 하는데 집중이 되더군요.
그러던 어느 날 마음속에 주님께 대한 갈망이 온데간데없는 것 같은 느낌을 받았어요.
중심에 주님을 향한 갈망도 없고 주님을 잘 느끼지도 못하겠던 거예요.

저는 주님께 '주님, 갈망을 회복시켜 주세요. 주님만을 사랑합니다. 주님을 더욱 더 사랑하게 해주세요..' 하고 기도하였지만 아무런 변화가 없었어요.
입술로는 '주님을 더 사랑하고 싶어요. 갈망을, 갈급함을 주세요..' 했지만 입술의 고백으로 끝나는 것 같은 느낌이었어요.
마음은 전혀 변화가 없는 거예요.. 참 슬펐지만 어떻게 해야 될지 모르겠고.. 휴가 나왔을 때도 그런 상태였어요.
그런데 휴가를 나와서 토요 기도모임에 가서 부르짖는 기도를 하고 나니 그 동안 뭔가 막혀있던 것이 뻥 뚫린 것 같은 느낌이 들면서 다시 전처럼 주님께 대한 갈망이 회복된 느낌이었어요. 이제 다시 중심에서 주를 찾고자 하는 갈망이 불타오르는 듯해서 참 기쁩니다.
부르짖는 기도를 통해 갈망을 다시 회복하게 되어 너무나 기쁩니다.
내 영혼이 더욱 더 주님을 갈망하고 주님을 찾고, 찾고 또 찾게 되기를 바랍니다. 주님을 찬양합니다. 할렐루야!

* 군 생활이 어려울 텐데 간절하게 주님을 붙잡으려고 애쓰는 모습이 대견하군요.
상상하는 기도는 일반적으로 별로 알려져 있지 않지만 이것은 놀라운 능력과 역사를 일으킵니다. 경험하게 되면 정말 놀랍고 멋지지요. 나중에 기회가 되면 [상상하는 기도]에 대한 책을 한 권 쓰려고 하는 마음이 있습니다.
형제가 갈망을 잃어버리고 막혀 있는 상태에서 부르짖는 기도를 통해서 갈망을 회복한 것처럼 부르짖는 기도는 영혼을 깨우고 영적인 감각을 일으켜서 그 무엇보다도 주님 자신에 대한 간절한 사모함을 일으켜 줍니다. 이것이 부르짖는 기도의 가장 아름다운 효과이며 열매라고 할 수 있을 것입니다. 할렐루야.

28. 부르짖는 기도를 통한 삶의 변화 -L자매-

부르짖는 기도는 정말 좋은 거 같아요. 단순히 '아~~' 하고 낮은 발성으로 소리를 내기만 해도 막혀있던 것이 아주 시원하게 뚫리는 기분이 들어요.
요즘엔 정말 십 년 묵은 체중이 내려가는 듯한 기분이 들기도 해요.
부르짖는 기도를 통해서 더욱 강건함으로 실제적인 주님을 경험하고 주님을 더욱 더 높이고 찬양하는 영혼이 되고 싶어요.
부르짖는 기도는 저를 참 많이 변하게 만든 거 같아요.
요즘 저를 보면 정말 많이 변한 거 같다는 생각이 들어요.
신기할 정도로 변해있는 저를 보면 기쁘고 감사합니다.

1. 생각의 변화

저는 부정적인 생각을 많이 하곤 했었는데요. 저 혼자 알 수 없는 상상의 나래를 펴며 온갖 드라마를 연출할 정도였습니다. 꼬리에 꼬리를 물고 한 가지 사건에 덧붙여 생각이 이어졌고 결국에는 부정적인 생각과 결정을 하게 되어 항상 문제가 생기곤 했었어요.
그러나 부르짖는 기도를 통해서 이제는 어두운 생각과 잡념들이 많이 사라진 것을 느끼게 되었어요.
이젠 부정적인 생각이 들려하면 기쁘게 마음을 바꾸어서 생각하게 되고 좋은 생각, 감사하는 의식을 가지려고 노력하게 되는 것 같아요.
'나는 이래서 안 되는 거야..' 하고 자책하는 생각이 전에는 많았는데 이제는 거기에서 벗어날 수 있게 되어서 너무너무 감사합니다.

2. 우울한 성격에서 밝은 모습으로 변하다.

저는 언제부터인가 혼자 있는 것이 좋고 침울한 것을 즐기는 사람이 되어 있었는데 그런 모습이 좋은 모습이 아니라는 것을 알게 되었어요.
조용하고 우울하게 있으면서도 누군가가 다가와 줬으면 하고 바라고 왜 사람들은 나를 좋아하지 않을까 하고 생각했던 적도 많이 있었는데 지금 생각해보면 그런 상황이 당연한 것이었다는 생각이 들어요.
누구나 밝은 사람을 좋아할 테니까요.

저는 말하는 것을 싫어해서 별명이 '소' 일 때도 있었는데 이젠 깔깔거리고 웃고 떠드는 것이 얼마나 재미있는지 모르겠어요.
그리고 저는 사람들 앞에서 부끄럽고 쑥스러워서 노래를 부르거나 춤을 추거나 하는 것을 상상도 못하는 사람이었습니다.
오죽하면 고등학교 음악시간에 실기 시험 때면 다른 아이들은 몇 분이면 끝날 시험을 저 혼자 몇 십 분을 할애해야 할 정도였어요.
떨리기도 하고 창피하기도 하고.. 그랬었지요.
그런데 지금은 제 몸을 드려 맘껏 춤추며 주님을 찬양하는 시간이 너무 행복하고 감사합니다.
부르짖는 기도 후 정말 뚜렷하게 나타난 현상 같아요.
상상조차 할 수 없었던 놀라운 일이죠. 호호호.

3. 자신감을 회복하다

항상 '난 안 돼' '난 못해' '어떻게 해..' 이런 생각에 사로잡혀 있었기 때문에 무슨 일을 해도 못할 것 같았습니다.
그런데 지금은 뭐든지 할 수 있을 것만 같고 또 쉽지 않은 것들도 도전하고 싶고 노력하고 싶고 한 번 해보고 싶다는 긍정적인 마음이 더 강하게 드는 거 같아요. 전에는 생각조차 못할 일들을 지금은 생각을 넘어서 행동으로 옮기는 제 모습을 발견하게 되었어요.

4. 나의 의견을 말하게 되다

참 단순한 일이지만 전 이렇게 변한 제가 참 놀랍습니다.
저는 제가 가지고 있는 의견이나 뜻을 속으로 끙끙 앓기만 하지
표현을 못하는 사람이었는데 지금은 제 맘을 표현할 수 있게 되어서 너무너무 좋은 거 같아요.
다른 사람들의 부당한 요구나 말도 안 되는 소리에 전 같았으면 불편하고 못마땅해도 어쩔 수 없이 받아들이고 결국 후회했던 일들을 지금은 사실대로 얘기하고 방법을 찾는 모습을 발견하게 되었어요.
매번 후회하고 또 후회하고 했던 일이었는데 제 의견을 표현하는데 더욱 자유로워졌습니다.

5. 하고 싶었던 일을 하게 되다.

지금까지 저는 제가 하고 싶었던 일을 제대로 하지 못했습니다..
이유는 여러 가지가 있지만 그 중에서도 가장 큰 이유는 저의 우유부단함과 다른 사람들이 원하고 시키는 것을 거절하지 못하고 하는 일이 많았기 때문이었는데요.
항상 제가 원하는 것과 좋아하는 것과 반대의 것을 하고 있는 것이 제 모습이었습니다.
그러나 이제 그런 일은 없는 것 같아요.
속으로만 생각하며 '아~하고 싶다.. 진짜 하고 싶다' 외치며 망설이며 꿈꾸던 것을 부르짖는 기도를 통하여 이젠 그토록 하고 싶었던 일을 즐겁게 할 수 있게 되었습니다.

더 이상 다른 사람들이 원하는 것을 따라 하기 싫은 것을 억지로 어쩔 수 없이 하는 것이 아닌 내가 원하고 기뻐하는 일을 즐겁고 감사하게 할 수 있게 되었습니다.
우울하고 어두웠던 저였는데, 열등감에 사로잡혀 항상 안 된다고 외쳤던 저였는데, 나는 왜 이 모양일까 하고 자책하고 스스로를 구박하기에 바빴던 저였는데, 남들이 하라고 시키는 일에 후회하면서도 어쩔 수 없이 탈진하며 해내곤 했던 저였는데, 얼굴엔 아무 표정 없이 수심이 가득한 모습이었는데.. 부르짖는 기도를 통하여 저는 정말 변했습니다.
아~~너무도 감사합니다.
사소한 부분들의 변화이지만 조금씩 조금씩 날마다 성장하고 발전되어 주님만 구하고 주님만 원하는 천국의 사람이 되고 싶습니다.
제 영혼이 주님을 미치도록 갈망하고 그것을 위해 꾸준히 변화되었으면 좋겠습니다.

주님 감사합니다.
부족한 모습이지만 사랑해 주시고 많은 것으로 제게 베푸시니 감사 드립니다.
제 삶의 모습과 영혼이 주님이 원하시는 모습으로 변화되게 해 주세요.
그래서 오직 주님만을 고백하고 주님의 영광을 위해 제 모든 삶을 드리는 천국의 사람이 되게 해 주세요.
감사 드립니다.
넘치는 사랑에 감사 드립니다.
오직 주님만 영광 받으소서. 할렐루야!

29. 부르짖는 기도 에피소드 　 -J자매-

오늘 있었던 재미있는 이야기를 하나 해드릴 게요.
오늘 낮 경찰이 저희 집으로 출동하는 사태가 벌어졌습니다. 지금은 웃으면서 글을 올릴 수 있지만, 당시엔 얼마나 황당했는지..
배경을 먼저 말씀드리면.. 논문 계획서 작성을 위해 미국으로 다시 돌아온 후, 7월말까진 뭔가 가시적인 성과를 내야 한다고 내심 다짐을 했건만, 날짜는 자꾸 흘러가고 아이디어와 자료는 중구난방으로 떠돌고 달은 8월로 넘어가고 해서 내심 초조해졌어요.

요 며칠 간 제가 생각했던 연구 주제들이 사례를 찾아 입증할 수 없다는 것이 자꾸 '입증'이 되고, 내가 기껏 생각해 놓은 아이디어는 남이 이미 연구해 버린 등, 낙심할 사태들이 연달아 발생하더군요.
게다가 허리도 너무 아파서 도저히 앉아있기도 힘들어서, 마음이 약해지고 힘들어지려고 하는 거예요.
그래서 이래선 안 되겠다, 마귀에게 당하기 전에 대적기도를 세게 해야겠다 하고 마음을 먹었지요.

학교 갔다 오후에 집에 왔더니 집이 조용하더군요. 같이 사는 룸메이트가 있는데 방문이 닫혀 있길래 얘도 학교 갔나 보다 하고 얼씨구나 하고 알빈 슬레터 아저씨 찬양을 틀어놓고 부르짖는 기도를 하기 시작했습니다.
한 며칠 간 제대로 부르짖지를 못했더니, 부르짖는 기도를 하는데 아주 발동이 걸렸지요.

저는 거실과 부엌과 방안을 종횡무진 왔다 갔다 하면서 한참을 신나게 방언으로 부르짖었습니다.
그러기를 한 30분쯤 지났을까요? 갑자기 누가 문을 두드리는 것이었습니다.
처음에는 무시했는데, 가지를 않고 계속 더 세게 문을 두드리는 거에요. 놔두면 거의 문 부서질 지경이라 나가서 문을 열었더니 키가 2미터 정도는 되어 보이는 경찰이 떡 하니 서 있더라구요.
내 이름 묻고 여기 사냐고 묻더니, "너 룸메이트는 어디 갔냐" 그러는 거에요.
"룸메이트 지금 집에 없는데?" 하고 대답했더니 경찰 아저씨 왈 "옷장 속에 들어있다" 는 거에요.

도대체 이게 뭔 소리인가 싶어 룸메이트 방 쪽으로 가 봤더니 집에 없는 줄 알았던 제 룸메이트가, 파랗게 질린 얼굴로 기어 나와서 울먹울먹하면서
"J, 그게 무슨 소리야? 나 무서워서 죽는 줄 알았어. 엉엉엉.. 어떤 미친 사람이 우리 집에 들어와서 돌아다니는 줄 알고.. 엉엉엉.. 무서워서 밖에 나가보지도 못 하고.. 옷장 속에 들어가서 경찰한테 전화했어."
허거덩.. 그래서 우리 집에 경찰이 뜬 것이었습니다.

일단 심각한 사태가 아니란 걸 파악한 경찰 아저씨,
"니네끼리 알아서 얘기해라" 그러면서 사라졌고 내 룸메이트는 눈물을 글썽글썽하면서
"근데 그게 도대체 무슨 말이야 엉엉엉... 영어도 아니고 한국어도 아니고 중국어도 아니고.. (참고로 제 룸메이트 중국애 입니다.)
뭐 그런 말이 다 있냐. 엉엉엉.. 나는 정말 미친 사람이 우리 집에 들어온 줄 알고 창문 타고 도망가려고 그랬어. 엉엉엉.."

그래서 그 아이에게 "내가 오늘 기도를 좀 세게 해서 그러니까 너무 놀라지 마라"고 달랬지요.
얘가 기겁하고 혹시 이제 나랑 안 산다고 그럴까봐 걱정했는데 조금 지나고 나니 괜찮다고 그러더라구요.
방언의 의미와 영적인 세계에 대해서까지 한꺼번에 얘기하는 것은 무리일 것 같아서, 조용히 기도할 수도 있고 막 외치면서 기도할 수도 있는데 쌓인 게 많아서 오늘은 내가 좀 세게 했다고 간단하게 마무리하긴 했는데..
거꾸로 제가 룸메이트의 입장이었다고 가정해 본다면 기겁할 만도 하네요.. 호호호..

앞으로 집에서 부르짖는 기도할 때 집에 사람 있나 없나 살펴보고 더더욱 조심해야겠다고 다짐했답니다.
제 룸메이트는 기절초풍하긴 했지만 저는 간만에 시원하게 부르짖고 대적기도하고 났더니 너무너무 상쾌하고 가뿐한 것 있죠..
여러분.. 기도 모임에서 눈치 안 보고 다 같이 맘껏 부르짖을 수 있는 것은 크나큰 행복이랍니다. 호호호..

* 이 글은 간증의 글이 아니고 비공개 카페에 살짝 올라온 글인데 읽고 너무 웃겨서 실었습니다. 처음에 보고 배가 아파 죽는 줄 알았지요. 부르짖는 기도를 들어본 적이 없는 사람들이 이 기도를 처음 들으면 중국학생처럼 정말 놀라자빠질 수도 있으니 조심해야 합니다. 아무튼 그렇게 강력하게 부르짖을수록 심령은 뻥 뚫리고 문제도 해결되고 영혼이 자유로워지니 오해도 조금 감수해야겠지요?
하여간에 조심하는 것은 필요합니다. 미국에서 공부에 애를 쓰고 있는 자매에게도 주님의 은총이 함께 하시기를 기원합니다.

30. 부르짖는 기도 훈련 실습 결과 및 소감
-H전도사-

중보 기도모임에서 부르짖는 기도를 실습해보고 기도 후에 각 사람들의 느꼈던 경험과 소감을 간단하게 요약해보았습니다.

P집사 : 가슴이 꽉 막히고 무거운 느낌이 있었는데 부르짖는 기도 후에 트림이 나오고 풀어지는 것 같았고 찬양이 시원하게 잘 나왔습니다.

K집사 : 처음엔 배가 당기더니 점차로 어깨까지 당기는 느낌이 있었고 이후 시원해졌습니다.
낮은 소리로 방언을 하니 목과 머릿속으로 힘줄이 당기는 듯한 느낌이 가해졌고 이후에 시원함을 느꼈습니다.

S집사 : 가슴, 머리, 시원해지고 눈에 힘이 들어왔습니다. 윗배가 결리듯이 아프다가 나아졌습니다.

K자매 : 가슴과 배에 꽉 막혔던 것이 조금씩 풀리며 거의 다 나갔습니다. 아, 정말 영이 막히니까 답답하고 미칠 것 같았는데 뚫리니 이제 조금 살 것 같습니다. 가슴을 돌멩이로 내리누르는 듯한 압력감, 중압감으로 숨이 막히는 것만 같았는데 목에 힘을 풀고 배에 힘을 주고 소리를 끌어올리듯 내니 훨씬 더 효과가 좋은 것 같습니다.

L집사 : 부르짖는 기도 후 몸이 후끈 후끈 열이 나고 방언기도 할 때 진

동이 쉽게 옵니다. 기도하기 전 보다 방언 기도가 매끄럽고 찬양 소리도 매끄럽게 느껴집니다. 속이 시원~해서 참 좋습니다.

G자매 : '으~' 하는 기도와 낮은 방언 후 끊임없는 트림, 구토, 침이 나옵니다. 그리고 머리가 어지럽고 뒤쪽 오른편이 아팠습니다.

L전도사 : 하품이 특별히 많이 나왔습니다. 낮은 방언 할 때 배부터 목까지 길다란 관처럼 뻥 뚫려 있는 느낌입니다. 배하고 허리가 많이 아팠고 가래가 엄청 나왔습니다. 부르짖는 중간 중간 주님의 감동으로 눈물이 많이 나왔습니다. 목소리가 아침에는 막혀 있었는데 많이 뚫렸습니다.

K집사 : 우와! 가슴이 너무 시원합니다. 묶였던 것이 다 풀리는 듯한 후련함이 있습니다.

G집사 : 답답함과 어찌할까 하는 마음으로 모임에 나왔습니다. '아~' 하며 발성하고 방언하는 가운데 마음이 많이 평안해졌고, 시원함도 느낍니다. 몸이 많이 뜨거워지고, 트림도 많이 올라옵니다. 열심히 부르짖고 부르짖는 가운데 주님을 더 많이 알고 싶고 절대 주님의 손을 놓치고 싶지 않은 마음이 듭니다.

H전도사 : 배에 힘을 주고 기도하니, 온 몸이 시원했습니다. 가슴이 후련해졌습니다.

P집사 : 가슴을 펴고 낮은 방언으로 기도하자 배, 가슴, 목이 하나가 되어 답답한 기운이 밖으로 나가는 듯한 느낌입니다. 손, 가슴에 따뜻한 기운이 돌고 손에 찌릿한 느낌이 왔습니다.

O형제 : 배에 힘주고 낮은 소리로 부르짖으니 눈에 힘이 들어가고 트림이 나오고 하품도 나왔습니다.

H자매 : 부르짖으니 마음이 편안해 지고 시원합니다. 내 안의 죄와 어두움을 다 토해내고 주의 빛과 은혜를 받으며 살아야겠다는 마음이 듭니다!

J자매 : 부르짖으니 가슴이 많이 시원해졌습니다. 찬양을 하는데 목소리가 높게, 시원하게 뻥 뚫리면서 나왔습니다. 배에도 힘이 막 들어오고.. 눈빛도 또랑또랑 해집니다. 부르짖고 나서 찬양을 하면 더 감동이 되고 감사한 느낌이 많이 듭니다. 감사해요. 주님!

L집사 : 부르짖으니 처음에는 가슴의 답답함이 드러나서 찬양하는 것이 많이 힘들었습니다. 가슴의 답답함이 온몸으로 퍼지는 것 같고 몸까지 답답하고 뒤틀리는 것 같았습니다. 졸리기도 하고 어지러운 느낌도 있었습니다. 계속 부르짖으니 트림이 나오면서 몸이 나아지며 답답함이 좀 풀렸습니다. 그리고 마음이 가벼워지며 찬양하기 편해졌으며 몸의 움직임이 좀 더 자유로워 졌습니다. 휴~

Y자매 : 낮은 방언과 부르짖는 기도 후에 가슴에 막힌 부분이 느껴졌습니다. 힘을 주고 소리를 내니 조금 뚫리는 느낌입니다. 끈적한 가래가 많이 나왔습니다. 배출을 많이 하고 나니 소리를 낼 때 목에 전혀 힘이 안 가면서 배로 소리가 자연스럽게 더 많이 나가는 것 같았습니다. 전체적으로 머리가 더 맑아지고 너무 좋네요.

P자매 : 배에 힘주면서 기도하니 분비물이 많이 나왔습니다.
기도하기 전에 가슴 무척 답답하고 머리는 묵직했으며 목소리가 잘 올라가지 않았습니다. 기도를 하고 난 후에 배 주변이 조금 따뜻해지고 점점 더 따뜻해지더니 나중에는 땀이 났습니다. 속에서 막힌 뭔가가 꿈틀꿈틀하면서 조금씩 부서지는 기분입니다.
그리고 가슴이 빨래를 쥐어짜는 느낌 같이 쫘악 퍼지면서 엄청 시원해졌습니다.
머리에서는 전기가 찌릿찌릿 오르는 느낌이고 높은 소리로 찬양을 부르면 눈물이 쏟아지려고 합니다. 몸의 여기저기가 콕콕 쑤시는 느낌입니다.

O자매 : 낮은 발성, 높은 발성을 했습니다. 낮은 음은 잘 안 내려갑니다. 자꾸 목에 힘이 들어가는 것 같습니다.
높은 음으로 열심히 방언찬양을 하니 몸도 자유로워지는 듯 합니다.
끝나갈 즈음에 소리가 잘 올라가고 눈도 시원해졌습니다! 할렐루야!

J자매 : 처음 찬양을 할 때는 무척 답답하고 명치에서 가슴으로 올라오는 길이 막혀있는 듯하고 찬양이 힘들었습니다. 발성을 하고 나니 아직 답답하고 막힌 듯한 것은 있으나 약간 정도 길이 뚫린 듯한 느낌이 듭니다.
특히 코가 많이 막혀서 답답한데도 콧물이 나오지 않고 가래와 침만 나왔는데 어느 순간 콧물이 나오더니 막혀있던 코가 뚫린 듯하고 아직 답답함의 일부는 남아 있었지만 개운한 느낌이 들었습니다.

P집사 : 부르짖는 기도 할 때 '아~' 소리로 또는 방언으로 할 때 자꾸 배에서 힘이 빠지고 오래 못해서 목소리로만 소리를 내게 될 때가 많습니다. 전도사님의 지도로 해보니 아직 배에 힘이 많이 없음을 느낍니다.

O자매 : 목에 힘을 빼고 배에 힘주고 배에서 소리를 내는 연습을 했습니다. 부르짖는 기도가 내 안에 있는 것을 배출하고 주님을 향한 갈망과 배고픔을 일으킨다는 놀라운 희소식을 알게 되었습니다.
너무나 감사합니다. 내 안에 갈망이 없다고 투정하였는데 부르짖는 기도로, 낮은 소리 발성으로 갈망을 일으킬 수 있다니! 할렐루야! 주님을 사랑하고 찬양합니다.

K자매 : 조금만 부르짖었는데도 소리가 높게 그리고 듣기 좋게 나옵니다. 처음에는 배로 소리내서 찬양하기가 힘들었는데 지금은 목이 전혀 아프지 않고 오히려 목이 좋아지는 것 같습니다. 또 부르짖으니까 속에서 뭔가 꿈틀대는 것 같습니다. 이렇게 영혼이 깨어나는 걸까요? 병아리가 조금씩 껍질을 깨듯이.. 그런 생각이 듭니다.

J자매 : 부르짖는 가운데 목소리가 트여서 높고 예쁜 목소리가 나왔습니다. 높은 목소리의 찬양만 해도 마음이 시원하고 개운해지는 것 같습니다.

H자매 : 부르짖는 가운데 몸의 각 부분에 붙어있는 어두움들이 조금씩 조금씩 정화되어 가고 있는 것이 느껴집니다. 아주 시원해요! 따뜻한 주님의 사랑이 더 가까이 느껴지고 마음이 밝아지네요!

C형제 : 한동안 나오지 않던 침과 트림이 마구 나왔습니다. 낮은 소리로 부르짖으니까 가슴이 막힌 것 같이 답답하게 느껴집니다. 낮은 부르짖는 기도를 통해서 내 안의 어두움이 드러나는 것 같습니다. 찬양과 부르짖는 것을 계속 반복하니 답답하던 것이 시원해졌습니다.

P형제 : 부르짖는 기도를 하니까 가슴에 어두운 것들이 드러납니다. 계

속 집중해서 소리를 길게 뽑으니 어두운 것들이 떨어져 나가고 가슴이 뜨거워집니다. 그리고 복잡했던 생각이 단순해지는 것을 느낍니다. 내 안에 있는 어두움들을 피하지 않고 빛 가운데로 가서 모두 토해내고 싶습니다. 주님 감사합니다.

H전도사 : 부르짖고 '아~' 하고 소리를 낼 때, 처음에는 머리가 아파오더니 나중에는 가슴이 시원하고 따뜻해졌습니다. 배에 힘주고 기도할 때 온 몸이 따뜻하게 되었습니다. 복잡한 생각들이 사라지고 마음이 가벼워지는 것을 느꼈습니다.

G자매 : 따라하기만 했는데 '아~' 소리가 나를 많이 자유케 합니다. 부르짖을 때 의식이 맑아지는 것을 느낍니다. 그리고 더, 더 부르짖고 싶어지네요. 부르짖으면 몸이 뜨거워지며 머리가 어지럽네요. 더 많이 부르짖어야겠습니다.

C집사 : 배에 힘을 주고 낮은 소리로 발성한 후에 높은 음의 찬양을 할 때 아주 편안하게 소리가 나왔습니다. 늘 고음은 자신이 없었는데요. 낮은 방언을 스타카토로 했을 때 가슴이 시원함과 동시에 힘이 솟는 듯한 느낌입니다.

L전도사 : 찬양하면서 부르짖으니 참 기쁨이 옵니다. 길게 소리를 내면 배출의 효과가 있다는 말씀을 듣고 따라 했는데 처음에는 많이 막혀있는 느낌이었으나 점점 소리가 좋아졌습니다.
목소리를 낮춰서 낮은 소리로 방언을 했는데 신기하게도 소리가 더 올라갑니다. 피곤했었는데 낮은 방언을 할수록 힘이 나는 것을 느낍니다.

K자매 : 부르짖으니 숨겨져 있던 통증이 드러나는 것 같습니다. 오른쪽

심장 갈비뼈 있는 데가 칼로 찌르는 듯 날카로운 통증이 느껴집니다. 토하면서 트림이 나왔습니다. 악한 영을 대적하면서 부르짖으니 트림이 더 많이 나옵니다.

C사모 : 부르짖으니 가래, 트림, 침이 나오고 구역질이 나려고 합니다. 목의 뒷부분과 겨드랑이에 통증이 느껴집니다. 찬양할 때에 가슴이 아픕니다. 부르짖을 때 윗배가 아픕니다. 가슴이 아프면서 눈물이 나옵니다. 가슴이 막혀 있는 것 같은데 트림이 시원하게 나오지 않습니다. 소리의 막힘이 있는 것이 느껴집니다. 조금 지나니 가슴의 막힌 것이 조금 풀린 느낌이 듭니다.
어릴 때부터 헛것도 잘 보고 굴뚝이 사람으로 보이고 기와지붕이 사람으로 보이고 했었습니다. 체하기도 잘했었지요. 지금은 많이 건강해졌습니다.
부르짖은 후에 충전기도를 할 때 배와 가슴이 아프고 손, 팔도 아팠습니다. 조금 지나니까 배와 가슴이 따뜻해졌습니다.
정말 소극적이고 내성적이었지만 아닌척하고 겉으로는 명랑하게 지내고 착한척하고 살았는데 부르짖는 기도 훈련 이후에 지금은 조금 자신감이 생기고 남편에게 아들에게 집착하던 것에서 많이 자유해 졌습니다. 짜증, 혈기, 좋지 않은 생각 등도 줄어들었고 미워하거나 비난하거나 비판하려고 하면 속이 불편하고 고통스럽습니다.

K집사 : 낮은 소리로 부드럽게 '아~' 했을 때 하품과 침이 많이 올라왔습니다. 머리 쪽에 통증이 느껴졌고 배 위쪽이 땡기고 한참이 지난 후 심장이 따뜻해져 왔습니다.
부르짖는 기도를 시작하면 대체적으로 어깨 쪽과 배가 땡기고 찢어지는 느낌이 들다 나중엔 점차로 아래쪽에서부터 시원하고 편안한 느낌과 시원한 느낌이 듭니다. 그 느낌이 점차로 위로 올라오면서 머리의 통증도 서서히 사라지면서 시원함이 느껴집니다.
대체적으로 머리와 심장 쪽이 함께 통증이 느껴집니다. 어느 한쪽에 통증이 있으면 다른 쪽과 함께 연결된 느낌입니다. 한쪽이 풀리면 함께 연결되어 답답한 부분이 뚫리고 시원합니다.
아래 부위 왼쪽이 막혀있는 느낌이어서 그 부위에 집중하고 계속해서 부르짖자 서서히 풀리는 느낌이 듭니다. 몸에 점점 힘이 들어오고 소리에 안정감이 생깁니다. 서서 부르짖었을 때 손의 느낌이 많이 왔습니다. 전기가 오는 듯 찌릿 찌릿합니다.
부르짖을 때 소리가 부드럽고 강하게 나오는 느낌. 배가 뜨거워집니다. 전체적으로 부드럽고 포근한 느낌이 많이 들었습니다. 누워서 호흡할 때는 호흡이 편하고 깊이 들어가는 것 같았고 편안한 느낌이 들었습니다.

K집사 : 부르짖지 처음에는 가슴이 답답했습니다. 계속 '아~' 할 때 덥고 트림이 나오며 열이 마구 났습니다. 조금 후에 가슴 답답한 것은 사라졌습니다. 힘이 빠지며 쉬고 싶은 마음이 들었습니다.
일어나서 하니까 소리가 더 시원하게 나오고 다리가 막 흔들리기에 절제를 하니 팔이 흔들립니다. 오후에는 오전보다 소리가 시원하게 나왔습니다. 누워서 호흡 기도를 하니 마음이 편안해짐을 느꼈습니다.

O목사 : 기도 전에 가슴이 조금 답답하고 배에 통증이 있었는데 기도 후에 가슴이 시원해 졌고, 배의 통증이 사라졌습니다. 복부부터 얼굴까지 상체에 열이 나고 땀이 났습니다. 손에 기름부음이 강하게 느껴집니다. 목소리가 갈수록 굵고 부드러워 진 것이 느껴집니다.
오후 시간에는 오전보다 몸이 상당히 가벼워 졌습니다. 마치 솜털처럼 느껴집니다. 누워서 호흡하는 동안 가슴이 많이 편해지고 포근함을 느꼈습니다. 온 몸에 주님의 임재하심이 느껴집니다.

C형제 : 부르짖으면서 영혼이 자유해짐을 느낍니다. 목소리를 통해 다양한 기도가 되는 것이 놀랍고 재미있습니다. 마음이 시원하고 평안해졌으며 자연스러운 상태가 되었습니다. 몸이 약간 피곤한 느낌도 들면서 편안하고 마음도 편안하며 호흡이 부드럽게 되는 것을 느낍니다.

H전도사 : 하품과 트림이 나옵니다. 머리가 아파오더니 점점 사라졌습니다. 시원한 느낌입니다. 배가 뜨거워지며 손에도 찌릿찌릿한 느낌이 옵니다. 몸에도 권능이 임하는 것 같습니다. 정화가 많이 되는 것 같습니다. 찬양할 때 높은 소리가 잘 나옵니다.

L집사 : 배가 당기고 가슴이 콕콕 쑤시듯 아팠습니다. 트림이 나오고 침도 나옵니다. 그러면서 가슴이 스물스물 뭔가 움직이는 듯 합니다. 가슴에서 약간 시원한 물이 흐르는 느낌이 듭니다. 13분 정도 부르짖으니 목소리가 자연히 커졌습니다. 온 몸이 따뜻해지고 눈도 맑아지는 느낌입니다. 마음에 풍성한 감정과 느낌이 올라오고 머리에도 찌릿찌릿한 느낌이 올라옵니다.

J집사 : 부드럽게 부르짖는 기도를 할 때 구토가 올라오고 트림이 났고 가슴이 뻐근하게 아팠습니다. 배가 꿀렁거리면서 배에서 뭔가 움직이는 느낌이 듭니다. 부르짖을 때 허리와 등이 아프고 뻐근했습니다. 오후에 부르짖고 기도할 때는 오전보다 더 시원하고 편안했습니다. 누워서 호흡하면서 충전을 하니 참 편안하고 따스한 기분이었습니다.

C집사 : 처음에는 배에 힘주기도 힘들었는데 꾸준히 조금씩 배에 힘이 들어가면서 마음속에 여러 면에서 자유로운 느낌이 듭니다. 일상의 생활의 염려, 근심, 분노, 짜증 등 내 마음속의 비닐이 벗겨진 느낌입니다.

L자매 : 부르짖으니까 하품이 계속 나옵니다. 배속에서 꼬물꼬물 뭔가

가 움직이는 듯 하다가 폭포처럼 꺽! 하고 순간적으로 트림이 터져 나옵니다. 정말 개운하고 시원합니다. 부르짖기 전에 힘이 별로 없었는데 기도하자 힘이 솟아났습니다. 높은 음이 올라가는데 정말 경이적입니다! 가슴이 점점 개운하고 깨끗해지는 기분입니다.
찬양을 하면서 부르짖기를 하니 처음에는 명치 부분에 돌덩이가 얹혀 있는 것 같은데 계속 부르짖으니 돌덩이가 그 자리에서 구르는 기분이 들었고 더 부르짖자 트림이 솟구치면서 뚫렸습니다.
서서 부르짖기를 할 때는 배 특히 아랫배까지 힘이 더 세게 주어졌습니다. 머리가 어지러워졌습니다. 특히 앞머리 쪽이 그랬고 눈이 시어지는 느낌입니다. 오후에 부르짖은 후 호흡기도를 하자 평안한 마음이 들며 뻑뻑했던 눈이 가라앉았습니다.

O형제 : 낮은 소리로 '으아~' 부르짖을 때 트림과 침이 나오고 머리 오른쪽이 찌르르하며 하품이 나왔습니다. 서서 부르짖을 때는 손바닥이 찌르르하며 머리 오른쪽이 아팠습니다. 오후에 부르짖을 때는 힘이 쫙 빠지는 것을 느꼈으며 누워서 호흡기도를 할 때는 마음이 뭉클하고 좋았습니다.

S집사 : 야간 근무를 하고 와서 힘들었는데 부르짖자 머리 부분이 맑아지는 느낌이 듭니다. 평소에 배의 힘으로 강하게 부르짖는 기도를 많이 했는데, 낮은 발성으로 부르짖는 기도를 더 많이 해야 할 것 같습니다. 앉아서 부르짖을 때 다양하게 억양을 조정하며 기도를 할 수 있었고, 서서할 때는 배에 힘이 더 많이 들어가고 머리가 더욱더
맑아지며 가벼워지는 느낌입니다. 오후에 부르짖는 기도를 할 때는 기력이 좀 딸리는 것 같았고 누워서 호흡으로 충전하는 기도를 드릴 때는 짧은 시간이지만 편안한 느낌이었습니다.

L집사 : 낮게, 높게 부르짖자 아프던 머리가 개운해지고 가슴, 배가 시원해졌습니다. 왼쪽 등이 좀 아프고, 가슴도 아픈 듯합니다. 침과 가래가 올라오고, 트림도 나왔는데 점점 몸과 마음의 상태가 맑아졌습니다. 계속해서 부르짖으니 배가 아프고 좀 힘들어졌는데 눈에 힘이 들어가 시큰시큰한 느낌이 들었습니다. 오후에 가볍게 부르짖고 누워 호흡기도를 했는데 훨씬 가벼워지고 맑아진 느낌이에요. 호흡하니 호흡이 잘 되네요. 몸이 가벼워지고, 가슴이 시원했어요.

H자매 : 부르짖는 기도를 하니 온 몸의 힘이 빠지고 어지럽습니다. 쓰러져 자고 싶은 마음입니다. 기초체력이 더 강해져야 할 것 같습니다.

L집사 : 하품, 구토, 몸서리와 함께 온 몸 구석구석 자극되는 느낌입니다. 뒤틀림 뒤에 개운함이 있습니다. 그동안 얼굴이 자주 찡그려지고 많이 무거운 느낌을 받았는데 좀 가벼워진 것 같습니다.
기분도 많이 좋아지고 가슴이 편안합니다. 배의 움직임(근육)이 많이 부드러워졌습니다. 출산 후에 횡경막 아래까지의 호흡이 잘 안됐었는데 누워서 하니 좀 편하게 할 수 있었습니다. 어깨, 뒷목, 아랫부분 아팠는데 부르짖고 나니 몸이 가벼워졌습니다.

K집사 : 부르짖으면서 내 안에 주를 향한 갈망이 일어나는 것을 느꼈어요. 또한 그 동안 많은 눌림으로 찬송도 늘 막히고 답답한 목소리로 불렀는데 한결 목소리도 부드러워지고, 배에서 나는 소리구나 느낄 수 있었어요. 담대함과 배짱이 생겼어요!
13분 동안 부르짖은 후의 느낌은 머리로 어둠이 나가는 중인지 많이 아파 왔어요. 부르짖으며 생각의 변화 중 하나는 나의 어두운 영적 상태에 대해 늘 부끄럽고 주눅 들고 했는데 이제 마귀와 싸워 주님의 거룩한 신부가 되리라는 소망들로 불타오릅니다.

마무리 호흡 기도를 한 후에는 마음이 평안해졌고 주님의 영으로 충만하고 포근한 느낌이 참 좋아요.

Y집사 : 부르짖을 때 배에 힘이 들어갑니다. 몸 전체에 힘이 들어가는 느낌입니다. 목과 배 사이에 큰 구멍이 뚫린 듯 시원합니다. 목소리가 잘 올라가고 하품도 조금 나옵니다. 평소에도 부르짖는 기도를 하면 몸과 마음이 시원하고 활동적으로 움직이게 됩니다. 뭔가 할 수 있을 거 같은 자신감이 붙습니다. 목소리도 커지게 됩니다.
오후에 부르짖고 호흡 기도를 할 때는 오전보다 부르짖기가 쉽고 소리를 조그맣게 내도 뻥 뚫린 느낌입니다. 호흡이 아주 편안합니다.

J전도사 : 부르짖을 때 배가 뜨거워지고 트림이 올라오며 머리가 일시적으로 아프다가 시원해졌습니다. 때로는 부르짖고 나면 짜증이 올라오고 분노, 미움 등 평소에 잘 느끼지 못하던 감정이 올라와 황당했던 적이 있습니다.
부르짖으면서 대적 기도를 하면 구토와 침이 흐르며 몸에 진땀이 나면서 배가 뜨끈뜨끈해집니다. 기도를 마치고 나면 몸이 개운해집니다. 부르짖고 나서 배호흡 기도를 하면 호흡이 더 깊이 들어가고 온 몸에 찌릿찌릿하며 특히 손이 찌릿찌릿 해집니다.
제대로 부르짖고 나면 사람이 무섭지 않고 자신감이 생기고 마음이 밝아지는 것을 느낍니다. 부르짖을 때 하품이 나오기도 하며 간혹 웃음이 발작처럼 올라올 때도 있었습니다. 충전 호흡을 할 때는 가슴이 아주 편안합니다.

* 이 내용은 H전도사가 인도하고 있는 기도 모임에서 부르짖는 기도를 몇 주간 훈련한 내용과 결과를 실은 것입니다.

4·50명 정도의 인원이 훈련한 내용인데 보고서의 내용이 너무 많아서 그 중의 일부만을 사용했습니다.

부르짖는 기도에는 다양한 느낌이나 현상이 따르게 되는 것이 보통인데 이러한 현상이나 느낌이 있다는 것을 알아두시면 참고가 될 것입니다.

이것을 보고 너무 현상이나 방법 자체에만 관심을 갖지는 말기를 바랍니다. 부르짖는 기도는 근본적으로 어떤 기술이 아니고 간절한 마음으로 주님께 나아가는 것이기 때문입니다.

다만 임상적으로 이러한 사례와 보고서를 통해서 부르짖는 기도의 실제적인 현상이나 원리를 이해하고 간접적인 도움을 얻을 수 있다면 좋을 것입니다.

31. 부르짖는 기도와 함께 한 시간들
-H전도사-

1.

[2001년 봄] 저는 2000년 10월 신앙 잡지에 기고된 목사님의 글을 처음 접하게 되었고 2001년 2월 우연히 목사님이 운영하고 계신 인터넷 카페를 발견하게 되었습니다.
하나님에 대한 지식이 아닌 하나님의 실존을 경험하기를 갈망하던 중 만난 목사님의 글은 가뭄 때 내리는 비와 같았습니다.
학교 컴퓨터실에 하루 종일 앉아 눈물범벅이 되어가며 목사님의 글을 정신 없이 읽어 내려갔는데.. 여러 글에서 부르짖고 외칠 때 하나님의 임재가 실제적으로 나타난다는 내용을 많이 보게 되었어요.

그러나 워낙 생각이 복잡하던 저는 부르짖는 기도가 설마 그냥 단순하게 '아~!' 하고 외치는 것이라고는 생각지 못했어요.
그래서 한동안은 부르짖는 기도에 대한 많은 글을 읽고 감탄하기만 할 뿐 직접 실천해 볼 엄두를 내지 못했습니다.
지금 돌아보면 부르짖는 기도는 그냥 단순히 소리를 내보면서 직접 몸으로 익히는 것이 가장 빠른데 그 때는 어렵게만 여긴 데다가, 일단 다 정리가 되어야 기도를 할 수 있다고 생각하며 열심히 머리를 굴린 것 같아요.
중구난방 헤매던 중 다행히 그 당시 카페의 식구들 중에 모여서 함께 기도하기를 원하던 분들이 계셔서 매주 한번씩 모이는 정원 목사님을 위한 작은 중보 기도모임이 결성되었고, 사모님과 여러 집사님들을 통해 부르짖는 기도에 대해서 많은 것을 배울 수 있었습니다. 부르짖는 기도는 생각과는 달리 아주 단순하고 재미있는 기도였습니다.
한마디로 하자면, 마음속으로 주님을 바라보면서 '으아아~!우어억~!' 등등.. 내고 싶은 편한 소리를 자연스럽게 외치는 것이었어요.
지금도 목소리 크기로 유명하지만, 그 당시에도 제가 일단 부르짖으면 정말 장난이 아니게 요란했기에 사모님으로부터 '기차 화통' 혹은 '유다의 사자' 등등의 별명을 얻게 되었지요.

재미있는 일들도 참 많았는데 한번은 기도모임 멤버 중에 어려움에 처한 가정을 위해 기도한 적이 있었어요.
날을 잡아 그 집에 가서 집안 구석구석을 돌아다니며 부르짖고 외치고 선포하고 찬양했지요.
그 날 초등학생, 중학생 되는 그 집 아이들에게도 부르짖는 기도를 가르쳤는데 아이들이 여러 영적인 경험들을 하는 것을 보고 참 신기했어요.
저는 영감이 둔하고 경험이 느린 편이라 많이 부르짖어도 한동안 뚜렷한 체험이 없었는데 아이들은 잠깐만 같이 부르짖어도 마음에 감격을 느끼고 어떤 이미지를 보기도 하고, 기도 후에는 한동안 컴퓨터 게임이 재미가 없고 싫어진다고 하는 등 즉각적인 변화가 있는 것을 보면서 부르짖는 기도의 능력을 절감하게 되었지요.

그 이후로 틈만 나면 제가 다니던 교회에 쪼르륵.. 달려가서 그냥 무조건 외쳐대기 시작했어요.
혼자서만 외쳐도 교회 건물이 쩌렁쩌렁했던 터라 주로 사람이 없고 교회가 비어있을 때 몰래 교회의 구석구석을 걸어 다니면서 부르짖고 외쳤어요.
옆 건물은 마침 한참 공사 중이어서 와그르르 무너지는 소리와 드릴 소리 등으로 시끄러운 터라 마음 놓고 기도할 수 있었지요. 주로 피아노 앞에 앉아서 찬양을 한 두 곡 부르다가 엎드려서 '우아아~' 부르짖었는데 높은 소리로 찬양을 부를 때는 가슴이 부풀어 오르는 것 같았고 낮은 소리로 부르짖으면 심장 주변이 묵직하고 강해지는 것 같았어요.

상상으로 부르짖는 것도 좋은 기도라고 하셔서 너무 밤이 늦어 크게 기도할 수 없을 때는.. 상상으로 부르짖기도 했어요.
예를 들면, 내가 사자가 되었다고 상상하고 '으르렁~' 포효하는 장면을 선명하게 그려본다든지, 아니면 높은 산 정상에 올라가서 두 손을 높이 들고 힘껏 외치는 장면을 상상하기도 했지요.
입으로는 소리를 조그맣게 냈는데도, 그렇게 상상을 하면 큰 소리를 지른 것처럼 어깨가 묵직해지고 뭔가 힘이 생기는 것 같았어요.

때로는 아예 소리를 낼 수 없는 상황에서는 예를 들면 길거리를 걷고 있다든지 은행이나 공공장소 등에 있다든지 할 때는 전혀 소리를 내지 않고 그냥 의식을 배에 집중한 채로 부르짖는 상상을 했는데 직접 부르짖는 만큼은 아니어도 어느 정도 효과가 있었어요.
그리고 한 두 사람이라도 어떤 한 공간에서 꾸준히 부르짖으며 먹고 자면, 그 공간에 주님의 임재가 선명해진다는 글을 읽고 토요일 밤이면 교회에서 와와대며 신나게 부르짖다가 잠을 자곤 했지요.

교회 공간에서 부르짖다가 자고 일어난 일요일에는 주일 예배의 분위기가 이전에 비해 더욱 활기 있게 느껴졌고, 목사님의 설교도 더욱 신선하게 다가오는 것을 여러 번 경험했어요.
그래서 예배를 위해, 목회자와 영적 지도자를 위해 부르짖으며 중보 하는 것이 참 중요하다는 것을 절감하게 되었지요.
그렇게 계속 교회에서 기도하는 가운데 나중에는 토요일 저녁에 함께 기도하는 사람들이 조금씩 생겨났는데, 교회 식구들과 함께 담임 목사님을 위해, 주일의 예배를 위해, 각자의 영적 충만을 위해 함께 부르짖었던 시간들은 참 아름다운 추억으로 남아있습니다.

2.
[2001년 여름] 지금은 정원 목사님께서 문서사역에 몰두하시느라 모든 집회사역을 내려놓으셨지만 몇 년 전 까지만 해도 가끔 집회 인도를 하셨었는데, 그 해 겨울에는 마석 수동기도원에서 초청을 받아 새벽 집회 인도를 하게 되셨어요..
대학원 재학 중이던 저는 카페에 자주 오시던 분들과 함께 집회에 참석하였지요..
목사님의 '할렐루~야!' 하는 사자 같은 강렬한 포효로 시작된 집회..
'주님이 지금 이곳에 계십니다! 주님을 받으십시오!' 하시는 목사님의 열정적인 선포에 사로잡힌 회중의 울부짖음과 외침은 가슴을 쿵쾅쿵쾅 뛰게 했습니다.

모인 사람들의 부르짖음과 함께 폭풍우 같은 하나님의 임재가 온 집회 장소에 임했습니다.
여기저기 거대한 바람이 휩쓸고 지나가는 것처럼 뒹굴고 쓰러지는 사람들의 모습..
그 때 함께 갔던 제 남동생은 당시 영적인 경험에 대해서는 문외한이었음에도 불구하고 뜨거운 열기가 공간에 가득한 것을 느꼈다고 할 정도로 하나님이 실제로 그 장소에 가까이 임하신 것을 누구나 선명히 느낄 수 있었습니다.

집회 이후 숙소에 모여 마지막으로 짐을 정리하며 목사님을 위해서 함께 중보기도 하려고 동행했던 10여명의 일행들과 담소를 나누던 중 다시 기타를 잡으신 목사님의 찬양에 사람들은 더 뜨거운 부르짖음과 통곡을 쏟아내었습니다.
주님의 강렬한 임재가 아주 선명했습니다. 가슴 깊은 곳에서 감격이 솟구쳐 나와 몸을 가누지 못하고 소리 질러 외치며 뒹구는 사람도 있었고, 비명을 지르던 이들도, 아무 말도 하지 못하고 끝없이 눈물을 쏟는 사람도 있었습니다.
그 동안은 부르짖는 기도에 대해서 그저 우렁차게 소리를 내어 열심히 기도하는 정도로 이해하고 있던 저는 그 날의 온 몸과 마음을 쏟아 붓는 통곡과 외침 후에 부르짖는 기도란 단순히 소리를 크게 내는 기술적인 어떤 것이 아니라 중심에 사무친 주님을 향한 사모함과 간절함과 갈망을 온통 쏟아 부어내는 절규와 같은 것임을 알게 되었습니다.

주의 이름을 부르고, 부르고 또 부르며 울부짖을 때 마치 천국에 있는 듯한 행복감을 느꼈습니다.
한참을 그렇게 울부짖고 외치고 나서 제 여동생은 온 몸이 부서지는 것 같았다고 했고 저도 온 몸에 힘이 빠졌습니다.
기도원을 떠나기 전 마지막 점심식사를 거르고 숙소에 누워서 쉬면서 주님을 불렀는데 예수.. 하고 부르기만 해도 눈물이 폭포수처럼 쏟아져 나왔습니다.

그 집회 이후, 저는 바로 어떤 다른 기독교 단체의 공동생활에 참석하게 되었습니다.
강력하게 외치고 부르짖는 집회를 한 후에는 한동안 쉬는 것이 좋다는 말씀을 들었지만 이미 오래 전부터 결정되어있던 계획이라 취소할 수가 없었습니다.
그 곳은 사회봉사를 위주로 하는 단체였는데, 참석자들 중에는 신앙이 없는 사람도 있었고 자유주의 신학을 신봉하는 사람들도 있었습니다.

그전에도 여러 번 모임에 갔었고 공동생활도 했었지만 아무런 어려움 없이 잘 어울려 지냈었습니다. 그러나 이번에는 사람들과 함께 있는 것이 너무나 고통스러웠습니다.

조별로 소그룹 모임을 하며 대화할 때는 다원주의적인 논리를 펴는 사람들이 많았습니다.

모든 종교에는 구원이 있다고 이야기하는 사람도 있었고 예수만이 진리라고 하는 것은 고리타분하고 다분히 순진한 생각에 불과하다고 이야기하는 사람도 있었습니다.

심지어 다음에 기회가 되면 불교의 스님을 모셔서 강의를 들으려고 한다는 이야기까지 나왔습니다.

가슴이 너무나 답답하고 괴로웠습니다.

예전에는 영적인 세계를 몰랐기 때문에 이런 감각 자체가 없었는데 이제는 부르짖고 외치며 큰 환희와 감격을 경험한 직후라 마음이 답답하고 고통스러워서 도저히 견딜 수가 없었습니다.

예수님이 왕이며 예수만이 진리임을 선포하며 부르짖고 외치던 집회에서는 천국 같은 행복감이 넘쳤는데 이곳은 너무나 괴롭고 고통스럽기만 할 뿐이었습니다.

그 차이는 논리적인 설명이 필요 없을 만큼 너무나 선명하고 실제적이었습니다.

몇 번 반대 발언을 시도해 보았으나... 전체의 분위기를 이겨낼 힘이 없었던 터라 그냥 '주님.. 제발.. 도와주세요.'를 마음속으로 외치며 몰래 눈물만 주룩 주룩 흘렸습니다.

드디어 며칠 동안의 공동생활이 끝나고 집으로 돌아오는 길에 목사님 사모님께 연락드릴 일이 있어서 전화를 드렸는데 제 상태가 엉망진창인 것을 아시고는 잠깐 들렀다 가라고 하셨습니다.

그전까지는 약간씩 아프던 머리가 목사님 사모님을 뵙자 본격적으로 아파왔습니다. 머리가 깨질 것 같이 띵.. 하고 아팠습니다.
목사님은 식당에서 대화를 할 때부터 힘 있는 목소리로 크게 이야기 하셨고 길거리를 지나면서도 '할렐루야~!'를 큰 소리로 힘차게 외치시며 따라해 보라고 하셨습니다.
지나가는 사람들 눈치 안보고 큰 소리로 외쳐보는 것이 너무 재밌기도 해서 '할렐루야~!' 하고 크게 따라 외쳤는데 그렇게 큰 소리로 주님을 시인하고 외치자 점차 마음이 밝아지고 좋아지는 것 같았습니다.
그리고 나서 한 두 시간도 채 안되어서 다시 마음이 회복되기 시작했습니다. 집에 돌아오는 길에는 입에서 노래가 나올 만큼 사는 것이 즐겁게 느껴졌습니다.
방금 전까지 그렇게 힘들다가 외치고 부르짖고 나니 바로 다시 행복해지는 것이 너무나 신기했습니다.

그 이후 저는 부르짖는 기도를 하면 할수록 그 모임에 나가는 것이 힘들고 괴로워져서 결국 조금 후에 그 단체에서 나오기로 결정했지요.
그 단체를 통해 재정적인 지원도 많이 받고 있던 터라 다들 의아해했지만 결정을 내린 후 얼마나 마음이 편안했는지 모릅니다.
지금 생각해도 정말 좋은 선택이었던 것 같아요.
부르짖고 기도하지 않을 때에는 그러한 영적 분위기에 대한 분별이 선명하지 않았지만 부르짖고 영의 감각이 살아나고 예수님의 임재가 선명한 상태에서는 주님이 중시되지 않는 그러한 분위기와 논리가 너무 고통스러워서 견딜 수가 없다는 것, 그것은 너무나 확실했습니다.

3.
[2002년 여름] 이때 카페 회원들을 대상으로 처음이자 마지막인 여름수련회가 열렸습니다.

수련회 공고가 올라온 이후 한달 남짓한 준비 기간 동안에 목사님은 혹독한 고통을 치르셨는데 나중에 알고 보니 문제의 주된 원인은 수련회 장소에 있었습니다.
미리 계획에 있던 것이 아니라 갑작스럽게 결정된 수련회라 급하게 장소를 물색하게 되었는데 다른 장소는 이미 다 예약이 되어있어서, 어떤 외딴 기도원을 겨우 발견하게 되었어요.

사람이 별로 없는 기도원이다 보니 기도도 거의 쌓이지 않은데다가, 그나마 기거하고 있는 분들도 주로 조용하게 기도하시는 분들이라 그곳의 터를 잡고 있는 어두운 영들의 공격이 극심했던 것이었습니다.
기도원 답사를 가던 날 제가 벌침에 세 방이나 쏘였고, 수련회 도중에 또 한 분이 벌에 쏘이고 어떤 분은 지네에 물리는 등.. 탈이 많았는데 목사님이 말씀하시기를 이것은 자연적인 사건이 아니고 배후에 있는 기운을 통한 영적인 방해라고 하셨습니다.
한 번도 부르짖는 기도와 외침의 폭격을 받아본 적이 없던 귀신들이 시끌벅적하게 찬양하고 외치고 부르짖는 집회를 어떻게든 방해하고 싶었던 것이지요.

수련회는 전국에서 300명 정도의 회원들이 은혜를 사모하여 모였습니다.
목사님은 그 공간에 있는 어두움의 기운들을 해결하기 위해서 첫날 저녁 내내 강력한 찬양과 부르짖는 기도를 인도하셨습니다.
그러나 저녁 7시부터 밤 10시 정도까지 여러 시간을 외치고 부르짖었는데도 그 날 밤에 예민하고 민감한 분들은 그 장소를 지배하고 있는 영들의 영적인 공격으로 인하여 머리가 아파 잠을 이루기 힘들어하셨어요.
목사님께서는 집회를 할 때 보통 첫날밤에 어느 정도 부르짖고 초토화시키면 그 다음날부터는 어두움이 걷히고 풍성하고 충만한 영이 넘치게 되는데 이곳은 몇 시간 동안 그렇게 외치고 부르짖었음에도 여전히 꽉 막혀있는 것을 보면 공간의 정화가 상당히 필요한 것 같다고 하시면서 둘째 날 오전에도, 저녁에도.. 계속 부르짖고 초토화하는 기도를 중심으로 집회를 이끌어 가셨어요.
집회가 없는 낮 동안 목사님은 식사도 잊으신 채 숙소에 들어가 기도의 싸움에 몰두하셨고 스텝들도 중보 기도실에 모여 계속 부르짖으며 외쳤습니다.

연령별로 모였던 조별 모임 시간에는 청년 조를 중심으로 땅 밟기 기도를 했는데 길게 줄지어 서서 본당 주변을 여러 바퀴 돌면서 춤추며 뛰며 찬양하고 외쳤습니다.
마지막에는 본당을 둘러싸고 포위한 채로 손을 높이 들어 '우아아아~~' 하고 외쳤는데 가슴속에 말로 표현할 수 없는 뿌듯한 승리의 기쁨과 감격이 넘쳤습니다.

그 장면을 지켜보고 계시던 목사님께서는 부르짖음의 기운이 하늘로 올라가고 있다고 하시면서
'이들이 자신들의 외침이 영계에 어떤 영향을 주고 있는지 안다면 얼마나 놀랄까..' 생각하셨다고 해요.
둘러선 수십 명의 사람들이 크게 외치고 부르짖자 마귀들이 이를 갈며 떠나는 모습이 보이셨다는 것이었어요.
우리는 그저 뛰고 외치고 즐거워한 것뿐이었는데 그 단순한 부르짖음이 실제적으로 귀신들을 부숴 버렸다니.. 아무 것도 모르는 아이들의 단순한 외침과 부르짖음으로도 마귀들의 진이 궤멸된다는 사실이 너무나 놀라웠습니다.

부르짖음과 땅 밟기 기도를 마친 그 다음 날부터 분위기가 역전되기 시작했습니다.
뭔가 막혀있는 것만 같던 느낌이 싹 사라지고 자유로운 해방감, 감미로운 행복감과 서로간의 친밀감이 가득 차 올랐습니다.
셋째 날 오전 집회는 가슴 깊은 곳을 울리는 아름다운 경배의 찬양으로 가득했습니다.
목사님은 찬양을 인도하시다가 무릎을 꿇고 눈물을 흘리셨고, 함께 찬양하던 모든 이들도 감격에 겨워 눈물을 쏟았습니다.
저녁 집회 전에 조별발표가 있었는데 모두들 천진난만한 어린아이가 된 것 같았고 그리고 그 날 저녁 집회는 관계의 벽을 무너뜨리는 용서와 화해, 사랑의 포옹과 감격의 눈물이 넘치는 천국 잔치가 되었습니다.
부모와 자녀, 남편과 아내, 성도와 사역자가 눈물을 흘리며 서로를 용서하고 얼싸안는 모습은 정말 천국과 같았습니다.
그렇게 우리는 부르짖는 기도를 통해 영적 전쟁에서의 승리를 경험하고 감격과 눈물로 가득 차서 수련회를 마치게 되었습니다.
어떤 분은 '이 수련회를 통해서 인생의 모든 문제가 다 끝났다' 고 말씀하시기도 했지요.

수련회 기간 중에 틈틈이 목사님께서 집회에 적용된 영적인 원리를 설명해주셨는데.. 그 내용들은 이후에 제가 개인적인 기도를 할 때나 기도모임을 인도할 때 중요한 지침이 되었습니다.
그 때 설명해 주신 내용은 대충 기억을 더듬어 보면 다음과 같아요..

〈원수들의 공격에 대응하는 두 가지 방법이 있다.
첫 번째는 부르짖는 기도를 통해 원수의 진을 초토화하는 직접적인 공격법이고,

두 번째는 경배와 찬양을 통해 원수들의 불화살이 닿을 수 없는 높은 곳으로 올라가는 것이다.
계속 부르짖기만 하면 주님의 아름다움을 경험할 수 없고 집회가 자칫 퍽퍽해질 수 있기 때문에 공격이 심하지 않을 경우에는 첫 번째 방법을 조금만 사용하고 바로 두 번째 방법으로 갈 수도 있다.

그러나 지금처럼 영적인 공격이 심하고 싸움이 치열한 경우에는 반드시 충분히 부르짖고 외치며 원수의 진을 완전히 부숴 버린 후에 부드러운 찬양과 경배로 날아올라가야 한다.
부르짖음이 충분하지 않아 어두움이 해결되지 않은 상태에서 무조건 용서.. 사랑.. 그러고 있다가는 다 눌리고 어두워진다.
사랑은 최종적인 목표이지만 그것은 첫 단계가 아니라 마지막 단계이다.
용서와 화해, 그리움과 사랑은 처음부터 가능한 것이 아니며 충분한 부르짖음과 초토화 전쟁을 통해 최종적으로 얻게 되는 전리품이다.)

4.
[2002년 가을] 여름 수련회 이후로 카페는 온통 열기로 가득하게 되었습니다.
수련회에서 은혜를 같이 나누었던 분들이 서로를 향해 그립다.. 보고싶다.. 하시며 눈물 가득한 고백으로 카페를 가득 메웠습니다.
그야말로 전리품들이 넘치게 된 것이었지요.
함께 조모임을 했던 분들 중에 가까이 사는 분들은 서로 개인적으로 연락하고 만나기도 하셨지만 먼 지방에 계시는 분들도 많아서 직접 만나기는 어려운 터라 어떻게 할까 고민하다가 갓피플에서 제공하는 정팅방의 채팅 기능을 사용해서 정팅(정기채팅)을 시작했습니다. 직접 만나지는 못해도 채팅을 통해서 안부를 주고받고 싶었기 때문이었지요.

처음에는 단순한 안부인사가 주를 이루었지만 점차 갈수록 정팅 시간을 기도훈련의 시간으로 삼게 되었습니다.
채팅을 통해서 기도 훈련을 하는 것.. 게다가 부르짖는 기도를 하는 것이 과연 가능할까.. 의구심을 가졌었는데, 직접 시도해보니 신기할 정도로 효과가 있었습니다.

소리를 낼 수 있는 환경에 있는 분들은 글을 치면서 직접 소리를 내기도 했지만 동생과 같이 방을 쓴다거나 학교 컴퓨터실에 있거나 PC방에 잠깐 급히 들려 인터넷에 접속하는 등 소리를 낼 여건이 되지 않는 사람들은 그냥 자판을 두드리기만 했거든요.
그런데 소리를 전혀 내지 않고 그냥 '으아아아아~~~' 라고 글만 써서 올리는데도 트림이 나면서 가슴의 답답함이 풀린다든지, 몸이 뜨거워지는 등.. 직접 부르짖을 때만큼은 아니지만 실제 부르짖는 것과 비슷한 효과가 나는 것이었어요.
아마도 상상으로 부르짖기와 비슷한 원리인 듯 했습니다.

아무튼 그렇게 정팅으로만 만나며 그리움을 달래던 중 어느 날 핸드폰 연락이 왔습니다.
먼 지방에 살던 두 청년이 너무 보고 싶다면서 하루 날 잡아 서울에 올라오겠다는 것이었어요.
그리하여 갑자기 오프라인 청년 모임이 시작되었지요.
그 날 모인 인원은 대략 20명 정도 되었던 것으로 기억하는데 아무 말 없이 그냥 서로 얼굴만 보고 있어도 그저 그렇게 좋을 수가 없었습니다.

그런데 갑자기 문이 열리며 정원 목사님과 사모님께서 등장하셨습니다. 다들 깜짝 놀라 소리를 지르고 난리였지요.

목사님께서는 모임 소식을 듣고 격려 차 잠시 방문하신 것이라고 하시며 간단한 메시지와 함께 부르짖는 기도의 여러 방법에 대해서 자세하게 설명을 해 주셨어요.
낮은 발성과 높은 발성의 차이, '으아~~' 하고 길게 뽑아내는 부르짖음과 '아! 아! 아! 아!' 하고 짧게 끊어서 외치는 소리의 차이 등 각 소리의 용도를 설명해주시고 신음하듯이 '낑.. 낑..' 대는 소리는 영의 힘을 축적하며 충전하는 것이고 '으아아~' 하며 토해내는 것은 주로 배출하는 것이라고 하시며 충전하는 부르짖는 기도와 배출하는 부르짖는 기도에 대해서도 설명해 주셨지요.
부르짖는 기도를 이렇게 자세히 배우니 너무 재미가 있었어요.

각 소리에 대해 먼저 목사님께서 직접 시범을 보여주신 후에 청년들에게 한 사람씩 돌아가며 소리를 내 보라고 하셨는데 이상하고 웃기는 소리를 내는 사람이 많아서 한참 웃음바다가 되었습니다.
마지막에는 다 같이 일어서서 찬양을 하고 부르짖었는데 조용히 주님의 임재를 기다리는 중에 한 자매가 휘청거리더니 몸에 힘이 빠져 풀썩! 하고 쓰러지는 것이었어요.
영의 활동이 강하게 나타나자 몸에 잠시 힘이 빠진 것이었는데 그 자매는 "어머.. 나.. 빈혈인가 봐.."
하는 바람에 모두 폭소가 터졌지요. 다른 이들은 어느 정도 영의 임재에 따른 현상들을 경험하고 있었는데 그 자매는 처음이라 생소했던 것이었습니다.

그 자매의 이야기를 하다보니 또 생각나는 것이 있네요.
한번은 그 자매와 몇몇 청년들이 함께 교회에서 부르짖는 기도를 하고 있었는데 멀쩡하던 자매가 갑자기 배를 움켜잡고 죽을 것 같이 너무 아프다며 비명을 지르는 것이었습니다.

부르짖는 기도를 하다가 심한 통증이 표출되는 경우를 많이 보아서 이렇게 갑작스러운 비정상적 통증은 육체적인 것이 아니라 영적인 것이라는 지식이 있었기 때문에 별로 당황하지 않고
'기도하면 나을 거야. 걱정 마.' 하고 안심을 시켜주려고 하는데 말할 사이도 없이 자매는 화장실로 돌진을 하는 것이었어요.
그리고 남긴 한 마디.. "엉엉.. 나 체했나 봐요.."
물론 자매는 화장실에 한참 있었으나 아무 해결책이 보이지 않자 다시 엉금엉금 기어 나왔고 다른 두 자매가 배에 손을 얹어주고 조금 기도하자 통증이 사라져 버렸지요.

그 외에도 청년들과 함께 기도하면서 웃기는 일들이 많이 있었지만 지면상 생략합니다.
그 이후 청년들은 시시때때로 모임을 갖게 되었는데 정기적인 모임이 아니었기 때문에 한번 모이고 나면 며칠 지나지 않아 카페에
'우리.. 언제 또 모이나요.. 얼른 또 만나요..' 하며 성화하는 글들이 올라오곤 했습니다.

그전까지 대학생 선교단체에서 많은 모임을 이끌어보았지만 대부분은 바쁘고 싫다는 사람들을 억지로 끌어다가 강권하여 자리를 채워야 해서 모임을 준비하는 사람도, 참석하는 사람도 스트레스가 심했었지요. 그런데 모이면 특별한 프로그램이 있는 것도 아니고 그냥 다 같이 모여서 깍깍거리며 떠들고 웃다가 찬양하고 부르짖고 외치는 것이 전부였는데도 누가 먼저랄 것도 없이 서로 보고 싶다고 난리를 치는 모습이 참으로 신기하고 놀라웠습니다.
단순한 지식적인 훈련이 아닌 실제적인 기도의 훈련을 시작할 때, 주님의 이름을 부르짖고 외칠 때만 얻을 수 있는 생명력과 활기, 기도의 기쁨을 경험할 때 모든 그리스도인들의 모임은 열정과 그리움으로 불붙

게 될 것이 틀림없습니다. 여러 번의 작은 청년 모임을 통해서 우리는 그 사실을 확인할 수 있었습니다.

5.
[2003년 겨울] 이때부터는 정원 목사님을 위한 중보 기도모임이 좀 더 활성화되어서 월요 기도모임 외에 직장인을 위해서 토요일에도 비정기적으로 모임을 갖게 되었는데 토요일에 모이고 있던 청년 모임도 자연스럽게 중보 기도모임에 합류되게 되었습니다.
중보 기도모임에서도 주로 부르짖는 기도를 많이 했는데 특히 토요일은 남자 집사님들이 오셔서 기도가 더 힘차게 되었던 것 같습니다.
예전에 첫 청년모임에서 목사님께서 해 주셨던 것처럼 한 사람씩 돌아가며 소리를 내 보고 서로 발성을 교정해주는 시간도 가졌는데 낮은 소리가 잘 나오지 않아 이상한 소리가 나올 때면 다 같이 웃으며 격려해 주었고 또 어떤 분은 엎드려서 정말 사자 같은 동작까지 취하며 '으르렁~' 하시는 통에 모두 박수를 치며 웃었던 기억이 납니다.

모임을 인도하며 몇 가지 배운 것이 있다면, 소리를 조절하는 것이 영을 유지하는 데 참 중요하다는 것이었습니다.
소리를 내는 요령을 잘 모르는 분들은 고음에 갈라지는 하이톤으로 부르짖곤 하셨는데 그런 소리가 많이 날 때는 전체의 영이 손상되는 느낌이 들어 부르짖는 소리를 잠잠하게 하고 흥분을 가라앉히고 다시 낮고 조용한 소리부터 부르짖는 기도를 시켰습니다.
또, 처음에는 무조건 크게 부르짖는 데 몰두하곤 했는데 소리를 크게 내는 것이 무조건 좋은 것은 아니라는 사실도 알게 되었습니다.
한번은 목사님께서 모임 장소에 잠깐 들리신 적이 있었는데 그 때 저는 빠른 찬양을 부르면서 엄청나게 크게 소리소리를 지르고 부르짖고 대적하는 기도를 인도하고 있었습니다.

나중에 목사님께서 말씀하시기를 공간은 좁은데 소리를 너무 크게 내서 빡빡하고 힘들게 느껴졌다고 하시며 공간보다 소리가 과다하게 넘치면 영을 손상시키고 부담을 준다는 것을 가르쳐 주셨습니다.

또한, 빠른 찬양으로 강력하게 공격해야 할 때도 있지만, 조용하고 느린 찬양을 통해 어두움을 제압하는 것이 효과적일 때도 있다고 하시며, 빠르고 강한 분위기 일변도로 가기보다는 빠른 찬양과 느린 찬양, 강한 부르짖음과 조용한 기도를 적절히 섞어가며 리듬을 타는 것이 좋다는 이야기를 전해주셨습니다.

그 때의 경험으로, 부르짖는 소리에 따라 영이 고양될 수도 있지만 잘못 부르짖으면 손상될 수도 있다는 것을 배웠고 그 이후에 소리에 대해 좀 더 민감하게 마음을 쓰게 되었습니다.

또한 잊을 수 없는 한 가지 추억이 있습니다.
어느 날, 모임이 잘 풀리지 않아서 점심 식사 후에 골방에서 쓰러져 있던 적이 있었습니다. 과연 이 상태로 오후 모임을 인도할 수 있을지 걱정될 정도로 다운되어있었지요.
그런데 그 때 사모님께서 제가 쓰러져 있는 골방으로 들어오셔서 저를 회복시키기 위해서 재미있는 춤과 웃음으로 막 웃겨주셨는데 그렇게 한참 웃고 나니 언제 힘들었냐는 듯이 몸과 마음이 가뿐해지고 부르짖음과 외침이 회복되는 것이었습니다.
정말 웃음과 즐거움은 부르짖는 기도의 큰 에너지가 되는 것을 선명하게 느꼈던 순간이었습니다.
여호와를 기뻐하는 것이 너희의 힘이라! 할렐루야!

6.
[2004년 여름-겨울] 2004년은 주로 논문을 쓰느라 정신이 없었던 시기였습니다.

1학기에 논문을 제출했다가 탈락되고 우여곡절 끝에 2학기 재도전에 성공해서 드디어 대학원을 졸업하게 되었습니다.
논문을 쓰면서 가장 힘들었던 것은 자료를 읽는 것이었습니다.
영이 예민해지고 영적 기운들에 대해서 잘 느끼게 되면서 논문 자료 중에 출처가 이상하다거나 내용이 혼미한 그런 자료들을 읽으면 금세 머리가 빡빡하게 아프고 심장이 답답해졌습니다.

그 즈음에는 목사님의 편집 일을 도와드리게 되어서 목사님 댁을 가끔 방문하게 되었는데 집에 있을 때는 그냥 대충 견딜 만 하던 것이 목사님 댁 근처에 가까이 가기만 하면 제 안에 있던 어두움이 심하게 표출되기 시작하는 것이었습니다.
그래서 목사님의 댁에 도착하거나 목사님을 보기만 하면 머리가 어지럽고 깨질 것 같이 아파 왔습니다.
목사님은 목사님 댁에 기도가 많이 쌓여 있기 때문에 나쁜 기운을 가지고 오면 고통스러울 것이라고 말씀하셨습니다. 그래서 한동안 목사님과 대화를 할 수 없었고 목사님께서 처방하시는 대로 눈을 크게 뜨거나 소리를 내거나 해서 나쁜 기운을 다 뽑아낸 후에야 간신히 대화를 할 수 있었습니다.

목사님께서는 아직 배의 힘과 부르짖음이 약해서 외부 영의 침입을 막지 못해 고생하는 것이라고 하시고 어두운 기운을 내보내기 위해서는 자꾸 부르짖으라고 하셨습니다.
그래서 계속 부르짖어서 나쁜 기운을 내보내기 위해 애를 썼습니다. 또 금세 논문 자료를 읽으면 머리가 벌집처럼 엉망이 되곤 했지만 그래도 계속 씨름하고 싸우면서 아프기도 하고 회복되기도 하고 눌리기도 하고 하면서 부르짖는 기도의 요령을 조금씩 익히게 되었고 처음보다 조금씩 나아지게 되었습니다.

논문을 쓰면서 또 다른 문제는 자꾸 게을러지는 것이었습니다.
실험 자료를 정리하는 것이라, 맘 잡고 딱 앉아서 글을 써 내려가기만 하면 되는데 자꾸 딴 생각이 들고 미루게 되고 놀고 싶고.. 그래서 자꾸 집필 기간이 늘어지는 것이었습니다.
그럴 때면 방안에서 양반다리를 하고 앉아서 무조건 '으아아~~' 하고 부르짖었습니다.
그렇게 한동안 부르짖다 보면 어느 새 다시 힘이 나고 글을 쓰고 싶어지고 논문에 재미가 붙게 되었습니다.

부르짖고 외치면서 논문을 준비하니 필요한 재정이나, 실험 대상자들 등이 적절하게 공급되었습니다.
논문을 발표하는 당일에는 사람들이 오기 전에 친구와 함께 발표장에 미리 도착해서 부르짖고 외쳤더니 자신감 있게 술술 발표할 수 있었고 주제나 내용에 대해 그다지 달갑게 생각지 않으셨던 교수님들이나 선배들도 흥미 있게 발표를 들으시게 되었습니다.
최종 심사 전에 약간의 위기가 있었지만 부르짖고 외치면서 방해하는 영들을 대적할 때 의외로 순조롭게 일이 풀려 졸업할 수 있게 되었습니다.

논문 실험 기간 동안 기억나는 한 가지 에피소드가 있습니다.
월요기도모임 이후에 8명 정도의 청년들과 함께 뇌파 측정 실험을 했었는데 어느 날은 중요한 실험을 위해서 어느 자매가 가져온 차를 타고 장소를 이동하고 있었습니다. 그런데 이상할 정도로 자꾸 길을 잃는데다가, 차가 밀려 꼼짝할 수 없는 상황에까지 이르렀습니다.
이건 뭔가 이상하다.. 싶어서 차안에 있던 청년들과 함께 '으아아~!' 하면서 부르짖기 시작했습니다.
한 청년이 "교통 체증의 영을 결박하자~!" 하고 외치니 다른 청년이

"자아~굵은 동아줄을 주세요~제가 묶을 게요~" 하면서 반 장난삼아 동아줄로 교통체증의 영을 묶는 상상을 하면서 계속 부르짖었는데 순간 정말로 길이 뻥! 뚫리는 것이었습니다.
그 이후로 청년들 사이에는 한동안 '굵은 동아줄' 이 유행어가 되었습니다. 이것은 단지 우연이었을까요? 그러나 우리는 이와 비슷한 우연을 많이 경험하게 되었습니다. 그것도 부르짖을 때마다 말입니다.

그 해 겨울에는 북핵 문제가 한창 떠들썩했었습니다.
긴장과 대치 국면으로 언제 무슨 일이 터질지 조마조마한 상황이었고 두려움을 잘 안타는 편이던 저도 밤 내내 두렵고 불안하고 긴장이 될 정도였습니다.
그래서 2004년 11월 20일 토요 중보 기도모임에서는 북핵 문제를 놓고 집중적으로 중보 기도를 했습니다.
목사님과 사모님께서 이것은 단순한 국제 정세가 아니고 배후에 영적인 전쟁이 있다고 하시며 그렇기 때문에 반드시 기도가 필요하다는 말씀을 하셨지요.
처음 기도를 시작할 때는 마음이 너무 불안하고 초조하고 부르짖음이 잘 나오지 않을 정도로 기도가 막히고 힘이 들었습니다.
한참을 찬양하고 다시 부르짖고.. 믿음의 선포를 하며 주님을 향한 신뢰를 표현하는 말씀을 반복해서 외치자 차츰 기도가 풀리기 시작했고 나중에는 가슴이 후련하고 시원할 정도로 힘찬 부르짖음을 쏟아낼 수 있었습니다.
부르짖는 기도를 마치고 나니 이상하게 뭔가 잘 될 것 같고 안심이 되었습니다.

그리고 나서 다음 날 뉴스를 보니 일촉즉발의 긴장 상태가 많이 부드러워졌다는 소식이 전해지고 있었습니다.

우리의 기도가 상황 전환에 얼마만큼의 실제적인 영향을 주었는지는 잘 알 수 없지만 어떤 흉흉한 소문과 걱정거리 앞에서도 부르짖고 외치며 주님을 의지할 수만 있다면 아무 문제가 되지 않는다는 것이 감사할 뿐이었습니다. 목사님은 부르짖어 기도하는 사람들이 있는 한 절대적으로 이 나라는 안전하다고 말씀해주셨습니다.

그 외에 하고 싶은 말이 너무 많지만 지면 관계로 생략합니다.
부르짖는 기도는 얼마나 놀랍고 능력 있는 기도인지요.
어두운 터널 속에 있는 것 같던 제 인생에 새로운 활로를 열어준 부르짖는 기도를 배우게 해 주신 주님께 감사와 찬양을 돌려드립니다.
할렐루야.

도서구입신청

도서 구입을 원하시는 분들을 위한 안내입니다.

1. 도서 목록 확인

페이지를 넘기시면 정원 목사님의 도서 전권이 안내되어있습니다.
도서 목록을 참조하셔서 필요로 하시는 책을 선택하십시오.
각 도서의 자세한 목차와 내용을 원하시면 정원목사 독자 모임 카페의 [저자 및 저서소개] 코너를 참조하십시오. (http://cafe.daum.net/garden500)

2. 책신청

구입하실 도서를 결정하신 후에, 영성의 숲 출판사로 전화를 주세요.
(02-355-7526 / 010-9176-7526. 통화시간: 월~금 오전 9시~저녁 7시)
신청 도서 목록을 알려주시면 입금하실 금액을 안내해 드립니다.
신청하실 때는 책을 받으실 주소와 전화번호를 함께 알려주세요.
책신청은 전화 외에도 영성의 숲 홈페이지이 [책신청] 코너,
출판사 이메일(spiritforest@hanmail.net)을 사용하실 수 있습니다.

3. 송금

안내 받으신 도서 대금을 아래 계좌로 입금해 주세요.
(국민은행: 461901-01-019724, 우체국: 013649-02-049367, 예금주: 이혜경)
신청자 성함과 입금자 성함이 일치하지 않는 경우에는 입금자 성함을
꼭 알려주셔야 확인이 가능합니다.

4. 배송

입금 확인 후에 바로 발송 작업을 하는데, 발송후 도착까지 보통 2-3일 정도가 소요 됩니다. 책을 급하게 필요로 하실 경우에는 일반 서점을 이용해 주세요. 해외 배송을 원하시는 분은 총판을 담당하고 있는 생명의 말씀사로 문의해주시기 바랍니다. (생명의 말씀사 080-022-1211 www.lifebook.co.kr)

<기도 시리즈>

1. 하늘의 권능이 임하는 부르짖는 기도 1
영성의 숲. 373쪽. 13,000원 / 핸디북 10,000원
부르짖는 기도는 모든 기도의 형태 중에서 가장 기본적이고 중요한 기도입니다. 이 기도를 바르게 배우고 적용한다면 하늘의 권능이 임하는 것을 경험하게 되며 모든 면에서 강건한 그리스도인이 될수 있을 것입니다.

2. 하늘의 권능이 임하는 부르짖는 기도 2
영성의 숲. 444쪽. 15,000원 / 핸디북 11,000원
부르짖는 기도 1권은 발성의 의미, 능력과 부르짖는 기도의 전체적인 원리를 다루었으며 2권은 부르짖는 기도의 실제로서 구체적인 기도의 방법과 적용원리를 다루고 있습니다. 3부에 수록된 다양한 승리의 간증은 독자님들에게 좋은 도전이 될 것입니다.

3. 대적기도의 원리와 능력
영성의 숲. 400쪽. 14,000원 / 핸디북 11,000원
대적기도 시리즈 1편. 대적기도는 주님께 간구하는 기도가 아니며 우리에게 주어진 권세와 능력을 발견하고 사용하여 능력과 승리를 경험하는 기도입니다. 이 기도를 알게 될 때 당신의 삶은 진정 달라지게 될 것입니다.
휴대를 위한 작은 사이즈의 핸디북도 있습니다.

4. 대적기도의 적용 원리
영성의 숲. 424쪽. 14,000원 / 핸디북 11,000원
대적기도 시리즈 2편. 대적기도에도 원리와 법칙이 있습니다. 그 원리와 법칙을 잘 익혀서 실제의 삶에 적용한다면 우리는 풍성한 삶을 살 수 있습니다. 이 책에서는 그 원리들을 구체적으로 제시해 주고 있습니다.
휴대를 위한 작은 사이즈의 핸디북도 있습니다.

5. 대적기도를 통한 승리의 삶
영성의 숲. 452쪽. 15,000원 / 핸디북 12,000원
대적기도 시리즈 3편. 대적기도를 인간관계, 가정에서의 삶, 복음 전도와 사역에 구체적으로 적용하는 방법을 제시하였습니다. 여기서 제시된 원리를 잘 읽고 적용한다면 삶과 사역에 있어서 많은 변화와 승리를 경험할 수 있게 될 것입니다.
휴대를 위한 작은 사이즈의 핸디북도 있습니다.

6. 대적기도의 근본적인 승리 비결
영성의 숲. 454쪽. 15,000원 / 핸디북 12,000원
대적기도 시리즈 4편. 완결편. 1부에서는 악한 영들을 근본적으로 완전하게 제압하고 승리할 수 있는 원리와 비결을 제시하고 있습니다. 2부에서는 대적기도를 적용하고 경험한 성도들의 사례가 실려 있는데 이것은 각 사람의 적용과 승리에 좋은 참고가 될 수 있을 것입니다. 휴대를 위한 작은 사이즈의 핸디북도 있습니다.

7. 아름답고 행복한 기도의 세계
영성의 숲. 279쪽. 9,000원
〈기도업데이트〉의 개정판. 자연스럽고 편안하게 기도의 아름다움과 행복에 잠길 수 있도록 돕는 책입니다. 기다리는 기도, 듣는 기도, 안식하는 기도 등 다양하고 풍성한 기도의 원리들을 일상의 예화들을 통하여 쉽게 정리하였습니다.

8. 주님의 마음에 이르는 기도
영성의 숲. 309쪽. 10,000원
기도의 원리와 방법에 대한 200개의 조언을 담았습니다. 주님의 마음을 향하여 가는 것, 그것이 기도의 방향이며 복적임을 보여주는 책입니다.

9. 주님의 임재를 경험하는 길
영성의 숲. 308쪽. 10,000원
〈주님을 경험하는 100가지 방법〉의 개정판. 주님의 살아계심과 임재를 경험하기 위한 100가지의 실제적인 방법을 제시하고 있습니다. 사모하는 마음으로 이 방법들을 시도한다면 누구나 쉽게 그분의 역사를 경험하게 될 것입니다.

10. 예수 호흡기도
영성의 숲. 460쪽. 15,000원 / 핸디북 11,000원
호흡을 통한 기도가 주님의 임재와 영적 실제에 들어가는 중요한 비밀이며 열쇠임을 보여주는 책입니다. 이 책에 제시된 원리와 방법을 충실히 시도해 본다면 누구나 놀라운 변화를 경험하게 될 것입니다.

11. 방언기도의 은혜와 능력 1권
영성의 숲. 459쪽. 16,000원 / 핸디북 12,000원
방언기도 시리즈 1편. 방언에 대한 성경적이고 균형잡힌 설명 뿐 아니라, 저자의 개인적인 경험과 간증, 방언을 받는 과정과 통역을 시도하는 과정에 대한 구체적인 설명, 여러 경험자들의 실례가 풍성하게 실려있어, 방언의 은혜에 대해 이해하고 적용하는 데에 실제적인 도움을 주는 책입니다.

12. 방언기도의 은혜와 능력 2권
영성의 숲. 403쪽. 14,000원 / 핸디북 11,000원
방언기도 2편에서는 방언과 통역이 발전해 나가는 과정과 그 영적인 의미를 깊이있게 다루었습니다. 방언의 가치와 의미를 바르게 이해하고 적용하게 될 때, 오래 동안 방언을 사용하면서도 주님의 은총를 누리지 못하던 이들이 주님의 가까우심과 아름다우심을 풍성히 경험하게 될 것입니다.

13. 방언기도의 은혜와 능력 3권
영성의 숲. 490쪽. 15,000원 / 핸디북 12,000원
방언 기도 시리즈의 결론적인 부분을 다룬 책입니다. 방언에 대한 부정적인 견해와 원인들, 방언을 통해 어떻게 부흥이 시작되는지, 은사의 바른 방향과 의미, 목적 등을 정리하였고, 전체적인 요약정리와 함께 경험자들의 구체적인 사례들을 첨부하여 실제적인 적용에 도움이 되도록 하였습니다.

<영성 시리즈>

1. 영성의 실제를 경험하는 길
영성의 숲. 357쪽. 12,000원
〈그리스도인의 아름다운 영성〉의 개정판.
많은 은혜의 도구들이 있지만 그것들이 다 주님을 접촉하는 것은 아닙니다. 참다운 영성과 주님을 경험하는 원리를 제시하는 책입니다.

2. 생각의 자유를 경험하는 길
영성의 숲. 228쪽. 8,000원
〈그리스도인의 생각 다스리기〉의 개정판. 우리가 겪는 삶의 대부분의 고통들은 스스로 만들어낸 생각의 감옥에 지나지 않으며 생각을 분별하고 관리함으로써 풍성하고 행복한 삶을 살 수 있다는 메시지를 다양한 예화와 함께 설득력 있게 제시하고 있습니다. 많은 교회에서 훈련 교재로 사용되기도 했습니다.

3. 영성의 중심은 사랑입니다
영성의 숲. 243쪽. 8,000원
하나님의 은혜를 받아들이고 누림으로써 진정한 사랑과 따뜻함의 세계를 경험할 수 있도록 돕는 책. 신앙의 따뜻함과 아름다움을 회복하고, 영혼들을 이해하고 도울 수 있는 관점을 제시하고 있습니다.

4. 영성의 원리
영성의 숲. 319쪽. 11,000원
영성에도 원리가 있습니다. 이 책은 영성의 발전을 위한 다양한 원리들, 영의 흐름, 영의 인식, 영적 승리를 위한 중보 등의 원리를 실제적인 예와 함께 잘 설명해 줍니다. 영적 부흥과 충만함을 사모하는 이들에게 좋은 참고서가 될 수 있을 것입니다.

5. 문제는 주님의 음성입니다
영성의 숲. 227쪽. 9,000원
우리의 삶에 다가오는 여러가지 어려움들, 문제들은 우연이 아닙니다. 거기에는 주님의 배려와 가르치심이 있으며 반드시 우리가 배워야 할 것이 있습니다. 이 책은 그 문제들에서 주님의 뜻과 음성을 발견하는 원리를 가르쳐 주고 있습니다.

6. 영성의 발전은 어떻게 이루어지는가
영성의 숲. 254쪽. 8,000원
〈영성의 상담〉의 증보 개정판. 영성에 대한 여러 질문과 답변을 통해 다양한 영적현상의 의미와 삶 속에서 영적 성장을 이루는 구체적인 방법들을 소개하고 있습니다.

7. 지금 이 공간에 임하시는 주님
영성의 숲. 340쪽. 12,000원
주님은 믿을수 없을만큼 가까이 계시지만 사람들은 흔히 그분을 무시함으로 그의 임재를 소멸시킵니다. 이책은 그분의 가까우심과 구체적인 공간을 통한 임재, 나타나심을 경험할수 있도록 실제적인 지침을 제시하고 있습니다.

8. 심령이 약한 자의 승리하는 삶
영성의 숲. 228쪽. 9,000원
영혼의 힘이 약하고 마음이 여리고 민감하여 고통을 겪고 있는 이들을 위한 책. 영혼의 원리 및 기질과 사명을 이해함으로써 이전에 알지 못했던 자유와 해방과 놀라운 행복감을 누리게 될 것입니다.

9. 천국의 중심원리
영성의 숲. 452쪽. 14,000원
천국은 사후에만 갈 수 있는 장소가 아닙니다. 이 땅에 살면서 천국의 임재, 그 천국의 빛과 영광을 경험할 수 있습니다. 이 책에서는 내면세계의 천국을 경험하기 위한 길과 원리를 제시해 주고 있습니다.

10. 행복한 신앙을 위한 28가지 조언
영성의 숲. 348쪽. 12,000원
〈자유롭고 행복한 그리스도인 1〉의 개정판. 묶여 있고 창백한 의식의 틀을 벗어나, 자유롭고 풍성한 믿음의 삶으로 나아가도록 돕는 책입니다. 28가지 조언속에 행복한 신앙을 위한 영적 원리들을 담고 있습니다.

11. 성숙한 신앙을 위한 30가지 조언
영성의 숲. 340쪽. 12,000원
〈자유롭고 행복한 그리스도인2〉의 개정판. 의식이 바뀔 때 천국의 자유와 기쁨을 누릴 수 있음을 보여주는 책입니다. 묶여있는 사고와 습관, 잘못된 의식에서 해방되는 원리를 제시해 주고 있습니다.

12. 의식의 깨어남을 사모하라
영성의 숲. 239쪽. 9,000원
잠과 꿈과 깨어남의 실체를 보여주며 진정한 깨어있음의 세계로 인도하는 책입니다.
의식과 영혼을 깨우기 위한 방법과 원리들을 제시해 주고 있습니다.

13. 주님의 마음, 주님의 임재 속으로
영성의 숲. 348쪽. 11,000원
오늘날 주님의 마음에 대한 많은 오해가 있어서 주님의 깊으신 임재에 들어가지 못합니다. 이 책은 그 오해를 풀어주며 우리를 향한 주님의 사랑을 보여주고 그 사랑의 임재 속에 들어가는 길을 안내해주고 있습니다.

14. 영성의 발전을 갈망하라
영성의 숲. 292쪽. 10,000원
영성의 진리 시리즈 1편. 영성을 깨우고 발전시킬 수 있는 다양한 이야기, 원리, 법칙들을 묶은 36가지의 메시지가 수록되어 있습니다. 영혼의 각성에 도움이 되는 지식과 도전을 얻게될 것입니다.

15. 집회에서 흐르는 주님의 은혜
영성의 숲. 254쪽. 8,000원
이미 출간되었던 〈집회 가운데 임하시는 주님〉을 새롭게 개정하였습니다. 회원들의 간증을 줄이고 더 많은 분량을 추가하였습니다. 집회 가운데 나타나는 주님의 생생한 역사와 이에 관련된 여러 영적 원리를 기술하였습니다. 읽을수록 집회 현장에 있는 듯한 감동과 은혜를 얻을 수 있을 것입니다. 은혜를 사모하는 이들, 영성 사역에 관심이 있는 사역자들에게 좋은 참고가 될 것입니다.

16. 삶을 변화시키는 생명의 원리
영성의 숲. 348쪽. 값 12,000원
삶 속에서 열매를 맺을 수 있는 비결과 원리를 시편 1편의 말씀과 요한복음 15장의 말씀을 중심으로 제시하고 있습니다. 포도나무이신 주님과 가지로서 항상 연결되는 삶이 열매를 맺는 원리이며 은총의 비결인 것을 명쾌한 논지로 설명하고 있습니다. 신앙의 기초와 방향을 분명히 밝히는 책으로서 풍성한 삶과 승리하는 삶을 갈망하는 그리스도인들에게 귀한 도전이 될 것입니다.

17. 낮아짐의 은혜1
영성의 숲. 308쪽. 값 11,000원
쉽게 하나님의 임재를 경험하며 그 은혜 가운데 머무르는 사람이 있습니다. 그 은총의 비밀은 무엇일까요? 그것은 바로 낮아짐이며 이를 통하여 주의 무한한 은혜와 천국의 풍성함을 누릴 수 있음을 본서는 증명합니다. 사람을 파괴하는 높아짐의 시작과 타락, 은혜의 회복, 열매의 풍성함 등을 다루고 있으며 누구나 그 은혜의 세계에 쉽게 이르도록 길을 제시하고 있습니다.

18. 낮아짐의 은혜 2
영성의 숲. 388쪽. 값 14,000원
낮아짐은 감추어진 비밀이며 천국의 문을 여는 보화입니다. 마귀는 낮아짐을 빼앗을 때 그 영혼을 사로잡을 수 있으므로 온갖 유혹으로 이 보화를 가로챕니다. 하나님은 천국의 풍성함을 주시기 위하여 낮아짐을 훈련하시며 인도하십니다. 2권은 적용을 주로 다루며 구체적으로 풍성한 은총을 누릴 수 있도록 권면하고 있습니다.

19. 그리스도를 갈망하는 삶
영성의 숲. 268쪽. 값 10,000원
부흥과 영적 깨어남, 영성의 다양한 원리에 대한 이야기. 삶 속의 이야기와 함께 자연스럽게 풀어서 정리하였습니다. 일상의 사소한 삶에서 영적 원리를 발견하고 적용하도록 도우며 그리스도에 대한 갈망이 증가되도록 도전하고 있습니다.

20. 영이 깨어날수록 천국을 누린다
영성의 숲. 236쪽. 값 8,000원
독자들과 일대일로 마주 앉아서 대화를 하듯이 영적 성장과 풍성한 삶을 누리는 원리에 대해서 메시지를 전달하고 있습니다. 사랑하는 삶, 영성의 깨어남에 대한 새로운 통찰력을 제공해주며 기쁨으로 주님을 따르는 길을 제시해줍니다.

<생활 영성 시리즈>

1. 주님과 차 한잔을
영성의 숲. 220쪽. 6,000원
신앙의 귀한 진리들, 주님을 사모하고 가까이 나아가는 데 도움이 되는 원리들을 유머를 통해 밝고 즐겁게 전달해주는 책입니다.
주님과 같이 차를 한잔 마시는 기분으로 부담없이 읽다 보면 자연스럽게 영적 통찰을 얻을 수 있을 것입니다.

2. 일상의 삶에서 주님을 의식하기
영성의 숲. 280쪽. 8,000원
일상의 사소한 삶 속에서 주님을 의식하며 살아가는 이야기. 신앙과 영성은 기도할 때만이 아니라 일상의 모든 삶 속에서 나타나야 한다. 작고 사소한 모든 일에서 주님을 의식하는 것이 진정한 행복의 원리인 것을 이 책은 보여주고 있습니다.

3. 일상에서 경험하는 주님의 사랑
영성의 숲. 277쪽. 8,000원
일상의 묵상 시리즈 2편. 사소한 일상의 삶에서 주님의 임재와 사랑을 느끼고 주님의 메시지를 경험하는 이야기. 항상 모든 것에서 주님의 마음과 시선으로 삶과 사람을 보고 느껴야 하며 이를 통해서 날마다 천국을 경험할 수 있음을 사소한 삶의 이야기를 통하여 부드럽게 전달해주고 있습니다.

4. 삶이 가르치는 지혜
영성의 숲. 212쪽. 6,000원
〈삶이 가르치는 지혜〉의 개정판. 우리의 삶에서 경험하는 많은 즐거운 일, 힘든 일들이 결국 우리 영혼의 성장을 위하여 주어진 일임을 보여줍니다. 가슴을 따뜻하게 하는 소박한 이야기들을 통해서 사랑의 중요성을 다시 한번 깨닫게 합니다.

5. 사랑의 나라로 가는 여행
영성의 숲. 156쪽. 5,000원
〈사랑의 나라〉의 개정판. 어른들을 위한 우화로서 한 청년이 여행을 통하여 삶의 목적과 방향을 깨달아 가는 과정이 흥미진진하게 전개되고 있습니다. 즐겁게 이야기를 읽어나가다보면 영적 성장의 방향과 중심, 영적 세계의 에너지와 원리, 흐름을 이해하는데 도움이 될 것입니다.

6. 하나님의 뜻을 발견해 가는 여행
영성의 숲. 269쪽. 신국판 변형 8,000원
성경에 등장하는 입다, 다윗, 암논의 삶과 사건들을 통하여 하나님의 아버지 마음과 하나님의 의도와 훈련을 이해하고 발견하도록 안내하는 책입니다. 등장인물들의 마음과 정서가 드라마처럼 녹아있어 흥미와 감동을 전달해 줍니다.

7. 일상에서 경험하는 주님의 은혜
영성의 숲. 253쪽. 값 8,000원
일상시리즈 3편입니다.
가족 이야기, 모임 이야기, 일상에서 경험하는 여러 가지 일들을 통해서 영적 원리와 교훈을 정리하였습니다.
일기와 이야기 형식으로 기록되어 있어서 즐겁게 읽는 가운데 주님과 같이 걷는 삶의 흐름 속으로 들어갈 수 있게 될 것입니다.

<묵상 시리즈>

1. 맑고 깊은 영성의 세계를 향하여
영성의 숲. 140쪽. 5,000원.
잠언시리즈 1편. 내 영혼의 잠언1을 판형을 바꾸어 새롭게 만들었습니다. 순결하고 맑은 영혼으로 성장하기 위한 진리의 묵상들이 간결하게 정리되어 있습니다.

2. 주님은 생수의 근원 입니다
영성의 숲. 196쪽. 6,000원
〈내 영혼의 잠언2〉의 개정판. 맑고 투명한 영성의 세계로 안내하는 영성 잠언집. 새벽녘의 신선하고 향긋한 바람처럼 우리 영혼을 달콤하게 채워주는 묵상의 글들을 모아서 정리했습니다.

3. 묻지 않는 자에게 해답을 던지지 말라
영성의 숲. 156쪽. 5,000원
삶과 사랑과 영혼의 진리를 담은 잠언 시집.
인생의 의미와 진리, 영성의 발전과정을 예리하면서도 부드러운 시각으로 표현하고 있습니다. 불신자에 대한 전도용으로도 좋은 책입니다.

4. 영혼을 깨우는 지혜의 샘물
영성의 숲. 180쪽. 6,000원
〈영적 성숙으로 향하는 여행〉의 개정판
인생, 진리, 마음, 영성 등 중요한 8가지의 주제에 대한 짧은 묵상을 담았습니다. 맑은 샘물이 흐르듯이 간결한 지혜의 메시지가 영성을 일깨워주는 책입니다.

하늘의 권능이 임하는 부르짖는 기도 2

1 판 1쇄 발행	2005년 12월 15일
1 판 8쇄 발행	2008년 9월 10일
2 판 1쇄 발행	2009년 2월 20일
2 판 7쇄 발행	2017년 2월 10일
지은이	정원
펴낸이	이혜경
펴낸곳	영성의 숲
등록번호	2001. 7. 19 제 8-341 호
전화	02 - 355 - 7526 (영성의숲)
핸드폰	010 - 9176 - 7526 (영성의숲)
E - mail	spiritforest@hanmail.net (영성의숲)
홈페이지	cafe.daum.net/garden500 (정원목사 독자 모임)
	cafe.naver.com/garden500 (정원목사 독자 모임)
국민은행	461901 - 01 - 019724
우체국	013649 - 02 - 049367
예금주	이혜경
총판	생명의 말씀사
전화	02 - 3159 - 8211
팩스	080 - 022 - 8585,6

값 15,000원
ISBN 978 - 89 - 90200 - 60 - 0 04230
ISBN 978 - 89 - 90200 - 61 - 7 04230 (세트)